Ontdek
Azoren

Inhoud

Azoren – veelgestelde vragen ... 7
Favorieten ... 12
In vogelvlucht ... 14

Reisinformatie, adressen, websites

Informatie ... 18
Weer en reisperiode ... 20
Reizen naar de Azoren ... 22
Overnachten ... 24
Eten en drinken ... 26
Actieve vakantie, sport en wellness ... 28
Feesten en evenementen ... 32
Praktische informatie van A tot Z ... 34

Kennismaking – Feiten en cijfers, achtergronden

Azoren in het kort ... 40
Geschiedenis ... 42
Actief vulkanisme – risico's en mogelijkheden ... 46
Laurier en boomvaren, schildpad en walvis –
  natuurbescherming ... 50
Een blauwtje lopen – hortensia's & co ... 54
Wijn van de Azoren – bijzondere drank ... 56
Kaas met een lange traditie ... 60
Wijngoederen en windmolens – bouwkunst op het platteland ... 63
Representatieve architectuur en kunst ... 65
Een viering voor de Heilige Geest ... 69
Emigratie – afscheid voor lange tijd ... 71
De verhouding tussen de Azoren en Portugal ... 74
Kleine kunstwerken – Azoriaanse souvenirs ... 77

Inhoud

Onderweg op de Azoren

São Miguel	82
Ponta Delgada	84
Caldeira das Sete Cidades	102
Mosteiros en de westkust	104
Santo António en Capelas	106
Rabo de Peixe	106
Ribeira Grande	107
Omgeving van Ribeira Grande	115
Lagoa	119
Caloura en Água de Pau	120
Ribeira Chã, Água d'Alto	122
Vila Franca do Campo	123
Furnas, Parque Terra Nostra	128
Omgeving van Furnas	133
Oostelijke noordkust	134
Nordeste	136
Omgeving van Nordeste	137
Ten zuiden van Lomba da Pedreira	138
Povoação	139
Santa Maria	140
Vila do Porto	142
Almagreira en Praia Formosa	145
Berggebied, Santo Espírito	148
Maia, São Lourenço en Santa Bárbara	149
São Pedro	150
Barreira da Faneca, Anjos	151
Faial	152
Horta	154
Flamengos	169
De noordkust	170
Fajã, Vulcão dos Capelinhos	174
Varadouro	176
De zuidkust	177
Caldeira	178
Pico	180
Madalena en omgeving	182
São Mateus	188
São João	189
Lajes do Pico	190
De oostpunt	195

Inhoud

Santo Amaro	197
Prainha do Norte	198
São Roque do Pico	199
Zona de Adegas, Montanha do Pico	201
Centraal en oostelijk berggebied	203

São Jorge — 206
Velas	208
Rosais	211
Urzelina	213
Manadas	214
Calheta	215
Het oosten	217
De noordkust	219

Terceira — 224
Angra do Heroísmo	226
Porto Judeu en omgeving	241
São Sebastião, Porto Martins	245
Praia da Vitória	246
Omgeving van Praia da Vitória	249
Biscoitos	251
Altares	254
Mata da Serreta	255
São Mateus da Calheta	256

Graciosa — 258
Santa Cruz da Graciosa	260
Praia (São Mateus)	263
Caldeira	264
Het zuiden	266
Het westen	266

Flores en Corvo — 268
Flores	270
Santa Cruz das Flores	270
Lajes das Flores	273
De westkust	276
Het noorden	281
Corvo	283
Vila Nova	283
Caldeirão	285

Toeristische woordenlijst	286
Culinaire woordenlijst	288
Register	290
Fotoverantwoording en colofon	296

Inhoud

Op ontdekkingsreis

De tuinen en parken van de 'gentlemen farmers' op São Miguel	92
São Miguel – waar de enige thee van Europa groeit	116
Warme, vulkanische bronnen in de Vale das Furnas	130
Horta – hoofdstad van de overzeese telegrafie	164
Azorenbiotopen op zakformaat – de botanische tuin van Faial	172
In het spoor van de walvisvaarders op Terceira	192
Romantische kuststroken – *fajãs* in het noorden van São Jorge	220
Heilige Geesttempels op Terceira	232
Vulkanische verschijnselen op Terceira	242
Naar de Sete Lagoas – het merenplateau op Flores	278

Uitzicht op de kliffen van Faial

Inhoud

Kaarten en plattegronden

Stadsplattegronden

Ponta Delgada (São Miguel)	86
Horta (Faial)	159
Angra do Heroísmo (Terceira)	228

Detail- en routekaartjes

Tuinen en parken (São Miguel)	95
Caldeira – Sete Cidades (São Miguel), wandeling	104
Theeplantages (São Miguel)	117
Lagoa do Fogo (São Miguel), wandeling	123
Vale das Furnas (São Miguel), wandeling	132
Horta – overzeese telegrafie (Faial), wandeling	165
De botanische tuin van Faial	173
Vulkanen bij Capelo (Faial), wandeling	176
Caldeira (Faial), wandeling	179
In het spoor van de walvisvaarders (Pico)	193
Montanha do Pico, wandeling	203
Fajãs in het noorden van São Jorge, wandeling	222
Pico da Esperança – Norte Grande (São Jorge), wandeling	223
Heilige Geesttempels op Terceira, autoroute	234
Vulkanische verschijnselen (Terceira), autoroute	244
Caldeira (Graciosa), wandeling	265
Lajedo – Fajã Grande (Flores), wandeling	277
Sete Lagoas (Flores), autoroute	280
Ponta Delgada – Fajã Grande (Flores), wandeling	282

▶ Dit symbool verwijst naar de uitneembare kaart

Typerend voor de Azoren zijn de vele bloemen – het eiland Flores is er zelfs naar vernoemd

Azoren – veelgestelde vragen

Welke eilanden mag ik niet missen?

Natuurlijk is het levendigste en meest afwisselende eiland **São Miguel** een absolute *must*. Bovendien is het vanwege de vliegverbindingen onmogelijk om het eiland over te slaan. De hoogtepunten zijn hier het merengebied **Sete Cidades** en de vallei van **Furnas**, die rijk is aan thermische bronnen. De hoofdstad **Ponta Delgada** doet aangenaam aan door de exotische tuinen en parken. Ook het klein-maar-fijne eiland **Faial**, met de internationale zeilsfeer ademende hoofdstad **Horta** en de pas in 1957 uitgebarsten vulkaan **Capelinhos**, mag zich op vele bezoekers verheugen. De centraal op het eiland gelegen krater **Caldeira** lijkt rechtstreeks uit een prentenboek te komen. Meestal wordt Faial samen bezocht met het op slechts een halfuur varen gelegen buureiland **Pico**. Dat eiland heeft een geheel eigen karakter dankzij zijn donkere lavalandschap en de dambordachtige wijngaarden van zakdoekformaat, die de titel van UNESCO Werelderfgoed waard waren. Faial en Pico zijn tevens de belangrijkste uitvalsbases van de whalewatchers, die met open rubberboten of comfortabelere gesloten boten uitnodigen tot het maken van een

Vier eilanden – de bezienswaardigheden

Azoren – veelgestelde vragen

De Azoren zijn een wandelbestemming bij uitstek

fotosafari naar walvissen en dolfijnen. Het eiland **Terceira** heeft een vrolijke uitstraling. De tempels van de Heilige Geest zijn hier uniek en de vulkanische grotten zijn avontuurlijk. In de hoofdstad **Angra do Heroísmo** komen geschiedenis en stedenbouw tezamen. Terwijl deze vier eilanden erg vaak bezocht worden, wachten de vijf andere nog steeds op hun ontdekking door het toerisme. Ook zij komen echter steeds vaker onder de aandacht, zoals **Graciosa** met zijn raadselachtige vulkaanmond **Furna do Enxofre** of **Corvo** met de gigantische krater **Calderão**. Ze hebben tenslotte menige landschappelijke en culturele bijzonderheid te bieden.

Hoe bereik ik de Azoren?

De toegangspoort tot de archipel is in bijna alle gevallen het hoofdeiland São Miguel, omdat de meeste vluchten daarop aanvliegen, hetzij rechtstreeks vanaf Schiphol, hetzij met een overstap in Lissabon. Via Lissabon kunt u ook naar Terceira of Horta (Faial) vliegen of van een van deze eilanden naar huis terugvliegen. De rechtstreekse vlucht duurt ongeveer vier uur. Dat is vergelijkbaar met een vlucht naar de Canarische Eilanden, hoewel men gevoelsmatig zou kunnen denken dat de Azoren veel verder weg liggen van Europa. Hoewel de eilanden inderdaad bijna halverwege Amerika liggen, zijn ze veel noordelijker gelegen dan de meer bekende Canarische Eilanden. Er is overigens geen veerdienst naar de Azoren. Per boot kunt u de eilanden slechts op een cruise of met een privéjacht bereiken.

Hoe kom ik van het ene eiland naar het andere?

De propellervliegtuigen van de luchtvaartmaatschappij SATA zijn het aangewezen transportmiddel op de Azoren. Ze gaan vaak en de prijzen zijn redelijk. Reizen met de veerboot is voordeliger, maar de meeste verbindingen tussen de eilanden worden alleen tijdens de zomer onderhouden en het vervoer is traag. Alleen de veerboten in de zogenaamde 'Triángulo' (driehoek), de dicht bij elkaar gelegen eilanden Faial, Pico en São Jorge, en die tussen Flores en Corvo zijn een behoorlijk alternatief voor de vliegtuigen.

Azoren – veelgestelde vragen

Met welke lokale vervoermiddelen kan ik mij verplaatsen?

Een echt goed ontwikkeld busnetwerk is er alleen op São Miguel, en ook daar zijn veel toeristische hoogtepunten in de bergen niet per bus bereikbaar. Op de andere eilanden rijden nauwelijks bussen en vaak is de dienstregeling afgestemd op de behoeften van de plaatselijke bevolking. De bussen stoppen letterlijk bij elke halte, wat de reistijd aanzienlijk kan verlengen. Op enkele plaatsen wordt een combinatie van bus- en taxiritten aangeboden. Taxichauffeurs hebben vaste tarieven voor bepaalde toeristische rondritten of pikken wandelaars op bij van tevoren afgesproken locaties. De meeste reizigers kiezen echter voor het gemak van een huurauto. Op alle eilanden is autohuur mogelijk, behalve op Corvo. U kunt voorafgaand aan uw vakantie eenvoudig vanuit huis de gewenste auto reserveren en deze direct op de luchthaven afhalen.

Wat zijn de interessantste wandelingen?

Op **São Miguel** zijn de weg over de kraterrand van **Sete Cidades en** de klim naar **Lagoa do Fogo** bijna verplichte kost voor wandelaars. Het eiland biedt daarnaast talrijke andere goed gemarkeerde paden. U zou hier een hele wandelvakantie kunnen doorbrengen, zonder naar een volgende bestemming te hoeven reizen. Ware het niet dat de beklimming van de hoogste top van Portugal lonkt: de vulkaan **Pico** op het gelijknamige eiland. Op **Faial** bekoort de omronding van de **Caldeira**, op **São Jorge** leiden oude muilezelpaden steil omlaag naar de **Fajãs**, de afgelegen kustvlakten. Op **Flores** zijn het vooral de twee oude verbindingswegen aan de westkust, beide met **Fajã Grande** als bestemming, die u niet mag missen.

Zijn er mooie stranden op de Azoren?

Ja en nee. De eilanden zijn geen echte strandbestemmingen. Stranden met

De mooiste wandelgebieden, zwemlocaties en thermaalbaden

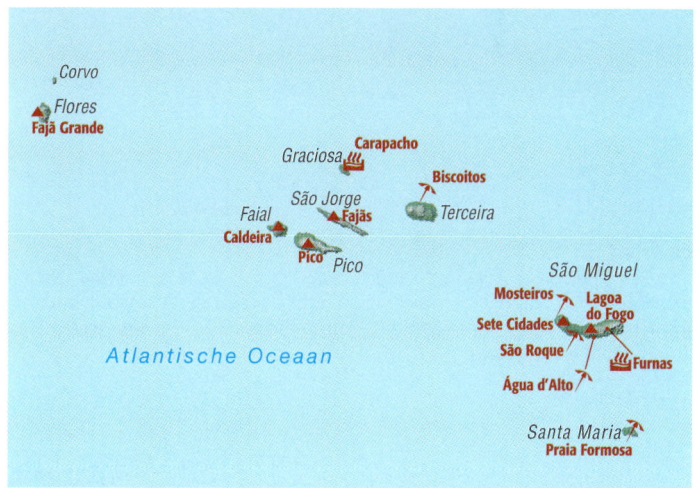

een zekere infrastructuur zijn voornamelijk te vinden op **São Miguel**, rond **São Roque** bij Ponta Delgada, in **Mosteiros** of bij **Água d'Alto**. Het buiten de gebaande paden op het kleine eiland **Santa Maria** gelegen **Praia Formosa** wordt beschouwd als misschien wel het mooiste strand van de Azoren. Elders zwemt men in natuurlijk rotsbassins. Deze zijn in bizarre rotsformaties door de branding in de kust geslepen, zoals bij **Biscoitos** op **Terceira**. Mocht het water van de Atlantische Oceaan u te fris lijken, dan vindt u in **Furnas** en in andere plaatsen op **São Miguel**, evenals in **Carapacho** op **Graciosa**, aangenaam warme thermale baden in een prachtige omgeving.

Wat zijn de culturele hoogtepunten?

Als eerste moet **Angra do Heroísmo** op **Terceira** vermeld worden. Deze voormalige hoofdstad van de Azoren is door de UNESCO in zijn geheel tot Werelderfgoed verklaard. Eveneens op Terceira staat in **São Sebastião** de oudste kerk van de archipel, met unieke, gerestaureerde fresco's. Het eiland gooit daarnaast hoge ogen met zijn kenmerkende **Feest van de Heilige Geest**, die in het voorjaar en de zomer plaatsvinden rond de daarvoor bedoelde tempels. **Horta** op **Faial** is de stad van de kerken. Hun markante koloniale gevels in barokke stijl verwelkomen de zeevaarders al vanuit de verte. Meer toebehorend aan de hedendaagse en alledaagse cultuur is de rond de hele Atlantische Oceaan bekende zeilerskroeg **Peter Café Sport**. Faial schittert net als **Pico** en **São Jorge** met een grote traditie aan kunstnijverheid. Eersteklas producten zijn de delicate filigraansculpturen van vijgenboommerg of van visschubben. **Ponta Delgada** op **São Miguel** zet daarentegen in op moderne architectuur. De stad geeft hiermee een signaal af dat ook buiten de archipel doorklinkt. Toparchitect Manuel Salgado ontwierp de **Portas do Mar**, een enorme aanlegplaats voor cruiseschepen die vandaag de dag de skyline van de stad bepaalt.

De culturele hoogtepunten

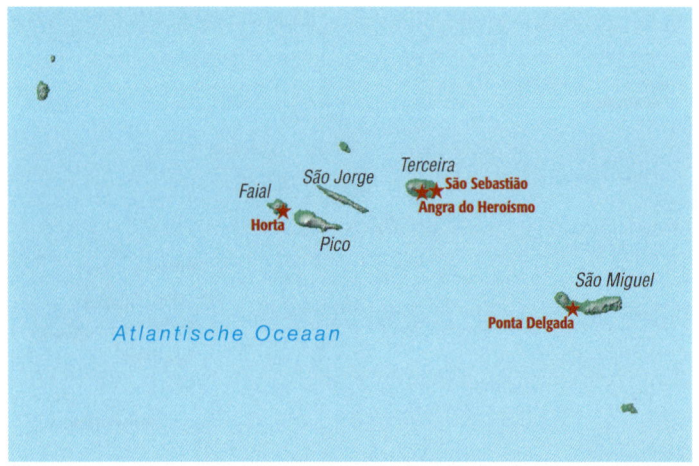

Om de Werelderfgoedstad Angra do Heroísmo kan niemand heen

Wat is de beste reisperiode?

Rond Pasen lonken de kleurrijk bloeiende azalea's, maar het kan in het voorjaar nog behoorlijk fris zijn. Wanneer u met het klimaat op zeker wilt spelen, kunt u het beste voor de aangenaam warme zomerperiode kiezen. Het strandseizoen begint eigenlijk pas medio juli, maar loopt dankzij het verzachtende effect van de Atlantische Oceaan tot aan oktober. Bovendien is het dan de tijd van de bloeiende hortensia's (juli/augustus), met aansluitend in september de bloei van de gember. In de wintermaanden kan het er prachtig zijn wanneer de lucht helder is, maar vaak is het ook waterkoud en stormachtig.

Wat kost een vakantie op de Azoren?

De prijzen van accommodatie variëren erg sterk per seizoen. Het duurste is het in de hoogzomer, wanneer veel geëmigreerden vanuit Amerika terugkeren naar de Azoren om op hun thuiseiland vakantie te vieren. In het algemeen zijn de overnachtingskosten vergelijkbaar met die bij ons. Daarentegen blijven de 'extra kosten' voor maaltijden, drankjes, huurauto of taxi nog binnen de perken. Een goedkope bestemming zijn de Azoren echter niet.

Tot slot nog een persoonlijke tip!

Wanneer u terugkeert van een reis naar de Azoren, mogen deze twee eetbare souvenirs eigenlijk niet ontbreken: een volrijpe ananas uit de kassen van Ponta Delgada en een behoorlijk stuk pittige kaas uit São Jorge. Als u vrienden of familieleden een plezier wilt doen, dan neemt u ook nog wat zwarte of groene thee uit het noorden van São Miguel mee, het enige gebied in Europa waar thee wordt verbouwd. Daar passen goed *queijadas* bij, zoete gebakjes met verse roomkaas.

Capelas – oude walvisvaarthaven tegen een overweldigend decor. Zie blz. 108.

Jardim Duque da Terceira in Angra – stadsidylle. Zie blz. 236.

Favorieten

De Ontdek-reisgidsen zijn geschreven door auteurs die hun gids voortdurend actualiseren en daarvoor dezelfde plaatsen vaak opnieuw bezoeken. Zodoende ontdekt elke auteur zijn persoonlijke favoriete plekken. Dorpen of steden die buiten de gebaande toeristische paden liggen, een bijzonder strand of unieke baai, locaties die uitnodigen tot ontspanning, een stukje ongerepte natuur – eenvoudigweg plaatsen die u een goed gevoel geven en waarnaar u telkens weer wilt terugkeren.

Reserva Florestal de Recreio Luís Paulo Camacho – veel groen. Zie blz. 274.

Peter Café Sport – de leukste kroeg in het Atlantisch gebied. Zie blz. 156.

Miradouro da Macela – hier wordt het u groen en blauw voor de ogen. Zie blz. 147.

Biscoitos – zwemplezier tussen de rotsen. Zie blz. 252.

Caldeira Velha – warmwaterbad in het bos. Zie blz. 112.

Lagoa do Capitão – idylle bij Pico's grootste kratermeer. Zie blz. 204.

In vogelvlucht

Flores und Corvo
Op Flores gaat de tijd langzamer, zelfs in de grote steden Santa Cruz en Lajes. Wandelpaden ontsluiten de kliffen en de merenvlakte in het hoogland, waar hortensia's en crocosmia's voor kleurtoetsen zorgen. Nog rustgevender is het naburige eiland Corvo met zijn centrale krater Calderão. Zie blz. 268.

Faial
In de jachthaven van Horta gaat het er kosmopolitisch aan toe – middelpunt is er het Peter Café Sport, de ontmoetingsplaats voor lokale vissers en reizigers. Wandelpaden leiden naar de bodem van de geheimzinnige Caldeira of naar het maanlandschap van de nog jonge vulkaan Capelinhos. Zie blz. 152.

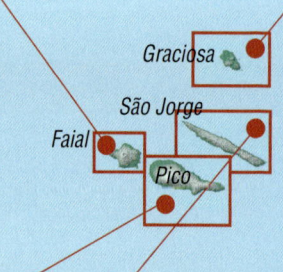

Atlantische Oceaan

Pico
Zwarte lava typeert het landschap van Pico, waar de gelijknamige vulkaan alomtegenwoordig is. Een dambord van wijngaarden bedekt de Zona de Adegas – een UNESCO Werelderfgoed. Aan de kust kan men walvissen observeren en in de grotten bizarre onderwerelden verkennen. Zie blz. 180.

São Jorge
Als een walvisrug rijst het eiland op uit de Atlantische Oceaan. Vulkaantoppen flankeren een hoogvlakte, waarop koeien grazen, en onder aan de kliffen liggen smalle kuststroken met lagunes en tropische fruitplantages. De hoofdstad Velas in het westen is een architectonisch juweeltje. Zie blz. 206.

Graciosa

Dit eiland van wijnboeren is klein en rustig, maar bezit met Santa Cruz da Graciosa toch een prachtige stad. Uit de duistere afgrond van de Furna do Enxofre stijgen hete dampen op, terwijl in Carapacho weldadige thermale bronnen uit de rots opborrelen. Zie blz. 258.

Terceira

Angra do Heroísmo schittert als oude hoofdstad met kerken en paleizen. In het milde zuidoosten lonken strandbaaien en havenplaatsen. Het zandstrand van Praia wedijvert met het rotszwembad van Biscoitos. Vulkanische grotten en zwavelbronnen wachten op ontdekking. Zie blz. 224.

Atlantische Oceaan

Terceira

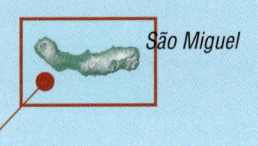
São Miguel

Santa Maria

São Miguel

De metropool Ponta Delgada bekoort door zijn stedelijk karakter, Vila Franca do Campo door nostalgische charme. Pittoresk zijn de in kraters ingebedde meren. Toeristen worden getrokken door het idyllische noordoosten, de mediterraan aandoende zuidkust of het kuuroord Furnas. Zie blz. 82.

Santa Maria

Het stille eiland wordt beschouwd als de 'Algarve van de Azoren'. Sappige weilanden bedekken het heuvelachtige binnenland en wijngaarden sieren de kliffen.'s Zomers zijn de prachtige stranden van Praia Formosa en São Lourenço vol. In de baai van Anjos lag Columbus ooit voor anker. Zie blz. 140.

Reisinformatie, adressen, websites

Van nature een plezierbad, het zeewaterzwembad bij Maia (Santa Maria)

Informatie

Internetadressen

www.visitazores.com De officiële website van het Verkeersbureau van de Azoren. Veel wetenswaardigheden over de eilanden en actuele informatie over evenementen (o.a. Portugees en Engels).

www.azores.gov.pt Website van de regionale autoriteiten van de Azoren met actuele informatie over zaken, cultuur en natuur op de eilanden (Portugees en Engels).

http://pt.artazores.com Website van de toeristische organisatie ART, waarop de vijf eilanden van de centrale groep – Terceira, Faial, Pico, São Jorge en Graciosa – zich gezamenlijk presenteren. Met nuttige informatie en adressen (Portugees en Engels).

www.azoresweb.com Een Nederlandstalige particuliere website over de Azoren, met beschrijvingen van de eilanden en hun bezienswaardigheden.

Internettoegang

Op de Azoren is wifi beschikbaar. In veel gevallen is het gratis, zoals in de terminals van luchthavens en havens en in winkelcentra, cafés en bars. Soms moet een wachtwoord worden opgevraagd. De meeste hotels stellen eveneens wifi ter beschikking. Meestal in de openbare ruimtes, zoals de receptie of de bar, soms ook op de kamer. Deels tegen vergoeding. In de lobby's van veel hotels zijn computers met internettoegang te vinden (ca. € 2 per kwartier) en bij openbare internetpunten in winkelcentra, culturele centra of op het stadhuis (ca. € 1 per halfuur).

www.azoren-online.com Particuliere site met zeer uitgebreide informatie in het Duits over alle eilanden van de Azoren: bezienswaardigheden, uitstapjes, praktische informatie, adressen etc.

www.trails-azores.com Alle officiële wandelroutes op de Azoren met gedetailleerde beschrijvingen en kaarten om te downloaden (Portugees en Engels).

Verkeersbureaus

Turismo de Portugal

Het officiële Portugese Verkeersbureau heeft in het buitenland geen kantoren voor reizigers.
Voor het inwinnen van toeristische informatie staat een e-mailadres ter beschikking: info@visitportugal.com.
Informatie op internet
www.visitportugal.com

Toeristische informatie op de Azoren

Informatie over de gehele eilandengroep wordt verleend door het directoraat toerisme van de Azoren:
Direcção Regional de Turismo
9900-112 Horta, Rua Ernesto Rebelo 14
tel. 292 20 05 00, fax 292 20 05 01/2
turismoacores@visitazores.com
www.visitazores.com

De regionale autoriteiten van de Azoren hebben op elk eiland in de hoofdstad of op de luchthaven een verkeersbureau (Posto de Turismo). Op São Miguel en Pico onderhouden de grotere steden informatiebureaus. Adressen bij de beschrijving van het betreffende eiland.

Op de eilanden van de centrale groep beheert het toeristische samenwerkingsverband ART (Associação Regional de

Het digitale voorportaal van de wereld – in het internetcafé in Velas op São Jorge

Turismo Açores) informatiepaviljoens in de belangrijkste plaatsen, adressen op Facebook.

Leestips

Natuurgidsen

Mark Cawardine: Observatiegids voor walvissen en dolfijnen. Utrecht 2003. Een gids voor de identificatie van zeezoogdieren met gedetailleerde illustraties en praktische observatietips.

Martijn de Jonge: Walvissen kijken in Europa. Zeist 2012. Beschrijving van soorten, maar ook aanwijzingen voor de beste locaties waar men bepaalde soorten kan zien en fototips.

Helmut Debelius: Mediterranean And Atlantic Fish Guide. Stuttgart 2007. Een zeer nuttige identificatiegids voor duikers met veel informatie over de leefomgeving en het gedrag van vissen.

Tony Clarke: Birds of the Atlantic Islands, Canary Islands, Madeira, Azores, Cape Verde. Londen 2006. Een veldgids voor het herkennen van de trekvogels, standvogels en broedvogels die in dit gebied voorkomen.

Andreas Stieglitz: Azorenflora. Books on Demand, 2008. Inleiding tot de inheemse flora met alle belangrijke soorten in woord en beeld.

Leesboeken

Romana Petri: De vrouw van de Azoren. Amsterdam 2003. Sfeerbeeld van de Azoren en het eiland Pico door de ogen van een jonge Italiaanse vrouw, die er de zomer doorbrengt. De eilandbewoners vertellen haar hun levensverhaal, veelal getekend door hun emigratie naar de VS.

Ralph Roger Glöckler: Vulkanische reis: een Azorensaga. Berlijn 2008. Literair reisboek over de vulkaanuitbarsting op Faial in 1957 en de daaropvolgende emigratie naar de VS.

Ben Faridi: De Stilte van de familie: een Azorenthriller met recepten. Münster 2009. Commissaris João Baptista stelt een onderzoek in naar de eerste moord op het eiland Corvo en stuit op een muur van stilte.

Weer en reisperiode

Azorenhoog en koudefront

De temperaturen op de Azoren zijn door het jaar heen zeer gelijkmatig, zowel overdag als 's nachts. In de koudste maand (februari) bereikt het kwik overdag ongeveer 14 °C en in de warmste maand (augustus) 27 °C. 's Nachts liggen de temperaturen slechts zo'n 5 °C lager. De luchtvochtigheid is over het algemeen vrij hoog; in de zomer (augustus-september) is het er drukkend warm.

Verantwoordelijk voor het milde klimaat is de Golfstroom, die langs de zuidelijke rand van de Azoren loopt. Het weer manifesteert zich echter zeer veranderlijk, het hele jaar door. Het spreekwoordelijke Azorenhoog – een grote subtropische hogedrukzone – blijft vaak slechts een dag rond de eilanden hangen, om vervolgens met de heersende westenwinden verder te trekken naar Europa. Hierbij maakt het ruimte voor het koudefront. Zo wisselen zon en regen elkaar in snelle opeenvolging af, waarbij er in de winter veel meer neerslag valt dan in de zomer.

Terwijl de bergen vaak bedekt worden door mistbanken, is het weer aan de kust meestal beter. De zuidzijden van de eilanden zijn ietwat zonniger en warmer dan de noordelijke delen, met een hogere luchtvochtigheid. Binnen de archipel is het op de oostelijke eilanden het warmste, de westelijke groep heeft iets lagere temperaturen, maar daar waait dan ook een sterkere wind.

Goed om te weten
Weersverwachting: http://europa.buienradar.nl (voorspelling voor de gehele archipel voor 5 of 14 dagen); www.gisclimaat.angra.uac.pt/previsao (korte voorspelling voor de eilanden in het Portugees, voor 3 dagen).
Goedkope vluchten: het hoogseizoen is in de zomer. In de herfst, winter en lente liggen de prijzen aanzienlijk lager, ook voor overnachtingen.
Beste reisperiode: in augustus, wanneer veel emigranten uit Amerika terugkeren om op de Azoren vakantie te vieren, is er het meeste te beleven. In deze periode vallen ook veel volksfeesten. Als u de drukte liever ontloopt, kunt u beter in juli of september reizen. Tussen oktober en juni is het erg rustig, maar dan is het weer minder gunstig en zijn sommige bezienswaardigheden slechts beperkt te bezoeken.

Zwemmen of wandelen?

Het hoogseizoen voor zwemmen en watersporten op de Azoren is van eind juli tot begin september, maar er wordt ongeveer vanaf juni tot oktober in zee gezwommen. Terwijl de watertemperatuur aan het begin van de zomer rond de 18 °C ligt, bereikt deze in augustus en september zo'n 22 °C, om in de winter terug te zakken naar 14 °C. Duiken, surfen en kajakken zijn in principe het hele jaar door mogelijk, maar niet erg gebruikelijk vanwege de vaak zeer sterke deining. Sommige duikcentra sluiten tijdens de wintermaanden.

Het hele jaar door kan men wandelen op de Azoren. Echter, ook hier valt het hoofdseizoen in de mist- en regenarme zomermaanden (mei-okt.). De winterse, stormachtige depressies kunnen voor extreem slecht weer zorgen. In de afgelopen jaren veroorzaakte zware regenval herhaaldelijk aardverschui-

Weer en reisperiode

vingen. Het meest recent gebeurde dit nog in december 2010 op Flores, waarbij Fajãzinha tijdelijk van de buitenwereld werd afgesneden. Ook de wandelpaden worden dan altijd afgesloten (zie blz. 29).

Kleding en uitrusting

Het dragen van praktische, slijtvaste reiskleding wordt aanbevolen vanwege de diverse vluchten tussen de eilanden en het regelmatig wisselen van accommodatie. In de drukkend warme maanden augustus en september verdient luchtige kleding de voorkeur. Vanwege de kans op regenachtig weer en lagere temperaturen in de bergen wordt echter ook in deze periode aanbevolen om een winddicht regenjack en een dunne fleecetrui mee te nemen. Dit geldt zeker voor de overige zomermaanden. Zelfs in juli kan het vaak verrassend koel zijn.

Tijdens de wintermaanden mogen het jack en de trui wat dikker zijn. Daarnaast kan het in alle seizoenen handig zijn om een paraplu bij u te hebben, ook al is deze niet altijd bruikbaar vanwege de vaak sterke wind. Wandelaars hebben verder nog waterdichte wandelschoenen met een goed profiel nodig.

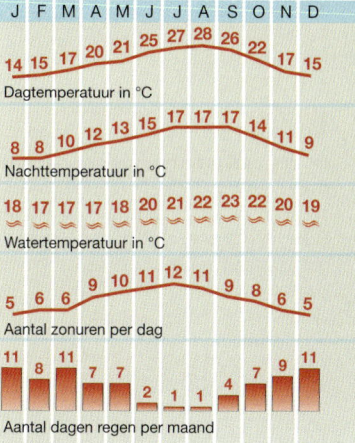

Het klimaat in Ponta Delgada (São Miguel)

Het weer werkt mee: wandelaars langs de reusachtige krater Sete Cidades op São Miguel

Reizen naar de Azoren

Douane

Reisdocumenten
In Portugal wordt bij aankomst vanuit de Schengen-landen niet gecontroleerd, maar de luchtvaartmaatschappijen vereisen een geldig paspoort of een geldige identiteitskaart, evenals de hotels en autoverhuurbedrijven op de Azoren. Kinderen moeten een eigen reisdocument hebben.

Invoerbepalingen
Binnen de EU zijn voor persoonlijk gebruik max. 800 sigaretten of 200 sigaren en 10 liter sterkedrank per persoon toegestaan (minimumleeftijd resp. 15 en 17 jaar).

Heenreis en eilandhopping

... met het vliegtuig
De belangrijkste luchthaven van de Azoren is Ponta Delgada (São Miguel), ook wel bekend als Aeroporto João Paulo II. Vanuit Nederland en België wordt alleen hierop direct aangevlogen. De vliegtijd bedraagt ongeveer 4 uur. Uitzondering is **TUIfly**, die ook op Terceira vliegt. Van mei tot en met september vliegt TUI op maandag en vrijdag vanaf Schipol naar São Miguel en op vrijdag aansluitend ook naar Terceira (tel. 0900 8847, http://www.tui.nl/vliegtickets). Vanaf Zaventem vliegt **Jetairfly** 1 maal per week, in het hoogseizoen jun.-half sept. 2 maal per week (tel. 070 22 00 00, www.jetairfly.com). Met een overstap op Lissabon (of Porto) zijn de Azoren dagelijks te bereiken. De Azoriaanse maatschappij **SATA Internacional** (hotline in Portugal tel. 707 22 72 82, www.sata.pt) vliegt dagelijks van Amsterdam naar Ponta Delgada, en ook naar de andere eilanden. SATA vliegt niet vanaf Brussel. Met **TAP Portugal** kunnen de Azoren dagelijks worden bereikt vanaf zowel Schiphol als Zaventem (hotline in Portugal tel. 707 20 57 00, www.flytap.com). Retourvlucht € 400-1800, aanbiedingen vanaf € 320 in het laagseizoen.

Alle negen eilanden van de Azoren hebben een luchthaven. Tussen de eilanden onderhouden de propellervliegtuigen van **SATA Air Açores** (tel. 707 22 72 82, www.sata.pt) een complex, met de seizoenen veranderend vluchtschema. De frequentste verbindingen (meerdere malen per dag direct) bestaan tussen de drie hoofdeilanden São Miguel (Ponta Delgada Airport), Faial (luchthaven Horta) en Terceira. Santa Maria is alleen nonstop bereikbaar vanaf Ponta Delgada (1-2 maal daags). Ook de andere eilanden worden vanaf Ponta Delgada dagelijks of enkele malen per week nonstop aangevlogen. Binnen de *triângulo*, de driehoek gevormd door Faial, Pico en São Jorge, zijn er nauwelijks directe vluchten. Hier is vooral in de zomer de veerboot het aangewezen transportmiddel (zie blz. 23). Knooppunt van de centrale groep is Terceira: 1-2 maal per dag naar Horta, Pico, São Jorge en Graciosa; naar Flores een paar keer per week nonstop. De westelijke groep is het beste te bereiken vanaf Horta (naar Flores bijna dag., Corvo 3 maal per week). Belangrijke informatie voor winterreizigers: de luchthaven van Flores moet in de winter vaak worden gesloten wegens storm!

Vluchten tussen de eilanden kosten, afhankelijk van de route en het tijdschema, per enkele reis ca. € 60-90. Toeristen krijgen ca. 20% korting bij boeking thuis (via reisbureau) of ter plaatse bij de SATA op vertoon van het aankomstticket. De SATA onderhoudt loketten op alle luchthavens en/of kantoren in de belangrijkste steden (adressen zie desbetreffende plaatsbeschrijvingen). Nadere informatie over de vliegvelden in de info-kaders per eiland.

... met de veerboot

Een veerdienst tussen het Europese vasteland en de Azoren is er niet. Binnen de archipel vaart van begin mei tot eind september een autoveer van de **Atlânticoline** (www.atlanticoline.pt) tussen de eilanden van de oostelijke en de centrale groep volgens een ingewikkeld schema. Van half juni tot begin september vaart er nog een tweede veerboot, er wordt dan ook op Flores gevaren. De opgegeven vertrektijden kunnen wijzigen in verband met de weersomstandigheden. Ticketverkoop online, in plaatselijke reisagentschappen (lijst met adressen zie website) of bij het loket aan de betreffende haven (opent 90 minuten voor vertrek). Prijsvoorbeelden (enkele reis p.p.): Ponta Delgada (São Miguel) – Vila do Porto (Santa Maria) ca. € 30, Ponta Delgada – Praia da Vitoria (Terceira) ca. € 50, bij het havenloket wordt € 5 toeslag berekend. Met de Blue Sea Pass van € 105 kunt u drie eilanden bezoeken. Reistijd 3,5-9 uur afhankelijk van de route. Normaliter wordt er overdag gevaren. Toch kan men een hut aan boord boeken (2 pers. € 40 per enkele reis). Huurauto's kunnen niet worden meegenomen. Voor het meenemen van fietsen zie blz. 28). Tussen Flores en Corvo pendelt het hele jaar door 1-2 maal per week een passagiersveer van Atlânticoline (reistijd 40 minuten, enkele reis € 10, zie blz. 273).

Tussen de eilanden van de *triângulo* (zie blz. 22) onderhoudt een passagiersveer van **Transmaçor** de verbinding (tel. 292 20 03 80, www.transmacor.pt). Het hele jaar door 5-7 maal daags tussen Horta (Faial) en Madalena (Pico), reistijd 30 min., € 3,40; 2 maal daags het hele jaar door van Horta naar Velas (São Jorge), met een tussenstop in São Roque (Pico), reistijd ca. 1,5 uur, € 15; juni-sept. 2 maal per week naar Calheta (Sao Jorge). Tickets aan het havenloket (60-30 min. voor vertrek geopend) of bij de automaat, geen reserveringen. De afgelopen jaren kwam het herhaaldelijk voor dat boten uitvielen en veerdiensten werden afgelast.

Vervoer op de eilanden

Bussen

Op de dichtstbevolkte eilanden São Miguel en Terceira rijden relatief veel lijndienstbussen, maar op de andere eilanden is er vaak zelfs op de hoofdroutes slechts 1-2 maal op werkdagen een busdienst. Afgelegen dorpen, stranden en baaien en toeristisch interessante bestemmingen in het binnenland van het eiland zijn meestal geheel onbereikbaar. Meer informatie in de info-kaders per eiland.

Taxi

Er zijn taxistandplaatsen in alle grote steden. Op vliegvelden en in veerhavens staan taxi's te wachten bij aankomst. Als de taxi over een meter beschikt, wordt € 3,25-3,90 starttarief in rekening gebracht. Daarbij komt, afhankelijk van de dag van de week en het tijdstip, € 0,60-0,75 per km. Bij langeafstandsritten wordt het retourtarief in rekening gebracht, ook bij een enkele reis. Bovendien zijn toeslagen voor het voorrijden (€ 0,30 per km) en bagage (€ 2) gebruikelijk. Als de auto geen taximeter heeft, dan spreekt men een prijs af voordat de reis begint. Voor veel routes bestaan prijslijsten, de chauffeurs hebben deze bij zich. Voor rondritten (3-4 uur) mag u op ca. € 30-60 rekenen.

Veel chauffeurs spreken Engels, geven graag uitleg en hebben vaak tips. Wie een wandeltocht wil ondernemen kan zich laten afzetten op het beginpunt en zich op het eindpunt laten ophalen.

Huurauto

Een huurauto met onbeperkt aantal kilometers kost inclusief cascoverzekering en belasting vanaf € 45 per dag, of voor meer dagen via internet al vanaf € 20. De auto's zijn meestal in goede staat. Op Corvo is geen autoverhuur. Op de andere eilanden treft men kantoren van verhuurbedrijven aan op de luchthavens (behalve op São Jorge) en in de grote steden van alle eilanden. In de meer afgelegen regio's zorgt meestal de hotelreceptie of vakantiehuiseigenaar voor bemiddeling. **Verhuurbedrijven** met filialen over de gehele Azoren zijn Ilha Verde (www.ilhaverde.com) en Autatlantis (www.autatlantis.com). Voor het hoogseizoen, wanneer auto's op de eilanden soms schaars zijn, is thuis vooraf reserveren aanbevolen (via reisbureau of internet).

Voor het afsluiten van de huurovereenkomst zijn een rijbewijs, een identiteitskaart of paspoort en meestal een creditcard (!) nodig. Het rijbewijs moet minimaal een en soms zelfs drie jaar oud zijn, de minimumleeftijd is meestal 21 jaar. Het opnemen van een tweede chauffeur in de huurovereenkomst kost tot € 20 per dag extra.

De **verkeersregels** komen grotendeels overeen met die in Europa. In geval van pech is het verplicht om het in de auto aanwezige reflecterende vest aan te trekken. Het maximale alcoholpromillage is 0,5.

Overnachten

Reserveren

Vanwege het relatief lage aanbod zijn alleen in de grotere steden buiten het hoogseizoen (zomervakantie, feestdagen) ongereserveerde kamers te vinden. Voor landelijke accommodatie en de periode van juli tot september is het raadzaam om tijdig te reserveren via telefoon of internet, beide is meestal in het Engels mogelijk.

Luxeaccommodaties zijn vaak goedkoper via **reisorganisaties** of touroperators te boeken dan rechtstreeks. Dit wordt onder 'Overnachten' bij aangegeven (zie plaatsbeschrijvingen). U kunt bij een touroperator uw complete reis samenstellen (accommodatie, vluchten, autohuur), maar ook alleen de accommodatie boeken – zowel bij een reisbureau als via internet.

Classificatie

Afhankelijk van het comfort krijgen **hotels** in Portugal maximaal vijf sterren. Op de Azoren vindt u overwegend drie- of viersterrenhotels. Uitgesproken vakantiehotels zijn er nauwelijks. De meeste hotels zijn gelegen in de belangrijkste steden van de eilanden, waarbij toeristen en zakenlieden onder een dak verblijven. Een **estalagem** is een voortreffelijk klein hotel, meestal in een historisch gebouw. Pensions

Prijzen in deze gids

De bij de plaatsbeschrijvingen vermelde prijzen voor een tweepersoonskamer (2 pk) zijn inclusief ontbijt voor twee personen. De prijzen voor appartementen of huisjes zijn op basis van alleen overnachting.

Overnachten

Zo gevarieerd als de eilanden is ook de accommodatie (luxueuze pousada in Angra)

heten hier **Pensão** (1-2 sterren) of **Residencial** (meer comfort, 1-4 sterren). Daarnaast zijn er de **Casa de Hóspedes** (ook Guest House) of **Hospedaria**, een meestal voordelig particulier pension.

Steeds vaker worden er **apartamentos** (vakantiewoningen) aangeboden. Ze vallen evenals de particuliere pensions en particuliere kamerverhuur onder de noemer 'Alojamento Local'.

Landelijk gelegen accommodatie

In het kader van een EU-programma werden in de afgelopen jaren tal van traditionele, door verval bedreigde landhuizen verbouwd tot stijlvolle onderkomens. Bij **Turismo de Habitação** (**TH**) betreft het *quintas* (herenboerderijen), die worden uitgebaat als kleine, fijne hotels. Gerenoveerde, particulier gedreven boerderijen met slechts enkele kamers vallen onder **Turismo Rural** (**TR**). Voor wie alleen een onderkomen wil, zonder verzorging, zijn er de **Casas do Campo** (**CC**), landelijke vakantiehuisjes. Deze accommodaties zijn te boeken via bijvoorbeeld www.casasacorianas.com. Ook www.casamundo.com heeft een ruim aanbod. Speciale informatie over vakantiewoningen in de beschrijvingen van São Miguel (Mosteiros), Faial (Vulcão dos Capelinhos) en Pico (São João, Prainha do Norte).

Jeugdherbergen

Op de Azoren zijn er vijf mooie, in historische gebouwen ondergebrachte jeugdherbergen (*Pousada de Juventude*): in Ponta Delgada (São Miguel), Vila do Porto (Santa Maria), São Roque (Pico), Calheta (São Jorge) en Angra do Heroísmo (Terceira). Overnachting op een slaapzaal, afhankelijk van het seizoen € 12,50-16,50 p.p. Op São Miguel, Santa Maria, Pico en São Jorge zijn ook tweepersoonskamers met of zonder badkamer beschikbaar (€ 33-45) en op Terceira een appartement (€ 35-47). Reserveren: www.pousadasjuvacores.com.

Campings

Het kampeerseizoen op de Azoren duurt van juni tot september. De Portugese campinggids 'Roteiro Campista' (www.roteirocampista.pt, gedrukte uitgave met gedetailleerde informatie via de website € 10) bevat zeven campings op de eilanden: op São Miguel (Furnas, tel. 296 54 90 10), Faial (Praia do Almoxarife, tel. 292 94 98 55), Pico (Furna de Santo António, tel. 292 64 28 84), São Jorge (Urzelina, tel. 295 41 44 01; Calheta, tel. 295 41 64 24) en Terceira (Baía da Salga, tel. 295 90 54 51; Cinco Ribeiras, tel. 295 90 72 00). Reken per dag voor twee personen met een tent, afhankelijk van de faciliteiten van de camping, op ca. € 7-10. Daarnaast is er nog een aantal andere campings. Een particuliere camping op São Miguel (Rabo de Peixe, Quinta das Laranjeiras, tel. 962 82 37 66, www.azorescamp.com), ook hutten vanaf € 25, en (Nordeste, tel. 296 48 86 80), Santa Maria (Praia Formosa, tel. 296 88 39 59, ook 6 hutten), Faial (Salão, tel. 292 94 61 30; Varadouro, tel. 292 94 53 39), Pico (Lajes, tel. 292 67 97 00), São Jorge (Velas, tel. 912 73 32 85), Terceira (Biscoitos, tel. 964 27 13 85), Graciosa (Praia, tel. 295 71 27 79; Carapacho, tel. 295 71 29 59) en Corvo (Vila Nova, tel. 292 59 02 00). Meer info bij de plaatselijke gemeentehuizen. Op Flores is geen officiële camping. Wildkamperen is verboden.

Eten en drinken

De Azoriaanse keuken

In de meeste restaurants (de eenvoudigere versie wordt 'snackbar' genoemd) wordt stevige, typisch regionale kost aangeboden, het liefst in buffetvorm. Slechts enkele, iets duurdere gelegenheden op de belangrijkste eilanden experimenteren met een moderne, creatieve keuken. Internationale restaurants zijn zeer zeldzaam. Alleen pizza's en hamburgers zijn overal doorgebroken.

In deze gids

De in deze gids vermelde **restaurantprijzen** hebben, tenzij anders aangegeven, betrekking op een hoofdgerecht zonder drankjes. Voor de **culinaire woordenlijst** zie blz. 288.

Als welkomsthapje zetten veel restaurants een **couvert** op tafel, bestaande uit brood, boter en kaas, en soms ook tonijnpasta. Dit wordt extra berekend (€ 1-2 per pers.) en vervangt meestal het voorgerecht. Er staan echter ook bijna altijd stevige **soepen** op het menu. Hun verzadigende verwanten, de **stoofpotten**, waren vroeger in de meeste gezinnen zogezegd het dagelijks brood. Hierin werd alles gecombineerd wat er op dat moment beschikbaar was: granen, peulvruchten, groenten, worstjes of vis. Veel restaurants bieden smakelijke stoofpotten aan.

Als alternatief zijn er schotels met vlees of vis. Aangezien de rundveeteelt de belangrijkste economische steunpilaar van de eilanden is, is het meeste **vlees** van runderen afkomstig. Het is gebakken, gegrild of gestoofd.

In veel gerechten wordt echter ook spek verwerkt en varkensworst wordt eveneens veel gegeten. Ook **vis** speelt een belangrijke rol in de voeding. Vers uit de Atlantische Oceaan komen de meest verschillende soorten, die gebakken, gegrild of gekookt worden. Aan inheemse **zeevruchten** uit lokale oogst zijn er venusschelpen (alleen op São Jorge, verder veelal geïmporteerd) en verschillende zeeslakken. **Inktvis** wordt veel gegeten. Erbij worden gekookte aardappelen, frites en / of rijst geserveerd, soms salade, groenten echter zelden. **Vegetarische gerechten** staan alleen in de betere restaurants of een enkel vegetarisch restaurant op het menu.

De **desserts** zijn nogal overvloedig: pudding, room, cake, taart of ijs, en ook fruitsalade.

Culinair dagritme

De Azorianen eten hun lunch – meestal hun hoofdmaaltijd – gewoonlijk rond 13 uur, maar op zondag soms ook later. Complete families eten dan in de buitenrestaurants, vaak heel uitgebreid tot laat in de middag. In de steden vullen de restaurants zich rond lunchtijd met de medewerkers van de nabijgelegen kantoren en winkels. 's Avonds uitgaan doet de lokale bevolking voornamelijk in het weekend (vr.-za.). Afhankelijk van het budget is men tevreden met een snack of kan het wat chiquer zijn.

Dranken

Bij het eten drinken de Azorianen vaak **wijn**, van het Portugese vasteland of van de eilanden (zie blz. 56). Daarbij bestellen ze **tafel- of mineraalwater**. Koolzuurhoudend water *(com gas)* moet men uitdrukkelijk bestellen. Ook bier wordt veel gedronken. De merken Especial (pils) en Preta (donker bier) worden door Melo Abreu (www.meloabreu.com) op São Miguel gebrouwen. Zij produceren ook de frisdranken Laranjada (sinas) en Kima (passievruchtlimonade). Na de maaltijd wordt afgesloten met een brandewijn *(aguardente)* of espresso *(café)*. Daarna wordt meteen om de rekening verzocht; voor meer drankjes verhuist men naar een bar.

Bij de **koffie** voor het ontbijt gaat het vaak om een mengsel van bonen- en granenkoffie, die door de bijmenging van cichoreipoeder nogal bitter wordt. 'Echte' koffie uit de espressomachine drinkt de lokale bevolking liever tussendoor in een bar. Behalve de eigenlijke espresso *(café)* kan men er een kleine koffie met melk *(meia de leite)*, een grote koffieverkeerd in een glas *(galão)* of een grote zwarte koffie *(café americano)* bestellen. Hoewel **zwarte thee** op São Miguel wordt geproduceerd (zie blz. 116), serveren de hotels en restaurants meestal geïmporteerde theezakjes.

Ontbijt in hotel en pension

Hotels serveren het ontbijt meestal in de vorm van een buffet, met broodjes, witbrood, jam en allerlei soorten vleeswaren en kaas. Vaak omvat het aanbod ook melk en cornflakes, yoghurt, gebak, appels of fruitsalade. In hotels in het hogere segment is er bovendien roerei of spiegeleieren en spek. Vrij spartaans, met alleen broodjes, jam en boter, is dan het ontbijt in de eenvoudige pensions. Een bijzonderheid is de *massa sovada*, een zoet, met sinaasappel- of citroenschil op smaak gebracht brood. Het komt vaak op tafel in de plattelandshotels, die een typisch Azoriaans ontbijt met lokale producten (kaas, exotische jam enz.) serveren.

Actieve vakantie, sport en wellness

Boottochten en whalewatching

Een megatrend zijn de vaarexcursies met een rubberboot of RIB (met vaste bodem) voor het observeren van walvissen en dolfijnen. Tot in de jaren tachtig van de vorige eeuw werd op de Azoren nog de walvisvaart bedreven (zie Op ontdekkingsreis blz. 192). Tegenwoordig zijn de zeezoogdieren beschermd – tot nu toe werden er 24 soorten geteld. Op de voormalige walvisvaartposten (*vigias*) zitten nu weer wachters op de uitkijk: zij dirigeren de boten via de radio naar de beste plaatsen. De kans om walvissen, of op zijn minst de veelvoorkomende dolfijnen, zeeschildpadden en diverse zeevogels, te zien is zeer groot. Walvistochten worden in veel plaatsen aangeboden, vooral in Ponta Delgada en Vila Franca do Campo (beide São Miguel), Horta (Faial) en in Madalena en Lajes (beide Pico).

Bijzonder zijn de bizarre brandingsgrotten op Flores. Afhankelijk van de weersomstandigheden is het mogelijk met de rubberboot een van de grotten in te varen – een spannende en avontuurlijke ervaring. Te boeken in Santa Cruz das Flores en Lajes das Flores.

São Miguel per fiets verkennen

Flex Travel (www.flextravel.nl), Optimo Travel (www.optimotravel.nl) en Adagio Tours (www.adagiotours.be) bieden achtdaagse arrangementen aan voor individuele fietsers. De reizen zijn allemaal inclusief fietshuur, overnachting, bagagevervoer en routebeschrijvingen. Djoser organiseert een wandel-fiets-groepsrondreis van 14 dagen op de Azoren (www.djoser.nl).

Duiken

In de zeer schone wateren rondom de eilanden ontsluit zich een rijke verscheidenheid aan mariene fauna. Een paar lokale duikcentra zijn ingesteld op toeristen (spreken Engels); te vinden in Vila Franca do Campo (São Miguel), Horta (Faial) en Urzelina (São Jorge). Er zijn ook twee Duitstalige duikcentra, op Santa Maria (Baía de São Lourenço) en Pico (Madalena). Hotels met gelieerde duikcentra zijn te vinden op São Miguel (Caloura), Terceira (Angra do Heroísmo) en Flores (Santa Cruz). Details bij de desbetreffende plaatsbeschrijvingen.

Fietsen

De fysieke conditie die benodigd is voor het fietsen op de Azoren moet vanwege de pittige reliëfs niet worden onderschat. Voor fietsers is vooral São Miguel interessant, met zijn talrijke verkeersluwe zijwegen en geasfalteerde landwegen. Op Faial wordt een transfer per bus aangeboden naar Caldeira, waarna men onbekommerd naar de zee kan afdalen (zie blz. 168). Fietsverhuurbedrijven zijn er nogal dun gezaaid, maar er zijn er een paar in Ponta Delgada (São Miguel), Vila do Porto (Santa Maria), Horta (Faial), Lajes (Pico), Angra (Terceira) en Santa Cruz (Graciosa). De adressen zijn te vinden onder de respectievelijke plaatsbeschrijvingen.

Het fijnste rijdt men natuurlijk op zijn eigen stalen ros. Zowel TUIfly als TAP nemen fietsen mee tegen een meerprijs van respectievelijk € 35 (excl. fietsdoos € 23) en € 100 per enkele reis naar Ponta Delgada (tijdig registreren). Op de Azoren is verder transport per

Actieve vakantie, sport en wellness

vliegtuig niet mogelijk, maar wel met de veerboot van Atlânticoline (www.atlanticoline.pt, € 5 per enkele reis, minimaal 2 dagen van tevoren opgeven).

Golf

São Miguel kan zich met twee prachtige golfbanen (bij Rabo de Peixe en Furnas) en enkele smaakvolle accommodaties in de nabijheid als golfbestemming presenteren. Een andere, eveneens aantrekkelijke baan ligt op Terceira (bij Fajãs da Agualva). Greenfee-gasten zijn er in elk geval welkom. Info: www.azoresgolfislands.com.

Paardrijden

De paardrijsport gaat op de Azoren terug tot op de tijd van de 'sinaasappelbaronnen', in de 18e en 19e eeuw. Vanuit deze traditie bieden voornamelijk op São Miguel enkele tot plattelandshotels omgebouwde herenboerderijen (bijvoorbeeld Casa do Monte in Santo António, Quinta das Queimadas bij Nordeste) hun gasten gelegenheid tot paardrijden. Een uitgesproken ruiterboerderij met accommodatie, uitgebreid ritprogramma, manege en lessen is de Quinta da Terça in Ponta Delgada (tel. 296 64 21 34, www.quintadaterca.com). Een rijpaard huren voor een buitenrit kunt u in Ginetes (São Miguel), São Pedro (Santa Maria), Piedade (Pico) en Angra (Terceira). Zie details onder de desbetreffende plaatsbeschrijvingen.

Wandelen

Veel toeristen komen speciaal om te wandelen naar de Azoren, dat met zijn afwisselende landschap daarvoor ideale omstandigheden biedt. Op alle eilanden zijn officieel aangewezen en gemarkeerde wandelpaden van verschillende moeilijkheidsgraad. Voor wandelaars met een huurauto is er een ruime keuze aan rondwandelingen, lijnwandelingen kunnen per bus of taxi worden bereikt. De mooiste routes worden vermeld in de eilandhoofdstukken. Uitgebreide beschrijvingen (Portugees / Engels) en gedetailleerde kaarten zijn te downloaden van http://trilhos.visitazores.com of als folder verkrijgbaar bij de plaatselijke toeristenbureaus. Op de website wordt ook vermeld of routes tijdelijk zijn afgesloten (bijv. vanwege aardverschuivingen)! Veel van deze officiële paden en ook andere routes worden uitgebreid beschreven in de gids 'Azoren, de 77 mooiste kust- en bergwandelingen' (Roman Martin).

Opmerkingen voor zwemmers

Op bewaakte stranden en zwemgelegenheden wordt het zwemverbod aangegeven met een rode vlag. Geel betekent 'voorzichtigheid geboden' en bij groen is het veilig om te zwemmen. Afhankelijk van de weersomstandigheden valt er met de branding niet te spotten. De getijden (Port. *marés*) worden over het algemeen onderschat. Het getijdenverschil bedraagt ongeveer 2 meter en is dus veel uitgesprokener dan rond de Middellandse Zee. Bij eb is het moeilijk om tegen de stroom in te zwemmen. Het is daarom aan te raden om alleen bij vloed te baden en op onbewaakte stranden zeer voorzichtig te zijn. Voor getijdentabellen zie www.hidrografico.pt/previsao-mares.php (eb = *baixa-mar*, vloed = *preia-mar*). Pas op voor het zogeheten Portugees oorlogsschip. Deze grote, paarse poliepenkolonies drijven vooral in het voorjaar in het water en veroorzaken nare brandwonden met hun lange tentakels.

Reisinformatie

Ontmoeting op ooghoogte: een duiker en een potvis bij het eiland Pico

Begeleide dagtochten worden door een aantal lokale organisaties aangeboden, vooral tijdens de zomermaanden. Meer informatie hierover bij de plaatsbeschrijvingen van Piedade (Pico), Calheta (São Jorge), Angra do Heroísmo (Terceira) en Santa Cruz (Graciosa). Wandelingen met een vogelkenner en / of botanische gids zijn mogelijk op São Miguel en Faial (zie blz. 138 en blz. 160). Diverse touroperators organiseren wandelreizen (groep en individueel) op de verschillende eilanden (bijv. Stap Reizen, SNP, Djoser).

Wellness

Thermaal water borrelt op verschillende plaatsen op São Miguel en Graciosa omhoog uit de rotsen. Al sinds de 18e eeuw wordt het gebruikt voor heilzame baden. Het bekendste kuuroord op São Miguel is Furnas, met het waarschijnlijk grootste thermaalbad van Europa. Midden in het bos ligt het romantische warmwaterbassin Caldeira Velha (zie blz. 112). In Caldeiras da Ribeira Grande werden in een nostalgisch kuurgebouw weer ligbaden geïnstalleerd.

Bij Ginetes (São Miguel) is een wellness-oase voor dagjesmensen ontstaan. Behalve thermale baden worden ook spafaciliteiten en -behandelingen aangeboden. Ook het oude kuurbadhuis van Carapacho (Graciosa) is uitgegroeid tot een chique kleine spa om te ontspannen. Details zijn te vinden bij de desbetreffende plaatsbeschrijvingen.

Actieve vakantie, sport en wellness

Zeekajak

Deze trendy sport heeft veel liefhebbers op de Azoren. Verhuur en begeleide tochten worden o.a. aangeboden op Faial (Horta), Pico (Lajes), São Jorge (Calheta), Terceira (Angra do Heroísmo, Praia da Vitória) en Graciosa (Santa Cruz). Voor details zie de desbetreffende plaatsbeschrijvingen.

Zwemmen

De Azoren zijn geen typische zon- en strandbestemming. Wandelaars en natuurtoeristen maken echter graag van de gelegenheid gebruik om af en toe een duik in de Atlantische Oceaan te nemen. Het badseizoen duurt ongeveer van juni tot oktober. Op alle eilanden zijn er strandgelegenheden. Vaak hebben ze goede voorzieningen (sanitair, kleedkamers, strandbar).

Het waarschijnlijk mooiste zandstrand op de Azoren, de Praia Formosa, ligt op het eiland Santa Maria. Op São Miguel zijn het strand van Mosteiros en de Praia de Baía d'Alto erg populair, op Faial de Praia do Porto Pim (Horta) en de Praia do Almoxarife. Op Terceira is de Praia Grande (Praia da Vitória) het belangrijkste strand. Waar de stranden zeldzaam zijn, zijn er vaak aantrekkelijke rotszwembaden in natuurlijke zeewaterbekkens te vinden. Als de fraaiste van dit soort natuurlijke baden gelden Anjos (Santa Maria), Lagoa (São Miguel), Varadouro (Faial), Furna de Santo António (Pico) en Biscoitos (Terceira).

Feesten en evenementen

Traditionele feesten

Het **carnaval** (*Festas de Carnaval*) heeft een lange traditie op de Azoren. In Ponta Delgada (São Miguel) vinden grote bals plaats in het Coliseu Micaelense (zie blz. 100). Op Terceira worden toneelstukken opgevoerd, zoals de *velhas* (lett.: de ouden), geïmproviseerde spreekgezangen met toespelingen op de lokale politiek. Overal op de eilanden organiseren carnavalsverenigingen gemaskerde bals en kinderoptochten. Heel bekend is het carnaval van Graciosa (zie blz. 263).

Het **St. Jansfeest** (*Festas Sanjoaninas*) rond 24 juni is een belangrijke gebeurtenis op de Azoren. In Angra do Heroísmo (Terceira) wordt het een week lang gevierd met muziek, sport, cultuur en stierengevechten (zie blz. 241). Op Faial vindt een grote bedevaart naar de Caldeira plaats (zie blz. 178) en op Flores staat Santa Cruz drie dagen lang in het teken van Sanjoaninas. Johannes de Doper (São João Baptista) werd al door de Portugese edelen vereerd als hun patroonheilige. Zij maakten het feest in de 15e eeuw populair onder de nieuwe kolonisten op de Azoren.

Elke parochie viert zijn eigen patronaatsfeest (Festa do Santo Padroeiro). Als de dag van de lokale beschermheilige in de zomermaanden valt, wordt de gebeurtenis vaak uitgebreid tot een dagenlang feest, met deelname van de Amerikaanse emigranten die dan voor vakantie op de Azoren zijn. In ieder geval worden er een plechtige mis en een processie gehouden, begeleid door de plaatselijke harmonie. Aan de vooravond van of rond de feestdag is er vaak een breed cultureel en sportief programma (zie voor de mooiste patronaatsfeesten de plaatsbeschrijvingen).

Voor de **Feesten van de Heilige Geest** (*Festas do Espírito Santo*) zie blz. 69.

Kerstmis (*Natal*) kondigt zich in de weken ervoor aan met kleurrijke – vaak fantasievolle – sierverlichting in de steden. Thuis zetten mensen een kerststal neer, en steeds vaker ook een kerstboom. Op kerstavond wordt in de kerk de nachtmis gevierd. Op 25 december blijft de familie onder elkaar, dan komt er traditioneel kalkoen op tafel.

Op **Oudjaarsavond** (*Fim do Ano*) zijn er dansfeesten (bal), vaak in besloten gezelschap, maar ook openbaar en in theaters. In de steden luidt een professioneel vuurwerk het Nieuwjaar in.

Stierenvechten aan de lijn

Die *touradas à corda* op Terceira stammen van 1622. Ze vinden ook plaats op Graciosa, São Jorge, en een enkele keer ook op Pico en São Miguel. Kolonisten uit het zuiden van Portugal brachten de traditie naar de eilanden. De drieonderd stierengevechten die per jaar worden gehouden, zijn meestal onderdeel van het Feest van de Heilige Geest of een ander volksfeest (mei-okt.). Na een kanonschot wordt de eerste stier in de straat losgelaten. De toeschouwers volgen het gebeuren vanaf de balkons of veilig vanachter een muur. Terwijl de zes *pastores* (herders) de stier in toom houden aan een touw, hitsen jonge mannen het dier op met doeken of plotseling uitgeklapte paraplu's en rennen dan weg, voordat ze op de hoorns worden genomen. Wanneer de stier moe is, wordt hij door de volgende vervangen. Een reeks van vier stieren is gebruikelijk. Ongevaarlijk is het spel niet, vaak raken de vechters gewond. De stieren keren na afloop weer terug naar de wei.

Uitgaan

Op de Azoren daalt de rust meestal al vroeg over de stadjes neer. Alleen in Ponta Delgada is er een behoorlijke keus aan cafés, trendy bars en disco's. In beperkte mate geldt dit ook voor Angra do Heroísmo en Horta. In de zomer ontmoeten feestvierders elkaar op de volksfeesten die vooral in augustus plaatsvinden, vaak met openluchtdansfeesten met dj- of livemuziek.

Feestagenda

april

Festa do Senhor dos Enfermos: 1e zo. na Pasen, Furnas (São Miguel), feest van de patroonheilige van de zieken en hulpbehoevenden, zie blz. 133.
Triatlo Peter Café Sport: elke twee jaar eind april, Horta (Faial), zie blz. 169.

mei / juni

Procissão de São Miguel: 1e zo. mei, Vila Franca do Campo (São Miguel), processie, zie blz. 127.
Festa do Senhor Santo Cristo dos Milagres: 5 weken na Pasen, Ponta Delgada (São Miguel), feest van de Heer der Wonderen, zie blz. 100.
São João da Vila: rond 24 juni, Vila Franca do Campo (São Miguel), feest van St.-Jan, zie blz. 127.
Cavalhadas de São Pedro: 29 juni, Ribeira Grande (São Miguel), ruiteroptocht ter ere van St.-Petrus, zie blz. 114.

juli / augustus

Semana Cultural de Velas: 1e week juli, Velas (São Jorge), zie blz. 211.
Festa do Emigrante: half juli, Lajes (Flores), emigrantenfestival, zie blz. 211.
Festas de Santa Maria Madalena: rond 22 juli, Madalena (Pico), zie blz. 188.
Cais Agosto: eind juli / begin aug., São Roque (Pico), zomerfestival, zie blz. 200.
Semana do Mar: 1e week aug., Horta (Faial), week van de zee, zie blz. 169.
Festas da Praia: begin aug., Praia da Vitoria (Terceira), stadsfeest met o.a. zeilwedstrijden, stierengevechten, zie blz. 249.
Festa do Senhor Bom Jesus Milagroso: 6. aug., São Mateus (Pico). herdersfeest, zie blz. 189.
Festas do Senhor Santo Cristo dos Milagres: 2e zo. aug., Santa Cruz (Graciosa), zie blz. 263.
Festival dos Moinhos: rond 15 aug., Corvo, cultureel feest, zie blz. 285.
Festival Maré de Agosto: drie dagen in 2e helft aug., Praia Formosa (Santa Maria), muziekfestival, zie blz. 148.
Semana dos Baleeiros: eind aug., Lajes (Pico). walvisvaardersfeesten, zie blz. 191.
Festa do Pescador: eind aug., Caloura (São Miguel), visserijdagen, zie blz. 122.

september / oktober

Festa da Vinha e do Vinho: 1e weekend sept., Biscoitos (Terceira), wijnfeesten, zie blz. 254.
Romaria de Santo Cristo: 1e zo. sept., Faja de Santo Cristo (São Jorge), bedevaart, zie blz. 221.
Angrajazz: begin okt., Angra do Heroismo (Terceira), meerdaags jazzfestival, zie blz. 241.
Wine in Azores: een weekend in okt., Ponta Delgada (São Miguel), gastronomisch festival, zie blz. 101.
Festa da Castanha: laatste weekend okt., Angra do Heroísmo (Terceira), kastanjefestival, zie blz. 241.

Praktische informatie van A tot Z

Ambassades en consulaten

Nederlands Consulaat
Rua da Pranchinha 92, 9500-331 Ponta Delgada (São Miguel), tel. 296 20 15 82, fax 296 20 15 89, nlgovazores@financor.pt.

Belgisch Consulaat
Rua da Pranchinha 92, 9500-331 Ponta Delgada (São Miguel), tel. 296 20 15 80, fax 296 20 15 89, josebraz@financor.pt.

Elektriciteit

De netspanning is 220 volt. Adapters zijn niet nodig op de Azoren.

Feestdagen

1 jan.: Nieuwjaarsdag (*Ano Novo*); **25 apr.**: Dag van de Revolutie van 1974 *(Dia da Liberdade)*; **1 mei:** Dag van de Arbeid *(Dia Internacional do Trabalho)*; **10 jun.**: Portugese nationale feestdag ter nagedachtenis van de dichter Camões (*Dia de Camões*); **1 nov.**: Allerheiligen *(Todos-os-Santos)*; **8 dec.**: Maria Onbevlekte Ontvangenis (*Imaculada Conceição*); **25 dec.**: Kerstmis (*Natal*); variabele data hebben **Goede Vrijdag** (*Sexta-feira Santa*) en **Tweede Pinksterdag** *(Dia da Pombinha*, ook gevierd als de Dag van de Autonomie van de Azoren). **Tweede Paasdag,** Hemelvaartsdag, Corpus Christi en Maria Tenhemelopneming zijn geen officiële feestdagen. Dit geldt ook voor de twee voormalige nationale feestdagen op 5 okt. en 1 dec., die in het kader van de bezuinigingen werden afgeschaft als gevolg van de begrotingscrisis in Portugal.

Fooien

Kamermeisjes ontvangen ca. € 1 per dag, kruiers € 0,50 per stuk bagage. Taxichauffeurs verwachten meestal geen fooi, maar u kunt het tarief afronden. In restaurants kunt u wat kleingeld laten liggen op het schoteltje met wisselgeld. In snackbars en cafetaria's is een fooi ongebruikelijk.

Geld

De **valuta** in Portugal en dus ook op de Azoren is de euro. Alle bankkantoren, luchthavens, winkelcentra en sommige grote hotels hebben **geldautomaten** waar men tot een maximum van € 200 per dag met een **pinpas** (Maestro of VPay) kan opnemen (ca. € 5 kosten). **Creditcards** en **Maestro/VPay-passen** worden door de grotere hotels, benzinestations en veel restaurants en winkels geaccepteerd. Directe betaling met een **pinpas** is echter niet overal mogelijk. Bij autohuur wordt meestal vooraf een creditcardbetaling gevraagd in plaats van een borgsom.

Kinderen

Voor kleine kinderen zijn de Azoren minder geschikt, omdat er geen echt veilige zwemlocaties of geschikte alternatieven zijn. Kinderen vanaf drie jaar komen aan hun trekken in het enige waterpark op de Azoren in Vila Franca do Campo (São Miguel). Oudere kinderen zullen de walvistochten leuk vinden, zie blz. 108. Enkele fietsverhuurbedrijven verhuren kinderfietsen (bijv. in Ponta Delgada, São Miguel). Jongeren kunnen op Pico zwemmen met dolfijnen.

Media

De meeste accommodaties bieden hun gasten een **televisie** in de kamer. Niet-Portugese zenders kunnen worden ontvangen via satelliet, maar worden zelden ingesteld door het hotel. Nederlandse radioprogramma's en -zendfrequenties zijn op te zoeken – en ook te beluisteren – via www.npo.nl.

Nederlandstalige **kranten** en tijdschriften zijn nauwelijks beschikbaar, in het beste geval op São Miguel, Terceira en Faial op de luchthaven.

Medische verzorging

Nederland heeft met de andere EU-landen een verdrag afgesloten waardoor u, als verplicht verzekerde, recht hebt op onvoorziene, noodzakelijke medische hulp vanuit het basispakket. Op vertoon van de Europese Health Insurance Card (EHIC), gratis aan te vragen bij de zorgverzekeraar, wordt u kosteloos behandeld tot een bedrag naar Nederlandse normen. Echter, in privéklinieken en particuliere medische centra of artsenpraktijken wordt de EHIC niet geaccepteerd. Ook in openbare ziekenhuizen en gezondheidscentra zijn niet alle diensten door de verzekering gedekt. In dergelijke gevallen moeten de behandelkosten eerst door uzelf worden betaald. Thuis wordt de rekening vervolgens vergoed door de ziektekostenverzekering (factuur zo gedetailleerd mogelijk laten uitschrijven). Het bedrag wordt echter niet altijd volledig vergoed. Deze kosten kunnen aardig oplopen. Daarom is het verstandig om een ziektekostenmodule bij uw reisverzekering af te sluiten. Let er daarbij op dat u dan niet dubbel verzekerd bent via uw aanvullende ziektekostenverzekering. Vraag dit zonodig na bij uw verzekeraar.

Ziekenhuizen

São Miguel: Hospital do Divino Espírito Santo, Ponta Delgada, Arrifes, Rua da Grotinha, tel. 296 20 30 00 (24 uur), http://divinoespirito.pai.pt.
Faial: Hospital da Horta, Príncipe Alberto Estrada do Mónaco, tel. 292 20 10 00 (alg.), 292 20 11 43 (noodgevallen).
Terceira: Hospital de Santo Espírito da Ilha Terceira, Canada do Breado, tel. 295 40 32 00, www.hseit.pt.

Gezondheidscentra

In alle grotere steden zijn er openbare gezondheidscentra (*Centros de Saúde*, meestal 24 uur per dag geopend). Veel artsen spreken er Engels.

Reiskosten en budgettips

De Azoren zijn geen goedkope bestemming. In de grotere supermarkten die op bijna alle eilanden gevestigd zijn – en zeker in de Continente en Solmar – is het prijsniveau vergelijkbaar met dat in Nederland. Ook de accommodatiekosten zijn vergelijkbaar. Over het algemeen liggen de prijzen in restaurants, bars/cafés en taxi's iets lager.
Uit eten: hoofdgerecht € 8-15, dagschotel of lunchbuffet € 6-8, snack € 2,50-5, fles wijn vanaf € 10, biertje € 1-3,50, kopje koffie € 0,70-2. **Taxi** € 0,60-0,75 per km, min. € 3,25-3,90. De **bus** is goedkoop, bijv. Ponta Delgada – Vila Franca do Campo (35 km) ca. € 2, stedelijke minibussen € 0,50, **autohuur** vanaf € 45 per dag of € 140 per week, benzine: in mei 2015 kostte Euro-super 95 € 1,40 per liter. **Toegangsprijzen:** musea/tuinen € 2-3, vulkanische grotten, etc. € 4-6, kinderen meestal 30-50% korting, tot 12 of 14 jaar gratis.

Apotheken

In de grotere steden is minimaal een apotheek (*farmácia*) te vinden, herkenbaar aan het witte kruis op een groene achtergrond (meestal ma.-za. 9-13, 15-19 uur, soms ook zo.-ochtend). Nooddienst apotheken: www.farmaciasdeservico.net (de informatie op deze website is niet altijd betrouwbaar).

Naturisme en topless

Nudisme is nergens op de Azoren toegestaan. Ook topless zonnen komt nauwelijks voor.

Noodgevallen

Politie, brandweer en ambulance: 112 (noodnummer; zie voor plaatselijke telefoonnummers per eiland: www.visitazores.com/en/useful-services).
Het **blokkeren van debet- en kredietkaarten**: zie www.veiligbankieren.nl voor een lijst met internationale telefoonnummers van alle Nederlandse banken.
Neem voor het **blokkeren van de simkaart** na diefstal van uw mobiele telefoon contact op met uw provider.

Omgangsvormen

De mensen van de Azoren zijn wat gereserveerd, maar meestal vriendelijk. Het snelste komt men in contact met vakantievierende of permanent naar het thuisland teruggekeerde Amerika-emigranten. Het Azoriaanse dagritme is min of meer gelijk aan het Europese.
 Kleding: in de chique hotels en restaurants wordt verwacht dat de heren tijdens het diner een lange broek dragen.

Openingstijden

Banken: ma.-vr. 8.30-14.45 uur.
Postkantoor: meestal ma.-vr. 9-12.30, 14.30-18 uur.
Winkels: kleinere winkels ma.-vr. 9-13, 14-18, za. 9-13 uur, in de grotere steden vaak zonder middagpauze; grote supermarkten ma.-za. 9-21, zo. 9-13 uur. In Ponta Delgada openen de winkels in de winkelcentra Solmar (Av. Infante Dom Henrique) en Parque Atlantico (Rua da Juventude, aan de noordelijke stadsrand) dag. 10-22 uur (supermarkt zo. slechts tot 13 uur). Wie op zondagmiddag aankomt in Ponta Delgada, kan het noodzakelijkste bij de benzinestations kopen.
 Op de officiële feestdagen, en deels ook op 26 dec. en carnavalsdinsdag, zijn overheden, banken, postkantoor en veel winkels gesloten.

Post

Porto: de verzending van brieven en kaarten tot 20 g kost bij het normale tarief (rode brievenbus) voor Nederland en België € 0,72. Expresspost (*correio azul*, € 2,35, blauwe brievenbus) doet er naar het Europese vasteland maximaal 3 dagen over, gewone post 3-5 dagen. Postzegels (*selos*) zijn verkrijgbaar op postkantoren, bij de receptie van het hotel en bij officiële verkooppunten (met een *Correio*- of *Posto de Venta de Selos*-sticker op de deur).

Reizen met een handicap

Op São Miguel, Faial en Terceira zijn verschillende hotels die toegankelijk zijn voor mensen met een beperking (vraag hiernaar bij uw reisbureau).

Roken

In Portugal is het roken op luchthavens, in hotels, musea, tentoonstellingsruimten, winkelcentra, ziekenhuizen en andere openbare gebouwen verboden. Een uitzondering vormen tot op heden nog de grotere restaurants, cafés en discotheken, die rokersgedeelten mogen aanwijzen. Per 2020 zullen ook deze afgeschaft worden. De regelingen gaan dan ook voor e-sigaretten gelden.

Souvenirs

São Miguel onderscheidt zich door de productie van een aantal exotische delicatessen. **Ananas** uit de kassen bij Ponta Delgada wordt verkocht in voor handbagage geschikte dozen. Daarnaast zijn er ook nog jam, snoep en likeuren van ananas verkrijgbaar. Bij Ribeira Grande wordt door een traditioneel bedrijf een aromatische **passievruchtenlikeur** bereid. In die omgeving groeit ook de enige **thee** in Europa (blz. 116). Bakkerijen in Vila Franca do Campo (São Miguel) en Praia (Graciosa) maken de vroeger in kloosters gebakken **queijadas**.

Pico staat bekend om zijn **wijn** (blz. 56) en uit druivenschillen en vijgen gestookte **brandewijn**. In bescheiden hoeveelheden wordt er ook goede wijn gemaakt op Terceira (Biscoitos) en Graciosa (Santa Cruz). Fabrieken op São Miguel en São Jorge blikken **tonijn** in, zoals het merk Bom Petisco.

Behalve bij de producent, zijn culinaire souvenirs verkrijgbaar in de supermarkten en bij de luchthavenshops. Voor **kunstnijverheid** zie blz. 77.

Telefoneren

Openbare **telefooncellen** werken met munten en/of telefoonkaarten (Telecom Card PT). De laatstgenoemde zijn verkrijgbaar in postkantoren, bij filialen van de internetprovider MEO of bij officiële verkooppunten (zie 'Post'). Bellen vanuit de hotelkamer is duurder.

Het **mobiele netwerk** op de Azoren is zeer goed. Met een buitenlandse mobiel belt u probleemloos via het Portugese netwerk. De vroeger vrij hoge toeslagen voor internationale gesprekken werden in de afgelopen jaren steeds verder verlaagd. Deze zogeheten roamingtarieven zullen echter naar het besluit van de EU nog minstens tot 2018 blijven bestaan.

Internationale toegangscodes: 0031 voor Nederland en 0032 voor België. Bellen naar Portugal: landcode 00351 plus het negencijferig abonneenummer. Portugal kent geen netnummers.

Veiligheid

De Azoren worden als relatief veilig beschouwd. Toch kunt u uw kostbaarheden het best in de hotelsafe bewaren (ca. € 2 per dag). Het is in principe raadzaam om niets van waarde in de huurauto achter te laten.

Er zijn geen giftige slangen of schorpioenen op de eilanden. Voor de kust worden weliswaar haaien gevangen, maar (onaangename) ontmoetingen tussen zwemmers en deze dieren zijn zeer onwaarschijnlijk.

Water

Het leidingwater op de Azoren wordt als hygiënisch en veilig beschouwd. Omdat het water sterk met chloor is behandeld, is het vanwege de smaak aan te raden om gebotteld drinkwater in de supermarkt te kopen.

Kennismaking – Feiten en cijfers, achtergronden

Vissers in de haven van Lagoa, São Miguel

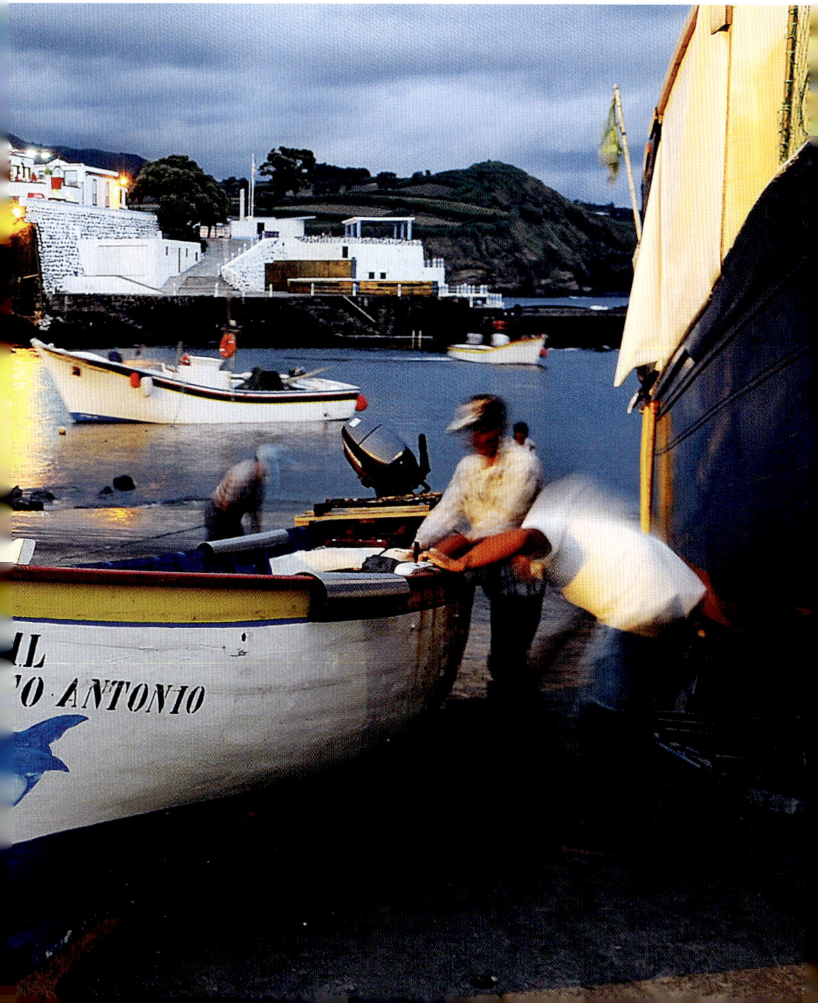
ANTONIO

Azoren in het kort

Feiten en cijfers

Oppervlakte: 2330 km²
Hoofdstad: Ponta Delgada
Officiële taal: Portugees
Inwoneraantal: 247.000
Valuta: euro
Landcode: 00351 plus negencijferig abonneenummer
Tijdzone: Azores Time (AZOT), zowel in de zomer als in de winter moet de klok twee uur teruggezet worden ten opzichte van Centraal-Europa.
Vlag: op de vlag van de Azoren staat de buizerd afgebeeld, die er ten tijde van de ontdekkingsreizen veel voorkwam. De scheepvaarders verwarden hem echter met een havik (Port.: *açor*), waarnaar ze de archipel vernoemden.

Geografie en natuur

Het grootste van de negen bewoonde eilanden van de Azoren is São Miguel (759 km²), dat samen met Santa Maria de oostelijke groep (*grupo oriental*) vormt. Tot de centrale groep (*grupo central*) behoren Faial, Pico, São Jorge, Terceira en Graciosa. De westelijke groep (*grupo ocidental*) met Flores en Corvo ligt het dichtst bij Amerika. De archipel strekt zich uit tussen 28° en 31° westerlengte en 37° en 40° noorderbreedte. De afstand van São Miguel tot het Portugese vasteland bedraagt 1369 km, de afstand van de westelijke groep tot Amerika (Newfoundland) is 2342 km. Binnen de archipel liggen Santa Maria en Corvo met 622 km het verst van elkaar verwijderd. Het hoogste punt van de Azoren en van heel Portugal is de Montanha do Pico (2351 m) op het eiland Pico.

Op veel plaatsen op de Azoren getuigen warmwaterbronnen, fumarolen en moddervulkanen van vulkanische activiteit. Als jongste vulkaan ontstond in 1957-1958 de Capelinhos op Faial. Hier vond ook in 1998 de laatste grote aardbeving plaats. Dankzij het milde, regenachtige klimaat op de Azoren gedijt er een weelderige vegetatie. Op lagere hoogte groeit van nature een soort macchia, een mediterane, altijd groene struikvegetatie. In het binnenland, waar de eilanden een gemiddelde hoogte tussen 600 en 1000 m bereiken, bevindt zich een zone met inheemse jeneverbes- en laurierbosvegetatie.

Geschiedenis en cultuur

Het in bezit nemen van de Azoren door Portugal begon in 1432 met de officiële ontdekking van Santa Maria en São Miguel. Rond 1450 volgden de eilanden van de centrale en de westelijke groep. Tegen het einde van 15e eeuw werden de Azoren een steunpunt voor ontdekkingsreizen naar Newfoundland. Angra do Heroísmo (Terceira) ontwikkelde zich tot een representatieve hoofdstad. In 1580 besteeg koning Filips II van Spanje de Portugese troon. Vanaf dat moment namen de aanslagen op Spaanse schepen door Engelse kapers toe in de Azoriaanse havens. In die tijd ontstonden er ongenaakbare forten. Na het herstel van de Portugese onafhankelijkheid in 1640 floreerde de export van natuurlijke indigoblauwe kleurstof. In de 18e eeuw bracht de export van sinaasappelen en wijn welvaart. Kerken en paleizen werden rijkelijk versierd in barokstijl. De landbouwrecessie in de

19e eeuw kon niet worden opgevangen door de groeiende walvisvaartindustrie. De walvisvangst werd uiteindelijk in de jaren tachtig van de vorige eeuw definitief gestaakt.

Overheid en politiek

De Azoren (*Açores*) horen bij Portugal. Sinds 1976 zijn ze een autonome regio met een eigen parlement, dat in Horta (Faial) zitting houdt. Hoofdkwartier van de regering is Ponta Delgada (São Miguel), waar zich ook de meeste instanties bevinden. De *Representante da República* zetelt in Angra do Heroísmo (Terceira) en vertegenwoordigt de centrale Portugese regering op de Azoren. De afzonderlijke eilanden hebben geen zelfbestuurlijke rechten. De kleinste bestuurlijke eenheid is het district (*município of concelho*), waarvan er op elk eiland een of meer zijn.

Economie en toerisme

Vandaag de dag is de veehouderij de belangrijkste economische pijler van de Azoren. Op de eilanden worden zo'n 200 duizend runderen gehouden. Het vlees en de zuivel worden grotendeels geëxporteerd naar het Portugese vasteland. Ook de export van tonijnconserven naar Italië speelt een rol. Daarentegen worden ananas, passievruchten, thee en wijn overwegend voor eigen consumptie op de eilanden geproduceerd. Noemenswaardige industrie is er niet. Vanwege het gebrek aan binnenlandse interesse daalde onlangs het toerisme. Het aantal buitenlandse gasten bleef stabiel. Jaarlijks komen ongeveer 20 duizend Duitse toeristen naar de Azoren. In aantal worden zij gevolgd door respectievelijk Nederlanders, Spanjaarden en Zweden. De helft van de circa 10 duizend hotelbedden bevindt zich op São Miguel.

Bevolking, taal en religie

Gemiddeld wonen op de Azoren 105 mensen per vierkante kilometer. Ongeveer de helft van de totale bevolking bevindt zich op São Miguel (138.000 inw.), waar het aantal inwoners zich concentreert in de agglomeratie van Ponta Delgada (69.000 inw.). Op Terceira wonen ongeveer 56.000 mensen, op ruime afstand gevolgd door de andere eilanden. In de 15e eeuw vestigden zich overwegend Portugezen op de Azoren, aangevuld met Vlamingen. In recenter tijden streken een enkele honderden West-Europeanen neer op de Azoren, in het bijzonder op São Miguel, Faial en Pico. Al met al is het aandeel immigranten laag. Daarentegen emigreerden in het verleden veel Azorianen naar de Verenigde Staten en Canada. Remigranten brachten soms hun Amerikaanse echtgenoten mee. Hun kinderen spreken vaak beter Engels dan Portugees. Meer dan 90% van de eilandbewoners is rooms-katholiek, waarbij het werkelijke aantal praktiserende gelovigen beduidend lager ligt.

Geschiedenis

Ontdekkingsperiode

1345	Een monnik uit Sevilla, die een Portugese Atlantische expeditie heeft begeleid, doet verslag van de waarneming van de Azoren op de terugvaart van de Canarische Eilanden.
1351	De archipel wordt op een Italiaanse zeekaart ingetekend.
1427	De Portugese zeevaarder Diogo de Silves doet de officiële ontdekking van de eilanden van de oostelijke en centrale groep, maar gaat er niet aan land.
1432	Gonçalo Velho Cabral landt namens Hendrik de Zeevaarder op Santa Maria en São Miguel. Na zijn benoeming tot *Capitão Donatário* (gouverneur) van de twee eilanden in 1439, brengt hij de eerste kolonisten naar Santa Maria en in 1444 ook naar São Miguel.
1452	De eilanden Flores en Corvo worden ontdekt.
1456	Op Terceira (lett.: de derde) vestigen zich de eerste kolonisten, tot 1470 worden ook de andere eilanden gekoloniseerd.
1493	Christoffel Columbus gaat op de terugtocht van zijn eerste oversteek van de Atlantische Oceaan voor anker in de Baai van Anjos (Santa Maria) om water en proviand in te slaan. Hij wordt door de plaatselijke Portugese kolonisten niet erg vriendelijk ontvangen.
1495	In Portugal bestijgt koning Emanuel I de troon. Onder zijn bewind worden belangrijke zeeroutes naar Amerika en Azië ontdekt. De Azoren ontwikkelen zich daarbij tot het knooppunt in de Atlantische Oceaan, de bevolking neemt met sprongen toe.
1501	Gaspar Corte-Real onderneemt vanaf Terceira een verkenningstocht naar Noord-Amerika en bereikt waarschijnlijk Newfoundland. Twee schepen van zijn vloot keren terug. Hijzelf wordt vermist. De wateren voor de kust van Newfoundland worden een belangrijk visserijgebied voor Portugal.
1522	Een zware aardbeving verwoest Vila Franca do Campo, de eerste hoofdstad van São Miguel. Hierop groeit Ponta Delgada uit tot de handelsmetropool van het grootste eiland van de Azoren.
1534	Angra (Terceira) wordt de bisschopszetel van de Azoren en de eerste *cidade* (stad met bepaalde rechten). In de periode daarna ontwikkelt Angra zich tot de belangrijkste havenstad van de Azoren, met schitterende gebouwen in renaissancestijl.

Ere wie ere toekomt: in 1493 werd Christoffel Columbus onvriendelijk ontvangen op Santa Maria, maar nu wordt hij herdacht met een monument

Spaanse overheersing en Restauratie

1580 Koning Filips II van Spanje bestijgt de Portugese troon en heerst nu over beide koninkrijken. Op de Azoren wordt hiertegen met geweld verzet gepleegd. Pas in 1583 veroveren de Spaanse troepen de eilanden volledig. In Angra en andere havensteden maken nu Spaanse galjoenen, beladen met goud en zilver, kwartier op de weg van Amerika naar Europa.

1588 Na de ondergang van de Armada is de Spaanse macht tanende. De aanvallen van Engelse kapers op de havens van de Azoren nemen toe en maken de bouw van sterkere verdedigingswerken nodig.

Geschiedenis

1640	De Portugese adel benoemt uit eigen gelederen een nieuwe koning. Op deze zogeheten Restauratie volgt een onafhankelijkheidsoorlog. In 1642 worden de Spanjaarden van de Azoren verdreven. Echter pas in 1668 erkent Spanje de onafhankelijkheid van Portugal.

Sinaasappelbaronnen en walvisvaarders

1766	De markies van Pombal, die in Lissabon de regeringszaken leidt, zet de leenheren van de afzonderlijke eilanden uit de macht. Hij installeert een kapitein-generaal voor de gehele Azoren, met zetel in Angra (Terceira). Er volgt een economische opleving, waarin sinaasappels en wijn worden geëxporteerd.
rond 1830	Amerikaanse walvisvaarders bevaren regelmatig Azoriaanse wateren, waarin talrijke potvissen voorkomen.
1832	Vanuit Terceira wordt de Miguelistenoorlog gevoerd. Pedro IV is de rechtmatige erfgenaam van de troon, maar is in 1826 afgetreden ten gunste van zijn dochter Maria II. Hij trekt met zijn volgelingen vanuit Angra naar het vasteland van Portugal, waar zijn jongere conservatieve broer Miguel de macht heeft gegrepen. In 1834 lukt het hem om Miguel uit Lissabon te verdrijven en de troon terug te winnen voor zijn dochter. Hij sterft nog in datzelfde jaar. Maria II verleent de stad Angra later de titel 'do Heroísmo' (heldendom).
1864	Na zware tegenslagen in de sinaasappelteelt wegens aantasting door schadelijke insecten, ontdekken de boeren op São Miguel de ananas als een nieuw exportproduct. Bij Ponta Delgada wordt de eerste kas gebouwd.
1893	Tussen Portugal en Faial wordt de eerste overzeese kabel aangelegd. Horta ontwikkelt zich in de jaren daarop tot een belangrijk relaisstation voor trans-Atlantische communicatie.
1916	Portugal raakt betrokken bij de Eerste Wereldoorlog. De Deutsch-Atlantische Telegraphengesellschaft (DAT) moet Horta verlaten, maar keert na de oorlog terug.
1932	António Salazar voert een dictatoriaal bewind over Portugal, dat tot 1974 stand houdt.
1939	Tijdens de Tweede Wereldoorlog blijft Portugal neutraal. Het zijn gouden tijden voor de inheemse walvisvaarders, nu de internationale concurrentie is weggevallen.
vanaf 1943	De geallieerden vestigen militaire bases op de Azoren.

Moderne ontwikkelingen

1957/1958 Op Faial ontstaat met de Vulcão dos Capelinhos de jongste vulkaan op de Azoren.

1969 De laatste kabelmaatschappij verlaat Horta.

1974 Met de Anjerrevolutie eindigt de dictatuur in Portugal. Na aanvankelijke problemen stabiliseert de jonge democratie zich. De onafhankelijkheidsbeweging op de Azoren komt niet van de grond.

1976 De Azoren krijgen de status van autonome regio met verregaande zelfbestuurlijke rechten, een eigen president en een parlement.

1980 Een aardbeving verwoest de historische stad Angra do Heroísmo, die vervolgens wordt uitgeroepen tot UNESCO Werelderfgoed en met Amerikaanse financiele hulp weer wordt opgebouwd.

1984 De walvisvangst wordt officieel beëindigd nadat de laatste walvisverwerkende fabriek in São Roque do Pico zijn deuren heeft gesloten vanwege een gebrek aan rendabiliteit.

1986 Portugal treed toe tot de Europese Gemeenschap (nu de EU). Als gevolg hiervan ontvangen de Azoren subsidies uit Brussel voor het ontwikkelen van de infrastructuur en het scheppen van arbeidsplaatsen, zoals in het toerisme.

1998 De laatste grote aardbeving op de Azoren schokt de eilanden Faial en Pico. De beving eist acht mensenlevens en vernietigt veel huizen.

2004 Het wijnbouwgebied op Pico met de karakteristieke wijnboerderijen en kleine, door lavastenen muurtjes omzoomde velden, is opgenomen op de lijst van UNESCO Werelderfgoederen.

2007/2009 De eilanden Graciosa, Corvo en Flores worden UNESCO Biosfeerreservaten.

2013 Na jaren van toeristische bloei wordt de economische crisis voelbaar. De vakantiegangers uit Portugal, eerder goed voor bijna de helft van alle bezoekers, blijven steeds vaker weg. Ondanks dat het aantal buitenlandse toeristen stabiel bleef, moest een aantal hotels hun deuren sluiten.

2015 De prijsvechters Ryanair en Easyjet verzorgen vliegverbindingen van het Portugese vasteland naar Ponta Delgada. De Azoren hopen dat hierdoor de bezoekersaantallen weer beduidend zullen toenemen.

De Azorenarchipel is van vulkanische oorsprong. In 1957-1958 onstond de jongste vulkaan, in 1998 was de laatste grote aardbeving. De aardwarmte zorgt echter niet alleen voor gevaren, maar biedt ook milieuvriendelijke mogelijkheden voor energiewinning.

De Azoren steken als bergtoppen uit boven de Mid-Atlantische Rug, een onderwatergebergte op een overgangsgebied op de bodem van de oceaan, waar continu vloeibaar magma uit de aardmantel naar buiten stroomt. In contact met het koude zeewater stolt het tot vulkanisch gesteente en drukt het de continenten Europa en Afrika aan de ene kant en Amerika aan de andere kant met een snelheid van 1 cm per jaar uit elkaar – een gevolg van de zogeheten platentektoniek.

Actief vulkanisme – risico's en mogelijkheden

De jongste vulkanische aanwinst van de Azoren: Vulcão dos Capelinhos (Faial)

Altijd in beweging

De westelijke eilandengroep met Flores en Corvo ligt op de Amerikaanse plaat en verwijdert zich zodoende van de rest van de archipel. Het vulkanisme is daar tot rust gekomen. De eilanden in het midden en oosten daarentegen vormen met de aangrenzende diepzeebodem een eigen, driehoekige microplaat, ingeklemd tussen de grote continentale platen. Vanaf de piek bij São Miguel loopt een breuklijn tot aan Gibraltar die Europa van Afrika scheidt. De microplaat is zeer actief. Bij de middelste groep eilanden en bij São Miguel vinden steeds weer erupties plaats, in historische tijd circa dertig in aantal. Alleen Santa Maria, met zijn leeftijd van 8 miljoen jaar het oudste eiland van de Azoren, ligt buiten het actieve gebied.

Als jongste vulkaan van de Azoren ontstond in 1957-1958 de Capelinhos. Bij het westelijke deel van Faial stegen toentertijd geweldige rook- en slikzuilen op uit de Atlantische Oceaan en weiden en velden verdwenen onder een laag as. Twee kleine rotseilandjes werden door de uit zee oprijzende vulkaan opgeslokt, voordat hij met het hoofdeiland samensmolt.

Op talrijke breuklijnen in de microplaat bouwt wrijvingsenergie zich op en het ontladen gaat gepaard met aardbevingen. Een verwoestende aardbeving vernielde in 1980 de historische stadskern van Angra do Heroísmo. De Universiteit van de Azoren verspreidde daarop seismische meetapparatuur over de archipel. Via satelliet observeert men de beweging van de platen, waardoor eilanden millimeters en soms zelfs centimeters omhoog en omlaag bewegen. Toch lukte het niet om de laatste zware aardbeving van 1998 op de centrale eilandengroep te voorspellen. Op Faial, waar de beving 5,6 op de schaal van Richter bereikte, vielen acht doden. Meer dan 3000 naschokken werden in de daaropvolgende weken gesignaleerd, waarvan 224 voor mensen voelbaar waren.

Kokendhete dampen

Ook wordt geprobeerd vulkaanuitbarstingen te voorspellen via metingen van de activiteit van fumarolen (plekken waar hete dampen uit de aarde ontsnappen). Is er veel – naar rotte eieren stinkende – zwavelwaterstof aanwezig, dan noemt men ze ook solfataren. Zo lang ze zeer actief zijn, zegt men, is er geen gevaar te verwachten. Neemt hun activiteit echter af, dan is voor-

Mossen en varens veroveren als eerste planten het lavagesteente

zichtigheid geboden. Solfataren, zoals die van Furnas (São Miguel) of die van Furnas do Enxofre (Terceira), behoren tot de grote natuurschouwspellen van de Azoren. Het gesteente rondom valt uiteen tot leem en er ontstaan 'grotten' (Port. *furnas*). Zwavelhoudend zuur, dat ontstaat als zwavelwaterstof in contact komt met de lucht, is daarvoor verantwoordelijk. Daarbij hopen zich bij de openingen gele zwavelkristallen op.

Zeldzame versteningen

Santa Maria is het enige Azoreneiland waarop fossielen te vinden zijn – in strand en duinafzettingen van tot wel 5 miljoen jaar oud rond, die vroeger werden afgegraven voor de kalkwinning en die circa 40 m boven de zeespiegel liggen. Pas na de eeuwwisseling werden ze ontdekt door geologen. Sindsdien namen hobby-verzamelaars talrijke fossielen mee, die daarmee voor de wetenschap verloren gingen. Inmiddels worden de versteningen beschermd. Er is nu al één, slechts per boot begaanbaar, marien fossielennatuurleerpad *(trilho de fosseis marítimo)* aangelegd. Vier andere educatieve fossielenroutes aan land volgen nog.

Reuzenkraters en donkere kraterpijpen

Andere veelbezochte natuurattracties op de eilanden zijn kraters en grotten. Weliswaar heten ook 'normale' vulkaankraters op de Azoren *caldeira* (ketel), toch wordt in wetenschappelijke zin met de uit het Spaans afgeleide vakterm caldera een krater bedoeld die gedeeltelijk is ingestort. Vermoedelijk vormt zich in het binnenste van grote vulkanen vroeg of laat door uitspoeling van lava een instabiele koker. Een serie opeenvolgende explosieachtige erupties leidt ten slotte tot het instorten van de kraterwand en zo ontstaan geweldige kraterlandschappen zoals de Caldeira das

Sete Cidades (São Miguel) of de centraal gelegen Caldeira op Faial. De imposante vulkaan Pico heeft deze ontwikkeling misschien nog in het verschiet.

Op de eilanden bevinden zich twee verschillende soorten grotten: lavatunnels en kraterpijpen. Lavatunnels onder afgekoelde lavastromen werden op São Miguel, Pico en Terceira voor bezoekers opengesteld. Als tegen het einde van een vulkaanuitbarsting de aanvoer van vers materiaal uitbleef, dan stroomde het vloeibare gesteente onder de reeds afgekoelde oppervlakte weg met achterlating van een uitgestrekte holle ruimte. De bodem van dergelijke lavatunnels bestaat vaak uit zogeheten gladde lava – een aanwijzing dat de lava stroperig stroomde voordat hij afkoelde. Toegang tot de ruimten bieden de schoorstenen – kloven in de tunnelplafonds, die bij explosies van gasbellen in de nog vloeibare lava ontstonden.

In tegenstelling tot de tunnels raakten de kraters tegen het einde van de eruptie meestal verstopt door terugvloeiende lava. Slechts zelden blijft, zoals op Terceira en Graciosa, een diep gat achter. In tunnels zijn net als in kraters bizarre vormen te bewonderen, zoals lavapegels of de vergelijkbare, tot wel 25 cm lange basaltstalactieten. Er zijn ook druipsteenachtige, blazige vormen, die – anders dan 'echte' druipstenen – niet uit kalk, maar uit kwartsiet (een kwartsvariant) bestaan.

Energie uit de bodem

Energiewinning uit aardwarmte is een thema op de Azoren, alhoewel in licht afnemende mate. Momenteel komt ongeveer 17% van de stroom uit aardwarmtecentrales, op São Miguel zelfs rond de 40%. Daar ontstond in 1980 boven de Ribeira Grande, waar al op 500 m diepte temperaturen van rond de 200 °C heersen, de eerste *Central Geotérmica*. In een gesloten kringloop wordt water naar omlaag geleid, dat daarna bij het terugstromen als hete damp een turbine aandrijft. Alhoewel hij tamelijk klein is, is deze energiecentrale nog steeds in bedrijf. Een tweede, groter ontwerp volgde in 1990. De bouw van een geothermische energiecentrale op Terceira loopt echter telkens vertraging op. Volgens de laatste planning zal hij eind 2016 zijn aangesloten op het net.

Nog steeds wordt stroom op de archipel overwegend met aardolie opgewekt (ca. 72%). Waterkracht, waarvan het potentieel tot nu toe nauwelijks wordt benut, en windenergie hebben met 3,5% respectievelijk 8% slechts een gering aandeel. In de toekomst wil het tot UNESCO Biosfeerreservaat verklaarde eiland Graciosa volledig onafhankelijk worden van fossiele brandstoffen. Dit ambitieuze doel moet bereikt worden met behulp van een Duitse bedrijf, dat te zijner tijd een windenergiepark, zonnepanelen en accu's voor de opslag van energie zal installeren. Al met al willen de Azoren in 2018 ongeveer 60% van hun stroom uit duurzame energie winnen. Hierbij moeten de geplande afvalverbrandingsinstallaties op São Miguel en Terceira een grote rol gaan spelen.

Recentste vulkaanuitbarsting

Tussen 1998 en 2001 zorgde de voorlopig laatste vulkaanuitbarsting op de Azoren voor opwinding. Ongeveer 9 km voor de westkust van Terceira, bij Serreta, kwam het tot een eruptie op een diepte van 500-700 m. Rookzuilen stegen op uit de Atlantische Oceaan en vloeibaar gesteente stolde onder water tot zogeheten kussenlava. Veel vulkanische verschijnselen werden toen voor het eerst geobserveerd, zoals drijvende lavabrokken.

Laurier en boomvaren, schildpad en walvis – natuurbescherming

Veel planten en dieren die op de Azoren leven, zijn nergens anders op de wereld te vinden. Op alle eilanden zet men zich inmiddels in om hun bescherming te waarborgen.

Bos van geurige kruiden

Ooit waren de Azoren bijna geheel met bos begroeid. Vandaag de dag is dat nog maar voor 10% het geval, waarvan de helft bosbouwkundig wordt gebruikt. De Japanse ceder (cryptomeria) werd hier aangeplant, maar deze is bij ecologen weinig geliefd omdat in zijn donkere schaduw noch inheemse struiken en kruiden, noch dieren kunnen leven.

Van het oorspronkelijke inheemse laurierbos (Port. *laurissilva*) bleven grote bestanden behouden in het oosten van São Miguel en in de hooglanden van Pico, Terceira en Flores. Vergelijkbare bossen gedijen slechts op Madeira en op de Canarische Eilanden. Terwijl de bomen daar behoorlijke hoogten bereiken, is het 'bos' op de Azoren meestal eerder een struikgewas. Miljoenen jaren geleden kwam het laurierbos (zie blz. 172) uit Midden-Europa op de Azoren terecht, waar toentertijd een vergelijkbaar klimaat heerste als op de eilanden in de Atlantische Oceaan. Nauwe familie van de aan het vegetatietype zijn naam verlenende azorenlaurier – en van de kortnaaldige jeneverbes (*juniperus brevifolia*), de *viburnum tinus*, de cilindervormige blauwe bosbes en de azorenhulst – groeit vandaag de dag nog in de bergbossen van de mediterrane gebieden of in Midden-Europa. Ze gedijen daar echter alleen nog op speciale plekken of in de onderbegroeiing van beuken- en eikenbossen.

Het aroma van de azorenlaurier is overigens nogal bescheiden, waardoor de bewoners van de Azoren Europese laurier in de keuken gebruiken. De bessen van de kortnaaldige jeneverbesstruik staan zelfs als giftig bekend en de blauwe bosbessen worden op de Azoren nauwelijks voor het maken van jam gebruikt.

Op veel plaatsen moest het laurierbos wijken voor weidegrond of leed het onder de houtkap. De overgebleven laurierbossen worden nu beschermd. Voor dit doel riep de regering van de Azoren sinds 2007 op elk eiland een *parque natural* in het leven, dat de huidige natuurgebieden omvat. Het bekendste daarvan is de opzet van het Parque Natural do Faial met informatiecentrum en natuurleerpaden (zie blz. 160).

Overlevingsdrang

De laurierbos- en jeneverbesvegetatie groeit op de Azoren ongeveer tussen de 400 m hoogtegrens en de hoogste bergtoppen, die nauwelijks boven de 1000 m uitkomen. Uitsluitend op Pico groeit op de flanken van de gelijknamige vulkaan op 1500-2000 m hoogte bergflora van Azorenboomheide en bezemheide die aan Midden-Europese heidelandschappen doet denken. Op andere eilanden is deze hier en daar ook in de laurierboszone te vinden – op plekken

Talrijke planten, zoals boomvarens, groeien in het Parque Terra Nostra (São Miguel)

met een droog microklimaat en een schrale bodem, bijvoorbeeld op de Furnas do Enxofre op Terceira.

Terwijl de op alle hoogten vertegenwoordigde azorenboomheide in het gebergte een dwergstruik blijft, groeit hij in het milde kustgebied, dat beneden de laurierbossen ligt, uit tot een boom. Samen met de wasgagel (*myrica cerifera*), familie van de Nederlandse gagelstruik, vormde hij daar vroeger grote hakhoutbossen. Voor zover zijn natuurlijke standplaats niet zonder meer als weide of als akker gebruikt wordt, wordt hij steeds meer verdrongen door het kruisbladig kleefzaad (*Pittosporum undulatum*). Deze plant werd in de 18e eeuw uit Zuid-Australië ingevoerd als beschutting tegen de wind op de sinaasappelplantages, om later te verwilderen. Hij heeft golvende bladeren en oranjegele, kleverige en oneetbare vruchten. De vruchten van de wasgagel lijken op bramen, maar zijn volledig zonder smaak.

Botanische rariteiten

Circa 800 soorten bloeiende planten en varens behoren tot de oorspronkelijke Azorenflora. Daarvan zijn er 56 inheems. Hiervan is bijna de helft zeldzaam of zelfs met uitsterven bedreigd, bijvoorbeeld het aantrekkelijke azorenklokje (*Azorina vidalii*; zie blz. 173), een zout verdragende dwergstruik, die op rotsen aan de kust gedijt. Men vindt hem het meest op Pico, São Jorge, Flores en Corvo en inmiddels in tuinen van andere eilanden.

Lang dacht men dat de mens de drakenbloedboom (*dracaena draco*) van de Canarische Eilanden of Madeira had ingevoerd op de Azoren. Intussen hebben botanici echter enkele natuurlijke groeiplaatsen op steile, nagenoeg onbereikbare rotswanden gevonden, bijvoorbeeld aan de zuidzijde van São Jorge. In parken en tuinen zijn imposante gecultiveerde exemplaren te bewonderen op Faial (Jardim Florêncio Terra in Horta) en Pico (Museu do Vinho in Madalena).

Een buitengewoon schaarse inheemse plant van de laurierbosvegetatie is de daphne-vlaswolfsmelk (*Euphorbia stygiana*). Deze komt bijvoorbeeld nog voor in de Caldeira van Faial en in het hoogland van Pico. Ze groeit uit tot krachtige, tot 5 m hoge struiken. Menig botanist reist speciaal vanwege deze plant af naar de Azoren.

Vogels kijken

Op de Azoren wordt vogels kijken of ornithologie steeds populairder. De Portugese Vereniging voor Vogelkunde (SPEA) biedt op São Miguel excursies aan om de zeldzame azorengoudvink te observeren (zie blz. 138). Ook op Faial kan men deelnemen aan deskundig begeleide excursies (zie blz. 160). Wie er op eigen gelegenheid op uit wil, kan op www.birdingazores.com (Engels) uitgebreide tips vinden voor uitkijkpunten en de te verwachten soorten.

Bedreigde dieren

Terwijl de zeefauna met walvissen, dolfijnen, schildpadden en zeevogels veel te bieden heeft, lijkt de dierenwereld op het land eerder bescheiden, zeker als je de huisdieren weglaat die met de mens op de eilanden kwamen. Het enige oorspronkelijk hier voorkomende zoogdier is de slechts 6 cm lange, inheemse azorenvleermuis (*Nyctalus azoreum*), een van de weinige dagactieve vleermuizen ter wereld. Hij is echter vooral in de tijd tussen zonsondergang en de tijd daarna op insectenjacht. Vanwege de teruglo-

Even uitrusten bij het zoeken naar eten: een stern en een onechte karetschildpad

pende aantallen is hij beschermd. Bij Furnas (São Miguel) kan men hem nog geregeld zien.

Daarentegen is er een scala van vogelsoorten, met als eerste de buizerd (Port. *milhafre*). De ontdekkingsreizigers hielden hem voor een havik (Port. *açor*) en vernoemden de archipel naar hem. De tijden dat hij grote zwermen vormde zijn voorbij. Op Flores en Corvo kwam hij nooit voor, op Santa Maria en Graciosa is hij uitgestorven. Op Faial vliegt hij nog steeds zijn rondjes langs de rand van de Caldeira.

De zeer bedreigde azorengoudvink leeft alleen in het oosten van São Miguel. In het afgelegen bergmassief van de Pico da Vara vindt hij nog het voedsel dat hij nodig heeft: knoppen en bessen van inheemse boomsoorten. Nog ongeveer 400 exemplaren leven hier.

De bossen op de eilanden huisvesten vogels, die veel op hun Midden-Europese familie lijken en die daar ook direct van afstammen: de azorenmerel, de azorenvink en de azorenhoutduif. Ook zij voeden zich met de vruchten van de bomen en struiken. De plantenzaden hiervan kwamen eigenlijk pas op de eilanden terecht via de spijsverteringskanalen van diezelfde vogels, die ooit door de wind gedragen de Atlantische oceaan overvlogen.

Een blauwtje lopen – hortensia's & co

De bloeitijd van de hortensia's in de zomer is onbetwist het mooiste seizoen op de Azoren, die dan bedekt zijn met een blauw tapijt. Maar ook andere kleurrijke subtropische gewassen omzomen de wegen en straten en sieren de parken en tuinen.

Kennis van de flora van de Middellandse Zee helpt u op de Azoren niet echt verder. Weliswaar is het klimaat zowel hier als daar subtropisch, maar toch hebben sierplanten van Europese oorsprong slechts zelden hun weg gevonden naar de eilanden in de Atlantische Oceaan. Meestal zijn de planten van de archipel afkomstig van milde, het gehele jaar door vochtige gebieden op andere continenten. Sommige stammen zelfs uit tropische streken, en dan vooral uit de plaatselijke bergbossen. Weer andere komen ons zelfs vertrouwd voor omdat ze ook in Europese tuinen gedijen, ze groeien echter op de Azoren veel uitbundiger.

Blauw met accenten

Veel bezoekers komen speciaal voor de bloeiende hortensia's naar de Azoren. Het indrukwekkendste zijn ze op Faial, het *'ilha azul'* (blauwe eiland). Van eind juni tot september omzomen de blauwe en ook witte bloemen de straten, sieren tuinen of scheiden als dikke hagen weilanden en akkers.

De hortensia werd zo rond halverwege de 19e eeuw ingevoerd uit Japan. Daar had men uit de oorspronkelijke vorm met platte bloeiwijze – waarbij decoratieve, maar steriele bloemen een krans vormen rond de kleinere vruchtbare bloemen in het midden – de vandaag de dag veel bekendere balvorm gekweekt. Hun bloemschermen bestaan uitsluitend uit onvruchtbare bloeiwijzen; zaad kan dus niet gewonnen worden. De hortensia laat zich echter gemakkelijk door stekken vermeerderen.

Terwijl de hortensia's in weilanden en in bossen vaak verwilderen, beperken de van maart tot mei bloeiende rododendrons en azalea's zich tot tuinen en parken. Bovendien vormen kleine rozen accenten tussen het dominante blauw van de hortensiahagen. Oranjerode montbretia's stralen en in een prachtig kleurenpalet pronkt de heemst (*Althea officinalis*), een als tuinhibiscus bekende struik. In de herfst, wanneer de bloei van deze planten ten einde is, komt juist de belladonnalelie op. Deze net als de montbretia uit Zuid-Afrika stammende amaryllis ontvouwt zijn krachtig roze gekleurde trechterbloemen lang voordat de bladeren verschijnen.

Exotisch onkruid

De witte velden in het zuidoosten van São Miguel zijn overwoekerd door een plant met soms een meter brede bladeren en stekelige stengels van wel twee meter lang. Door de Portugezen wordt deze plant *gigante* (reus) genoemd en hij ziet er dan ook uit als een buitenproportionele rabarber. Het gaat hier om reuzenrabarber of mammoetblad (*Gunnera tinctoria*), die halverwege de 20e eeuw als sierplant werd ingevoerd uit Brazilië en vanuit tuinen in Furnas verwilderde. Nu koloniseert hij ten koste van andere planten weilanden, ontgonnen land en zelfs lauriertruikvegetaties, tot groot leed van land- en bosbeheerders. Bezorgde botanici waarschuwden reeds in 1990 voor het gevaar. De regering van de Azoren besloot echter pas in 2008 tot een programma om verdere verspreiding te voorkomen. De razendsnelle groei dankt de *Gunnera tinctoria* aan zijn symbiose met een stikstofbindende bacterie. In Midden-Europa is de 'reus' geliefd bij hobbytuiniers. Dankzij vorstschade neemt het volume van de plant daar 's winters vanzelf weer af en vormt hij geen probleem.

Omstreden schoonheid

Of men de siergember (*Hedychium gardnerianum*) als ongewenst onkruid moet zien, daarover zijn de meningen verdeeld. Zonder twijfel biedt de bloei in september een van de meest opwindende aanblikken op de Azoren. Uit de goudgele aren komen lange, oranjegekleurde meeldraden tevoorschijn. De als knollen uitziende, uit de bodem oprijzende wortelstokken verraden de verwantschap met de gember, maar als keukenspecerij deugt hij niet. De uit de Himalaya stammende plant deed halverwege de 19e eeuw zijn intrede in de tuinen van de Azoren. Tegenwoordig groeit hij op alle eilanden in het wild, vooral op gerooide bosgrond, waar zijn dichte wortelstelsel het kiemen van inheemse planten verhindert. Het bosbeheer probeert de plant de baas te worden door hem op veel plekken met wortel en al te verwijderen of door de plant met luchtdichte afdekzeilen te verstikken.

Tropische planten determineren

Jens G. Rohwer: Tropische planten, Tirion 2003. Ongeveer 250 tropische planten worden helder beschreven en in kleurenfoto's getoond. Met interessante 'weetjes'. Veel planten hebben een connectie met mensen: als medicinale, vruchtdragende of kamerplant.

Buitengewone, maar goede wijnen komen vooral van het eiland Pico, maar ook van Terceira en Graciosa. De vulkanische bodem van de eilanden geven de druiven een bijzondere smaak. Beroemd is de aperitiefwijn van de verdelho-druif, die vroeger een belangrijk exportproduct was.

Traditioneel worden op de Azoren gebieden waarop andere gewassen niet goed gedijen voor de wijnbouw gebruikt. Op Pico en Terceira betreft dit vaak jong vulkanische zones, waar op relatief jonge lavastromen uit historische tijden nog geen bodemvorming heeft plaatsgevonden. De wijnranken kunnen toe met nauwelijks meer dan kale rotsen. Met hun meterslange wortels halen zij water en voedingsstoffen uit de spleten. In het wijnbouwgebied op Graciosa ontbreekt het aan water, omdat er geen hoge bergen zijn waartegen de wolken kunnen neerslaan als regen. De neerslag volstaat voor de wijnranken. Maar voor sinaasappels, die vroeger op de andere eilanden een grote rol speelden, zou het te weinig zijn.

Wijn van de Azoren – bijzondere drank

Het is altijd moeizaam gebleven – de wijnbouw, die al in de 16e eeuw op de Azoren begon

Voortreffelijke wijnen voor de tsaar

De vanaf Madeira naar de Azoren overgebrachte verdelho-wijnrank verwierf al in de 16e eeuw bekendheid. Ook de druivenrassen arinto dos Açores en terrantez kennen een groot verleden. Deze drie klassieke soorten staan op Pico tegenwoordig onder bescherming van de UNESCO. Samen met de kleine, door natuurstenen muurtjes omringde wijngaarden en de bijbehorende wijnhuizen (adegas) zijn zij tot werelderfgoed verklaard. Op de donkere, warmte vasthoudende bodem van het eiland bereiken de druiven een enorm hoog suikergehalte en leveren ze een wijn die rijk is aan alcohol. Deze wordt jarenlang in eiken vaten opgeslagen en zodoende gerijpt tot een zware likeurwijn (merken Angelica en Lajido).

De wijn van Pico werd in de 18e-19e eeuw vanuit Horta (Faial) naar New York, Brazilië, India en de Baltische staten geëxporteerd. Een Duitse wijnhandelaar genaamd Walter zou hem aan het Engelse koningshuis verkocht hebben, en na de Februarirevolutie in 1917 vond men zelfs flessen met verdelho uit Pico in de wijnkelder van het Russische tsarenhof. De inmiddels overleden José Duarte Garcia schiep ter herinnering daaraan de merknaam 'Czar' voor een uitgelezen likeurwijn, die zijn familie in kleine hoeveelheden produceert.

Eenzame voorvechters

Vroeger was 80% van de geëxporteerde Azoriaanse wijn afkomstig van Pico. Graciosa was met grote afstand het op een na belangrijkste wijnbouwgebied van de eilanden. Herenhuizen getuigen daar vandaag de dag nog van de vroegere welvaart. Daarvan is slechts één wijnhuis overgebleven: de grote naam Terra do Conde. De productiehoeveelheden blijven vrij beperkt. Buiten het eiland zoekt men de hier geproduceerde aperitief-, witte en rode wijn vaak tevergeefs. De cognac van Terra do Conde wordt als een zeldzaamheid beschouwd en bereikt daarom een hoge prijs bij verzamelaars.

Op Terceira maakt het wijnhuis Brum in Biscoitos zich verdienstelijk voor het behoud van de verdelho-druif en diens traditionele verwerking. Voor de bijzonder waardevolle likeurwijnen worden de druiven hier nog zoals vroeger voorzichtig met de voeten getreden, zodat het looizuur van de stengels en de pitten niet in de most terechtkomt. Nog een paar wijnboeren hebben zich achter de familie Brum geschaard. Anderen verkopen hun velden in deze opkomende vakantiebestemming liever als winstgevend bouwperceel.

Wijnproeven bij de wijnboer

Cooperativa Vitivinícola da Ilha do Pico: www.picowines.net. Wijnboerengenootschap in Madalena. Rode wijn, witte wijn en rosé, o.a. de merken Terras de Lava en Basalto, likeurwijnen Angelica en Lajido (zie blz. 184).

Curral Atlântis: Pico, Madalena, Travessa de Valverde, tel. 292 62 25 34. Particuliere producent. Klassieke likeurwijnen (verdelho), tevens lichte en moderne rode en witte wijnen van de druivensoort arinto dos Açores.

Casa Agrícola Brum: Het gerenommeerde wijngoed in Biscoitos (Terceira) produceert aperitiefwijn en lichte tafelwijn, beide van de verdelho-druif. Met museum (zie blz. 251).

Terra do Conde: Traditionele wijnkelders in Santa Cruz da Graciosa. Het huismerk omvat witte en rode wijn, aperitiefwijn en brandwijn (zie blz. 262).

Een fruitig gewas

De uit Amerika geïmporteerde druifluis maakte in het laatste kwart van de 19e eeuw een einde aan de wereldwijde wijnexport van de eilanden Pico en Gracios. Talrijke wijnranken vielen eraan ten prooi. Sindsdien produceren veel wijnboeren op de Azoren alleen nog voor persoonlijk gebruik. Meestal wonen zij niet permanent in hun *adega*, maar komen ze er alleen in het weekeinde, om de noodzakelijke werkzaamheden op de wijngaard te verrichten en de zelf geperste wijn ook meteen te proeven. Het gaat om *vinho do cheiro* (geurwijn), die ze uit de zogeheten Amerikaanse wijnranken winnen – hybride Noord-Amerikaanse wijnstokken, die verwant zijn aan de Europese wilde wijnstokken. Deze leveren echter een rode wijn met een bescheiden alcoholgehalte op, die door kenners met een opgetrokken neus wordt ontvangen. De smaak is vergelijkbaar met bramen- of kersenwijn.

De robuuste, tegen de druifluis resistente Amerikaanse wijnranken vervingen in de 20e eeuw de edele verdelho. De *vinho do cheiro* voldeed echter niet als exportproduct. Vroeger was hij alleen in eenvoudige bars of direct vanuit het vat bij de wijnboer te verkrijgen. Tegenwoordig kan men hem ook – in flessen – tegen een gunstige prijs in de supermarkt vinden.

De autoriteiten en enkele ambitieuze wijnboeren accepteerden dit kwaliteitsverlies niet en namen tegenmaatregelen. Zo bestaan er al sinds 1985 financiële prikkels om de overstap van Amerikaanse wijnranken naar de lastiger te verbouwen Europese wijnranken te bevorderen. Sindsdien worden er resultaten geboekt. Inmiddels staan op de wijnkaarten van de restaurants en in de schappen van de winkels weer steeds vaker kwaliteitswijnen (VQPRD = Vinho de Qualidade Produzido em Região Demarcada) uit de regio's Pico, Graciosa en Biscoitos (Terceira), evenals

Typerend voor de Azoren: de currais, door muren omzoomde wijngaarden

Azoriaanse tafelwijnen *(vinho de mesa)*. Er wordt zo goed als niet geëxporteerd. Integendeel: nog altijd moeten hoogwaardige wijnen voor een groot deel van het Portugese vasteland gehaald worden.

São Jorge is het kaaseiland van de Azoren, de Queijo São Jorge een door de EU wettelijk beschermd merk. Maar ook op andere eilanden wordt heerlijke kaas gemaakt naar Vlaams recept uit de tijd van de ontdekkers.

Ongeveer tweehonderdduizend zwartbonte koeien grazen op de weilanden van de Azoren, bijna de helft daarvan zijn melkkoeien. Toen de sinaasappel- en wijnproductie in de 19e eeuw door insecten werd aangetast, werden rundvlees, kaas, boter en melkpoeder de nieuwe exportgoederen. Afnemers zijn vooral het Portugese vasteland en Madeira. Ook gaan bescheiden hoeveelheden naar de Verenigde Staten om te voldoen aan de vraag van Azoriaanse emigranten.

Het vlaggenschip

Naar men zegt namen al de eerste kolonisten, die met Willem van der Haegen in 1470 uit Vlaanderen gekomen waren, hun kaasrecepten mee naar São Jorge. In ieder geval prees de beroemde geschiedschrijver Gaspar Frutuoso reeds aan het einde van de 16e eeuw de kwaliteit van de plaatselijke kaas. Toentertijd mengde men nog de melk van runderen, geiten en schapen in met de seizoenen wisselende verhoudingen. Al tweehonderd jaar geleden waren de wielvormige kazen van de Queijo São Jorge gewoonlijk net zo groot als vandaag de dag, met andere woorden: tot een gewicht van 12 kg. Wie het zich kon veroorloven bestelde destijds zelfs reusachtige kazen, voor het vervoer waarvan

Kaas met een lange traditie

Met name op São Jorge wordt rauwe koemelk verwerkt tot kaas van uitstekende kwaliteit

meerdere mannen nodig waren. Jorge da Cunha, een edelman uit Failal, zou daarmee in de 19e eeuw op de bisschop van Angra indruk hebben gemaakt, toen deze bij hem te gast was.

Tegenwoordig wordt uitsluitend rauwe koemelk gebruikt. Het bijzondere aroma dankt de kaas aan de bergmunt, die in ruime mate op de weiden van het eiland groeit. Ook het zoutgehalte van de lucht draagt eraan bij. Echte Queijo São Jorge heeft een gouden etiket. De kazen liggen, afhankelijk van de gewenste rijpheid, drie tot zeven maanden in een koelhuis totdat ze voor de export worden verpakt. De bewoners van de Azoren serveren de kaas graag – in blokjes – als voorgerecht, met brood en boter. Uiteraard kan de kaas ook ná de hoofdmaaltijd gegeten worden of in geraspte vorm gebruikt worden.

De goedkopere verhandelde soorten Queijo Ilha en Queijo Flamengo moeten niet worden verward met dit dure eersteklasproduct. Die goedkopere soorten worden met name op São Miguel, Faial en Terceira uit gehomogeniseerde en gepasteuriseerde koemelk gemaakt. Zij doen qua smaak aan Gouda of Edammer kaas denken. Bijzonderheden zijn de pikante, minstens negen maanden gerijpte Queijo Ilha Graciosa Reserva en de mildere Queijo do Corvo, die al na twee maanden rijpen geschikt voor consumptie is. Beide worden van rauwe melk gemaakt.

Kleine ronde kaas

Van het eiland Pico komt een platte, ongeveer één handbreedte grote, 500-700 g wegende ronde, van rauwe melk gemaakte kaas, de pittige Queijo São João do Pico. Buiten Pico treft men deze alleen in speciaalzaken aan. Nog een paar jaar geleden rijpte deze kaas volgens oude traditie, zonder koeling op bamboematten. Op grond van een EU-voorschrift ligt hij tegenwoordig vier weken in een geacclimatiseerde ruimte. Bijzonder romig is de met boter verrijkte Queijo Império do Pico die uit gepasteuriseerde melk wordt gemaakt.

Schaarse geitenmelk

Voordat het houden van runderen in de 19e en 20e eeuw sterk toenam, waren er veel geiten op de Azoren. Sommige boeren houden ook nu nog een melkgeit en maken lichtgezouten (geiten)kwark, de *queijo de cabra*. Elke supermarkt verkoopt daarom stremsel, waarmee de gezouten rauwe melk tot wrongel wordt ingedikt. Men laat deze in een zeef uitlekken en houdt zo de voor consumptie geschikte kaas over. Inmiddels is deze kaas in typisch regionale restaurants in de mode als voorgerecht. Daarbij behoort beslist *piri-piri*, een bijzonder pikante saus, die uit de *malagueta*-peper wordt gemaakt.

Kaasmakerijen

Sociedade de Produção de Lacticínios: traditionele kaasmakerij in São João (Pico), hier komt de Queijo São João do Pico vandaan (zie blz. 189).
Uniqueijo: www.lactacores.pt. Vereniging van acht kaasmakerscoöperaties op São Jorge in Beira bij Velas. Een bezoek aan de kaasmakerij is mogelijk (zie blz. 209).
Cooperativa Agrícola e Lacticínios dos Lourais: deze coöperatie produceert de Queijo Lourais, een bekend merk van de van São-Jorge-kaas. Proeverij en verkoop (zie blz. 218).
Queijo Vaquinha: oudste kaasmakerij van Terceira, de producten worden verkocht als Queijo da Ilha. Mogeljkheid tot bezichtiging (zie blz. 255).

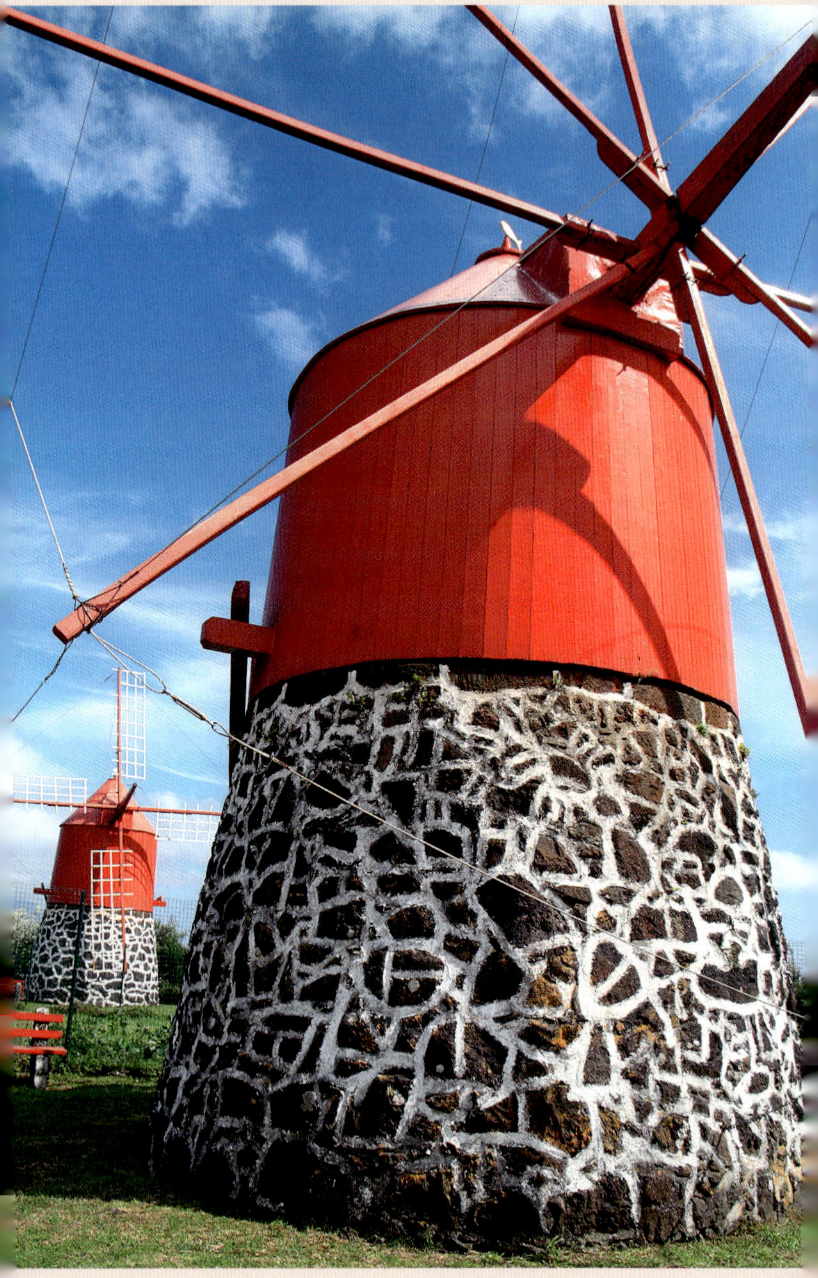

In de dorpen op de Azoren kan men liefdevol vormgegeven, soms ongebruikelijke architectonische details en constructies vinden. Vaak stammen deze van de vroegere bewoners en laten ze iets zien van hun herkomst.

De kleurrijke beschildering van veel boerderijen wordt vaak herleid tot emigranten uit Vlaanderen. In werkelijkheid is deze wijze van versiering echter typisch voor Zuid-Portugal (Algarve en Alentejo). Blauw, groen, rood, of geel herkomst van veel van de eilandbewoners uit de Algarve en Alentejo. De massieve wigvormige *chaminés de mãos postas* ('gevouwen handen'-schoorstenen) hebben vaak een pannendak om het binnensijpelen van regenwater tegen te gaan. De *chaminé de duas grotas* zijn twee schoorstenen, waarop fantasierijke, als kleine minaretten gevormde torentjes staan. Ze worden beschouwd als Moorse erfenis. De schoorstenen zijn aan de zijkant van de huizen gebouwd, de daaronder gelegen bakoven is vanuit de keuken te bedienen.

Wijngoederen en windmolens – bouwkunst op het platteland

gekleurde kanten, deuren en raamkozijnen van de huizen vormen een sterk contrast met de verder witgekalkte gevels. Meestal hebben dorpen een speciale kleur, die in de shirts van de respectieve voetbalelftallen terug te vinden zijn. Een heel ander karakter hebben de donkere, van natuursteen gebouwde wijnopslaggebouwen (*adegas*) met hun vaak knalrood geverfde houten deuren, die men met name op Pico ziet. Ernaast staan waterputten met witgeverfde platte daken, die de in de winter vallende regen opvangen en voor de zomer opslaan. In de droge wijnbouwgebieden was dit vroeger een noodzaak.

Tweelingschoorstenen

Vooral op Terceira herinnert ook de speciale vorm van de schoorstenen aan de

Windmolens bij Horta op Faial

Bescherming tegen muizen

Een eigenaardigheid in het noordwesten van São Miguel zijn de *espigueiros* – houten voorraadschuren voor graan en bonen. Ze zijn op palen gebouwd om muizen weg te houden. Soortgelijke op verschillende manieren gebouwde constructies, maar altijd op houten palen, vindt men in de Noord-Portugese streek Minho, evenals in veel streken in Noord-Spanje. Op het vasteland hebben de *espigueiros* vaak luchtspleten, omdat ze daar voor het drogen van maïs dienen.

Speciaal op Terceira, maar ook op andere eilanden van de Azoren, wordt deze functie vervuld door de zich op bijna iedere boerderij bevindende *burra de milho* (maïskist). Dit is een piramidevormige houten constructie waar de maïskolven in worden gehangen. Vaak dient een boom naast het huis hetzelfde doel.

Boerenlandschap

Typerend voor de wijnbouwgebieden van de Azoren zijn de *currais*, zeer kleine velden omgeven door lage, uit bijeengeraapte stenen opgetrokken muurtjes. Daar waar in relatief jonge lavastromen de stenen in al te groten getale voorkomen, worden ze bovendien tot *moroiços* opgehoopt, volumineuze stapels stenen, die vooral boven Madalena op Pico het landschap beheersen.

Kenmerkend voor Terceira, maar men ziet ze ook op andere eilanden, zijn de iets grotere *cerrados*, door steenwallen omrande percelen. Tot in de 18e eeuw was het heel gebruikelijk het vee vrij te laten weiden. Met de opleving van de sinaasappelaanbouw veranderden de grootgrondbezitters steeds meer land in plantages en scheidden het van de weiden af, niet zonder bij de landloze herders op heftige weerstand te stuiten. Steeds opnieuw werden de wallen afgebroken, hoewel daar al snel hoge straffen op stonden.

Vrome volkskunst

In alle dorpen op de Azoren, in het bijzonder op São Miguel, ziet men boven de huisdeuren reliëfs *(registos)*, die uit een aantal tegels zijn samengesteld. Afgebeeld wordt meestal de heilige moeder Maria, als beschermster van het huis, of de heilige Antonius van Padua, die voor vruchtbaarheid, een goede oogst en een lang leven zorgt. Ook ziet men vaak de heilige Frans van Borgia of de *alminhas* (arme zielen in het vagevuur) met wie de overledenen herdacht worden. De bewoners kopen deze tegelplaten in gereedschapswinkels of bouwmarkten.

Door wind en water aangedreven

Op de eilanden treft men ook windmolens aan, met name op Faial en Graciosa, maar ook in het noordwesten van São Miguel en elders. Vanaf wanneer deze op de Azoren werden gebruikt is omstreden. De eerste schriftelijke vermelding betrof de bouw van een windmolen op Graciosa in 1818. Toen was juist het koninklijke privilege op het exploiteren van molens opgeheven, waarna menige nieuwbouw ontstond. Vermoedelijk stonden er echter al sinds de 17e eeuw molens op de Azoren. Meestal gaat het om torenwindmolens, zoals deze ook typerend zijn voor het Middellandse Zeegebied. Op een gemetselde sokkel staat een draaibaar spits houten opzetstuk met een vleugelkruis aan de zijkant. Alleen op Graciosa werden Hollandse windmolens met uivormige kap gebruikt. De windmolens zijn inmiddels allang buiten gebruik. Vele zijn tot ruïne vervallen, andere zijn zorgvuldig gerestaureerd en herbergen inmiddels zelfs een restaurant of – in Praia, gelegen op het eiland Graciosa – een klein hotel.

In gebieden met veel neerslag gebruikte men in plaats daarvan de wateroverzvloed om graan te malen. Gerestaureerde watermolens *(azenhas)* kan men in het noordoosten van São Miguel bezichtigen (onder meer Ribeira Grande, Parque Naturalda Ribeira dos Caldeirões). Op Flores werd steeds op de waterkracht vertrouwd, daar kwamen in tegenstelling tot de andere eilanden geen windmolens voor.

De bouwkunst op de Azoren bereikte een eerste hoogtepunt ten tijde van de vroege Atlantische handel. Later onstonden prachtige barokke gebouwen. Kerken, kloosters en paleizen werden opgesierd met exotische kunstwerken en schitterende azulejos (tegels). In de afgelopen jaren volgden er succesvolle voorbeelden van moderne creativiteit.

De eerste kolonisten op de eilanden leefden in eenvoudige omstandigheden. De architectuur uit de tijd van de ontdekkingsreizen was dienovereenkomstig al even bescheiden: de Atlantische gotiek. De gedrongen, er met een enkel karig ornament vanaf komende stijl was in de 15e eeuw gebruikelijk op alle zojuist door Portugal en Spanje in bezit genomen Atlantische eilanden (Azoren, Madeira, Canarische Eilanden, Kaapverdië). Voorbeelden zijn de Igreja de São Miguel in Vila Franca do Campo (São Miguel) en de grote kerk van São Sebastião (Terceira). Beide hebben spitsboogportalen, massieve roosvensters en versterkte, dikke muren.

Representatieve architectuur en kunst

Een voorbeeld van renaissance-architectuur op de Azoren: het stadhuis van Ponta Delgada

Koning Emanuel en de renaissance

Tijdens de glansrijke regeringsperiode van Emanuel I (1495-1521) en zijn opvolgers tot ongeveer halverwege de 16e eeuw was de emanuel- of manuelstijl in de mode, een specifieke laatgotische overgangsvorm naar de renaissance. Op het Portugese vasteland ontstonden prachtige officiële gebouwen, gefinancierd door de lucratieve specerijenhandel met de Aziatische landen. Ook op de Azoren wakkerde de bouwlust aan. In Ponta Delgada, Praia da Vitória (Terceira) en Santa Cruz da Graciosa zijn schitterende hoofdkerken uit die periode bewaard gebleven. De manuelstijl wordt gekenmerkt door rijk decoratief beeldhouwwerk. Exotische motieven van overzee of symbolen uit de zeevaart verwijzen naar het belang van Portugal als een natie van ontdekkingsreizigers.

De renaissance naar Italiaans voorbeeld manifesteerde zich op de Azoren voornamelijk in de stedenbouw, bovenal in Angra do Heroísmo (Terceira). In Europa zelf was het destijds nieuw leven ingeblazen concept van het ideale antieke stadscentrum moeilijk te verwezenlijken. Angra was daarentegen tot in de 16e eeuw een onbeduidend dorp en kon in 1534 – passend bij zijn nieuwe positie als bisschopszetel van de Azoren – op de tekentafel worden ontworpen. Zo kreeg de stad zijn rastervormige stratenplan met het ruime centrale plein. Het diende daarmee als model voor menig nieuw gestichte stad in Zuid-Amerika. De in 1570 gebouwde kathedraal van Angra heeft torensspitsen van blauwe en witte tegels, die in Portugal worden beschouwd als teken van de Moorse invloeden in de architectuur van de vroegmoderne tijd. Ook de stadhuizen van Ponta Delgada en Praia da Vitória, waarvan bij beide de hoofdingang op de eerste verdieping via twee symmetrisch geplaatste trappen is te bereiken, zijn mooie voorbeelden van de renaissance-architectuur. Ze werden in 1583 gebouwd tijdens het bewind van de Spaanse koning Filips II. In vergelijking met de imposante kerken uit die tijd, pakken zij echter nogal bescheiden uit.

Verzorgingsstaat

Reeds in 1498 stichtte Leonor, de weduwe van koning João II en zus van Manuel I, in Lissabon het eerste Santa Casa de Misericórdia ('Heilige Huis van Barmhartigheid'). Ze verwezenlijkte daarmee een project van haar biechtvader, de trinitariër monnik Miguel Contreiras. Niet lang daarna waren deze charitatieve publieke inrichtingen in heel Portugal vertegenwoordigd. Ze werden onderhouden door broederschappen en hadden in alle grote steden ziekenhuizen met bijbehorende kerken. Deze laatste behoren tot de meest indrukwekkende monumenten van de Azoren. De gevels zijn bij voorkeur in de kleuren blauw en wit geschilderd. Vaak treft men er twee beuken van ongelijke grootte in aan, zoals in de kerken van de Misericórdia in Ribeira Grande (São Miguel) of Praia da Vitória (Terceira). Boven het hoofdportaal prijkt altijd het koninklijke Portugese wapen. Het instituut bestaat nog steeds en wordt vandaag de dag gefinancierd uit de opbrengst van staatsloterijen.

Barokke pracht

Na het einde van de Spaanse overheersing ontstond in Portugal dankzij de goud- en diamantvondsten in de Braziliaanse kolonie een nieuwe bloeipe-

Prachtig gedecoreerd in de stijl van de barok: Igreja do Colegio, Ponta Delgada (São Miguel)

riode (eind 17e tot midden 18e eeuw). Op de Azoren konden de wijnhandelaren en de 'sinaasappelbaronnen' zich luxueze stadspaleizen en statige herenhuizen op het platteland (*quintas*) veroorloven. Bovendien kwam er ook weer beweging in de bouw van kerken. In Europa was inmiddels de barok begonnen. Een Portugese koloniale variant van deze stijl verwijst naar Brazilië. Drie kerken in Horta (Faial) zijn hiervan mooie Azoriaanse voorbeelden.

Met bladgoud versierde, vaak wandvullende retabels (altaarstukken) domineren het interieur van de barokke kerken. De houten plafonds zijn meestal kleurrijk beschilderd met medaillons, waarin het martelaarschap van de plaatselijke heiligen, scènes uit de bijbel of wapens van de lokale adel zijn afgebeeld. Vooral de muren van het sanctuarium waren bedekt met tegels (*azulejos*), versierd met ornamenten of met samengestelde schilderingen.

Meegebracht uit Azië

De pracht en praal van deze periode vond zijn hoogtepunt in de jezuïetenbarok. De religieuze orde missioneerde in de Portugese overzeese gebieden en deed er tegelijkertijd lucratieve zaken. Ook was zij verantwoordelijk voor de opleiding van de mannelijke afstammelingen van de adellijke families. Daartoe bezat de religieuze orde in Ponta Delgada, Horta en Angra een college. In Goa, een Portugese handelsbasis in India, waren de jezuïeten al in de 16e eeuw in aanraking gekomen met de Aziatische kunst. Toen korte tijd later onder Spaans bewind de productie en invoer van luxemeubels werd verboden, profiteerden ze van een maas in de wet: het verbod gold niet voor de invoer vanuit de overzeese gebiedsdelen. Ze lieten in India en andere Aziatische landen meubels voor hun kerken en religieuze huizen vervaardigen van kostbare tropische houtsoorten met gedetailleerd ivoren inlegwerk. Braziliaanse ambachtslieden maakten zich de techniek eigen en voegden indiaanse elementen toe. Zo smolten Aziatische en Zuid-Amerikaanse kunst samen tot wat vandaag de dag *Arte indo-portuguesa* wordt genoemd. Mooie voorbeelden zijn de muziekstandaards in de Igreja Matriz van Horta en de kathedraal van Angra.

Ambachtslieden in Portugal imiteerden later het Indo-Portugese werk. Door hen kwamen er tropische vruchten en bloemen, maar ook Aziatische symbolen op de altaarstukken van de jezuïetenkerken. Het verbod op de orde in Portugal beëindigde dit tijdperk in 1759. Vanwege hun goud- en diamantzaken in Brazilië en hun plan om een onafhankelijke religieuze staat in Paraguay te stichten, moesten de jezuïeten het land verlaten. Hun bezittingen werden genationaliseerd.

Moderne avant-garde

Na een lange periode van economische achteruitgang, bracht het Portugese EU-lidmaatschap aan het einde van de 20e eeuw een nieuwe opleving op de Azoren. Architectonisch profiteerde alleen Ponta Delgada daarvan. Daar kreeg de skyline aan de zeekant een nieuw gezicht door de in 2008 ingewijde Portas do Mar – een enorme kade voor cruiseschepen, geflankeerd door twee grote jachthavens. Verantwoordelijk hiervoor is de toparchitect Manuel Salgado (geb. 1944), die ook het bombastische Centro Cultural de Belem in Lissabon schiep. Het volgende prestigieuze project staat momenteel nog in de wacht: de legendarische Braziliaanse architect Oscar Niemeyer (1907-2012), ondanks zijn gevorderde leeftijd tot voor enkel jaren nog steeds vol scheppingsdrang, ontwierp het Museu de Arte Contemporânea. Het zal aan de oostelijke rand van de kustweg worden gebouwd, zodra de financiële situatie het toelaat. Elk jaar zal er een tentoonstelling worden gehouden uit de archieven van de in Porto zetelende Fundação Serralves (www.serralves.pt), die in het bezit is van hoogwaardige moderne kunstwerken. Niemeyer is vooral bekend van zijn ontwerp van Brasília, de halverwege de vorige eeuw nieuw aangelegde hoofdstad van zijn geboorteland. In Portugal bouwde hij het casino van Funchal (Madeira).

In Angra do Heroísmo (Terceira) werd in 2011 vóór de arena in het oosten van de stad het Monumento ao Toiro ingehuldigd. Het is het grootste ooit aan de stier gewijde monument ter wereld. Drie enorme vechtstieren lijken bijna op de kijker af te springen. Het is van de hand van de inheemse beeldhouwer Renato Costa e Silva (geb. 1956), die voor het 11 m hoge beeld verschillende materialen, zoals ijzer, cement, glas, vulkanische as en brons gebruikte. Het monument zal deel uitmaken van een voor toeristen ontwikkelde 'Stierenroute' (Rota do Toiro).

Forum voor kunstenaars

In Ponta Delgada (São Miguel) leidt de Academia das Artes dos Açores aspirantkunstenaars op in eenjarige cursussen (schilderen, ontwerp, multimediale kunst, etc.) en presenteert de werken van de afgestudeerden in tentoonstellingen – een mooie gelegenheid om de huidige stromingen in de Azoriaanse kunst te leren kennen (Igreja da Graça, Largo de Camões, tel. 296 28 74 02, informatie op facebook, di.-za. 9.30-12 en 14-19 uur, ma. en zo. en feestdagen gesl., gratis toegang).

Een viering voor de Heilige Geest

Echt typerend voor de Azoren is het Festa do Espírito Santo, het Feest van de Heilige Geest, een middeleeuws relict, dat in de rest van Portugal nagenoeg verdwenen is.

Vanaf 1279 heerste koning Dinis I (1261-1325) over Portugal. Hij wilde het tijdperk van de Heilige Geest inluiden – een eeuwigdurend vredesrijk, dat al door Jezus was voorspeld. Het idee van een dergelijk aards paradijs was in de middeleeuwen met het oog op de verscherpte maatschappelijke tegenstellingen door de utopisten overgenomen. Leden van de franciscaner orde, Franciscus van Assisi voorop, verzetten zich tegen de adel en leefden de gelijkheidsgedachte na door van persoonlijk bezit af te zien en de armen te verzorgen. Franciscanen, die om die reden in Italië en Frankrijk werden vervolgd, trokken naar Portugal en hun ideeën vonden daar gehoor. Het nieuwe tijdperk zou van een gelijkere behandeling van de mensen doordrongen zijn. Met zijn echtgenote Isabel (zie blz. 186), die het franciscaanse gedachtegoed aanhing en later heilig werd verklaard, voerde koning Dinis regels in voor de lekendienst. Deze moesten de door priesters geleide kerkdiensten en de hiërarchische kerkelijke orde vervangen en bereikte zijn hoogtepunt in het *Festa do Espírito Santo*. Koningin Isabella initieërde dit feest door bij een maaltijd voor de armen een behoeftige te kronen.

Een sterke gemeenschap

De katholieke kerk toonde weinig enthousiasme voor de nieuwe lekendiensten en beperkte die door het instellen van steeds meer verboden. Veel aanhangers van deze erediensten vluchtten voor de in 1536 in Portugal ingevoerde inquisitie naar Brazilië, waar het Festa do Espírito Santo tot op heden gevierd wordt. Op Portugees grondgebied bleef dit feest alleen op de Azoren bewaard. De eerste koninklijke gouverneurs hadden het hier met behulp van de franciscanen ingevoerd om de samenhang in de jonge immigrantengemeenschappen te versterken. Met name op Terceira wordt de viering nog even enthousiast beleefd als destijds. De feestelijkheden beginnen met Pasen en bereiken hun hoogtepunt met Pinksteren, als de uitstorting van de Heilige Geest over de apostelen wordt herdacht. Veel dorpen verplaatsen de feesten echter naar de weekenden daarna, zelfs tot ver in de zomer, om overlapping te voorkomen.

Het kronen van de keizer

In de kerkelijke gemeenten benoemen broederschappen (*irmandades*) elk jaar een *imperador* ('keizer'). Vroeger organiseerde deze de feestelijkheden van het daaropvolgende jaar. Menige familie zou daardoor financieel zijn geruïneerd. Vandaag de dag draagt de gehele Heilige Geestbroederschap de kosten.

Het hoogtepunt van het Festa do Espírito Santo is nog steeds zoals voorheen het kronen van de nieuwe keizer. In de daaraanvoorafgaande processie voeren de deelnemers de rode vlag van de Heilige Geest met het symbool van een duif mee. De kroon staat gereed in de Heilige Geesttempel (*império*; zie blz. 232), de kroning vindt in de daartegenover gelegen dorpskerk plaats. Tot voor een aantal decennia hebben de bisschoppen van Angra geprobeerd de plechtigheid te verbieden. Toch werd zij steeds weer door de sterk met hun parochies verbonden priesters georganiseerd. Tegenwoordig tolereert de kerk het feest, dat inmiddels als meer folkloristisch gezien wordt.

De maaltijd voor de armen (*bodo*) is een essentieel onderdeel van het feest. Versierde jonge stieren worden door de dorpen gedreven en daarna aan de Heilige Geest geofferd, om het vlees te verdelen. Dit gebeurt echter allang niet meer alleen onder de armen. Tegenwoordig eet de hele kerkgemeente samen met gasten aan lange tafels op straat voor de império. Als eerste gerecht is er Heilige Geestsoep (*sopa do Espírito Santo*), een runderbouillon met groente. Dan volgt *alcatra* (zie kader), vergezeld van *vinho do cheiro* (zie blz. 58). Als afsluiting van de maaltijd is er *massa sovada* (zie blz. 27) of melkrijst met kaneel. Traditiegetrouw worden de van tevoren in de kerk gezegende Heilige Geestbroden onder de aanwezigen verdeeld.

Heilige Geestspijze – het recept

Men kan thuis ook zelf *alcatra* bereiden in een meegebrachte *alguidar* (aardenwerken schaal) of in een Römertopf. Recept voor 4 pers. Bedek de bodem met 300 g gehakte uien en 2 gehakte knoflookteentjes. Verdeel daarover 600 g rundergoulasch, gekruid met zout, 3 kruidnagels, 1 kaneelstokje, 1 gedroogde en in een vijzel fijngemalen scherpe rode peper (*malagueta*), 1 laurierblad en 3 eetl. tomatenpuree. Daaroverheen een laagje van 100 g spekblokjes. Zoveel rode wijn toevoegen dat het vlees onder staat. De schotel afdekken en 2 uur in de oven laten garen op een temperatuur van 250 °C. Een nacht laten rusten. Voor het opdienen opnieuw verhitten. Met gekookte aardappels serveren.

De economische crisis dwong vroeger veel Azorianen tot emigratie. Ze verlieten hun eiland van herkomst, waar ze geen toekomstperspectief meer zagen, en weken uit naar de Verenigde Staten of Canada. Tot op de dag van vandaag zijn er nauwe betrekkingen met die landen.

Emigratie bestaat op de Azoren al sinds de 16e eeuw, zoals de de beroemde kroniekschrijver Gaspar Frutuoso optekende. In de 18e eeuw nam dit fenomeen drastisch toe. De oorzaken hiervoor waren de vulkaanuitbarstingen, maar ook veranderingen in de sociale structuur. Veel van de veramde *jornaleiros* (dagloners) zochten hun geluk in het buitenland. Hun voornaamste bestemming was Brazilië.

Alle begin is moeilijk

Pas vanaf de 19e eeuw werd het populair om naar Amerika te verhuizen – of naar Hawaii, Californië of Nieuw-Engeland. De contacten met de Amerikaanse walvisjagers droegen hieraan bij. Zij jaagden destijds rond de Azoren en

Emigratie – afscheid voor lange tijd

'Os Emigrantes' van Domingos Rebelos is het beroemdste schilderij over de Azoriaanse emigratie – deze kopie van azulejos is te zien in Rosais (São Jorge)

breidden hun bemanning uit met eilanders. Sommige van hen bleven meteen aan boord om mee naar de nieuwe wereld te varen. Anderen verstopten zich in de opslagruimtes van de handelsschepen, omdat de meesten geen geld hadden voor een officiële overtocht.

Het grootste deel van de emigraties vond pas in de 20e eeuw plaats. Alleen al tussen 1970 en 1980 verlieten rond de zestigduizend Azorianen de eilanden naar de Verenigde Staten of Canada – 20% van de toenmalige bevolking. Meestal waren dat jonge mannen, die in eerste instantie als arbeider in de industrie, mijnbouw, landbouw of spoorwegbouw werkten. Daarna pas haalden ze een bruid uit de Azoren, precies zoals hun families het van hen verwachtten.

Band met het vaderland

De banden met thuis bleven meestal innig. Ook wanneer een bezoek aan hun geboorteland slechts eens in de zoveel jaar mogelijk was, beoefenden de emigranten in Amerika hun cultuur zeer intensief. Bovendien stuurden zij hun familieleden regelmatig geld. Deze geldzendingen zouden in de 20e eeuw voor veel Azorianen de belangrijkste bron van inkomsten zijn geweest, ver boven hun eigen inkomen.

In Amerika leven vandaag de dag veel meer Azorianen dan op de eilanden zelf, namelijk ongeveer een miljoen, de daar geboren nakomelingen ook meegeteld. Sinds het begin van de jaren tachtig werd echter een stijgend aantal terugkerende mensen waargenomen. Zij brachten hun zuinig opgespaarde geld mee naar huis en werden zelfstandig ondernemers. Restaurants, pensions, taxibedrijven en kleine supermarkten zijn vaak in handen van thuiskomers. Niet zelden maken zij hun winst uitsluitend in augustus, wanneer de in Amerika achtergebleven emigranten hun zomervakantie in het Azoriaanse vaderland doorbrengen. De 'Amerikanen' vormen dan overigens een duidelijke meerderheid ten opzichte van de andere toeristen.

Tegelijkertijd nam de emigratie drastisch af. Het is weliswaar niet geheel gestopt, maar de USA en Canada laten nog maar weinig immigranten het land binnen. Tegelijkertijd ontstonden er in die jaren nieuwe arbeidsmogelijkheden op de Azoren dankzij de economische bloei die volgde op de toetreding van Portugal tot de EU in 1986. Inmiddels hebben veel Azorianen medelijden met hun geëmigreerde familieleden in Amerika, omdat het hen vaak lang niet meer zo goed gaat als vroeger.

De tweede generatie

Onder de kinderen van de emigranten vindt men winnaars en verliezers. Tot de eerste categorie behoort Nelly Furtado.

Meer weten

Het Museu da Emigração Açoriana op São Miguel licht de emigratie van de Azorianen toe (zie blz. 111).

Emigranten ontmoeten

Veel voormalige emigranten begonnen een restaurant op de Azoren. Zo ook de uit Amerika teruggekeerde Frank, wiens restaurant Vista da Baía op Faial inmiddels een legende op zich is (zie blz. 177).

Leestip

Leaving Home: Migration Yesterday and Today, Barry Moreno en Diethelm Knauf, 2009. Duidelijk geschreven en geïllustreerde verhalen over de Europese emigratie naar Amerika.

Internationale popster met Azoriaanse wortels: Nelly Furtado

De popzangeres scoorde aan het begin van het millennium een reeks internationale hits, vooral met het in 2006 verschenen album 'Loose'. Haar ouders verhuisden in de jaren zestig van São Miguel naar Canada, waar zij in 1978 geboren werd. Haar eerste openbare optreden was een duet met haar moeder in een kerk op de Portugese nationale feestdag. Als tiener deed ze mee met de blaaskapel van de emigrantengemeenschap waar haar familie lid van was. Zij is trots op haar afstamming en benadrukt telkens weer hoe ze kracht uit haar afkomst heeft geput voor haar carrière. Haar werk wordt in niet onbelangrijke mate beïnvloed door de Portugese fado en ook de Azoriaanse folklore schemert er steeds in door. Geen wonder dat Nelly Furtado op de Azoren immens populair is.

Ook talrijke minder bekende emigranten van de tweede generatie lukte het om het arbeidersmilieu van hun ouders achter zich te laten. Zij wisten leidende posities in de politiek, wetenschap of kunst te bemachtigen. Anderen daarentegen maakten de verkeerde keuzes. Wie in de USA een strafbaar feit heeft gepleegd, wordt onmiddellijk het land uitgezet – tenzij men in het bezit is van het Amerikaanse staatsburgerschap. Zo komt het dat er op de Azoren tegenwoordig duizenden jonge mannen leven die Amerika zijn uitgezet. Zij zouden anders nooit vrijwillig zijn teruggekeerd naar het vaderland van hun ouders. Omdat ze in hun dorp van oorsprong in ongenade waren gevallen, trokken deze mannen vroeger of later naar Ponta Delgada. Daar konden ze nog enigszins onderduiken in de anonimiteit van de stad. Meestal kunnen ze alleen rondkomen dankzij de financiële ondersteuning van hun familie in Amerika.

De Azoren waren weliswaar al sinds hun eerste bezetting in de 15e eeuw een onderdeel van Portugal en geen kolonie, toch ontwikkelden de eilanden zich anders dan het vasteland. Vandaag de dag bezitten de Azoren een zekere politieke autonomie.

De verhouding tussen de Azoren en Portugal

De Azoren werden naar het principe van de kolonisatie ontgonnen, zoals dat later ook in Brazilië werd toegepast. Dit was nadrukkelijk op economisch belang gericht. De koning benoemde verschillende gouverneurs voor elk eiland. Deze functie was erfelijk overdraagbaar en men had recht op 10% van de inkomsten uit de export. Daarentegen was de gouverneur verantwoordelijk voor de ontginning en verdeling van het land, evenals voor de veiligheid en de rechtspraak. Verwanten en trouwe aanhangers van de gouverneurs ontvingen stukken grond en plantten hier suikerriet en wede (*pastel*). Dit is de plant waaruit de waardevolle natuurlijke indigoblauwe kleurstof wordt gewonnen. Deze bracht in Europa veel geld op.

De kolonisten

In het begin waren er maar weinig boeren, die vrijwillig naar de Azoren wilden gaan. Daarom werd er op veel landgoederen in São Miguel eerst met Afrikaanse slaven gewerkt. Er dreigden echter al snel opstanden. De landeigenaren namen vervolgens *colonos* (kolonisten) uit Portugal in dienst, aan wie zij hun akkerland verpachtten tegen de helft van de opbrengst van de gewassen. Deze zogenoemde halfpacht was een rechtsvorm die alleen in de kolonies werd gehanteerd. In Portugal zelf was dit niet gebruikelijk. De koloniale status bleef op de Azoren eeuwenlang en bijna zonder verandering behouden. Hij doorstond zelfs het tijdperk van de extensieve sinaasappelteelt en de wijnbouw. Het pachtsysteem bleef in beperkte vorm bestaan tot aan de Anjerrevolutie in 1974. Pas daarna werd het voor de pachters bij wet mogelijk om het door hen bewerkte land met behulp van goedkope leningen van de staat te kopen. De helft van het akkerland op de Azoren zou echter nog altijd in handen van grootgrondbezitters zijn.

De verpachte percelen waren meestal zeer klein en konden niet over meerdere kinderen worden verdeeld. Zodoende erfde alleen de oudste, de anderen moesten hun geld als dagloner verdienen. Vaak waren ze slechts enkele maanden per jaar aan het werk en konden ze hier bijna niet van rondkomen. Uit deze groep kwamen later de meeste Amerika-emigranten voort.

Pro Amerika

Met het oog op de nauwe banden van de Azoriaanse bevolking met Amerika, lag het voor de hand de betrekkingen met de VS ook politiek te versterken. Na de Anjerrevolutie zag het er even naar uit dat de socialistisch-communistische partijen in Portugal aan de macht zouden komen. Als tegenbeweging werd op 8 april 1975 in Londen de separatistische organisatie FLA opgericht, met als doel de Azoren van Portugal af te scheiden en zich aan te sluiten bij de VS. Ondanks dat de leiders van deze vrijheidsbeweging niet uit hun eigen kring stamden, werden ze in hun voornemen gesteund door de grootgrondbezitters. Zij vreesden namelijk de onteigening van hun landerijen, wanneer een eventueel linksgeoriënteerde regering in Lissabon zou aantreden. De FLA probeerde herhaaldelijk te onderhandelen met het ministerie van Buitenlandse Zaken van de VS over een mogelijke integratie. Zij werden echter steeds afgewezen. Als gevolg hiervan beperkten hun daden zich tot het intimideren van hun politieke tegenstanders en protestacties in Lissabon.

Na de eerste democratische verkiezingen van Portugal in 1975 spraken veel politici zich uit voor de onafhankelijkheid van de Azoren naar het voor-

Azoreaan of Azoriaan?

Sinds de invoering van de nieuwe spelling in 2009 gelden dezelfde regels voor Portugal en Brazilië. De correcte benaming voor de bewoners van de eilanden is *açorianos*. Daarvoor was *açoreanos* eveneens mogelijk en ook gebruikelijk, omdat de uitspraak identiek is. Ook in de Nederlandse taal is er geen standarisering. In de Van Dale zijn de Azoren noch hun bewoners opgenomen. Een officiële regel is er kennelijk niet. Zelfs Azoraan zou mogelijk zijn. De meest gebruikelijke is echter de notering die gelijk is aan de Portugese spellingsregel, in deze gids wordt daarom 'Azorianen' en 'Azoriaans' (product) gehanteerd.

beeld van de Afrikaanse koloniën (onder andere Kaapverdië, São Tomé). Uiteindelijk wonnen echter de partijen die voor het behoud van de archipel binnen Portugees staatsverband waren.

Hedendaagse politiek

In 1976 ontvingen de Azoren als *Região Autónoma* (autonome regio) verregaande zelfbestuurlijke rechten, inclusief een eigen parlement en president. Algemene tevredenheid daarover heerste er in het begin echter nog niet. Veel Azorianen ervoeren de installatie van het *Ministro da República* als een koloniaal relict. Als verlengstuk van de regering in Lissabon had de minister van de republiek het vetorecht bij alle beslissingen van de Azoriaanse regering. In 2006 werd hij vervangen door de minder omstreden *Representante da República*.

Vandaag de dag is de verhouding tussen de Azoren en het Portugese vasteland relatief ontspannen. Het EU-lidmaadschap van Portugal heeft hieraan in grote mate bijgedragen. Hierdoor werd de blik van de Azorianen meer op Europa gericht, terwijl dat voorheen in vergelijking met Amerika in hun bewustzijn een ondergeschikte rol speelde. De Azoren profiteerden van hun status als 'ultraperifere regio' van de EU en ontvingen ruimhartige financiële ondersteuning vanuit Brussel. Dit kwam de infrastructuur ten goede en creëerde nieuwe arbeidsplaatsen.

Ondanks alle nog steeds aanwezige verschillen lopen de verkiezingen op de Azoren meestal gelijk op met die in Portugal. Zowel hier als daar werd Aníbal Cavaco Silva tweemaal door een overtuigende meerderheid verkozen tot staatspresident. Na een ambtstermijn van tien jaar werd hij in maart 2016 opgevolgd door Marcelo Rebelo de Sausa. Beiden behoren tot de PSD (sociaaldemocratische partij), evenals de voormalige minister-president in Lissabon, Pedro Passos Coelho. Bij de verkiezingen in de herfst van 2015 moest deze echter plaatsmaken voor António Costa van de PS (Socialistische Partij). Op de Azoren regeert al jaren onbetwist de PS.

De taal op de Azoren

De officiële taal op de Azoren is het Portugees, dat wel dialecten kent, die echter niet erg uitgesproken van aard zijn. Toch hebben de Portugezen van het vasteland vaak moeite met het verstaan van de Azorianen. Dit geldt vooral voor de mensen van het eiland São Miguel. De inwoners van de andere eilanden maken dan ook vaak grappen over hen, dat ze Japans zouden spreken. Ze spreken elke 'oe' uit als een 'u', een klank die men in het Portugees eigenlijk niet kent. Deze eigenaardigheid stamt van de Franse kruisvaarders, die op weg naar het Heilige Land waren, maar zich toch op São Miguel vestigden. De in een geschrift uit 1527 voor het eerst voorkomende naam van de plaats Bretanha ('Bretagne') in het noordwesten van het eiland, zou een aanwijzing zijn voor de herkomst van de stichters. Speciaal in die regio hoort men tot op de dag van vandaag een Frans aandoende klankkleur en klemtoon. Sinds enige tijd wordt het dialect van São Miguel, het *Micaelense*, echter in een razend tempo verdrongen door het standaard-Portugees. Vooral in Ponta Delgada hoort men de 'u' steeds minder vaak.

Het behoud van kunstnijverheid staat op de Azoren hoog in het vaandel. Het scala reikt er van keramiek, vlechtwerk en haak- en borduurwerk tot het graveren van walvistanden of het vervaardigen van sculpturen uit vijgenmerg en vissenschubben.

Tot enkele decennia geleden gebruikte men op de eilanden nog steeds met de hand gemaakte – en voor de welgestelden het liefst ook kunstig vormgegeven – artikelen in het dagelijks leven. Met de toename van de import van industriële goederen verdween het belang van kunstnijverheid (Port. *artesanato*). Tegenwoordig speelt subsidie een belangrijke rol in het behoud van de coöperatieve ateliers en winkels, die de producten van de thuiswerkers verkopen. Jongeren leren de oude ambachten in de door twee kloosterzusters in 1986 opgerichte en tegenwoordig door de regionale regering gerunde Kunstnijverheidsschool van Santo Amaro (Pico). Verder zijn er ook cursussen bij de Academia das Artes dos Açores in Ponta Delgada (zie blz. 68). Amerika-emigranten, die op vakantie zijn in hun vaderland, zijn nu de voornaamste afnemers

Kleine kunstwerken – Azoriaanse souvenirs

Voor het vervaardigen van bloemen van vijgenmerg is veel handigheid en gevoel nodig

Het iconische walvislogo

De potvis, het populaire logo van **Peter Café Sport**, de beroemdste bar van de Atlantische Oceaan, siert T-shirts, accessoires en decoratieve voorwerpen. De artikelen zijn verkrijgbaar in de filialen van de Loja do Peter: op São Miguel in Ponta Delgada (luchthaven en Portas do Mar), op Terceira in Angra do Heroísmo (Praça Velha) en op Faial op de luchthaven en natuurlijk op het hoofdkwartier in Horta (zie blz. 155).

van de *artesanato*-producten, daarnaast ook het vasteland van Portugal en de Azorianen zelf.

Uit de pottenbakkerij

Bijna elk plattelandshotel op de Azoren bezit serviesgoed uit Lagoa (São Miguel). De plaats nam halverwege de 19e eeuw het stokje over van Vila Franca do Campo als het centrum van de keramiekproductie op de Azoren. De in 1862 opgerichte Fábrica Cerámica Viera had al snel een uitstekende reputatie vanwege de verscheidenheid en kwaliteit van hun producten. Tot op de dag van vandaag worden hier als vanouds serviesgoed, vazen en bloempotten op de pottenbakkersschijf vervaardigd – alles wit geglazuurd en versierd met overwegend blauwe, voor de eilanden specifieke motieven, zoals hortensia's. Dit type aardewerk staat bekend als *louça da Lagoa*. Daarnaast worden hier de traditionele *azulejos* (tegels) met de hand gevormd en beschilderd.

Geweven en geborduurd

In Urzelina en Fajá dos Vimes op São Jorge worden door een aantal vrouwen nog steeds op ouderwetse weefgetouwen dekens en wandtapijten (*colchas*) met fraaie geometrische patronen vervaardigd. In sommige kustdorpen op Pico, waar de visvangst en veehouderij niet veel geld opbracht, droegen de vrouwen traditioneel bij aan het gezinsinkomen met hun haak- (*crochet*) of borduurwerk (*bordados*) met voor het eiland typerende bloemmotieven. Beide handwerkvormen worden tot op heden op het eiland in ere gehouden.

Op Terceira ontwikkelde het borduurwerk zich in de 20e eeuw tot een ware industrie. De borduursters – nu nog een paar honderd – werken thuis en ontvangen hun materiaal van een van de in Angra do Heroísmo gevestigde bedrijven (www.acorbordados.com). Het patroon wordt met behulp van een sjabloon in uitwasbare inkt op de stof aangebracht. Er wordt met de hand geborduurd, daar staat het kwaliteitskeurmerk 'Artesanato dos Açores' borg voor. De eindafwerking (zomen etc.) vindt vervolgens weer plaats in de fabriek. De kwetsbare werken (zakdoeken, tafelkleden) in wit of natuurlijk linnen, katoen of batist met florale, geometrische of figuratieve motieven zijn niet bepaald goedkoop. Ze worden grotendeels geëxporteerd. Belangrijkste kopers zijn Frankrijk, Groot-Brittannië en de VS.

Delicate sculpturen

Sinds de 16e eeuw werden in de vrouwenkloosters van Horta (Faial) vederlichte kunstwerken van vijgenboommerg (*miolo de figueira*) gemaakt. Na de ontbinding van de conventen in 1834 zetten seculiere ambachtslieden de traditie voort. Van hen was Euclides Silveira da Rosa (1910-1979) dermate getalenteerd, dat het Museu da Horta een eigen zaal aan hem heeft gewijd. Hij werkte eerst als technicus voor een kabelbedrijf en was alleen in zijn vrije tijd bezig met het modelleren. Later schiep hij als zelfstandig ambachtsman steeds grotere sculpturen. Tot op de dag van vandaag leeft de traditie van de boommergkunst op Faial. Het wordt onderwezen op scholen en cursussen en wint steeds meer terrein. Het merg wordt van november tot februari uit de vijgenboomtakken gewonnen. Wanneer het is gedroogd, wordt het in zeer fijne, bijna doorzichtige plakjes gesneden, alvorens het met zo weinig mogelijk lijm verder te verwerken.

Een variant van deze kunst is het ook op Pico en São Miguel verbreide modelleren met vissenschubben (*escamas de peixe*). Deze worden samengevoegd tot delicate bloemen of haaraccessoires. Een bekende hedendaagse kunstenares die met beide materialen werkt is Helena Henriques (http://artesdahelena.com.sapo.pt). Vaak is er in het Centro de Artesanato in Capelo (Faial) of in de Escola Regional de Artesanato in Santo Amaro (Pico) gelegenheid om mee te kijken bij de vervaardiging van de kunstwerken.

Walvisvaarderskunst

Noord-Amerikaanse walvisvaarders beoefenden in de 18e en 19e eeuw een kunstvorm, waarvan de oorsprong teruggaat tot op de mammoetjagers in de steentijd. Zij polijstten de tanden of het bot van de potvis glanzend wit, om er vervolgens met een scherpe naald gedetailleerde motieven in te graveren – vaak schepen, walvissen of vrouwenportretten. Ingewreven kleurstof maakte de tekening zichtbaar.

Historische *scrimshaws* zijn tegenwoordig schandalig duur. De al ongeveer dertig jaar in Horta (Faial) woonachtige Nederlander John van Opstal zet deze traditie als enige voort en bedient verzamelaars over de hele wereld. Nog lange tijd na het einde van de walvisvaart leverden duikers hem potvistanden die ze in de buurt van voormalige fabrieken vonden, waar de walvisskeletten achteloos in zee werden gegooid. Inmiddels heeft hij een tekort aan materiaal. Hij experimenteert nu met het graveren van glas. Ook ontvangt hij groepen toeristen, waaraan hij zijn kunsten en zijn privécollectie presenteert. Ook individuele reizigers kunnen hem bezoeken (tel. 292 39 27 20, http://johnvanopstal.nl, volg de borden vanaf de weg naar Espalamaca).

Ecologisch verantwoord

De handel in potvisivoor is in de EU en vele andere landen alleen toegestaan indien dit het CITES-certificaat draagt. Daarmee wordt de herkomst van oorspronkelijk oud materiaal verklaard. Dierenbeschermingsorganisaties raden echter de aankoop van echte *scrimshaws* af, om geen impuls aan de wereldwijde handel te geven. Analoog aan het 'zachte' walvissenkijken is er in de winkel van de organisatie BOCA in Lajes do Pico (zie blz. 191) kunstnijverheid te koop van materialen, die een alternatief vormen voor walvisbeen en -tanden: hout, runderbot, plantaardig ivoor. Dat laatste is afkomstig van de steen- of ivoornoot (tagua), de zaden van een Zuid-Amerikaanse palm en lijkt verbazingwekkend sterk op het ivoor van olifanten en potvissen.

Onderweg op de Azoren

De Azoren op eigen kracht beleven – São Miguel is een favoriete fietsbestemming

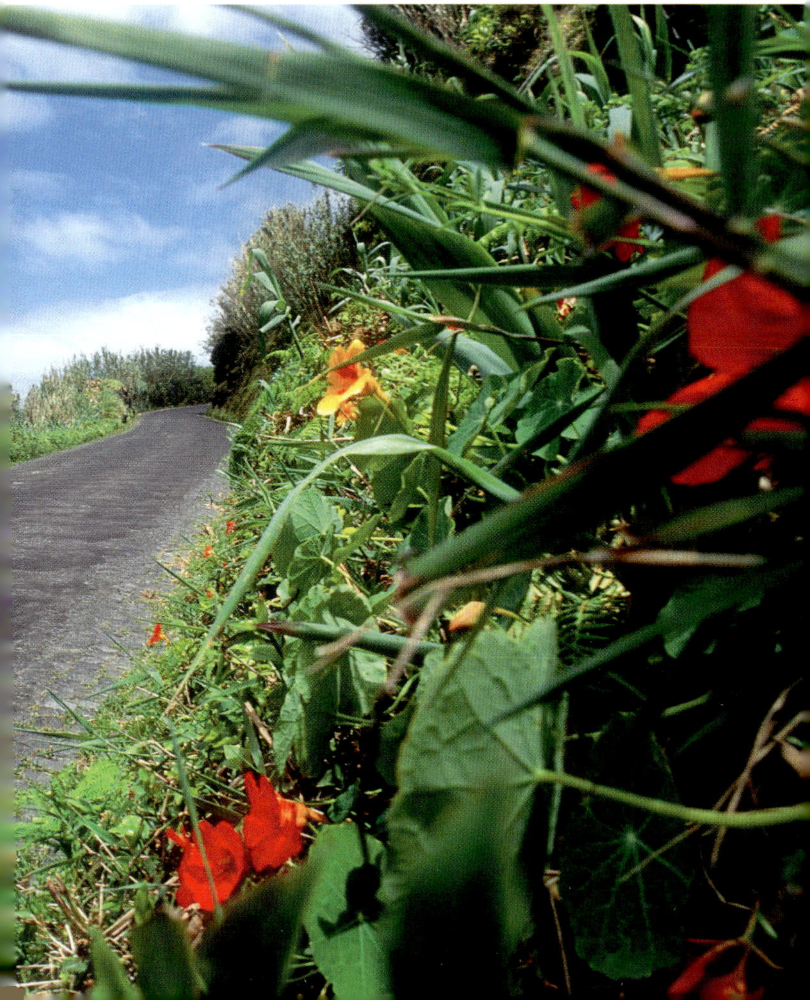

IN EEN OOGOPSLAG

São Miguel

Hoogtepunten

Caldeira das Sete Cidades: Een enorme vulkaankrater met twee beroemde meren, het water van het ene blauw en van het andere glinsterend groen; de Caldeira das Sete Cidades wordt het liefst gefotografeerd met bloeiende hortensia's op de voorgrond. Zie blz. 102.

Furnas: Een vruchtbare groene vallei met tientallen omhoogborrelende minerale bronnen. De meest royale vormt met zijn grote meer het hart van een van de mooiste parken van Europa, het Parque Terra Nostra. Vulkanische verschijnselen en fenomenen zijn overal rondom het meer aanwezig. Zie blz. 128.

Op ontdekkingsreis

De tuinen en parken van de 'gentlemen farmers': Ponta Delgada is een groene stad. Dit is te danken aan de rijke landeigenaren uit de 19e eeuw, die schitterende tuinen en parken aanlegden. Men kan er wandelen en genieten van botanische schatten. Zie blz. 92.

Waar de enige thee van Europa groeit: Bij een bezoek aan de theeplantages in de buurt van Ribeira Grande ontdekt u interessante wetenswaardigheden over het productieproces en maakt u tegelijkertijd een reis door de tijd. Zie blz. 116.

Warme vulkanische bronnen in de Vale das Furnas: In Furnas borrelt het uit het vulkanisch gesteente; 22 bronnen zorgen voor helend water, die met ideale temperaturen enkele zwempoelen vullen. Zie blz. 130.

São Miguel

Bezienswaardigheden

Igreja do Colégio de Todos os Santos: De voormalige jezuïetenkerk in Ponta Delgada met rijke barokgevel en prachtige altaren behoort vandaag de dag tot het eilandmuseum. Zie blz. 88.

Plantação de Ananases 'Augusto Arruda': Alleen op São Miguel groeit ananas. Bezoekers van de plantage kunnen de teelt helemaal volgen en ananasproducten in de winkel proeven. Zie blz. 101.

Te voet

Rond de Caldeira en naar Sete Cidades: Een populaire route loopt langs de kraterrand van de Caldeira omlaag tot aan de oevers van het Lagoa Azul en naar het plaatsje Sete Cidades. Zie blz. 103.

Wandeling naar Lagoa do Fogo: Een van de mooiste routes op São Miguel voert van Água d'Alto steil omhoog naar een romantisch waterkanaal en verder naar het stille bergmeer Lagoa do Fogo. Zie blz. 122.

Sfeervol genieten

Door de vulkaan gekookt: De rijkgevulde stoofpot *cozido* wordt in de hete vulkanische bodem gegaard en vervolgens geserveerd in het restaurant Tony's in Furnas. Zie blz. 129.

Miradouro da Ponta do Sossego: Niet zomaar een van de vele uitkijkpunten; natuurlijk is er een spectaculair uitzicht over de kust, maar ook een prachtig bloemenpark met picknickplaats. Zie blz. 138.

Uitgaan

Portas do Mar: De enorme pier voor kruisvaarders en veerboten is dé *hotspot* voor alle nachtbrakers in Ponta Delgada. Hier rijgen de hippe bars en trendy eetgelegenheden zich aaneen. Zie blz. 85 en 99.

Teatro Ribeiragrandense: In het nostalgische, traditionele theater van Ribeira Grande worden fado en musicals gepresenteerd, soms kan men hier ook dansen. Zie blz. 114.

Veelzijdigheid op een klein oppervlak

São Miguel is het grootste, belangrijkste en meest afwisselende eiland van de archipel. Het trekt ook de overgrote meerderheid van de toeristen – voor sightseeing, wandelen, golfen en watersporten. De hoofdstad Ponta Delgada heeft met zijn levendige stedelijke sfeer, monumenten en subtropische parken veel te bieden. Een stuk rustiger is het op het platteland, waar – zoals in de omgeving van Mosteiros – veel vakantiehuizen worden verhuurd. De zuidkust bij Caloura en Vila Franca do Campo doet bijna mediterraan aan. In fabrieken en plantages kan de teelt of de productie van typische producten van São Miguel worden gevolgd, zoals aardewerk, thee, ananas en passievruchtlikeur. Vulkanische verschijnselen zijn overal aanwezig. Met meren gevulde reuzenkraters karakteriseren het landschap. Op veel plaatsen borrelen warme, heilzame waterbronnen omhoog en in de vallei van Furnas stijgen dampen op uit uit het binnenste van de aarde. In het afgelegen oosten verrijst het ruige bergmassief van de Pico da Vara.

Ponta Delgada ▶ 6, D 4

De geschiedenis van Ponta Delgada begon als bescheiden vissersdorp in de 15e eeuw. Niets wees erop dat het zich

INFO

Toeristeninformatie

Verkeersbureaus van de Azoriaanse overheid geven informatie in Ponta Delgada, Furnas en op de luchthaven (o.a. gratis eilandkaart met stadsplattegronden, wandelroutebeschrijvingen). In de grotere plaatsen zijn er gemeentelijke toeristenbureaus.

Heenreis en vervoer

Luchthaven: de Aeroporto de Ponta Delgada (PDL), ook wel Aeroporto João Paulo II, ligt op 3 km ten westen van de hoofdstad. Geen directe busverbinding, maar wel bushalte op 1 km afstand (zie blz. 100). Taxi naar de stad circa € 10. Non-stop vluchten naar Amsterdam, Brussel, Lissabon en de andere Azoreneilanden (zie blz. 22). Vluchtinfo: www.ana.pt, bagagedepot in de aankomsthal (€ 3,56 per dag).
Veerboot: vanuit de haven van Ponta Delgada vertrekt Atlânticoline 's zomers ca. 2-3 maal per week naar alle eilanden van de Azoren (zie blz. 23 en blz. 100). Accommodatie in de binnenstad is te voet of met een korte taxirit bereikbaar.
Bussen: het eiland heeft een goed ontwikkeld busnetwerk, alle belangrijke plaatsen zijn meerdere malen per dag bereikbaar (weekend beperkt). Ponta Delgada is het knooppunt. Er zijn drie busmaatschappijen: AVM (tel. 296 30 13 58) rijdt in het westen, Varela (tel. 296 30 18 00) in het zuidoosten en CRP (tel. 296 30 42 60) in het noordoosten. Info: www.smigueltransportes.com.
Taxi: in alle belangrijke steden zijn taxistandplaatsen. Taxiservice (24 uur): tel. 296 30 25 30. Prijsvoorbeeld: Ponta Delgada – Villa Franca do Campo € 20 (zie ook blz. 23).
Huurauto: autoverhuurbedrijven op de luchthaven en in de grotere steden (zie ook blz. 24).

zou ontwikkelen tot de metropool van de Azoren (nu 69.000 inw.). Vila Franca do Campo was toen de hoofdstad van São Miguel en de bewoners van Ponta Delgada moesten daarheen om deel te nemen aan de Corpus Christiprocessie. Dit gebaar van onderwerping paste hun niet langer, daar hun dorp in belang toenam door zijn veilige natuurlijke haven. In een bepaald jaar kwam het vanwege een triviale reden bij een dergelijke gelegenheid tot een gevecht tussen de mannen uit beide plaatsen. Er vielen gewonden en de processie moest worden afgebroken. Terug in Ponta Delgada besloten de dorpshoofden om in het geheim een boodschapper naar Lissabon te sturen met een verzoek om stadsrechten. Koning Manuel I verleende Ponta Delgada in 1499 daadwerkelijk de titel 'vila' (kleine stad).

De jonge stad ontwikkelde zich steeds meer tot het handelscentrum van São Miguel en tot vestigingsplaats van de ambitieuze burgerij. Daarentegen ontplooiden de grootgrondbezitters in Vila Franca do Campo geen nieuwe economische initiatieven, waardoor de stad steeds verder achterbleef. De aardbeving van 1522 richtte in Vila Franca een verwoestende schade aan en bezegelde het lot van de beide steden. In 1546 verhief koning João III Ponta Delgada tot 'cidade' (grote stad) en daarmee tot nieuwe hoofdstad van São Miguel.

Vanuit Ponta Delgada werden de producten van de eilanden naar Portugal, Italië, Vlaanderen en Engeland geëxporteerd. In eerste instantie graan en natuurlijke kleurstoffen, later sinaasappels en ananas. Vanaf de 19e eeuw vestigde de voedsel-en drankenindustrie zich in de stad, waar bietsuiker, alcohol, tabakswaren, visconserven en zuivelproducten werden geproduceerd. In de tweede helft van de 20e eeuw kwam er een onvermijdelijke daling in deze economische branche. De neerwaartse trend werd opgevangen door de uitroeping van Ponta Delgada tot regeringszetel van de autonome regio Azoren (1976) en recenter door het toerisme.

Portas do Mar [1]

De 'zeepoorten' zijn het moderne uithangbord van de stad: een reusachtige, wigvormige kade met winkels, bars, restaurants en de **Terminal Marítimo**, waar de veerboten en cruiseschepen aanleggen. Hij scheidt de twee delen van de jachthaven, de **Marina Nascente** in het oosten en de **Marina Poente** in het westen. Op de bovenste, voor evenementen bedoelde etage van de Portas do Mar is het de moeite waard om even naar het uitkijkpunt te klimmen, met zicht op tribunes, haven en horizon.

Praça Gonçalo Velho Cabral [2]

Vroeger legden de schepen hier aan, tegenover dit uitgestrekte stadsplein met zijn representatieve **Portas da Cidade**. Deze driedelige, in 1783 gebouwde en in 1952 naar zijn huidige locatie verplaatste stadspoort, verwelkomt tot op heden nieuwelingen. Ook een **monument voor Gonçalo Velho Cabral**, initiator van de kolonisatie van São Miguel, siert het door arcaden omzoomde plein. Als voorbeeld diende het beroemde Praça do Comércio in Lissabon.

Praça do Município

Iets verder landinwaarts ligt aansluitend het intieme Praça do Município met de **Câmara Municipal** [3], het kleine maar prachtige renaissancestadhuis (16e eeuw). Voor het gebouw staat een standbeeld van de aartsengel Michael, de patroonheilige van het eiland.

Igreja Matriz [4]

Largo da Matriz, meestal gehele dag geopend

De belangrijkste kerk van de stad stamt uit de 16e eeuw en wordt beschouwd

Ponta Delgada

Bezienswaardigheden
1. Portas do Mar
2. Praça Gonçalo Velho Cabral/Portas da Cidade
3. Câmara Municipal
4. Igreja Matriz
5. Museu Carlos Machado
6. Núcleo de Santa Bárbara do Museo C. Machado
7. Núcleo de Arte Sacra/Igreja do Colégio de Todos os Santos
8. Jardim Antero de Quental
9. Convento da Esperança/Igreja de Santo Cristo
10. Igreja de São José
11. Forte de São Brás
12. Gruta do Carvão
13. Jardim António Borges
14. Jardim do Palácio de Sant'Ana
15. Jardim José do Canto

Overnachten
1. Gaivota
2. Royal Garden
3. Senhora da Rosa
4. Camões
5. Casa Vitoriana
6. Quinta das Acácias
7. Casa do Jardim
8. Carvalho Araújo
9. Barracuda

Eten & drinken
1. Largo da Matriz/O Gato Mia
2. Mercado do Peixe
3. Yacht Club
4. Cervejaria Docas
5. Rotas da ilha verde
6. Super Prato
7. Bom Apetite
8. O Roberto
9. Central
10. Adega Regional
11. Nacional

Winkelen
1. Loja Açores
2. Loja do Peter
3. Parque Atlántico
4. Mercado da Graça

Actief
1. ANC Moto-Rent
2. Nuno Vasco Carvalho
3. Moby-Dick Tours
4. Futurismo
5. Lagarta
6. Piscinas M. de São Pedro
7. Piscina Natural Portas do Mar
8. Sea Bottom

Uitgaan
1. Baía dos Anjos
2. Bar do Pi
3. Sports one Café
4. Colégio 27
5. Coliseu Micaelense

als het beste voorbeeld van de manuelstijl (zie blz. 66) op de Azoren. Koning João III ondersteunde de bouwwerkzaamheden financieel en schonk ook de twee prachtig versierde portalen aan de westelijke en de zuidelijke gevel. Boven de laatste prijken twee medaillons met portretten van de koning en zijn echtgenote Catarina.

De beschermheilige van de kerk is de in Portugal zeer populaire St.-Sebastiaa-n, die tijdens de christenvervolging in het Romeinse Rijk door boogschutters werd neergeschoten. Zijn standbeeld wordt aanbeden in het hoofdaltaar. Bezienswaardig is ook de sacristie met blauwe en witte azulejos (17e eeuw), een kostbare stucwerkconstructie in rococostijl. Stucwerk siert ook de bogen tussen de hoofd- en zijbeuken. Daarnaast zijn er verschillende bezienswaardige altaarstukken, sommige in hout, andere beschilderd en versierd met bladgoud.

São Miguel

Museu Carlos Machado [5]

Rua João Moreira, tel. 296 20 29 30, http://museucarlosmachado.azores.gov.pt

Het hoofdgebouw van het museum in het voormalige **Convento de Santo André** (16e eeuw) is na renovatiewerkzaamheden in de herfst van 2015 weer gedeeltelijk open gegaan. Door de eeuwen heen onderging het indrukwekkende kloostergebouw verschillende aanpassingen. Het behield echter zijn karakteristieke, symmetrische buitentrap in renaissancestijl. Stichter van het eilandmuseum was de gymnasiumleraar Carlos Machado, die een omvangrijke natuurhistorische collectie inbracht. Daarnaast omvat het museum oude klederdrachten, agrarische en huishoudelijke apparaten uit vroeger tijden, meubels, porselein, speelgoed en schilderijen en beeldhouwwerken van Azoriaanse en Portugese kunstenaars. Een aanbouw is voor 2017 gepland.

Núcleo de Santa Bárbara do Museu Carlos Machado [6]

Rua Dr. Carlos Machado s/n, di.-vr. 10-12.30, 14-17.30, za.-zo. 14-17.30, ma. en feestdagen gesl., € 2, jeugd 15-25 jaar € 1, kind tot 14 jaar gratis

Schuin ertegenover is een dependance van het eilandmuseum gevestigd in de Núcleo de Santa Bárbara, een voormalig, kloosterachtig onderkomen voor jonge meisjes. Het 17e-eeuwse gebouw, sinds 1933 verlaten, werd gerestaureerd en huisvest tegenwoordig wisseltentoonstellingen.

Núcleo de Arte Sacra do Museu Carlos Machado [7]

Largo do Colégio, di.-vr. 10-12.30, 14-17.30, za.-zo. 14-17.30, ma. en feestdagen gesl., € 2, jeugd 15-25 jaar € 1, kind tot 14 jaar gratis

De afdeling voor religieuze kunst van het eilandmuseum is ondergebracht in de voormalige jezuïetenkerk, de **Igreja do Colégio de Todos os Santos**. De orde stichtte haar vestiging in Ponta Delgada in 1591. Van de eerste, waarschijnlijk vrij eenvoudige kerk bleef niets behouden. Hij maakte plaats voor een luisterrijk barokgebouw. Alleen al de gedetailleerd versierde façade uit grijs vulkanisch gesteente met gekrulde gevel (midden 18e eeuw) is het bekijken meer dan waard. Hij wordt beschouwd als de mooiste kerkgevel van de Azoren.

De receptie bevindt zich links naast

Ponta Delgada

de kerk, in een gebouw van de voormalige orde waar een school voor jongens was gevestigd. In een galerij wordt daar religieuze kunst uit de vorige eeuwen tentoongesteld, overwegend sculpturen en paneelschilderijen uit de jezuïetenkerk en uit andere kerken op São Miguel. Een schilderij van de kroning van de Maagd steekt er bovenuit. Vasco Pereira Lusitano, een van de meest gewilde kunstenaars van zijn tijd, schilderde het in 1604 in Sevilla. Vermeldenswaard zijn ook de verschillende Indo-Portugese Christusfiguren (17e-18e eeuw) uit ivoor (zie blz. 67).

In de gerenoveerde kerk vinden geen diensten meer plaats. Van het oorspronkelijke interieur zijn nog prachtige altaarstukken te zien. Een daarvan betreft het grootste houtsnijwerk van heel Portugal. Het is gesneden uit eiken- en cederhout en met plantenmotieven en engelenfiguren versierd. De sacristie herbergt fraaie azulejos met afbeeldingen van planten en vogels en een kerststal uit de 18e-19e eeuw.

Ook vanuit het café kan de manuelistische gevel van de Igreja Matriz worden bewonderd

Direct links ligt de **Jardim Antero de Quental** 8, een mooi klein stadspark. Het is vernoemd naar een populaire 19e-eeuwse dichter uit Ponta Delgada.

Convento da Esperança 9

Campo São Francisco

In de **Igreja de Santo Cristo**, de rijk versierde kerk van het nonnenklooster, wordt het beroemdste heiligenbeeld van de Azoren vereerd, de Senhor Santo Cristo dos Milagres. In 1541 reisde een groep vrome vrouwen naar Rome om de toestemming van paus Paulus III te vragen voor het stichten van een klooster. Deze schonk hun het borstbeeld van Christus. Eerst werd hij in Caloura bewaard (zie blz. 120), later in Ponta Delgada. Rond 1700 verspreidde de cultus van de Senhor Santo Cristo dos Milagres zich over heel São Miguel en de andere eilanden van de Azoren, dankzij ijverige propaganda door de non Teresa de Anunciada (1658-1738). Haar leven staat afgebeeld op de azulejos in de kloosterkerk. Zij voerde het kerkelijke feest ter ere van de heilige in (zie blz. 100).

Het byzantijns ogende borstbeeld van Christus zou mogelijk uit het middeleeuwse Constantinopel stammen, een bewijs daarvoor is er echter niet. Het beeld moet in ieder geval een groot aantal wonderen hebben bewerkstelligd. Van ziekten genezen en tegenslag bespaard gebleven gelovigen schonken als dank de vele sieraden en edelstenen waarmee de houten figuur is behangen.

Igreja de São José 10

Campo São Francisco, ma.-vr. 14-18 uur

Schuin ertegenover bezit de franciscaner kerk van 1709 prachtige barokke altaarstukken en azulejos. Het aangrenzende **Convento de São Francisco** is tegenwoordig in gebruik als hospice. In 1525 werd het klooster gesticht door monniken uit Vila Franca do Campo, nadat hun onderkomen daar was verwoest door een aardbeving. De raadsleden van Ponta Delgada kochten hen letterlijk weg, omdat de betekenis van een stad in die tijd bovenal werd afgemeten aan het aantal aanwezige kloosters.

Rechts van de kerk wordt in de **Capela de Nossa Senhora das Dores** Onze Lieve Vrouw van Smarten aanbeden. Tot ver in de 19e eeuw vond hier elk jaar een processie plaats, waaraan een aantal flagellanten deelnam – gelovigen die ter boetedoening zichzelf met zwepen geselden. In 1864 werden dergelijke praktijken door de paus verboden.

Forte de São Brás 11

Av. Infante Dom Henrique, www. exercito.pt/sites/musmilacores/, 's zomers di.-zo. 10-12.30, 13.30-18, 's winters di.-zo. 10-17.30 uur, ma. en feestdagen gesl., € 3, gereduc. € 1, kind 7-17 jaar € 1, tot 6 jaar gratis

De patroonheilige van de trotse havenvesting is St.-Blasius. De plattegrond van het renaissancegebouw werd waarschijnlijk in 1567 ontworpen door de Italiaanse vestingbouwkundige Tomasso Benedetto. Hij was daarvoor al in opdracht van koning Sebastião betrokken bij de versterking van Funchal, de hoofdstad van Madeira. De versterking van de haven was noodzakelijk geworden toen de aanvallen door Franse en Engelse kaperkapiteins op de kust van de Portugese Atlantische eilanden in de tweede helft van de 16e eeuw toenamen. Het gebouw herbergt nu het **Museu Militar dos Açores**. De rondgang door de oude gewelven, bochtige tunnels en over de verdedigingsmuur toont uniformen, wapens en diverse militaire toestellen uit de 19e en 20 eeuw.

Haven

De ernaastgelegen haven is de grootste van de Azoren. De verlenging van de beschermende kademuur tot ongeveer 1300 m maakte na 1965 de aanleg van de Avenida Infante Dom Henrique mogelijk. Waar deze brede promenade nu voor de skyline van Ponta Delgada ligt, bevond zich vroeger een door golven omspoeld strand, waarop de vissers hun kleine bootjes aan land trokken.

Gruta do Carvão 12

Rua do Paim, vanaf de ringweg met borden aangegeven, tel. 961 39 70 80, http://grutadocarvao.amigosdosacores.pt, rondleidingen juni-sept. di.-zo. 10.30, 11.30, 14.30, 15.30 en 16.30 uur, okt.-mei alleen 's middags, € 5, gereduceerd € 2,50

De lavatunnel Gruta do Carvão doorsnijdt Ponta Delgada van het noordwesten naar het zuidoosten over een lengte van 1650 m. In schril contrast met zijn lengte is hij slechts 8 m breed en maximaal 6,4 m hoog. Een stuk van het bovenste deel is reeds toegankelijk gemaakt voor bezoekers, een tweede deel in de buurt van de haven volgt nog. Het hele scala aan structuren, typerend voor vulkanische grotten, is hier te zien (zie blz. 46). Zelfs de beroemde Portugese kroniekschrijver Gaspar Frutuoso maakt in de 16e eeuw melding van de grot, die toen via twee instortingsgaten ten westen van het fort van São Brás toegankelijk was.

Jardím António Borges 13, Jardim do Palácio de Sant'Ana 14, Jardim José do Canto 15

Zie Op ontdekkingstocht blz. 92

Ponta Delgada's stranden

De stranden van Ponta Delgada liggen in het stadsdeel São Roque (3 km van het centrum, bussen van CRP en Varela). Dicht bij de kerk liggen uitnodigende kleine zandbaaien voor een dagje strand. Aan de aangrenzende, iets grotere **Praia das Melícias** staat het Aparthotel Barracuda (blz. 96). Direct ten oosten daarvan ligt de vrijwel ongerepte **Praia do Pópulo** (zie foto blz. 99, met strandtent). In het seizoen worden de stranden in het weekend druk bezocht door de plaatselijke bevolking.

Overnachten

Enkele grote moderne hotels met alle comfort, waarin overwegend Scandinavische touroperators hun gasten huisvesten, domineren de skyline van de stad achter de jachthaven en in de periferie. Er is echter ook een keur aan individuele accommodatie in centraal gelegen stadspanden of op landgoederen in de buitenwijken Fajã de Baixo Livramento. Tijdens het Festa do Senhor Santo Cristo dos Milagres (zie blz. 100) zijn alle hotels volgeboekt.

Aan zee – **Gaivota** 1: Av. Infante Dom Henrique 103, tel. 296 30 25 10, www.hotelgaivota.com, 2 pk vanaf € 80, 2 pers. appartement ca. € 100. Een van de oudste hotels in Ponta Delgada, comfortabel en ook relatief eenvoudig. Gerenoveerde kamers en appartementen, aan de voorzijde met balkon en uitzicht op zee.

Designhotel – **Royal Garden** 2: Rua de Lisboa, tel. 296 30 73 00, www.investacor.com, 2 pk € 90-130. Bijna 200 licht ingerichte kamers met een Aziatisch tintje. Japanse tuin met vijvers en watervallen. Rustig en toch centraal gelegen.

Stijlvol – **Senhora da Rosa** 3: Fajã de Baixo, Rua Senhora da Rosa 3, tel. 296 63 01 00, fax 296 62 99 39, 2 pk € 80-110 (via touroperator). Landgoed tussen de ananasplantages, dat beschikt over meer dan 28 comfortabele kamers met antiek meubilair. Ca. 2,5 km van het centrum. Voorlopig wegens renovatie gesloten. ▷ blz. 96

Op ontdekkingsreis

De tuinen en parken van de 'gentlemen farmers'

Ponta Delgada is een groene stad. Dit is vooral te danken aan de rijke landeigenaren uit de 19e eeuw, die schitterende tuinen en parken met exotische planten aanlegden. Vandaag de dag kunnen hier op uitgebreide wandelingen nog steeds botanische schatten worden bewonderd.

Kaart: 6, D 3/4; plattegrond: blz. 86
Duur: volledige dag.
Startpunt: Ponta Delgada, zuidelijke ingang van het Parque António Borges (grote parkeerplaats aan Rua Xavier).

Jardim António Borges 13: Rua António Borges, ma.-vr. 9-20, za.-zo. en feestdagen 9-21 uur, gratis toegang.
Jardim do Palácio de Sant'Ana 14: Rua José Jácome Correia s/n, tel. 296 30 10 00, www.azores.gov.pt, apr.-sept. di.-vr. 10-16, za. 13-17, okt.-mrt. alleen za. 13-17 uur, € 2, identiteitskaart of paspoort moet bij de receptie worden achtergelaten.
Jardim José do Canto 15: Rua José do Canto 9, tel. 296 65 03 10, www.josedocanto.com, apr- sep dag. 9-19, okt-mrt dag. 9-17 uur, € 3,50.
Pinhal da Paz: Fajã de Cima, www.azores.gov.pt, nov.-eind mrt. ma.-vr. 8-16 uur, za.-zo .gesloten, overige maanden ma.-vr. 8-18 (19), za.-zo. 10-18 (20) uur, gratis toegang, taxi enkele reis ca. € 8 (evt. verhoogd met wachtgeld).

De rijke en goed opgeleide landeigenaren op São Miguel worden ook wel de 'gentlemen farmers' genoemd. In de 19e eeuw verveelvoudigden zij hun vermogen met de teelt en export van ananas, sinaasappels en tabak. Menigeen investeerde aanzienlijke bedragen om – in overeenstemming met de destijds heersende smaak – parken in de Engelse landschapsstijl aan te laten leggen. Echter wel met een exotische, aan het milde klimaat aangepaste beplanting. Daarbij streden ze met elkaar om het bezit van de allernieuwste botanische rariteiten. Enkele van deze parken en tuinen zijn tegenwoordig opengesteld voor het publiek.

Jungleromantiek

Bij de zuidelijke ingang van de **Jardim António Borges** 13 (zie foto blz. 92), het stadspark van Ponta Delgada, staat een monument voor de stichter. António Borges (1812-1880) was een grote ananasproducent en kosmopoliet. Hij bezocht de Europese hoofdsteden regelmatig en liet zich daar inspireren. In zijn met azulejos versierde kas experimenteerde hij als een van de eerste boeren op São Miguel met het kweken van ananassen. De kas staat er nog steeds, rechts onderaan de rand van de tuin. Vandaag de dag huisvest hij bromelia's.

Het zuidelijke, vlakkere deel van het park bevat een door Borges aangelegde verzameling van verschillende palmsoorten. Erboven rijst een enorme rubberboom (*ficus elastica*) op. Ook deze uit Zuidoost-Azië afkomstige reus stamt uit de periode waarin de tuin werd aangelegd. Met zijn vele knoesten groeit hij meer in de breedte dan in de hoogte.

Ernaast ligt een romantisch rots- en grottenlandschap. Terwijl de meeste Europese tuiniers dit kunstmatig moesten creëren, was het hier dankzij een lavastroom en de instortingsgaten van een vulkanische grot al voorhanden. In de dalen met een hoge luchtvochtigheid gedijen boomvarens, die oorspronkelijk in Australische bergbossen thuishoren. Overal staan araucaria – primitieve naaldbomen uit Oceanië en Zuid-Amerika. Helemaal linksboven staat een bougainville, eigenlijk een klimplant, maar hier met veel geduld opgekweekt tot een boom met een dikke stam. Ernaast voert een mysterieuze grot omhoog naar een tuinhuis, waarvan het dakterras vroeger uitzicht op zee bood. Inmiddels zijn de bomen er enorm de hoogte in geschoten en is er alleen nog in westelijke richting uitzicht over de daken van de stad.

Bloementapijten

Na het verlaten van het Parque António Borges door de bovenste uitgang, gaat u rechtsaf en bereikt – de brede straat in oostelijke richting volgend – de **Jardim do Palácio de Sant'Ana** 14. Het halverwege de 19e eeuw door José Jácome Correia gebouwde neoclassicistische Palácio de Sant'Ana is nu de officiële residentie van de president van de Azoren. Het landhuis is dan ook niet open voor bezichtiging, maar sinds de restauratie is de bijbehorende, prachtige tuin wel te bezoeken. Een rondwandeling buigt vanaf de palmenlaan bij de ingang al gauw linksaf naar een groot meer met erboven zwermende zangvogels en libellen. De grote ruimte tussen het meer en het paleis is opgevuld met bloemenperken, die met hun veelkleurige, zorgvuldig samengestelde patroon op oosterse tapijten lijken. Ook aan de westzijde van het paleis zijn op vergelijkbare wijze bloemenperken gearrangeerd, wat vele mooie plaatjes om te fotograferen oplevert. Wie genoeg heeft rondgekeken, kan via de hoofdlaan terugkeren naar de ingang, of misschien nog even een doorsteekje maken naar het meer, om er op een van de parkbankjes van de sfeer te genieten.

Tuin van een plantenverzamelaar

Direct ernaast wacht de **Jardim José do Canto** 15 op bezoekers. Vanaf 1840 werd hij op de landerijen aangelegd die reeds in de 15e eeuw aan de invloedrijke voorouders van de oprichter waren toegevallen. Direct bij de ingang staat rechts een enorme Nieuw-Zeelandse 'kerstboom', een pohutukawa (*Metrosideros excelsa*). In zijn thuisland bloeit hij van half december tot half januari, vandaar. Deze boom met witte grijze behaarde bladeren en rode bloemkwasten is op de Azoren wijdverbreid als sierplant. Zijn bijzonder harde hout is zwaarder dan water, hij wordt daarom ook wel ijzerhoutboom genoemd.

Een schaduwrijke laan leidt naar het **monument van José do Canto** (1820-1898). Deze cultureel en wetenschappelijk zeer geïnteresseerde man maakte op zijn reizen naar Parijs en Londen kennis met de op dat moment actuele tuinstijlen. Hij huurde daarop een Engelse landschapsarchitect in om het familiepark van de grond af aan opnieuw vorm te geven, en ontwikkelde het park vervolgens decennialang verder. Hoe fraai het park ook nu nog steeds is, naar de vroegere rijkdom en diversiteit kan men alleen nog maar raden. José do Canto zou hier meer dan drieduizend planten-en boomsoorten bijeengebracht hebben, een ongehoord aantal voor een privétuin. Het goed behouden gebleven bomenbestand getuigt van zijn verzamelaarspassie. Hoewel hij in eerste instantie scheuten en stekken van de beroemde Kew Gardens in Londen betrok, kreeg hij al snel bezoek van Europese tuindirecteuren die op hun beurt ook op zoek waren naar rariteiten.

Aan de linkerkant van de tuin staat de in victoriaanse stijl opgetrokken voormalige oranjerie, tegenwoordig een feestpaviljoen. Verderop passeert u een enorme eucalyptus en vervolgens een theeboom (*Melaleuca*-familie), beide uit de Australazische regio. In een discreet hoekje herinnert een monument aan Carlos I, de een-na-laatste koning van Portugal, die in 1901 São Miguel en bij die gelegenheid ook de Jardim José do Canto bezocht. De wandeling gaat verder langs andere reusachtige bomen, waaronder een kauri (*Agathis australis*), een conifeer uit Nieuw-Zeeland. Via een bamboebosje bereikt men het **Palácio José do Canto**. Het neoclassicistische gebouw bleef op de oostelijke vleugel na onvoltooid. Aan de voorzijde van het paleis wordt het uitzicht vanaf het balkon gedomineerd door een werkelijk expansieve, rond 1845 geplante rubberboom, die zelfs de afmetingen van zijn soortgenoten in het Parque António Borges nog overtreft.

Aan de achterzijde van het paleis bevindt zich de toegang tot het pension **Casa do Jardim** 7 (zie blz. 96). Vanuit de noordoostelijke hoek van het gebouw leiden trappen omlaag naar een grasveld, waar een uit Nieuw-Caledonië stammende *Araucaria columnaris* staat. Vanwege zijn mooie, zuilvormige groei wordt hij tegenwoordig in alle subtropische landen als sierboom gehouden. Door een romantische tuin gaat het nu verder omlaag, waar palmen in de schaduw van hogere bomen groeien. Bamboe (*Bambusa vulgaris*), waarvan de stengels een hoogte van ongeveer 15 meter kunnen bereiken, vormt hier een dicht bos. Kort daarop verlaat men het park weer op de plek waar men het ook betreden heeft.

Veel variatie in het parkbos

Direct ertegenover voert de Rua de Santana omlaag richting de binnenstad. Aan de Largo da Matriz kan men bij de cafetaria **Central** 9 even pauzeren. 's Middags staat dan een tripje naar het bomenpark **Pinhal da Paz** (▶ 6, D 4) ten noorden van de stad op het programma. Met een huurauto of taxi verlaat u de ringweg bij de afrit Fajã de Cima en rijdt verder door het lintdorp. Vanaf de rotonde voorbij Fajã de Cima volgt u de borden 'Pinhal da Paz'. Al na zo'n 500 m bereikt u de ingang. António do Canto Brum, een telg uit de beroemde adellijke familie (zie blz. 94), legde het 49 hectare grote park in het begin van de 20e eeuw aan op zijn erfdeel. Oorspronkelijk was het bedoeld als boomkwekerij. De stichter van het park realiseerde zich echter al snel welke mogelijkheden het door het hoekig vulkanisch gesteente verdeelde terrein hem bood. Het aanwezige bomenbestand van pijnbomen (Port. *pinheiros*) en diverse inheemse soorten vervolmaakte hij door er Japanse ceders (*cryptomerias*), eucalyptussen en exotische bloeiende struiken aan toe te voegen. Daarnaast legde hij thematuinen aan.

Na zijn dood dreigde het park te verwilderen. In 1988 kocht de Azoriaanse overheid Pinhal da Paz aan en veranderde het in een recreatiegebied. In het weekend zit de lokale bevolking hier nu aan picknicktafels, maken joggers en mountainbikers hun rondjes over een 15 km lang netwerk van paden en vinden er zelfs liveconcerten plaats. Er werd ook een grootschalige parkeerplaats bij aangelegd.

Pal naast een infobord met de kaart van het park begint een bosweg, die bij een boswachtershuis uitkomt op een breed pad. Hieraan liggen rechts de thematuinen achter elkaar. De eerste is gewijd aan de camelia. Verderop omzomen azalea's, clivia's en hortensia's het pad en zorgen van februari tot september voor een bloemenpracht.

Aan de rechterkant verleidt een doolhof tot een bezoek. Smalle buxushagen scheiden het 'juiste' pad van een verscheidenheid aan doodlopende paden. Ertegenover strekt zich een intieme varentuin uit. Smalle paden kronkelen zich tussen kleine heuvels door waarop een verbazingwekkende verscheidenheid aan soorten groeit. Van miniscule, tapijten vormende mosvarens tot gigantische boomvarens, waaronder Euphorbia en allerlei andere vetplanten, zoals agaves en yucca's. Het robuuste oppervlak van de lavastroom is voor deze droogteminnende planten de ideale locatie.

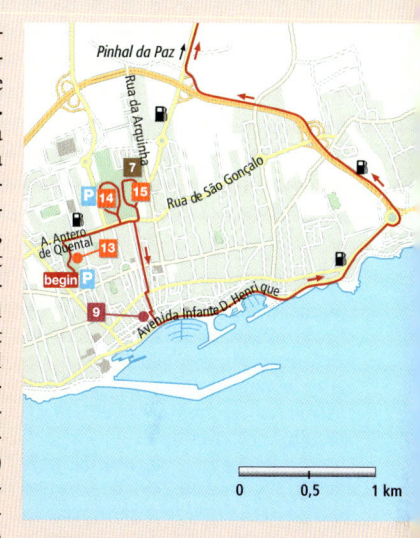

Een onmisbaar onderdeel van de excursie is tot slot de klim naar het hoogste punt van het park – even voorbij een vlakte. Een **miradouro** biedt daar een fantastisch uitzicht over Ponta Delgada. Een rechtstreekse weg door de noordelijke, dichtbeboste zone van de Pinhal da Paz voert terug naar de parkeerplaats.

Klein en fijn – **Camões** 4: Largo de Camões 38, tel. 296 20 95 80, www.hotelcamoes.com, 2 pk € 70-80. Aan de rand van het historisch centrum gelegen viersterrenhotel met 38 kamers. Familiale sfeer. De inrichting is geïnspireerd op de Portugese ontdekkingstochten. Met restaurant (hoofdgerecht vanaf € 10).

Stadsidylle – **Casa Vitoriana** 5: Rua Dr. João Francisco de Sousa 34, tel. 296 28 50 81, www.casavitoriana.com, 2 pk € 70-110. Een 19e-eeuws herenhuis in familiebezit, met een patio en een kleine boomgaard. Antiek ingerichte appartementen en kamers, en een vakantiehuisje in de tuin.

Om te ontspannen – **Quinta das Acácias** 6: Livramento, Rua da Lapinha 74, tel. 296 64 21 66, www.quintadasacacias.net, 2 pers. huisje € 65-100. Kleine bungalows met terras in een park. Ca. 8 km van het centrum, 3 km van het strand.

In een paleis wonen – **Casa do Jardim** 7: Rua José do Canto 9, tel. 296 65 03 10, www.josedocanto.com/casa-do-jardim, 2 pk € 52-72, afhankelijk van het seizoen. Pension in het Palácio Jose do Canto (zie Op ontdekkingsreis blz. 92) met vrije toegang tot het park. Mooie kamers, echter met zeer kleine ramen.

Pure nostalgie – **Carvalho Araújo** 8: Rua Carvalho Araújo 63, tel. 296 30 70 90, www.azoreshotelca.com, 2 pk € 45-55. Pension met negen zeer comfortabel ingerichte kamers. Familiale sfeer, een beetje zoals in vroeger tijden.

Hotel aan het strand – **Barracuda** 9: Praia das Melícias, tel. 296 38 14 21, www.hotel-barracuda.com, appartement met ontbijt voor 2 pers. € 37-61. Klassiek aparthotel met drie sterren. Prettige architectuur, alle wooneenheden met balkon direct aan de zee. Wie niet zelf wil koken, kan er in het restaurant eten; 4 km van het centrum.

Eten & drinken

Zeer smaakvol – **Largo da Matriz/O Gato Mia** 1: Largo da Matriz 16, tel. 296 28 71 26, za.-do. 18-23 uur, hoofdgerecht vanaf € 11, menu ca. € 40. Op de eerste verdieping boven de cafeteria **Central** (zie blz. 97). Ambitieuze keuken, correcte service. Mooie tafels voor twee met uitzicht op kerkplein (reserveren!).

Visspecialist – **Mercado do Peixe** 2: Av. Infante D. Henrique 13/15, tel. 296 28 12 41, dag. 12-15, 18-23 uur, hoofdgerecht vanaf € 12, kwaliteitsvis en zeevruchten vanaf € 20. Uniek kelderrestaurant met een grote selectie aan vis uit de lokale wateren. Smakelijke *cataplana*. 's Avonds vaak livemuziek.

Bootjes kijken – **Yacht Club** 3: Marina Poente, Loja 23, tel. 2956 28 42 31, pasta € 10-11, verse vis € 15, dagschotel met drankje en koffie ca. € 6,50. Hier zitten toeristen en Azorianen eendrachtig tezamen, om te genieten van de innovatieve gerechten van chef-kok Hugo Ferreira en het uitzicht op het nieuwere deel van de jachthaven.

Ongedwongen – **Cervejaria Docas** 4: Portas do Mar, Loja 8, tel. 296 70 20 00, dag. 11-2 uur, hoofdgerecht vanaf € 10. Moderne stijl bierkantine die een Portugese traditie in ere houdt. Op menukaart staan vlees en vis.

Vegetarisch – **Rotas da ilha verde** 5: Rua Pedro Homem 49, tel. 296 62 85 60, http://rotasilha.blogspot.com, ma.-vr. 12-15, 19-22, za. 19-22 uur, zo. en feestdagen gesl., hoofdgerecht € 10-13. Het enige puur vegetarische restaurant in de wijde omgeving. Trendy menukaart met heerlijkheden zoals aubergine-cannelloni of gesauteerde tofoe, diverse salades. Reserveren!

Ongecompliceerd – **Super Prato** 6: Rua Margarida de Chaves 18, tel. 296 28 44 34, dag. geopend, hoofdgerecht vanaf € 8, voordelige tapasgerechten.

Modern en vriendelijk ingericht restaurant met veel lokale gasten. Op tafel komen traditionele gerechten.
Lekker simpel – Bom Apetite 7 : Rua Tavares Resende 46, tel. 296 28 55 08, ma.-vr. 11.30-15, 19-22, za. 19-22 uur, hoofdgerecht vanaf € 7. Bestaat al tientallen jaren. Traditionele gerechten, zoals gegrilde haaiensteak.
Beproefd – O Roberto 8 : Av. Infante D. Henrique 14, tel. 296 28 37 69, http://oroberto.pai.pt, zo.-vr. 12-15, 18.30-23 uur, hoofdgerecht vanaf € 10, kwaliteitsvis ca. € 13. Stijlvolle serre aan de promenade. Ondanks de nabijheid van de haven meer gericht op vleesgerechten, zoals diverse steaks. Let op de voordelige menu-aanbiedingen.
Midden in het leven – Central 9 : Largo da Matriz 15, dag. tot 23 uur. De tafels van de cafetaria staan op het autovrije kerkplein. 'Mensen kijken' is hier onvermijdelijk, soms met livemuziek. Bestellen binnen aan de bar. Goedkope dagschotel (ca. € 7), bijv. gegrilde sardines, snacks € 2-5, saladebuffet.
Eenvoudig en goed – Adega Regional 10 : Rua do Melo 70, tel. 296 28 47 40, zo. gesl., vanaf € 8. Een lezerstip: familiale sfeer, bijzonder lekker is de vangst van de dag (vis).
Klassieker – Nacional 11 : Rua Acoreano Oriental 18, tel. 296 62 99 49, http://restaurantenacional.pai.pt, hoofdgerecht vanaf € 8. Al jaren favoriet in het oude centrum. Stevige Azoriaanse keuken, prettige service, gezellige sfeer.

Winkelen

Antiquariaten – Voor het geval de vakantieboeken zijn uitgelezen: in de **Rua do Diário dos Açores** bevinden zich verschillende tweedehands boekhandels. Ook boeken over de Azoren.
Kunstnijverheid – Loja Açores 1 : Portas do Mar, Loja 15, tel. 296 28 13 89, dag.

Tip

Kaas & co vers van de markt

De centrale markthal van Ponta Delgada kent een lange traditie. De **Mercado da Graça** 4 werd al in 1848 gebouwd en tegen het einde van de 20e eeuw gemoderniseerd. Binnen biedt O Rei dos queijos, de winkel van de 'kaaskoning' Carlos Bernardo, een enorme selectie van kaas uit de Azoren. Andere handelaren hebben verse groenten en pas geoogst fruit klaarstaan. Veel is afkomstig van de boeren op São Miguel, in het bijzonder natuurlijk de beroemde ananas (Rua do Mercado, tel. 296 28 26 63, ma.-do. 7-18, vr. 7-19, za. 7-14 uur).

10-22 uur. Eilandsouvenirs: kandelaars van vulkanisch gesteente, lavasteensieraden en maïsstropoppen. Verder culinaire cadeaus zoals thee of kaas. Wisselende kunsttentoonstellingen.
Atlantische zeilersflair – Loja do Peter 2 : Portas do Mar, Loja 13, tel. 296 28 50 96, www.petercafesport.com, ma.-do. en zo. 10-22, vr.-za. 10-23 uur. Een filiaal van de fanshop van Peter Café Sport op het eiland Faial (zie blz. 168). Kleding, sport- en cadeau-artikelen met het iconische walvislogo (zie blz. 78).
Grootste winkelcentrum – Parque Atlántico 3 : Rua da Juventude, www.parqueatlanticoshopping.pt, winkels zo.-do. 10-22, vr.-za. en vooravond feestdagen 10-23, supermarkt ma.-do. 9-22, vr. 9-23, za. en vooravond feestdagen 8.30-23, zo. 8.30-22 uur. Het grootste winkelcentrum van de Azoren met mode, woninginrichting, sportartikelen, elektronica en nog veel meer. Op de bovenste verdieping bevindt zich een fastfoodoase met vertegenwoordigers van de regionale, Aziatische, Italiaanse en andere keukens.

Actief

Tweewielers – **ANC Moto-Rent** [1]: Av. Dr. João Bosco Mota Amaral (kiosk tegenover Hotel Marina Atlântico), tel. 967 30 99 09, www.ancmotorent.com. Verhuurt fietsen (€ 10-20 per dag), scooters (vanaf € 35) en motoren (vanaf € 45). Quadtour incl. gids en lunch € 70 per pers. **Nuno Vasco Carvalho** [2]: Rua António Joaquim Nunes Silva 55, tel. 296 62 83 04. Mountainbikes voor volwassenen € 10 per dag, kinderfiets € 6, scooter Yamaha / Honda ca. € 25.

Walvissen – **Moby-Dick Tours** [3]: Marina Poente, tel. 296 58 36 43, www.mobydicktours.com. Whalewatchingtochten tot in de wateren buiten de 6 mijlzone, waar de kansen bijzonder groot zijn, € 35 per pers. **Futurismo** [4]: Marina Nascente, www.futurismo.pt. Scoort goed met ribboot of katamaran. Met uitleg over de rond de Azoren voorkomende walvissen voor vertrek. Whalewatchingtochten van een halve dag € 55, hele dag € 75.

Sightseeing – **Lagarta** [5]: Av. Infante Dom Henrique, tel. 296 62 94 46, www.lagarta.net. Het grappige minitreintje vertrekt vóór het Forte de São Brás, 's zomers, dag., okt.-mei alleen za.-zo. en feestdagen, vijf verschillende themarondleidingen van een uur door de stad, € 5. Met commentaar in het Engels.

Zwemmen – **Piscinas Municipais de São Pedro** [6]: Portas do Mar, € 2,50, kinderen € 1. Gemeentelijk zwembad met diverse baden, waterglijbaan en zonneterras. **Piscina Natural Portas do Mar** [7]: Portas do Mar, juni-sept. dag. 10-18.30 uur, € 1 per dag, kinderen vanaf 4 jaar € 0,60. Betonplaten om op te zonnen en watertrappetjes in de binnenhaven van Marina de Pêro Teive.

Glasbodemboot – **SeaBottom** [8]: Marina Portas do Mar, tel. 296 30 20 30, www.seabottomazores.com. Dagelijkse boottochten om 10.30 en 14.30 uur met minimaal 6 passagiers. Afhankelijk van de wind en de golven gaat het in oostelijke of westelijke richting langs de kust. Een uur durende tocht € 10-20 per pers., kinderen 4-11 jaar halve prijs.

Uitgaan

Ponta Delgada biedt het meest opwindende nachtleven van de Azoren. Geheel in de stijl van het grote voorbeeld Lissabon worden hier in het weekend de *noites* (nachten) als dagen beleefd. Voor middernacht loont

Ponta Delgada: adressen

het nauwelijks de moeite om naar de trendy bars en disco's te gaan. In de zomer valt er het meeste te beleven, vooral in augustus. Populaire hotspots zijn de **Portas do Mar** en de **Rua da Cruz/Rua Diário dos Açores**.

Verfrissende Azoriaanse cultuur – Baía dos Anjos 1 : Portas do Mar, Loja 22 (Marina Poente), tel. 296 09 81 19, www.baiadosanjos.com, dag. 8-6 uur. Een van de populairste uitgaansgelegenheden van Ponta Delgada. Elke donderdagavond is er een evenement met dj of livemuziek. Bij de maandelijks wisselende thema's spelen de kunst en cultuur van de eilanden een belangrijke rol. Vaak worden er daarbij passende hapjes en drankjes aangeboden.

Jong en ongedwongen – Bar do Pi 2 : Portas do Mar, Loja 1, tel. 916 46 79 46, www.facebook.com/bardopi, dag. 14-4 uur. Levendige bar in minimalistische stijl op de punt van de pier. Super uitzicht vanaf het terras. In het weekend vaak evenementen. Gratis wifi.

Trendy café-restaurant – Sports one Café 3 : Rua do Diario dos Açores 16. Trendy ontmoetingsplek met tafels in het voetgangersgebied. Wie op het late uur nog iets wil eten, kan pasta en

De Praia do Pópulo in stadsdeel Sao Roque is ruim en heeft een café met zeezicht

andere snacks bestellen. Het café heeft een facebook-pagina.

Antieke flair – Colégio 27 **4**: Rua Carvalho Araújo 27, tel. 296 28 89 30, http://colegio27.com, ma. gesl. Stijlvolle lounge in een 400 jaar oud gebouw, dat vroeger een paardenfokkerij en een zoutfabriek huisvestte. Er is ook een restaurant (fusionkeuken). Na het diner is er muziek: jazz, Afro-Cubaans en funk. Elke wo.-do. liveoptredens 23-2 uur.

Theater – Coliseu Micaelense **5**: Rua de Lisboa, tel. 296 20 95 00, www.coliseumicaelense.pt. Sinds 1917 een grootheid in Ponta Delgada. Voorstellingen meestal op za.: opera, operette, variété, ballet, circus. Ook dansfeesten (bal). Voorverkoop aan de theaterkassa: ma.-za. 13-20 uur.

Info & festiviteiten

Delegação de Turismo de São Miguel: 9500-150 Ponta Delgada, Avenida Infante Dom Henrique, tel. 296 30 86 10 of 296 30 86 20, turismoacores@visitazores.travel, www.visitazores.com, ma.-vr. 9-18, za. 9-13 uur. Verkeersbureau van de regering van de Azoren. Filiaal op de luchthaven: tel. 296 28 45 69.

Vliegtuig: luchthaven 3 km ten westen van het stadscentrum. Taxi ca. € 10-13. Geen directe busverbinding. Bussen van de AVM en minibus A (zie hieronder) stoppen op 1 km afstand in het district Ramalho, net voorbij het oude luchthavengebouw aan het oostelijke einde van de landingsbaan (de nieuwe terminal is 15 min. lopen). Stadskantoor van SATA: Av. Infante Dom Henrique 55, tel. 296 20 97 00, ma.-vr. 9-17.15 uur.

Veerboot: autoveerboten van de Atlânticoline vanaf Portas do Mar. Tickets verkrijgbaar online, bij het havenloket (vanaf 1,5 uur voor vertrek) of bij reisbureaus.

Streekbussen: eindpunt van de meeste lijnen op Avenida Infante Dom Henrique bij verkeersbureau (zie blz. 84).

Stadsbussen: vanaf Praça Vasco da Gama rijden drie minibuslijnen (A, B en C) ma.-vr. 7.30-19.30 uur hun ronden door het centrum (ca. elke 15 min.), tickets bij bestuurder, enkeltje € 0,50, blok met 10 stuks € 4. In de buitenwijken rijden streekbussen (zie hierboven).

Taxi: Praça Gonçalo Velho Cabral (tel. 296 20 50 50), Praça Vasco da Gama (tel. 296 65 21 28).

Huurauto: kantoren van Ilha Verde (www.ilhaverde.com) aan de campo São Francisco 19 (tel. 296 30 48 00) en in het winkelcentrum Solmar op de Av. Infante Dom Henrique (tel. 296 30 48 58). Verschillende aanbieders aan de Avenida Infante Dom Henrique.

Festa do Senhor Santo Cristo dos Milagres: vijf weken na Pasen, www.santocristo.com. Het meest uitgebreide festival van de Azoren trekt duizenden gelovigen, waaronder veel emigranten. Vanaf het Convento da Esperança (zie blz. 90) trekt op zaterdag een processie rondom de met bloemtapijten versierde Campo São Francisco. Daarna brengen deelnemers kaarsen en geschenken ten offer. Op zondag draagt de bisschop van Terceira de mis op, op het plein. Dagenlang is het in de stad bijna de klok rond levendig druk.

Internettoegang in Ponta Delgada

In de winkelcentra en Solmar Avenida en Parque Atlântico (zie plattegrond blz. 86) zijn internetcafés te vinden (€ 1 of 2 per halfuur) en er is kosteloos wifi beschikbaar (info bij de receptie). Daarnaast is er gratis wifi beschikbaar in veel cafés en restaurants en op de luchthaven (daar ook computergebruik tegen vergoeding).

Ponta Delgada: adressen

Tasquinhas (kraampjes) verkopen heerlijke lokale hapjes 'uit het vuistje'. De sierverlichting op de kerken en paleizen is legendarisch.

Wine in Azores: weekend in okt., www.wineinazores.com, gastronomisch festival in de Portas do Mar. Restaurants en bars bieden visspecialiteiten en cocktails aan en er zijn kookdemonstraties en workshops. Rond de honderd wijnproducenten uit heel Portugal nodigen u uit om hun wijn te proeven. 's Avonds muziekprogramma.

Aan de rand van de stad

Plantação de Ananases 'Augusto Arruda' ▶ 6, D 3

Fajã de Baixo (aangegeven met borden vanaf de kerk), Rua Dr. Augusto Arruda, tel. 296 38 44 38, bus 304, 306 (Varela), taxi vanaf het centrum ca. € 5, mei-sept. dag. 9-20, okt.-apr. 9-18 uur, gratis toegang

Toen in 19e eeuw de sinaasappelproductie instortte, ontdekten de boeren van São Miguel de ananas als een nieuw exportproduct. In 1864 ontstond de eerste van de vele ananasplantages die sindsdien het landschap aan de rand van Ponta Delgada karakteriseren, speciaal in Fajã de Baixo. Ze zijn te herkennen aan de ouderwetse kassen, die meestal achter hoge muren verscholen liggen. Vele zijn inmiddels aan nieuwbouw ten offer gevallen, ook als de teelt niet meer echt lonend was. De Plantação de Ananases 'Augusto Arruda' koos voor een andere manier. Het opende de deuren voor geïnteresseerde bezoekers.

De rondleiding door de plantage illustreert de gecompliceerde teelt. Voor de delicate tropische vruchten is het

In de Plantação 'Arruda' kunnen bezoekers een beeld krijgen van de ananasteelt

klimaat op São Miguel verre van ideaal. Alleen de kostbare kweek binnen een kas maakt het hele jaar door oogsten mogelijk. Dit verklaart de relatief hoge prijs van de vruchten. De jonge planten worden verkregen door te stekken. Zij staan de eerste zes maanden in *estufins* (kweekkassen) bij 30 °C en moeten dagelijks worden bewaterd. Daarna worden ze naar de grote kassen (*estufas*), overgeplaatst, waar ze vier maanden later enkele opeenvolgende nachten met een smeulend vuur worden berookt. Dit moet de bloemvorming stimuleren. Acht maanden na deze procedure volgt de oogst. Alhoewel de Azoriaanse ananas geen uitzonderlijke zoetheid bereikt, bezit ze een opmerkelijk aroma. Hiervan kan iedereen zichzelf overtuigen tijdens het proeven van de diverse ananasproducten (likeur, brandewijn, jam, sap) in de bijbehorende winkel.

Caldeira das Sete Cidades ✷ ▶ 6, B/C 2

Vanuit Ponta Delgada zijn er twee manieren om de indrukwekkendste krater van de Azoren met zijn beroemde meren te bereiken. Rijdend langs de kust over de EN 1 is het de moeite waard om voorbij Relva even te stoppen bij de **Miradouro do Caminho Novo.** De daar aanwezige uitkijktoren biedt een prachtig uitzicht over een mozaïek van maïsvelden en grazige weilanden tot aan de zee en de luchthaven. Ook is er de mogelijkheid om een leuke wandeling te maken (zie hieronder). Net voor Feiteiras slaat u dan een door hortensia's en ceders omzoomde secundaire weg in, richting Vista do Rei. De verder landinwaarts via Arrifes lopende alternatieve route ER 8 passeert op zijn klim naar de Serra Devassadem een populair uitzichtpunt, van waaruit men ver over de noordkust kijkt. Daarna volgt de panorama-miradouro op de top van de **Pico do Carvão,** te bereiken over een steile weg (bord: Lagoa Empadada). Ontegenzeggelijk het allerbeste uitzicht op de Caldeira biedt echter de **Vista do Rei** ('koningszicht'). De miradouro werd aangelegd ter gelegenheid van het bezoek van koning Carlos I aan de Azoren in 1901.

Op het breedste punt meet de caldera 5 km in doorsnee, als hoogste berg van de kraterrand rijst in het oosten de **Pico das Éguas** op met 873 m. De Caldeira is nu volledig beschermd natuurgebied, niet in de laatste plaats vanwege de goed bewaard gebleven oorspronkelijke vegetatie op de steile binnenwanden.

Wandeling op de PRC 20 SMI Rocha da Relva

2,5 uur inclusief terugweg, licht

Vanaf de parkeerplaats bij de Miradouro do Caminho Novo (zie hierboven) begint een smalle weg, die na 800 m bij een parkeerplaats overgaat in het officiële wandelpad PRC 20 SMI Rocha da Relva. Het goed aangelegde pad ontsluit een spectaculair kustlandschap. Langs een rotswand gaat het enigszins omlaag naar een *fajã*. Dergelijke smalle strandvlakten komen op het eiland São Jorge veel voor, maar op São Miguel zijn ze zeldzaam. Dankzij het gunstige microklimaat gedijen hier fruitbomen en wijnranken. In kleine huisjes, de *adegas*, brengen de wijnmakers hun weekenden door en slaan ze hun wijnvaten op.

De kratermeren

De kraterbodem ontstond niet door een plotselinge ineenstorting, maar dankzij een reeks van inzakkingen. Verschillende hoog gelegen kratermeren weerspiegelen deze ontstaansgeschiedenis. De twee grootste, **Lagoa Azul** ('blauw meer') en **Lagoa Verde** ('groen meer'), zijn met elkaar verbonden in de vorm van het cijfer acht.

Op de landschappelijk schitterende rit vanaf de Vista do Rei omlaag naar Sete Cidades passert men de **Miradouro do Cerrado das Freiras**, met nogmaals uitzicht op beide meren. Vanaf de **Miradouro da Lagoa de Santiago** geniet men daarentegen van een schitterend uitzicht op een kleiner, door een stil bos omgeven kratermeer. Vervolgens bereikt men de brug tussen Lagoa Azul en Lagoa Verde – dit is een verplichte stopplaats voor alle excursies naar dit gebied.

Over de meren doet een trieste legende de ronde. In de Atlantische Oceaan zou ooit een heel continent hebben gelegen, waarover lange tijd een kinderloos koningspaar regeerde. Een engel voorspelde de koning uiteindelijk de geboorte van een dochter. Hij mocht haar echter niet zien voordat ze volwassen was, anders zou zijn koninkrijk ten onder gaan. Inderdaad werd er een meisje geboren. Ze werd onder de hoede van een kindermeisje geplaatst en groeide op in de 'zeven steden' (Port. *sete cidades*), ver weg van haar ouders. Jarenlang hield de koning zich aan deze harde voorwaarde. Toen echter zijn levenseinde naderde, wilde hij toch per se zijn dochter zien en verschafte zich met geweld toegang tot de versterkte steden. Op dat moment lieten enorme aardbevingen en vulkaanuitbarstingen de aarde schudden, waarna het continent in duizend stukken brak en in de zee zonk. Alleen de negen eilanden van de Azoren bleven over. Er wordt gezegd dat de groene slippers van de prinses in de Lagoa Verde zonken en haar blauwe hoed in de Lagoa Azul – dit is hoe de meren hun kleur verkregen. De wetenschappelijke uitleg is dat in de kleinere, sterker dichtgeslibde Lagoa Verde meer algen en andere waterplanten groeien dan in de Lagoa Azul.

Rond de Caldeira en naar Sete Cidades

Duur: 3 uur, licht; er rijden op onregelmatige tijden bussen naar het startpunt (www.smigueltransportes.com)

Het als **PR 4 SMI** gemarkeerde panoramische wandelpad voert over de kraterrand van de Caldeira das Sete Cidades, om vervolgens steil af te dalen naar Sete Cidades. Het startpunt is een wegwijzer op de oostelijke secundaire weg van Ponta Delgada naar Sete Cidades (zie blz. 102), net vóór het recreatiebos Mata do Canário. De route volgt een aquaduct, dat in het begin nog een stuk geasfalteerd is. Bij de bosrand slaat de route links af een onverhard pad in, dat steil omhoog leidt naar het hoogste punt van de noordelijke rand van de Caldeira, op ongeveer 800 m. Zacht stijgend en dalend verliest de route daarna geleidelijk weer aan hoogte. Uiteindelijk verlaat men de kraterrand, om vervolgens steil af te dalen naar de Lagoa Azul. Kort daarop bereikt men het kleine centrum van Sete Cidades.

Ontspannen bij de kratermeren

Zwemmen is in de meren van de Caldeira das Sete Cidades niet gebruikelijk. Er werden echter wel zoetwatervissen in uitgezet en in het weekend vist de lokale bevolking er vanaf de oevers. Tot plezier van het hele gezin zijn er ook picknickplaatsen met barbecues, speelplaatsen en zonneweiden.

São Miguel

Afdaling vanaf de kraterrand van de Caldeira naar Sete Cidades

Sete Cidades ▶ 6, B 2

Dit dorp aan de westelijke oever van de Lagoa Azul bestaat voornamelijk uit weekendhuisjes in een rechthoekig stratenpatroon. Aan de noordwestelijke rand van het dorp rijst de neogotische **Igreja São Nicolau** (Rua da Igreja) op. Een laan door een idyllisch klein park leidt naar de ingang van de kerk. Altijd sieren bloemen er het eenvoudig interieur. Links van het altaar staat een beeld van St.-Nicolaas. De eerste mis werd in 1857 lezen in deze door een plaatselijke officier gedoneerde kerk.

Schuin tegenover de bushalte staat heel bescheiden de kleine Império (tempel van de Heilige Geest) van het dorp. Het gedrongen natuurstenen gebouwtje is gemakkelijk over het hoofd te zien tussen twee huizen (Rua da Igreja 16 en 18). Bezienswaardig zijn ook de op palen gebouwde graanschuren, de zogeheten *espigueiros* (zie blz. 63).

Eten & drinken

Eilandtypische keuken – **Lagoa Azul**: Rua da Caridade 18, tel. 296 91 56 78, dag. 7-2 uur, buffet € 11. In dit door een familie gerunde restaurant wordt elke vr.-za. een goed gevuld lunchbuffet geserveerd met lokale gerechten, op andere dagen is er een daghap. Meer informatie op Facebook.
Centrale ontmoetingsplaats – **Esplanada São Nicolau**: R 9-1a, dag. geopend, kleine maaltijden ca. € 5, snacks ca. € 2,50, sandwiches ca. € 1,50. Bar met terras bij de kerk, waar wandelaars graag even pauzeren. Zelfbediening.
Wandelen – **PRC 33 SMI Atalho dos Vermelhos**: www.trails-azores.com. De gemarkeerde rondwandeling (2 uur, licht) begint in het kleine plaatsje João Bom, langs de regionale weg, op de parkeerplaats bij Café Baleia Azul (tel. 296 91 76 12, snacks € 1-2, wifi). De tocht voert onder meer langs de bovenste rand van de klif waar tal van inheemse planten gedijen.

Info

Casa do Parque da Lagoa das Sete Cidades: op de westelijke oever van Lagoa Azul, tel. 295 24 90 15, http://parques naturais.azores.gov.pt, dag. 9-16 uur. Informatie over de 23 beschermde gebieden die samen het natuurpark van São Miguel vormen, ook informatie over wandelroutes. Met shop.

Mosteiros en de westkust ▶ 6, B/C 1/2

Het vissersdorp Mosteiros scoort hoge ogen met twee aantrekkelijke plaatsen om te zwemmen. Aan de zuidwestelijke rand van de nederzetting strekt zich een halvemaanvormig, vaak aan een sterke branding blootgesteld zandstrand uit (in de zomer 11-19 uur bewaakt). Ervoor ligt een groep rotsen, die doet denken aan een klooster (Port. *mosteiro*) met een stel monniken. Aan de noordelijke rand van Mosteiros liggen de **Piscinas naturais,** een rotsachtig kustgedeelte met veel kleine natuurlijke zwembaden tussen de klippen.

Ponta da Ferraria ▶ 6, B 2

Vanwege zijn landschappelijke bijzonderheid werd de westelijke punt van São Miguel tot natuurmonument uitgeroepen. De kustvlakte met miniatuurvulkaan dankt zijn ontstaan aan een lavastroom, die ongeveer 900 jaar geleden werd uitgestoten door de aangrenzende Pico Camarinhas, een zwarte asvulkaan. Hete thermale bronnen verraden dat het vulkanisme geenszins volledig is uitgedoofd. Vanaf het afgelegen kuuroord, de Termas da Ferraria, voert een korte wandeling naar het zuiden, waar een van de bronnen onder het zeeoppervlak borrelt. De watertemperatuur in de kleine baai (onbewaakt, met strandbar) varieert tussen 18 °C bij vloed en een verbazingwekkende 28 °C bij eb.

Overnachten

Mosteiros heeft geen hotels of pensions, maar er zijn enkele particuliere accomodaties in de landelijk omgeving en de naburige dorpen **Ginetes** (▶ 6, B 2) en **Bretanha** (▶ 6, C 1). Kamers vanaf € 25 (2 pk), appartementen en huisjes voor 2 pers. vanaf € 25-85. Informatie en reservering:
www.casadapedreira.pt
www.casadafalesia.com
www.moinhodabibi.com (een molen!)
www.ferienparadies-azoren.de
www.azorenferien.eu
www.casa-anneliese.de
www.quintahibiscus.com

Eten & drinken

Prachtig uitzicht – **Gazcidla:** Rua da Ponta 16, tel. 296 91 54 69, dag. 6-24 uur, hoofdgerecht ca. € 10-12. Vanuit de eetzaal heeft men een panoramisch uitzicht op de kust. Eenvoudige sfeer, maar prima keuken. Aanbevolen als voorgerecht zijn de *lapas*, als hoofdgerecht gestoofde octopus of stokvis.
Zonneterras – **Brisa do Mar:** Mosteiros, Rua das Pensões, tel. 296 91 54 96, hoofdgerecht vanaf € 6. Populair eetcafé nabij de Piscinas naturais. Het aanbod richt zich op de smaak van de Amerika-emigranten: grillgerechten met aardappel, evenals octopus en diverse zeevruchten.

Actief

Paardrijden – **Quinta das Raiadas:** Ginetes, Estrada Regional 54, tel. 917 78 28 36, www.quintadasraiadas.com. Buitenritten van een halve of hele dag naar Sete Cidades of over de zandwegen van het weidelandschap in de omgeving (€ 40-75). Ook koetstochten (volledige dag met lunch: volw. € 50, kind € 25).
Spa – **Termas da Ferraria:** Ginetes, Ponta da Ferraria, Rua Ilha Sabrina, tel. 296 29 56 69, www.termasferraria.com, di.-zo. 10-19 uur, ma. gesl. behalve feestdagen (dan di. gesl.), exclusieve huur op aanvraag. Twee warme thermale bronnen en de koele Atlantische Oceaan voeden de binnen- en buitenbaden van deze wellness-oase. Ook jacuzzi, sauna, stoombad en diverse andere faciliteiten. Dagarrangementen vanaf € 90. Met restaurant (di.-do 12-15, vr.-zo. 12-15,

Santo António en Capelas ▶ 6, C/D 2

Aan de noordkust bij het agrarische dorp **Santo António** en het daarbij haast grootstedelijk aandoende **Capelas** (zie Favoriet blz. 108) is de kust overwegend rotsachtig, terwijl in het heuvelachtige achterland kleine boerderijen verspreid liggen tussen de grazige groene weiden. Vanaf de tussen de twee plaatsen in gelegen **Miradouro do Santo António** dwaalt de blik ver naar het oosten helemaal tot aan Ribeira Grande.

Oficina-Museu das Capelas

Capelas, Rua do Loural 56, tel. 296 29 82 02, ma.-za. 9 12, 13 18 uur, € 2
In een mooi gerestaureerd groepje huizen in het centrum heeft de lokale kunstenaar Manuel João Melo met veel toewijding traditionele winkels en warenhuizen nagebouwd: er zijn een pottenbakkerij, een smederij, een barbier, een kruidenier en zelfs een kantoorboekhandel met kranten uit 1907 te zien. Daarnaast toont hij er zijn bloemenschilderijen.

Overnachten

Moderne styling – **Vale do Navio:** Capelas, Rua do Navio 47, tel. 296 98 00 90, www.hotelvaledonavio.com, 2 pk € 60-90. Chic hotel bij de zee, 75 comfortabele kamers. Zeewaterzwembad, spa met binnenbad, sauna en jacuzzi. Met restaurant (geen lunch) en bar.
Statig – **Solar do Conde:** Capelas, Rua do Rosário 36, tel. 296 29 88 87, www. hotelsolardoconde.com, bungalow of suite voor 2 pers. € 60-150, afhankelijk van type en seizoen. Adellijk 17e-eeuws landgoed met 2,5 ha grote, soortenrijk beplante tuin, waarin kleine vakantiehuisjes en goed uitgeruste appartementen verspreid liggen. Hoofdgebouw met 27 kamers, een lounge, bar, restaurant en een buitenzwembad.
Op een landgoed – **Casa do Monte:** Santo António, Estrada Regional 2, tel. 296 29 81 44, www.casasacorianas.com/azores/houses/casa-do-monte, 2 pk € 45-70. Een laan met platanen en hortensia's ontvangt de bezoekers van dit 300 jaar oude landhuis. Vijf stijlvolle kamers, fietsverhuur, paardrijmogelijkheden.

Eten & drinken

Oorspronkelijk – **O Emigrante:** Capelas, Largo do Rossio 24, tel. 296 29 88 47, dag. 7-22 uur, hoofdgerecht vanaf ca. € 6. Met regionale specialiteiten (o.a. vis, gegrilde haan en *cozido*) richt dit centraal gelegen restaurant zich (niet alleen maar) op vakantievierende emigranten.

Rabo de Peixe ▶ 6, E 3

De eilandbewoners trekken hun neus een beetje op voor deze nogal armetierig aandoende plaats (7500 inw.) met de grootste vissershaven van de Azoren, wellicht ook vanwege de doordringende geur die de tonijnconservenfabriek veroorzaakt. Geheel anders is de omgeving: een parkachtig landschap met statige villa's, beginnend bij **Fenais da Luz** (▶ 6, D 2) in het westen tot aan **Santana** (▶ 6, E 3) in het oosten. In het verder vrij onopvallende dorpje Santana is de veemarkt op donderdagochtend een waar spektakel. Paarden en runderen, varkens, kippen en jachthonden wisselen er van eigenaar. Er wordt druk onderhandeld en gediscussieerd.

Overnachten

In de tuin – **Quinta de Santana:** Santana, Canada da Meca 4, tel. 296 49 12 41, www.qsantana.com, appartement voor 2 pers. € 80-120. Fraai pand met 21 wooneenheden, verschillend en mooi gelegen. Kies voor uitzicht op de tropische boomgaard. Zwembad en rustiek restaurant.

Eten & drinken

Vangst van de dag – **O Pescador:** Rabo de Peixe, Rua do Biscoito 1, tel. 296 49 20 11, zo. gesl., ma. alleen lunch, hoofdgerecht vanaf € 9, ook voordelige dagmenu's. Een van de meest gerenommeerde visrestaurants op het eiland, ondanks de weinig uitnodigende nabijheid van de tonijnfabriek aan de oostelijke dorpsrand. Diepvriesvis is taboe, de enige ware komt vers van de boot.

Actief

Golf – **Batalha Golf:** Aflitos, Rua Bom Jesús, tel. 296 49 85 40, www.azoresgolfislands.com. Een van de landschappelijk fraaiste en grootste golfbanen in heel Portugal. Combinatie van drie 9-holesbanen, zelfs voor gevorderden een uitdaging. Diverse internationale toernooien vonden hier plaats. Greenfee € 50-80.

Ribeira Grande ▶ 6, F 2/3

De op een na grootste stad van het eiland (10.000 inw.) was vanwege de 'grote rivier' die hem zijn naam gaf al ten tijde van de eerste kolonisten in de 15e eeuw aantrekkelijk. Langs zijn loop installeerden ze ettelijke watermolens om graan te malen. Deze liggen tegenwoordig in de **Jardim do Paraíso**, een park dat beide zijden van de rivier bestrijkt vanaf de binnenstad tot aan zee.

Reeds in 1507 verleende koning Emanuel I de stadsrechten van een *vila* aan Ribeira Grande. Rond 1800 begon een bloeiperiode met de introductie van de linnen- en wolweverij door Franse immigranten, die samenwerkten met grote fabrikanten in hun thuisland. Zelfs vandaag de dag is de welvaart van die tijd nog te bespeuren. Prachtige kerken bepalen het straatbeeld en schitterende heerenhuizen flankeren de lange hoofdstraat.

Ondanks de interessante omgeving komen hier slechts enkele buitenlandse bezoekers. Ribeira Grande heeft zich niet tot bestemming voor het strandtoerisme ontwikkeld, alhoewel het met de **Praia de Monte Verde** aan de westelijke rand van het dorp een natuurlijk, ruim zandstrand heeft. Ook ligt er pal tegen de stad een nog nieuwe en mooi verzorgde promenade, de **Passeio Atlántico**, die tot wandelen uitnodigt. Daar ligt ook een zeezwembad.

Câmara Municipal (ook Paços do Concelho)

Largo do Conselheiro Hintze Ribeiro
Op de oostelijke oever van de rivier ontstond de historische binnenstad. Tot op heden bevindt zich hier het eigenlijke centrum met het Largo do Conselheiro Hintze Ribeiro, een klein park. Het heeft bloemenperken en bankjes, overspand door de machtige kruinen van enkele ijzerhoutbomen. Aan de rand verheft zich het barokke stadhuis (18e eeuw) met zijn kenmerkende, ranke klokkentoren. Het bijgebouw rechts in de Rua da Praça heeft ▷ blz. 110

Favoriet

Oude walvisvaarthaven tegen indrukwekkend decor ▶ 6, D 2

Onverschrokken ligt de kleine haven van **Capelas** onder een overhangende rotswand aan de ruige noordkust. Vandaag de dag wordt hij nog slechts gebruikt door enkele recreatieve vissers. Vroeger liepen hier de walvisvaarders uit zodra zich potvissen aan de horizon vertoonden. De lokale bevolking springt hier in de zomer van het overweldigende decor in het water – een ware sensatie voor echte durfals. Wie wel graag een blik op het schuimende water wil werpen, maar zich de steile rit over de smalle weg liever bespaart, parkeert aan de rand van het dorp en wandelt verder naar de smalle baai (10 min.).

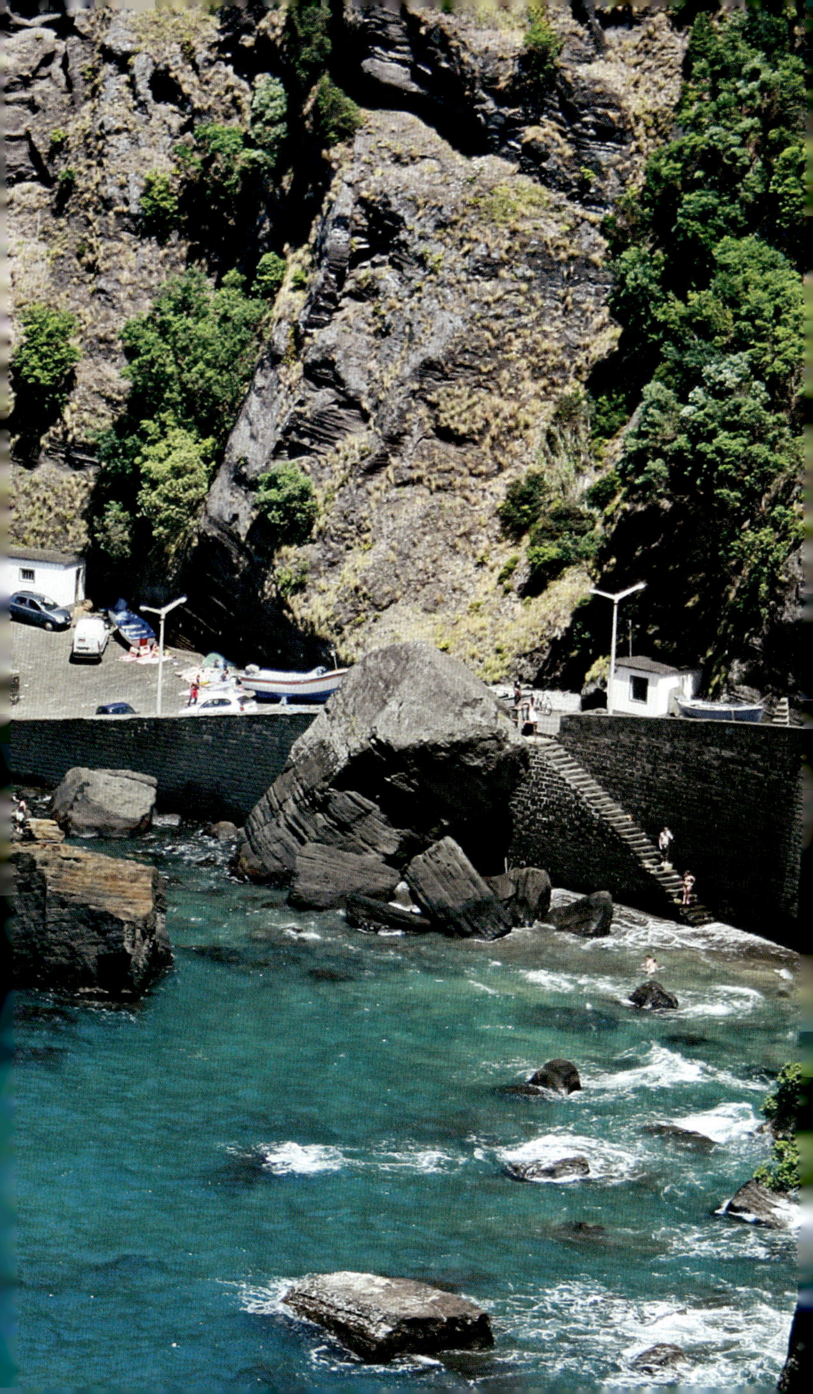

Het hele dorp is op de been: processie voor de Igreja Matriz in Ribeira Grande

een speels manuelistisch venster dat misschien nog van een vroeger stadhuis stamt.

Igreja do Espírito Santo

Rua do Espírito Santo , ook Igreja Nossa Senhora da Estrela genoemd
De prachtige barokke gevel van de kerk van de Heilige Geest schuin tegenover het stadhuis toont Franse invloeden. Hij werd in 1827 gebouwd, terwijl de kerk zelf teruggaat tot de 17e eeuw. Het interieur blijkt aanzienlijk eenvoudiger. Opvallend zijn de twee schepen van ongelijke grootte, karakteristiek voor de architectuur van de Misericórdia (zie blz. 66).

Igreja Matriz

Largo Gaspar Frutuoso
Te midden van een groenzone ligt aan de oostelijke rand van de binnenstad de belangrijkste kerk van Ribeira Grande. Het is een van de grootste en mooiste kerken van de Azoren. Het oorspronkelijke gebouw werd in het begin van de 16e eeuw opgericht en tot de 18e eeuw diverse malen uitgebreid. In die tijd ontstond de indrukwekkende barokke gevel en het interieur werd voorzien van dertien rijkelijk vergulde altaren.

Casa do Arcano

Rua da Madre do Apocalipse, tel. 296 47 33 39, www.ribeiragrande.pt/geo/museu-casa-do-arcano/, juli-sept. di.-za. 9-17, okt.-juni ma.-vr. 9-17 uur, € 2
Madre Margarida Isabel do Apocalipse (1779-1858) was een non uit een in 1832 opgeheven clarissenklooster. Zij schiep een serie van zeer gedetailleerde bijbelvoorstellingen met honderden minuscule figuren, gemaakt van verschillende

Museu da Emigração Açoriana

Rua do Estrela, tel. 296 47 07 30, http://mea.cm-ribeiragrande.pt, ma.-vr. 8.30-12.30, 13.30-16.30 uur, € 1

Emigratie, vooral naar Canada, gebeurde in het verleden vaak en overal op de Azoren. Het leed van de achterblijvers, het leven overzee en de familiale en emotionele banden met het vaderland worden zichtbaar in de tentoonstelling van foto's, immigratieaanvragen en inburgeringsdocumenten, evenals in de artefacten voor het onderhouden van de Azoriaanse cultuur in het nieuwe thuisland. Gevestigd in de voormalige vismarkt in het westen van de stad.

Ribeira Seca ▶ 6, F 3

De westelijke voorstad van Ribeira Grande is vanwege de beroemde **Fontanário** een bezoek waard. Een lavastroom verstopte en bedolf de gemetselde fontein op het plein voor de **Igreja de São Pedro** in 1563, slechts enkele decennia na zijn plaatsing. Pas in de 20e eeuw werd hij herontdekt en half uitgegraven. Er stroomt tegenwoordig echter geen water meer door de Fontanário. ▷ blz. 114

materialen, zoals rijstmeel, gelatine, gemalen glas of Arabische gom (acaciasap). Ze had op deze wijze nader tot de in de Heilige Schrift verborgen *arcano místico* (Port. 'mystiek geheim') willen komen, zo schreef zij in haar testament. In het voormalige huis van Madre Margarida hebben de miniaturen een eigen museum gekregen. Ze staan nu in de voormalige slaapkamer op de bovenverdieping, die deels in de oorspronkelijke toestand bleef behouden, evenals de aangrenzende keuken. In andere ruimten wordt het leven van de nonnen in Ribeira Grande toegelicht.

Ponte dos Oito Arcos

Ten noorden van de binnenstad overspant deze achtbogige brug de rivier. Het is een van de belangrijkste voorbeelden van de Azoriaanse wegenbouw uit de 19e eeuw. De militair ingenieur Sousa e Silva was verantwoordelijk voor de bouw. De aangrenzende straat is naar hem vernoemd. Vanwege haar schoonheid siert de brug het stadswapen.

Praia de Santa Bárbara

Een van de mooiste zwemlocaties op São Miguel bevindt zich bij Ribeira Seca. Het vlak voor een imposant rotsachtig decor gelegen natuurlijke strand is voorzien van moderne faciliteiten. Vanwege de branding is dit gedeelte van de kust ook geliefd bij de golfsurfers. Met de hippe TukáTulá snackbar (hele jaar geopend, wifi).

Favoriet

Warm bad in het bos ▶ 6, F 3

Midden in de bossen stort een aangenaam warme waterval zich in een rotsbassin. Enorme varens en groen gebladerte creëren een romantische omgeving. In de zomer ontspannen de Azorianen graag in de thermale wateren van de **Caldeira Velha** of in een kleiner bassin met water dat zelfs een badwatertemperatuur kan bereiken. Ze picknicken in het verzorgde park eromheen, tussen de dampende fumarolen. Buiten het seizoen gaat het er rustiger aan toe (Estrada Regional da Lagoa do Fogo, 5 km ten zuiden van Ribeira Grande, bewegwijzerd, toegang ca. € 2, kleedruimte, douche en toilet aanwezig, 's zomers 9-21, 's winters 9-17 uur); met klein informatiecentrum over geologie en flora.

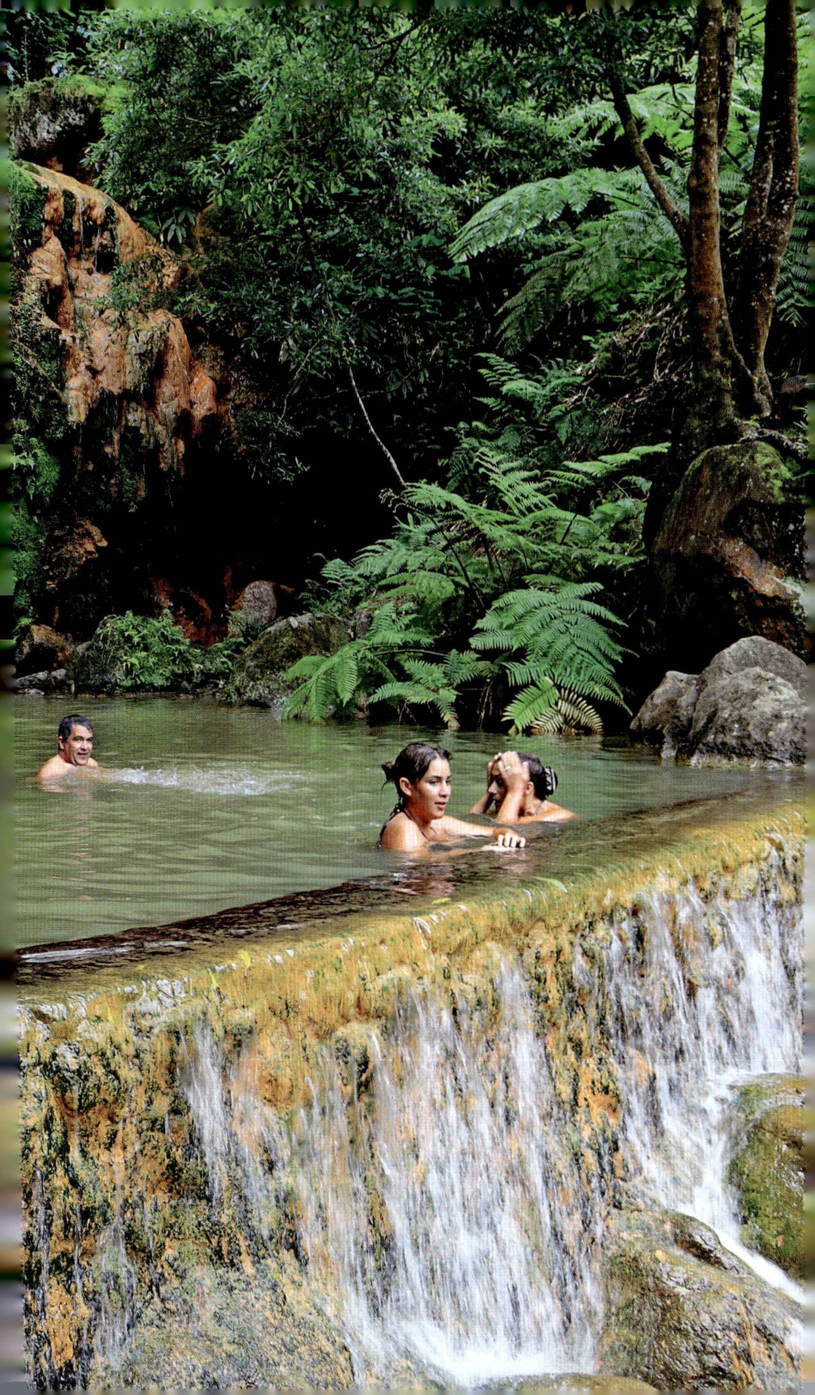

São Miguel

Overnachten

Stadspension – Residencial Ribeira Grande: Rua dos Condes 8, tel. 296 47 34 88, www.residencialribeiragrande.com, 2 pk € 40-45. Centraal gelegen, geschikt voor een of twee overnachtingen. Negen kamers, drie appartementen, restaurant. Continentaal ontbijt.

Eten & drinken

Sfeervol – O Alabote: Largo East Providence 68, tel. 296 47 35 16, www.alabote.net, di.-zo. 12-2 uur, keuken tot 22.30 uur, hoofdgerecht vanaf € 10, pasta vanaf € 7. Niet ver van het zeezwembad, met spectaculair uitzicht op de zonsondergang. Bijzondere architectuur met moderne lavastenen gevel. Specialiteit van het vis- en zeevruchtenrestaurant is *cataplana de cherne* (ovenschotel met wrakbaars, € 33 voor 2 pers.). Ook vlees, vegetarische gerechten en kindermenu. Na het eten gaat het door, Azorianen komen hier dan graag voor een drankje. Gratis wifi.

Winkelen

Azulejos – Cerâmica Micaelense: Rua do Rosário 42 (weg naar Ribeirinha), tel. 296 47 26 00, ma.-vr. 8-13, 13-18 uur. De fabriek is gespecialiseerd in het beschilderen van tegels (*azulejos*) en serviesgoed met Azoriaanse motieven. Ook naar eigen ontwerp. Fabriekswinkel.

Likeur – Mulher de Capote: Rua do Berquó 12 (weg naar Lagoa do Fogo), bord met 'Ponto de interesse turístico', tel. 296 47 28 31, www.mulherdecapote.pt, ma.-vr. 9-17 uur. Sinds 1936 maakt dit bedrijf diverse likeuren volgens traditioneel recept en zonder conserveringsmiddelen. De dranken rijpen twee jaar in eiken vaten en worden dan gebotteld in decoratieve flessen. De klassieker is een likeur van passievruchten die in het gebied groeien, maar er zijn ook andere smaken. Bezichtiging, proeverij, verkoop. Ook shop aan de Rua Gonçalo Bezerra 13 (ma.-vr. 9-12, 13-18 uur).

Actief

Zwemmen – Piscinas Municipais das Poças: Passeio Marítimo, half juni-half sept. dag. 9-20 uur, € 2, kind 2-12 jaar € 0,70. Modern zeezwembad met vier bassins, een klein zandstrand, snackbar en sanitaire voorzieningen.

Uitgaan

Theater – Teatro Ribeiragrandense: Largo Conselheiro Artur Hintze Ribeiro, tel. 296 47 03 40, http://cultura.cm-ribeiragrande.pt. Gerenoveerd traditioneel gebouw uit 1922. Regelmatig concerten, musicals, theater en dans. Het actuele programma staat vermeld in de 'Agenda Cultural' (op de website of bij het plaatselijke toeristenbureau).

Info & festiviteiten

Posto Turismo: 9600-509 Ribeira Grande, Av. Luís de Camões, tel. 296 47 43 32, postoturismo@cm-ribeiragrande.pt, www.cm-ribeiragrande.pt, ma.-vr. 8.30-12.30, 13.30-16.30 uur. Gemeentelijk verkeersbureau in het busstation.
Bussen: busstation voor streekbussen van CRP aan de Rua de Luís de Camões (in het noordwesten van het centrum).
Taxi: aan de centrale Largo Conselheiro Hintze Ribeiro, tel. 296 47 32 96.
Parkeergarages/parkeertarief: ca. € 0,50 per uur.
Cavalhadas de São Pedro: 29 juni. Ter ere van St.-Peter paradeert een optocht

van ruiters door de straten, een traditie die teruggaat tot de middeleeuwse riddertoernooien en die in de 16e eeuw op São Miguel terechtkwam. De weelderig uitgedoste ruiters zwaaien met rode vlaggen, hun paarden dragen bellen om de hals. Het levendige spektakel wordt gevolgd door enkele duizenden toeschouwers. Tegen 12 uur verzamelen de ruiters zich – met vooraan de *rei* ('koning') met een lange baard – voor de Igreja de São Pedro in Ribeira Seca. Hier worden oeroude teksten voorgedragen ter ere van de heilige. Vervolgens trekt de processie verder langs andere belangrijke plaatsen in de binnenstad van Ribeira Grande.

Omgeving van Ribeira Grande

Lagoa do Fogo en Pico Barrosa ▶ 6, F 3

Vanaf Ribeira Grande kronkelt de bergweg ER 5 langs twee geothermische energiecentrales, door Japanse cederbossen en langs de Caldeira Velha (zie Favoriet blz. 112) omhoog naar **Lagoa do Fogo**. Het stille meer vult een caldera van 6 km doorsnede, die zijn huidige vorm pas in 1563 tijdens een enorme vulkaanuitbarsting kreeg. Bronnen voeden het meer, waardoor het minder naar dichtslibben neigt dan andere kratermeren. De weg komt langs een **miradouro** met een diep uitzicht omlaag naar de Lagoa do Fogo. De meeste bezoekers laten het hierbij, slechts enkelen wagen de afdaling van een halfuur over een smal, steil pad naar het zandstrand aan de noordelijke oever. In het meer wordt zelden gezwommen.

Op weg naar de pas volgen nog andere miradouros met uitzicht over grote delen van het eiland. De pas ligt onder de met een antenne gekroonde top van de **Pico Barrosa** (947 m), de op een na hoogste berg van São Miguel. Daarna daalt de weg af naar de zuidkust bij Lagoa.

Caldeiras da Ribeira Grande ▶ 6, F 3

In een smalle vallei ten zuidoosten van de stad waardoor een met bloeiende struiken en bomen omzoomde klinkerweg voert, staat sinds 1811 een badhuis. Ernaast borrelt kokendheet thermaal water in een stenen bassin. Voor weldadig baden wordt het afgekoeld tot een dragelijke temperatuur. Het nostalgische complex werd met veel inzicht gerenoveerd en is weer in bedrijf zoals in vroeger tijden. De kleine nederzetting eromheen blijkt een knusrustig, rustig plaatsje. Er zijn nog steeds oude stenen troggen van een vroegere wasplaats te bezichtigen. Verder is er een kleine picknickplaats en negen gaten in de hete grond, waarin dagtoeristen hun meegebrachte *cozido* in enkele uren gaar laten koken. ▷ blz. 119

> # Tip
>
> ### Voormalige visserskroeg
>
> Een eenvoudige bar voor vissers uit Porto Formoso (▶ 6, G 2) groeide na verloop van tijd uit tot het restaurant **Maré Cheia**, dat de lokale vangst vers bereid op tafel zet: *lapas* (schaalhoornslakken) van de rotskust, gegrild als voorgerecht of met rijst als bijgerecht bij seizoensvis en heerlijke gemarineerde uien. Ook de vissoep is het proberen waard. er is weinig plek, dus reserveren is verstandig. Gratis wifi. Naast de deur lonkt de Praia dos Moinhos, een van de mooiste stranden in het noorden van São Miguel (Rua dos Moinhos 27, tel. 296 44 66 25, okt.-apr. ma. gesl., de overige maanden dag. geopend, vis ca. € 12).

Op ontdekkingsreis

Waar de enige thee van Europa groeit

Ten oosten van Ribeira Grande produceren twee kleine plantages thee naar Aziatisch voorbeeld. Tijdens een bezoek kan men de theeproductie stap voor stap volgen en tegelijkertijd een reis naar het verleden van São Miguel maken – naar de tijd toen er nog veertien theefabrieken op het eiland stonden.

Kaart: ▶ 6, G 2
Duur: een halve dag.
Startpunt: Chá Porto Formoso, ER 1-1a Ribeira Grande – Nordeste. Bussen van CRP vanaf Ponta Grande Delgada / Ribeira via de ER 1-1a naar het oosten. Voorbij Porto Formoso geen goede busverbinding.

Info: Chá Porto Formoso, Estrada Regional 24, tel. 296 44 23 42, ma.-za. 9-18, okt.-mrt. tot 17 uur, gratis toegang, www.chaportoformoso.com; Chá Gorreana, Gorreana 304, tel. 296 44 23 49, www.gorreanatea.com, dag. 10-17 uur, gratis toegang.

De theevelden strekken zich uit over een strook boven de kust tussen Ribeira Grande en Maia. Milde temperaturen en veel neerslag zorgen hier voor een net zo gunstig klimaat als in de theegebieden in China. Beide plantages liggen aan de regionale weg R 1-1a boven de hiervoor genoemde plaatsen. Geïnteresseerde bezoekers mogen het eerbiedwaardige machinepark van de fabriekjes bezichtigen en, afhankelijk van het seizoen, ook bij de oogst, verwerking en verpakking van de thee toekijken. Men kan er verschillende soorten proeven en kopen.

Nostalgische productie

Wie vanaf Ribeira Grande aan komt rijden, ziet als eerste de firma **Chá Porto Formoso** (▶ 6, G 2). Een hoge muur schermt de plantage en de fabriek van de weg af. Maar dankzij een enorme metalen theepot naast de ingang kan men zich niet vergissen. Als men de poort is doorgegaan, komen meteen de theevelden achter de gebouwen in zicht. Naar rechts komt men via een platanenallee bij de 'Fabrica', waar meestal iedere bezoeker persoonlijk begroet wordt. Een acht minuten durende zeer informatieve video zet de geschiedenis van de theeteelt op São Miguel en de geheimen van de theeproductie uiteen. De keizer van China zou begin 19e eeuw aan de destijds in Brazilië in ballingschap levende Portugese koning theestruiken geschonken hebben. Van daaruit zijn ze naar São Miguel gebracht. Tijdens de crisis in de sinaasappelteelt zetten de grootgrondbezitters in op het nieuwe exportproduct. Weinige decennia later had men met circa 250 ton per jaar het hoogtepunt qua productie bereikt. In de 20e eeuw ging het vervolgens gestaag bergaf. De beide overgebleven ondernemingen brengen in totaal nog ongeveer 40 ton voort, die voornamelijk op de Azoren verkocht wordt. Vanwege de biologische kweek stijgt de vraag in de West-Europese landen; er wordt gewerkt aan een internationaal keurmerk. De thee van Chá Gorreana is inmiddels ook via internet te koop.

Twee woorden voor thee

In de Zuid-Chinese provincie Guangdong (Kanton) hadden de Portugezen al in de 16e eeuw met thee kennisgemaakt en het daar gebruikte woord chá voor de tot dan toe in Europa nagenoeg onbekende drank overgenomen. Nadat de Nederlanders in de 17e eeuw een handelsonderneming in noordelijk Vietnam gevestigd hadden, werd de daar gebruikelijke aanduiding *te* in de meeste Europese landen overgenomen.

Aansluitend aan de videovertoning laat een medewerker de productieruimten zien, waarin alleen kortstondig na de oogst gewerkt wordt. Dit gebeurt bij zo droog mogelijk weer in totaal drie à vier keer tussen april en september, nu niet meer met de hand, maar met motorscharen. Het machinepark dateert uit de jaren twintig van de vorige eeuw, dus uit de ontstaanstijd van de fabriek. In de jaren tachtig werd dit bedrijf gesloten. Echter in het jaar 2000 werd het alweer geopend. De gestegen vraag door het toegenomen toerisme maakte dit mogelijk.

Het bedrijf produceert uitsluitend zwarte thee, in de soorten *broken leaf*, *pekoe* en *orange pekoe*. Bij de laatste soort gaat het om de jongste blaadjes, deze is de duurste. De verschillende kwaliteiten worden van elkaar gescheiden door ze te zeven. In de aangebouwde gezellige theeschenkerij zijn alle drie de soorten in een smaakvolle verpakking te koop. Men krijgt er gratis een kopje *broken leaf* om te proeven. Desgewenst

Weids uitzicht over de theeplantages bij Porto Formoso

worden tegen geringe vergoeding ook de andere soorten geschonken, bovendien kan men specialiteiten als thee met kaneel of honing (ca. € 1) verkrijgen. Het is de moeite waard om vervolgens door de tuin naar het nabije terras met uitzicht beneden de fabriek te lopen. Hier kan men – nu van dichtbij – de blik over de theevelden laten gaan en met een beetje geluk zelfs bij het oogsten toekijken.

Hoe de thee zijn kleur krijgt

Een grotere kans om bij de productie aanwezig te kunnen zijn, heeft men op de in het jaar 1883 gestichte en sindsdien continu in bedrijf zijnde plantage **Chá Gorreana** (▶ 6, G 2). Deze bevindt zich een paar kilometer verderop. Daar staat wel tegenover dat de begeleiding er minder persoonlijk is. Een rondleiding is er normaal gesproken niet, tenzij men aan een georganiseerde excursie deelneemt. Zo komt de door de video bij de vorige plantage verkregen kennis van pas. Op Chá Gorreana wordt onverdroten doorgewerkt, terwijl de bezoekers naar believen door de productieruimten slenteren en foto's maken.

Het bedrijf maakt zowel groene als zwarte thee. Eerst liggen de blaadjes in de buitenlucht om te verwelken, daarna worden ze in twee eerbiedwaardige uit Engeland afkomstige machines (links van de receptie) gerold om de smaakstoffen te laten oplossen. Daarmee is de groene thee al klaar. Voor de zwarte thee volgt dan nog de fermentatie in de gistkamer, in een vochtige kelder bij een temperatuur van rond 30°C. Hierbij kleuren in enkele uren de bladeren koperrood. Daar ontstaat het kenmerkende aroma. In een warmeluchtmachine (rechts van de receptie) worden de blaadjes dan gedroogd.

Bij een rondgang door de verder achteraan gelegen ruimten zijn de vrouwen aan het werk te zien bij het sorteren en vullen. Ten slotte komt men weer bij de receptie, waar geproefd kan worden en waar de thee – groene of zwarte, zowel los als in theezakjes – ook te koop is.

Een zeer smalle weg voert bergopwaarts, naar het hooggelegen dal van Lombadas aan de bovenloop van de Ribeira Grande. Die heeft hier een ijzerrijke, roestbruin instromende zijbeek, waar een kleine wandeling door de stenige beekbedding de moeite waard is. Het startpunt is bij de ruïnes van een oude mineraalwaterfabriek.

Een nieuwe, bredere weg verbindt Lombadas door het ruige berglandschap rond Monte Escuro (889 m) met de ER 4, via welke men de kust bij Vila Franca do Campo kan bereiken.

Eten & drinken

Vulkaangegaard – **Caldeiras:** Caldeiras da Ribeira Grande, tel. 296 47 43 07, ma. gesl., hoofdgerecht vanaf € 5, *cozido* € 12. Modern toeristenrestaurant bij het Kurhaus, waar *cozido* wordt geserveerd, een in de hete vulkanische bodem gekookte stoofpot (alleen op bestelling vooraf).

Actief

Thermaalbad – **Caldeiras da Ribeira Grande:** tel. 919 80 04 41 (Odete Melo). Warmwaterbaden, spontaan of op afspraak. De badspecialiste is meestal aanwezig.

Lagoa ▶ 6, E 4

Het meest pittoreske gedeelte van Lagoa (9000 inw.) is de visserswijk rondom de **Porto dos Carneiros.** Zijn vreemde naam ('schapenhaven') verkreeg hij omdat de eerste kolonisten in de 15e eeuw hier vee aan land brachten. Zij moesten zichzelf hiermee voeden tot ze het land hadden ontgonnen en de eerste oogst binnenhaalden. Bijzonder is de authentieke, onaangetaste sfeer in het dorp.

Overal in de stad verwijzen borden naar 'Museus'. Hiermee worden de **Oficina de Tanoaria** (de werkplaats van een kuiper of tonnenmaker) de **Tenda do Ferreiro Ferrador** (een smid) en het **Museu do Presépio Açoreano** (kerststallenmuseum) bedoeld. De museale werkplaatsen liggen verspreid over Lagoa en zijn alleen op aanvraag bij het toeristenbueau (zie blz. 120) te bezoeken tijdens een rondleiding met gids.

Eten & drinken

Lagoa staat bekend om zijn talrijke visrestaurants. De specialiteit van veel restaurants is steak van witte tonijn *(albacora)*, die zich onderscheidt door zijn witte vlees en delicate smaak.

De heerlijkste vis – **Borda d'Água:** Largo do Porto 52, tel. 296 91 21 14, ma.-za. 12-15, 19-23 uur, hoofdgerecht vanaf € 13, voordelige dagmenu's. Gerenommeerd adres aan de haven, kleurrijk gedecoreerd met azulejos. Behalve vers gevangen en op houtskool gegrilde vis worden er ook heerlijke zeevruchten, zoals kreeften, aangeboden. Van veel gerechten kan men ook een halve portie bestellen *(meia dose)*.

Zonder franje – **A Traineira:** Rua Dr. José Pereira Botelho 55, tel. 296 69 52 49, dag. 12-22 uur, hoofdgerecht vanaf € 8. Eenvoudig, bekend vanwege zijn goede prijs-kwaliteitverhouding. Specialiteit is rijst met zeebanket.

Winkelen

Keramiek – **Fábrica Cerámica Vieira:** Rua das Alminhas 12, tel. 296 91 21 16, ma.-vr. 9-12, 13-18 uur (bezichtiging en verkoop), za. 9-12.45 uur (alleen verkoop). Route: snelwegafrit Lagoa, bij de rotonde linksaf (centrum). Serviesgoed, vazen, bloempotten, tegels, beschilderd met voor het eiland karakteristieke motieven. Interessant is ook een bezoek aan de ruim opgezette fabriek.

Actief

Zwemmen – **Complexo de Piscinas da Lagoa:** Porto dos Carneiros, eind juni-sept. dag. 9-19 uur, volw. € 2, kind 2-11 jaar € 1,30. Zwembaden, kinderbad en zonneplateau aan de rotsachtige kust ten oosten van de haven. Met moderne faciliteiten. Zeer populair bij weekendgasten uit Ponta Delgada.

Info

Posto de Turismo: 9560-047 Lagoa, Rua 25 de Abril (Nossa Senhora do Rosário), tel. 296 96 53 46, www.lagoa-acores.pt, ma.-vr. 9.30-12, 13.30-17 uur. Stedelijke informatiekiosk voor de kerk.

Caloura en Água de Pau ▶ 6, F 4

Dankzij zijn klimatologisch gunstige locatie op de zuidelijkste punt van São Miguel, ontwikkelde het afgelegen Caloura zich tot een klein, exclusief vakantieoord. Afgezien van drie hotelcomplexen staan hier alleen particuliere villa's, omringd door subtropische parken en verborgen achter hoge muren. In de pittoreske haven, de **Porto da Caloura**, zijn nog traditionele vissersboten met rieten hengels aan het werk. Bij een onstuimige zee worden ze over een helling aan land getrokken.

De vissers wonen verderop in **Água de Pau**, een zeer oorspronkelijke dorp dat te voet bereikbaar is vanaf Caloura (daar rijden streekbussen). Bij langer verblijf is een huurauto onontbeerlijk.

Ermida do Convento da Caloura
Rua do Porto, meestal gesloten
De gevel van het kerkje aan de straat naar de haven is volledig bedekt met azulejos. In een nis staat een beeld van Nossa Senhora da Conceição (Vrouwe van Conceptie), waaraan de Ermida is gewijd. Het gebouw ontstond in het begin van de 16e eeuw, maar de huidige barokke vorm kreeg het in de 17e eeuw. Oorspronkelijk was de kerk verbonden met een nonnenklooster. De vrome zusters verlieten hun onbeschermd aan de kust liggende convent echter al enkele decennia na oprichting. Vanwege het gevaar van piratenoverallen vertrokken zij naar de versterkte steden Vila Franca en Ponta Delgada. Zij namen ook de buste van de Senhor Santo Cristo dos Milagres (zie blz. 90) mee daarheen. Het klooster in Caloura werd door monniken overgenomen en in 1832 werd het opgeheven.

Castelo Centro Cultural
Caloura, Canada do Castelo (volg de borden), tel. 296 91 33 00, www.cccaloura.com, ma.-za. 10.30-12.30, 13.30-17.30 uur, zo. en feestdagen gesl.
Een van de villa's van Caloura is opengesteld voor bezoekers. De bekende Azoriaanse schilder Borba Tomaz Vieira (geb. 1938) toont in het huis en de verzorgde beeldentuin werken uit zijn privécollectie. De wisselententoonstellingen omvatten een verscheidenheid aan moderne Portugese schilders, beeldhouwers en fotografen (theesalon met internetcafé).

Zon, zee & strand

De **Porto da Caloura** is in het weekend bij de lokale bevolking zeer populair als

Caloura en Água de Pau

zwemlocatie. Er wordt gezwommen in het rotsbassin op het einde van de stenen pier of men laat zich via een ladder in de beschutte haven zakken. Sanitaire voorzieningen en een **strandbar** (vanaf 18 uur gegrilde vis en saladebar, wifi) bevinden zich in het oude havenfort ernaast.

Aan de westelijke rand van de villawijk ligt onder aan de kliffen van de **Baixa da Areia** een klein strand, waar voornamelijk bij eb zand ligt (sanitair / kleedkamers). Een lange betonnen trap leidt naar beneden. Uit een rotsspleet stroomt een waterval die een getijdenbassin vult. Het gebied is niet bewaakt – zwemmen op eigen risico. Bovendien wijzen de autoriteiten op het gevaar van vallend gesteente.

Tip

Het beste uitzicht op Caloura

Wie geen gelegenheid heeft om omlaag te rijden naar Caloura, kan zichzelf trakteren op het uitzicht op de idyllische kuststrook vanaf de hoog gelegen **Miradouro do Pisão** (▶ 6, F 4) aan de oude kustweg tussen Água de Pau en de Praia de Baia d'Alto. Op het parkachtige uitzichtsterras staan picknicktafels, ideaal voor een pauze.

Overnachten

Boven de branding – **Do Mirante:** Caloura, Quinta do Mirante, tel. 296 96 04 20, http://aparthotelmirante.com, appartement voor 2 pers. € 90-140 (via touroperator). Spectaculair gelegen, met 29 luxueus ingerichte appartementen (max. 3 pers.). Zwembad, terras met weids uitzicht op de Atlantische Oceaan, tennisbaan. Halfpension mogelijk (€ 23 per pers.).

Zeezicht – **Caloura Resort:** Caloura, Rua do Jubileu, tel. 296 96 09 00, www.calourahotel.com, 2 pk € 90-150. Middelgroot, modern 4-sterren hotel, gelegen op een klif. Duikcentrum (mei-okt.), tennisbaan, grote tuin met zwembad, buffetrestaurant.

Zeer idyllisch – **Quinta Altamira:** Caloura, tel. 296 91 39 80, www.azoren-altamira.de, huis voor 2 pers. € 50-80 (via touroperator). Tien individuele vakantiehuisjes op parkachtig terrein. Zwembad, tennisbaan.

Eten & drinken

Buiten de hotels zijn er geen restaurants in Caloura. In Água de Pau zijn er wel een paar:

Zelfbereid – **Pérola do Oceano:** Água de Pau, Rua do Paúl 26, tel. 296 91 31 61, dag. 12-15, 18-22 uur, hoofdgerecht vanaf € 8. De cheffin staat zelf aan het fornuis in dit kleine oude dorpshuis. Ze tovert bijzondere gerechten op tafel, zoals *arroz de pato* (rijst met eend), *fervedor* (stoofpot met kool en bloedworst) of *chicharro* (horsmakreel) met pannenkoeken.

Degelijke keuken – **Paraíso do Milénio:** Água de Pau, Rua do Paúl 3, tel. 296 70 23 66, dag. geopend, hoofdgerecht vanaf € 8. Simpel ingericht, groot terras, goede regionale keuken. Veel wordt zelf bereid, zoals de knoflooksaus voor de gebakken garnalen. Wie liever vlees eet, kan zijn hart ophalen aan de *bife à Milénio*.

Info & festiviteiten

Posto de Turismo: 9560-211 Caloura, Porto de Pescas, www.lagoa-acores.pt, juni-sept. dag. 10-12.30, 14-19, okt.-mei di.-zo. 10-15 uur. Informatiebureau van de gemeente in de haven.

São Miguel

Festa do Pescador: weekend eind aug. Het visserijfestival trekt duizenden mensen naar Caloura. Hoogtepunten zijn het folklorefestival, de watersportwedstrijden en een modeshow. 's Avonds brengen dj's de bezoekers in de stemming. Kraampjes bieden vis aan met maïsbrood en landwijn. Op zondag is er de heilige mis in de Ermida de Caloura en aansluitend een processie naar de haven met de beelden van de vissersheilige Pedro Gonçalo Telmo en Onze Lieve Vrouwe van Smarten.

Ribeira Chã ▶ 6, F 4

Deze kleine plaats ten oosten van Água de Pau bezit met de **Núcleos Museológicos** een paar kleine musea die aan plattelandsonderwerpen zijn gewijd: het **Museu de Arte Sacra e Etnografia** (Museum van Heilige Kunst en Volkenkunde, Rua da Igreja 39, tel. 296 91 37 70, www.ribeiracha.com, ma.-vr. 9-12, 14-17 uur, juli-sept. ook za.-zo. 14-17 uur, feestdagen gesl., € 2, incl. thee en regionaal gebak € 3) met Madonnabeeld uit de 16e eeuw en andere waardevolle stukken; het **Casa Museu Maria dos Anjos Melo**, een in de voor het eiland typerende stijl ingerichte woning die door de laatste bewoner aan de gemeenschap werd geschonken; de **Quintal Etnográfico** met een klein agrarisch museum, een wijnmuseum, een tentoonstelling van kerststallen en een heemtuin; en de **Casa de Artesanato**, waar plaatselijke senioren zich wijden aan het vervaardigen van kunstnijverheid, dat hier ook kan worden gekocht. De musea zijn alleen toegankelijk tijdens een rondleiding (receptie in het Museu de Arte Sacra e Etnografia, zie hierboven).

Wandeling rondom Ribeira Chã
Duur: 3 uur, middelzwaar

De bewegwijzerde wandelroute **PRC 19 SMI** begint en eindigt bij de kerk van Ribeira Chã bij een routepaneel. Het panoramische traject gaat met een lus door het met een natuurlijke vegetatie overwoekerde dal van de **Ribeira das Barrelas**.

Água d'Alto ▶ 6, G 4

Een typisch Azoriaans dorp met in de hoofdstraat een paar eenvoudige bars. Ten westen van Água d'Alto onderbreekt het bijna 600 m lange zandstrand **Praia de Baía d'Alto** de rotsachtige kustlijn, een van de beste zwemlocaties van het eiland. Afgezien van een groot hotel bleef het onbebouwd.

Wandeling naar Lagoa do Fogo ▶ 6, F/G 3/4
Duur: 4 uur, middelzwaar, 500 hoogtemeters klimmen en dalen
De bewegwijzerde wandelroute **PRC 2 SMI** begint en eindigt in een bocht in de weg boven het hotel Bahia Palace (zie blz. 123). Een lange klim voert over landwegen door weilanden tot aan een waterreservoir en daar rechtsaf, dwars door een exotische gemengd bos van eucalyptus en acacia. Daar wordt een levada (irrigatiekanaal) bereikt. Het pad loopt nu zonder noemenswaardige stijging verder langs dit romantische waterkanaal, door een gebied met endemische vegetatie. Onderweg zijn er telkens weer prachtige uitzichten richting de kust. Na 2 km wandelen langs de levada komt u in een rustige bergdal terecht. Door het dal gaat het geleidelijk omhoog naar de zuidelijke oever van de **Lagoa do Fogo** (zie blz. 115). Daar kunt u genieten van een rustpauze. Vanwege broedende meeuwen is daarbij met name in april/mei enige voorzichtigheid geboden. Een oversteek naar de noordzijde van

het meer is niet mogelijk vanwege de steile oever. De terugweg gaat over dezelfde route aan de heenweg.

Overnachten

Ideale locatie – **Bahia Palace:** Praia de Baía d'Alto, tel. 296 53 91 30, www.hotelbahiapalace.com, juniorsuite voor 2 pers. € 80-120 (via touroperator). Circa 100 ruim opgezette junior- en seniorsuites met 4-sterren comfort. Architectonisch een blokkendoos. Pluspunten zijn het aangrenzende zandstrand en de gunstige locatie voor excursies. Ma.-vr. hotelbus naar Ponta Delgada.

Uitgaan

Waardig – **Bar Americano:** in het Hotel Bahia Palace (zie hierboven.), dag. 11-24 uur. Het enige echte uitgaansadres in de wijde omtrek. Meermaals per week is er livemuziek of ander entertainment. Enorme keuze aan cocktails.

Vila Franca do Campo ▶ 6, G 4

Toen de Portugezen in de 15e eeuw São Miguel bevolkten, maakten ze in eerste instantie Vila Franca do Campo (4000 inw.) tot hoofdstad van het eiland. Hier resideerde de gouverneur van de koning en alle grootgrondbezitters bezaten naast hun landgoed een herenhuis in de stad. In de concurrentiestrijd tegen het opkomende Ponta Delgada trok Vila Franca echter steeds vaker aan het kortste eind (zie blz. 85). Deze ontwikkeling werd nog versneld door een verwoestende aardbeving in 1522. In de kronieken wordt melding gemaakt van wel vijfduizend doden, maar dit is waarschijnlijk overdreven. De leenheer wist de adel, die de stad wilde opgeven, nog te bewegen tot wederopbouw. De functie van hoofdstad ging echter in 1546 over op Ponta Delgada. Vila Franca zonk in een diepe slaap, waaruit het nog steeds niet echt is ontwaakt. Dit verleent de stad een nostalgische charme. Er zijn

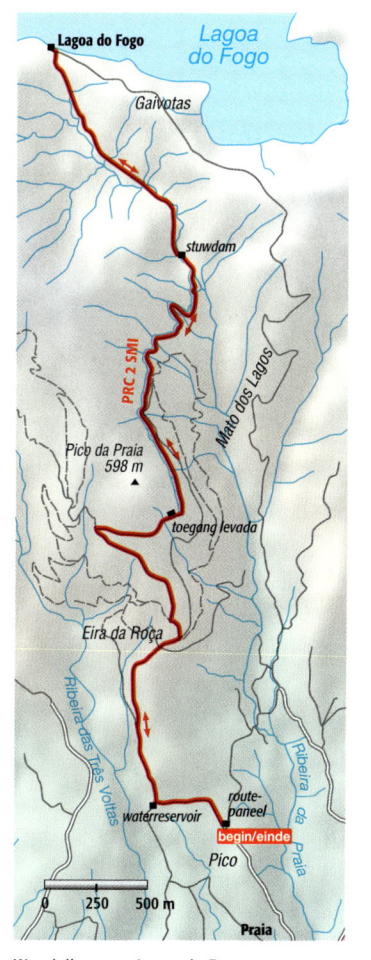

Wandeling naar Lagoa do Fogo

Blauwe hemel en bloemenversiering – Vila Franca in feestgewaad

eerbiedwaardige kerken, kloosters en paleizen te bezoeken. Aan de haven lonken visrestaurants en aan de oostelijke stadsrand, op de 300 m lange **Praia Vinha d'Areia**, is met de jachthaven, het waterpark en het hotel, een klein toeristisch complex ontstaan.

Igreja de São Miguel
Rua Dr. Mendonça Dias

Dit aan de patroonheilige van het eiland gewijde godshuis was oorspronkelijk de belangrijkste kerk van São Miguel. Na de aardbeving van 1522 werd hij in zijn originele staat herbouwd in 'Atlantische gotiek' (zie blz. 65). Binnen is links een basreliëf te zien met een zeer aanschouwelijke voorstelling van het Laatste Oordeel. In het hoofdaltaar wordt een beeld van de aartsengel Michaël vereerd. Groteske gezichten sieren de manuelistische doopvont.

Igreja e Hospital da Misericórdia
Rua Dr. Mendonça Dias

Ten zuiden van de kerk ligt bij het aantrekkelijke stadspark **Jardim Antero de Quental** een monument dat vaak voor een klooster wordt aangezien. De kerk en de gebouwen gaan echter terug tot op de tijd van het eerste ziekenhuis van de Azoren. Dit werd door de Misericórdia aan het einde van de 15e eeuw opgericht (zie blz. 66). Het huidige barokke gebouw dateert uit de 17e-18e eeuw.

Museu de Vila Franca do Campo
Rua Visconde do Botelho, tel. 296 53 92 82, www.cmvfc.com/museu-2/, di.-vr. 9-12.30, 14-17.30, za.-zo. en feestdagen 14-17 uur, gratis toegang

Het hoofdgebouw van het stadsmuseum is gevestigd in het gerestaureerde adellijke paleis **Solar Viscondes do Botelho** (gebouw nr. 18). Een voorouder van de voormalige eigenaar, Gonçalo Vaz Botelho, stichtte Vila Franca in de 15e eeuw. In zijn huidige vorm, met de sierlijke toren, dateert het gebouw echter uit de vroege 19e eeuw. Het paleis wordt alleen gebruikt voor evenementen (o.a. concerten) en tentoonstellingen. In de **Casa Botelho de Gusmão** (nr. 13) zijn heemkundige voorwerpen tentoongesteld: meubels, huisraad, aardewerk en traditionele vissersboten. De stallen en rijtuigen die ooit tot de adellijke huishouding behoorden, completeren het geheel (gebouw nr. 5).

Olaria-Museu Mestre António Batata

Rua Padre Lucindo de Andrade (volg de borden), onregelmatige openingstijden, gratis toegang

De productie van keramiek en de export ervan naar de andere eilanden was eeuwenlang een belangrijke industrie in Vila Franca waar tientallen ambachtslieden van leefden. Daarvan is alleen een authentieke pottenbakkerij overgebleven, waar meester António Batata tot voor enkele jaren terug nog zeer solide gebruiksvoorwerpen van klei produceerde. Vandaag de dag is de werkplaats onderdeel van het stadsmuseum. De jonge keramiste Alexandra Matos zet hier nu het werk van de meester voort.

Vlakbij bleef met de eveneens door het stadsmuseum overgenomen **Forno de Loiça** (Rua Padre Manuel José Pires 19) nog een tweede overblijfsel van het pottenbakkersambacht behouden. In de collectieve keramiekoven stookten alle pottenbakkers van Vila Franca vroeger hun werkstukken.

In de omgeving

Ermida de Nossa Senhora da Paz ▶ 6, G 4

Monte de Nossa Senhora da Paz, onregelmatig geopend

Op een afgelegen plek 2 km boven Vila Franca rijst een bezienswaardige bedevaartskerk op. Een tegel met het opschrift 'N. S. da Paz' wijst aan de oostelijke rand van het centrum omhoog, de Rua da Paz op. De weg gaat langs twee tempels van de Heilige Geest en ananaskassen. Daarna gaat hij over in een steile klinkerweg, met picknicktafels langs de kant. Uiteindelijk wordt een processiekeerplaats bereikt, onderaan de lange trap die naar de kerk omhoogleidt. In de 16e eeuw zou zich op dit punt een Mariaverschijning hebben voorgedaan. Een herder vond het hier tot op heden vereerde Mariabeeld in een grot. In de afgelopen eeuwen bood het de mensen troost bij de frequente overvallen door piraten en kapers.

De oude kerk werd in 18e eeuw volledig gerenoveerd in de op dat moment actuele barokstijl. Toen ontstond ook de symmetrische trap met tegeltableaus waarop scènes uit het leven van Maria te zien zijn. De bouwstijl is uniek voor de Azoren. Boven wacht de bezoeker meestal een gesloten kerk, maar wel een prachtig uitzicht over de stad.

Ilhéu de Vila Franca ▶ 6, G 4

Dit kleine eiland voor de kust is een overblijfsel van een vulkanische tufsteenkegel. De branding heeft zijn eroderende werk hier zeer grondig verricht. Vanuit het noorden drong de zee de bijna cirkelvormige krater binnen. Zo ontstond een 150 m breed, tegen wind en golven beschermd bassin, dat tot zwemmen, snorkelen en kajakken uitnodigt. In de zomer zet een veerpont regelmatig passagiers over (zie blz. 127). Het onbewoonde eiland beschermde vroeger de stad als een natuurlijke vesting, boten zochten er bescherming bij zuidwesterstorm, walvisvaarders onderhielden er een uitkijkpost en er werden zelfs wijnranken geteeld. Tegenwoordig staat het Ilheu de Vila Franca op de internationale lijst van Important Bird Areas (IBA) vanwege de grote aantallen zeldzame zeevogels die hier nestelen, zoals de Kuhl's pijlstormvogel en de Dougalls stern.

Wandeling naar Ponta Garça
▶ 6, G/H 4

Duur: 4 uur, licht, terugtocht per taxi (tel. 296 58 24 42)

De wandelroute **PRL 1 SMI** begint in Vila Franca do Campo. Daar vanaf de **Praia Vinha d'Areia** de weg langs de kust aflopen naar het oosten. Onderweg is er een geweldig uitzicht vanaf de voormalige walvisvaarderssuitkijkpost **Miradouro da Costa da Furada**. Kort daarna bereikt u het uitgestrekte, op een plateau gelegen dorp **Ponta Garça** met zijn karakteristieke vuurtoren.

Overnachten

Aan de jachthaven – **Marina:** Vinha d'Areia, tel. 296 53 92 00, 2 pk € 60-120 (via touroperator). Middelgroot vakantiehotel in prettige bouwstijl tussen de jachthaven en het strand. Panoramisch uitzicht vanuit het restaurant en de meeste kamers. Slechts enkele minuten lopen naar het centrum.

Exclusief – **Convento de São Francisco:** Avenida Liberdade, tel. 296 58 35 33, fax 296 58 35 34, 2 pk € 70-100. Tien kamers in het voormalige franciscaner klooster (17e eeuw) aan de westelijke rand van de stad. Van buiten robuust, van binnen historische flair gecombineerd met modern comfort. Tuin met zwembad en ligweide. Voor de deur ligt de Jardim António Silva Cabral, een exotisch beplant, klein stadspark met grotten en een eendenvijver.

Familiaal pension – **O Residencial Jaime:** Rua Teófilo Braga 102, tel. 296 58 26 49, 2 pk € 40. Centraal gelegen, acht kamers met gedeelde badkamer per etage. Reserveren aanbevolen.

Eten & drinken

Oceaanzicht – **Estrela do Mar:** Rua do Baixio, tel. 296 58 30 60, alleen in de zomer, hoofdgerecht ca. € 12. Geweldig terras met uitzicht op de vissershaven. Vis en zeevruchten worden zelf aan de bar uitgekozen voordat ze worden gegrild of gebakken.

Seafood – **Atlântico:** Rua Vasco da Silveira 16, tel. 296 58 33 60, di.-zo. 12-15, 18.30-20.30 uur, dagschotel € 6-7, hoofdgerecht vanaf € 13. Gemoedelijk restaurant aan zee met een dakterras. Gevarieerde zeevruchten- en visgerechten. Leuke tafeltjes voor de deur – ook voor alleen een drankje.

Voor de kleine portemonnee – **Universo:** Rua Dr. Augusto Botelho Simas 11, tel. 296 53 93 00, zo. gesl., hoofdgerecht vanaf € 6,50, dagschotel ma.-za., € 5, speciale aanbieding € 3,50, soep van de dag € 1,50. In een oud herenhuis. Eenvoudig, maar daardoor ook zeer betaalbaar.

Tip

Poppen verwelkomen de lente

In Vila Franca en de omliggende dorpen is de traditie van de *maios* weer nieuw leven ingeblazen, een oud gebruik met heidense wortels. Ter begroeting van het voorjaar maken de bewoners levensgrote poppen van stro en papier-maché, dossen ze uit met afgedankte kleren en omringen ze vaak met allerlei rekwisieten (meubels, voedsel etc.). De poppen stellen populaire archetypen voor: ambtenaar, handelsvrouw, ambachtsman en visser, of een vrolijke groep emigranten die bijelkaar komen voor een picknick. Te zien op 1 mei en de dagen daarna.

Winkelen

Cheesecakejes – **Queijadas do Morgado:** Rua do Penedo 20 (dicht bij de jachthaven, in een onopvallend gebouw), tel. 296 58 11 83, ma.-vr. 8-17 uur. De kleine gebakjes hebben een lange traditie in Vila Franca en zijn beroemd tot ver buiten Sao Miguel. Oorspronkelijk bakten de nonnen van het Convento de Santo André de *queijadas*.

Actief

Zeilen – **Azoresailing:** Rua Império dos Aflitos 9, tel. 296 58 24 46, www.azoresailing.com. Zeezeilen op een 12 meterjacht met schipper vanaf de jachthaven van Vila Franca. Halve dag € 60, hele dag € 85, weekendtrip naar Santa Maria € 200 (min. 6 pers.).
Duiken – **Espírito azul:** Rua do Penedo 22, tel. 914 89 82 53, www.espiritoazul.com. Carlos Paulos en Nélio Santos leiden sinds jaar en dag de meertalige duikbasis (o.a. Engels en Duits) in de jachthaven. CMAS- en PADI-cursussen, duiktrips naar de beste plekjes, snorkelen (duiktrip € 40).
Walvissen en meer – **Terra Azul:** Marina de Vila Franca do Campo, Loja 4, tel. 296 58 13 61, www.azoreswhalewatch.com. Twee open RIB-boten voor tochten met max. 12 pers., volw. € 57, kind € 45. Een marien bioloog geeft uitleg aan boord. Terra Azul biedt ook zwemmen met dolfijnen en is betrokken bij de restauratie van een traditionele walvisvaarder.
Waterpretpark – **Aqua Parque Atlântico Splash:** Praia Vinha d'Areia, tel. 296 53 91 60, eind mei-half sept. dag. 10-19 uur, volw. € 5, jeugd 11-17 jaar € 3, kind 3-10 jaar € 1,50 (juli-aug.), daarbuiten € 4, 2,50, 1. Het enige waterpretpark op de Azoren; zwembaden, glijbanen en kinderclub (3-10 jaar).

Croquet – **Jardim António Silva Cabral:** het verzorgde croquetveld voor het hotel Convento de São Francisco (zie Overnachten) is vrij toegankelijk. Mallets en ballen verkrijgbaar bij het gemeentekantoor van de Junta da Freguesia de São Pedro (Rua Nossa Senhora da Natividade, geopend ma.-vr.). Spelregels op www.croquet.org.uk/garden.

Info & festiviteiten

Bussen: busstation voor streekbussen van Varela in de Rua Visconde do Botelho (aan de oostelijke rand van het centrum).
Taxi: tegenover de Igreja de São Miguel, tel. 296 58 24 42.
Huurauto: Autatlantis, Av. Liberdade (westel. uitvalsweg van de stad), tel. 296 58 11 15, www.autatlantis.com.
Veerboot: passagiersveer 'Cruzeiro do Ilhéu' naar Ilhéu de Vila Franca, juni-sept. ca. 1 maal per uur (dag. 10-18 uur) van Cais do Tagarete (bij de historische havenvesting). Tickets aan boord (retour € 6), duur overtocht 10 min.
Procissão de São Miguel: 1e zo. in mei. Met een indrukwekkende processie gedenken de ambachtslieden van Vila Franca de inbezitneming van het eiland op de dag van St.-Michael in 1432. Met hun patroonheilige en de vlaggen van hun broederschappen trekken ze door de stad, met de vissers op kop.
São João da Vila: rond 24 juni. Vila Franca viert het feest van Sint-Jan twee weken lang met parades, optochten van dansgroepen, sportevenementen, een autorally en muziek- en theatervoorstellingen in de Jardim Antero de Quental en aan de vissershaven. De bewoners versieren hun ramen en balkons met kleurrijke slingers en bloemstukken. Hoogtepunt is het grote bal bij Largo Bento de Góis in de nacht van 24 juni – de officiële feestdag van de stad.

Furnas ✳ ▶ 6, H 3

Deze nostalgische badplaats (1500 inw.) stond al in 17e eeuw bekend om zijn geneeskrachtige water. Eind 18e eeuw raakte het kuren in Furnas pas goed in de mode onder de kooplieden van Ponta Delgada en de grootgrondbezitters die rijk waren geworden van de sinaasappelexport. Men probeerde hier vooral reuma en overgewicht te lijf te gaan. Er ontstonden statige villa's, omgeven door prachtige parken, vaak met eigen kuurfaciliteiten. Wie daar niet over beschikte, zocht ontspanning in het voorname kuurbadhuis aan de oostelijke rand van het dorp. Het is gerenoveerd en verbouwd tot een fraai design spahotel, waarvan de opening jarenlang op zich liet wachten. Furnas is tegenwoordig niet alleen een verplichte halte op elke eilandexcursie, maar biedt ook de mogelijkheid voor een meerdaags verblijf aan golfers, wandelaars en rustzoekers.

Parque Terra Nostra

Largo das Tres Bicas, ma.-za. 10-19 ('s winters slechts tot 17 of 17.30) uur, volw. € 6, kind tot 10 jaar € 2,50

De hele vallei van Furnas is dankzij zijn beschutte ligging en de daaruit voortvloeiende hoge luchtvochtigheid al weelderig groen, maar dit geldt in het bijzonder voor de natuur in het Parque Terra Nostra.

Ontstaan en ontwikkeling

De vroege kolonisten hadden maar weinig belangstelling voor de eens zo drassige bodem in Furnas. Hierdoor was er genoeg ruimte voor de aanleg van grote tuinen, toen eind 18e eeuw de eerste zomerresidenties ontstonden. In 1780 bouwde de Amerikaanse consul Thomas Hickling de 'Yankee Hall' en plantte rondom zijn huis bomen uit zijn thuisland. Deze werden in die tijd in Europa als exoten beschouwd, zoals moeraseik, tulpenboom, Californische cipres en grootbloemige magnolia. Van de eerste twee is er tegenwoordig nog een groot bestand in het park. In 1854 werd de Yankee Hall door de volgende eigenaar, de Visconde da Praia e Monforte, vervangen door het huidige **Casa do Parque**. Zijn vrouw ontwikkelde een passie voor tuinieren en breidde het park uit met beken, vijvers en bloemperken. Na de dood van de Visconde in 1872 voerde zijn zoon verdere verfraaiingen door. Hij liet vaklieden vanuit Engeland komen, die volgens de laatste mode romantische grotten aanlegden en buxushagen in model schoren. Inmiddels was op São Miguel de strijd om de mooiste tuin allang ontbrand.

Na een periode van verval opende de invloedrijke familie Bensaúde in 1935 het Hotel Terra Nostra Garden (zie blz. 129) op het perceel ernaast. Zij kochten niet lang daarna het park aan, dat nu voor het eerst tegen een kleine entree werd opengesteld voor het publiek. Vasco Bensaúde belastte de Schotse tuinman van hun familieresidentie in Lissabon met de verdere vormgeving. Het park werd toen uitgebreid tot 12,5 ha en het enorme natuurlijke thermaalbad (zie Op ontdekkingstocht blz. 130) kreeg zijn huidige vorm.

Het huidige park

In de jaren negentig van de vorige eeuw werden 2485 bomen geteld in het park en werden rond de 3000 nieuwe geplant, om het bomenbestand voor lange termijn veilig te stellen en de biodiversiteit te verhogen. Sindsdien voert het park zelfs de titel 'botanische tuin'. Zoals in de meeste tuinen op de Azoren spelen bomen een grotere rol dan bloemen of struiken, die eigenlijk alleen door camelia's en azalea's zijn vertegenwoordigd. In de zomer heerst er een jungleachtige sfeer, een indruk die door palmen, boomvarens, bamboe en het overvloedig aanwezige water wordt versterkt.

Overnachten

Extravagant – **Furnas Lake Villas:** Lagoa das Furnas, tel. 296 58 41 07, www.furnaslakevillas.pt, huisje voor 2 pers. € 90-150 (via touroperator). Aantal futuristische bungalows op afgelegen locatie niet ver van het meer, 100 ha groot tuin- en bosperceel met eigen wandelpaden. Familiebedrijf, sport en excursies op aanvraag georganiseerd.
Parkhotel – **Terra Nostra Garden:** Rua Padre José Jacinto Botelho 5, tel. 296 54 90 90, www.bensaude.pt/terranostragardenhotel/, 2 pk € 80-140 (via touroperator). Klassieker in art-decostijl met moderne, harmonieus passende nieuwe aanbouw. Heropend na renovatie in 2013, nu met vier sterren. Hotelgasten hebben gratis toegang tot het aangrenzende Parque Terra Nostra met thermale baden. Chic restaurant (halfpension vanaf € 17 p.p.).
Comfortabel pension – **Vale Verde:** Rua das Caldeiras 3, tel. 296 54 90 10, www.residencialvaleverde.com, 2 pk ca. € 50-60. Verzorgde residencial in de omgeving van de borrelende modderpoelen. Tien kamers met eigen badkamer, balkon en panoramisch uitzicht, gratis wifi. Met bar-restaurant Bocage (lokale en internationale keuken).

Eten & drinken

Vulkaankeuken – **Tony's:** Largo da Igreja 5, tel. 296 58 42 90, www.restaurantetonys.pt, dag. 11-24 uur, keuken 12-16, 18-21.30 uur. Specialiteit van het meestal drukbezochte restaurant is de

Tip

Zoet boerenbrood

Een specialiteit van Furnas is de Bolo Lêvedo, een stevig zoet tarwebrood, naar een van generatie op generatie overgeleverd recept. De bereiding ervan is traditioneel een vrouwenzaak. Vroeger droegen de bakkersvrouwen het vers uit de houtoven gehaalde brood in manden door de straten. Vandaag de dag wordt het bij verschillende *pastelarias* in het dorp verkocht. De Bolo Lêvedo moet bij het kopen nog warm zijn. Bij het ontbijt wordt hij met jam, honing of gezouten boter gegeten. Later op de dag mag het wat hartiger zijn. Een goede naam hebben de Bolos Lêvedos van Nélia Furtado (Rua dos Moinhos 24) en Maria da Conceição Quental (Rua de Santana 16A).

in de hete grond bij de Lagoa das Furnas gekookte *cozido* (€ 12,50, voor 2 pers. € 19). Maar ook de *bife Tony's* met kleurrijk garnituur is niet te versmaden. Ruime eetzaal, twee terrassen. Hoofdgerecht vanaf € 7.
Individueel – **O Miroma:** Rua Dr. Frederico M. Pereira 15, tel. 296 58 45 45, do.-di. 12-15.30, 18.30-21.30 uur, half dec.-half jan. gesl., omelet vanaf € 5, hoofdgerecht vanaf € 8. Regionale specialiteiten zoals *cozido*, *chouriço com ovos*, *feijoada gratinada* of *morcela* (bloedworst), er wordt veel 'debaixo do solo' (onder de grond) gekookt. Men eet er op het terras aan de straat of in de verzorgde eetzaal.
Burgerkost – **Summer Breeze:** Rua das Caldeiras 18, tel. 296 58 47 41, dag. geopend, hoofdgerecht vanaf € 7. Eenvoudige, onooglijke bar aan het bovenste plein met enorme palmboom in het midden. Verbazingwekkend goed eten, aardige bediening en de beste wijnselectie van de omgeving. ▷ blz. 133

Op ontdekkingsreis

Warme vulkanische bronnen in de Vale das Furnas

In Furnas borrelt het onder het vulkanische gesteente; 22 bronnen leveren geneeskrachtig water met een diversiteit aan mineraalgehaltes. Sommige zijn kokendheet, zoals voor het bereiden van eten, andere vullen bassins met een ideale badtemperatuur.

Kaart: ▶ 6, H 3/4
Duur: halve tot volledige dag.
Startpunt: aan de zuidelijke oever van de Lagoa das Furnas. Bus 318 (Varela) ma.-vr. 5 maal daags, za.-zo. en feestdagen 3 maal daags.
Karakter: eenvoudige wandeling (2,5 uur) met zwempauze.

Info: Caldeiras vrij toegankelijk; **Parque Terra Nostra**, adres zie blz. 128, huur handdoek € 2; **Poça da Dona Beija**, Lomba das Barracas s/n, www. pocadadonabeija.com, dag. 7-23 uur, volw. € 2, kind € 1,50; **Banhos Férreos**, Rua Maria Eugénia, tel. 296 58 45 04, www.banhosferreosrestaurante. com, dag. 10-22 uur, € 2,50.

Ten zuiden van Furnas ligt de **Lagoa das Furnas**, een van de grootste en beroemdste kratermeren van São Miguel. Het meer ligt ingebed in een 6 km brede ingestorte vulkaankrater en wordt omgeven door bossen. Zijn oevers bleven tot in de wijde omtrek onbebouwd. In deze idyllische omgeving komt onwillekeurig de behoefte op om een wandeling langs het meer en verder omlaag naar Furnas te maken. De route gaat langs twee thermische gebieden met borrelende modderpoelen en kokende bronnen, maar ook aangenaam warme zwemvijvers.

Borrelende blubber

Aan de zuidelijke rand van de Lagoa das Furnas verheft zich in de buurt van de regionale weg ER 1-1a de neogotische **Capela de Nossa Senhora das Vitórias** (eind 19e eeuw). De bereisde grootgrondbezitter José do Canto (zie blz. 94) liet deze op zijn zomerverblijf als miniatuurversie van de kathedraal van Chartres bouwen. Een brede weg passeert de kapel en voert naar het **Centro de Monitorização e Investigação das Furnas** (CMIF, zie blz. 134). Verder met de klok mee rond het meer komen na 1 uur lopen op de noordelijke oever de **Caldeiras da Lagoa das Furnas** (*caldeira* = Port. ketel) in zicht – een van de twee thermische gebieden van Furnas. Een kokendhete bron, waarvan het water zich vanuit 100 m diepte naar de oppervlakte perst, vormt een borrelende vijver, waaruit zwavelhoudende dampen opstijgen. Zwavelwaterstof, dat men maar beter niet te diep kan inademen, welt onder het vormen van blazen ook uit de ernaast gelegen modderpoel op. Deze krijgt echter minder aanvoer van heet grondwater en gaat – geologisch gezien – over in een solfatare, waarbij wel zwaveldamp vrijkomt, maar geen modder ontstaat.

De bodem eromheen is heet genoeg om er voedsel in te koken, wat de inwoners dan ook graag doen in het weekend. Thuis hebben ze reeds grote pannen gevuld met de ingrediënten voor de *cozido*, een rijk gevuld éénpansgerecht. Een opzichter is verantwoordelijk voor het plaatsen van de pannen in de daarvoor bedoelde gaten in de bodem. Terwijl de stevige maaltijd van vlees en groente ongeveer vier uur lang suddert, wordt de tijd verdreven met waterfietsen (verhuur alleen in de zomer) of aan de bar (ook alleen 's zomers). Vervolgens wordt er op de ruime picknickplaats uitgebreid getafeld.

Europa's grootste thermaalbad

Vanaf de parkeerplaats bij de Caldeiras loopt men een kort stuk de inrit af, om vervolgens linksaf even steil omhoog te gaan op de gemarkeerde wandelroute **PR 22 SMI** richting Pico do Ferro (zie blz. 133). Na 150 m weer rechts afslaan op een ongemarkeerd pad. Ongeveer een halfuur na het verlaten van de Caldeiras bereikt men weer de regionale weg. Hierop linksaf naar beneden richting een tankstation en daar weer rechtsaf, recht naar de ingang van het **Parque Terra Nostra** (zie blz. 128). Het uitgestrekte park herbergt naar eigen zeggen het grootste thermale waterbassin van Europa. Het gebruik hiervan is bij de toegangsprijs inbegrepen. Het werd in zijn huidige vorm in de jaren dertig van de vorige eeuw aangelegd en wordt gevoed door een natuurlijke warme bron van ruim 30 °C. De diep roodbruine kleur dankt het water aan het daarin rijkelijk aanwezige ijzeroxide. Door deze 'roest', die een beetje afgeeft op lichtgekleurde handdoeken, moet men zich niet laten ontmoedigen om een uitgebreid bad in dit weldadige water te nemen. Kleedhokjes en douches zijn aanwezig.

Paradijselijke vijvers

Wie liever wil baden zoals de bevolking, kan dat doen in de **Poça da Dona Beija** (*poça* = Port. 'put'). Vanaf de ingang van het park volgt men de Rua da Igreja omhoog en gaat na 10 minuten de oprijlaan van Restaurant Cantinho da Berça in.

Rechts onderaan de oprit kan men naar de vijver. Het warme water van rond de 30 °C zou zeer goed zijn voor de huid. Het borrelt vanuit een grot in de rotsen een beek in, van waaruit het weer in twee bassins wordt geleid. Er zijn ligplekken en kleedhokjes.

Culinaire hoogstandjes uit de vulkaan

Langs het hotel Terra Nostra Garden loopt men via de Rua José J. Botelho het overzichtelijke centrum van **Furnas** in. Links is een oude watermolen te bezichtigen met een bescheiden parkeerplaats, waar men gratis kan parkeren. Schuin ertegenover, aan de rechterkant van de straat, nodigen de **Banhos Férreos** uit tot individuele ontspanning in de kleine, ouderwetse spa met massagebehandelingen en een bassin met water van 36 °C. Wanneer het tijd is om de inwendige mens te verzorgen, gaat men naar het tuinterras van snackbar Oliverbanhos, die bij de Banhos Férreos hoort, of eventueel naar de Largo do Teatro naar het restaurant **Tony's** (zie blz. 129), waar op de menukaart uiteraard de vulkanisch gekookte *cozido* staat. Daarna loont het nog de moeite om via de Rua Dr. F. Moniz Pereira naar een tweede thermische locatie aan de noordelijke dorpsrand te gaan: de **Caldeiras das Furnas**. Wederom kunt u de zwavellucht ruiken. Deze ontsnapt uit verschillende trechtervormige bronnen, vooral uit de imposante, 99 °C hete **Caldeira Grande**. In de zomer hangen er met maïs gevulde zakken in het kokende water. Marktkraampjes naast de Caldeiras verkopen deze maïs, die door de zwavel een speciaal aroma heeft gekregen, als smakelijke snack. Bijzonder indrukwekkend is de **Caldeira de Pêro Botelho**, een diepe afgrond waaruit zwaveldamp opstijgt die het gesteente tot grauw slik uiteen laat vallen. Dit slik gebruiken de inwoners van oudsher om zich mee in te smeren tegen reuma. Volgens een legende zou zich hier ooit een tragedie hebben voorgedaan. Een man, Pêro Botelho, viel in de poel en werd nooit meer gezien. Zijn hulpgeroep zou echter nog steeds te horen zijn – zo verklaart men althans de bulderende geluiden die uit de afgrond klinken. Pêro Botelho zou af en toe ook stenen gooien naar nieuwsgierige mensen die zijn naam roepen ...

In de omgeving van de Caldeiras das Furnas werden in de 19e eeuw ettelijke bronnen voorzien van een vaste rand. Het lijkt nog een hele puzzel om de eerbiedwaardige bronnen, waaruit water met uiteenlopende temperaturen en kleuren druppelt, van elkaar te onderscheiden. De inwoners weten echter precies welke helende werking een bron heeft, wanneer zij naar behoefte een specifieke bron uitzoeken om daaruit een slok van het water te nemen. Het bronwater in het dal van Furnas werd zelfs officieel als geneeskrachtig geclassificeerd. Dat betreft 22 bronnen in totaal – wereldwijd zijn er nergens zoveel te vinden op zo'n klein gebied.

Actief

Golf – **Furnas Golf:** Achada das Furnas, tel. 296 58 43 41, www.azoresgolfislands.com. Droomlocatie net boven Furnas, pittoresk begroeid met ceders. De eerste 9 holes werden in 1939 geopend, vormgegeven door de legendarische ontwerper Mackenzie Ross. Nu zijn er 18 holes. Greenfee € 50-80.

Wellness – **Slevoyre Thermal:** Rua Padre José Jacinto Botelho 36, tel. 914 70 85 00, www.slevoyre.de. Holistisch therapieprogramma, dat oosterse en westerse denkwijzen combineert. Helpt lichaam en geest te regenereren. Daarvoor zou men minimaal tien dagen moeten uittrekken. Er word gekuurd in het Casa do Parque Parque Terra Nostra. Onder Duitse leiding.

Uitgaan

Kroeg – **3 Bicas Pub:** Rua Padre José Jacinto Botelho 19, tel. 296 58 42 22, www.facebook.com/3BicasPub, wisselende openingstijden. 's Avonds het plaatselijke ontmoetingspunt, karaokeavonden, maar ook culturele initiatieven. 's Zomers in het weekeinde vaak livemuziek. Met een ruim terras en eetzaal, waar bijvoorbeeld cheeseburgers worden geserveerd.

Info & festiviteiten

Posto de Turismo: 9675-055 Furnas, Rua Dr. Frederico Moniz Pereira 17-19, tel. 296 58 45 25, fax 296 58 45 07, pt.f.smg@azores.gov.pt, www.visitazores.com, ma.-vr. 14-17.30 uur. Verkeersbureau van de Azoriaanse overheid.
Taxi: Largo do Teatro, tel. 296 58 42 48.
Festa do Senhor dos Enfermos: 1e zo. na Pasen. Ter ere van de patroonheilige van de zieken en hulpbehoevenden leggen de inwoners van Furnas een tapijt van azaleabloemen in de straten. Kort daarop trekt een processie over het vergankelijke kunstwerk.

Omgeving van Furnas

Wandeling over de Pico do Ferro ▶ 6, H 3

Regionale weg ER 2-1a richting Ribeira Grande, dan links afslaan (volg de borden)

De lokale berg van Furnas is de Pico do Ferro (544 m) op de noordwestelijke kraterrand van de Lagoa das Furnas. Het uitzichtpunt op de top is over een smalle weg te bereiken of lopend over de **PR 22 SMI** (45 min., middelzwaar, vanaf Caldeiras da Lagoa das Furnas bewegwijzerd). De route is omzoomd door talloze inheemse planten die men elders zelden ziet op São Miguel, zoals de imposante boomvarens. Hier leeft ook de azorenvleermuis.

Miradouro Pico do Milho ▶ 6, H 3

Ten oosten van Lagoa do Fogo, bereikbaar vanaf de ER 1-1a richting 'Lagoa Seca'

Het uitzichtpunt biedt een panoramische blik rondom en omlaag in de vallei van Furnas, en op het **Lagoa Seca** ('droge meer'). De waterloze krater ontstond in 1630 tijdens de heftigste vulkaanuitbarsting in de regionale geschiedenis. Het hele gebied tussen de Lagoa das Furnas en Ponta Garça werd erdoor getroffen. De vulkanische as zou toentertijd tot aan het 550 km verder gelegen eiland Corvo zijn verspreid. Bij een andere uitbarsting, die zich ten tijde van de ontdekkingsreizigers tussen 1439 en 1443 voordeed, ontstond de in het midden van de Lagoa Seca oprijzende **Pico do Gaspar** (373 m).

São Miguel

Centro de Monitorização e Investigação das Furnas (CMIF) ▶ 6, H 3

Zuidelijke rand van de Lagoa do Fogo (zie blz. 131), tel. 296 20 67 45, http://siaram.azores.gov.pt/centros-interpretacao/mi-furnas/_intro.html, half mei-half sept. dag. 10-18, daarbuiten di.-zo. 9.30-16.30 uur, € 2,50, kind 13-17 jaar € 1,25, tot 12 jaar gratis

Het in een extravagante laagbouw zetelende onderzoekscentrum richt zich op de ecologische situatie en de revitalisering van het kratermeer Lagoa do Fogo. Een interactieve tentoonstelling en een documentaire richten zich op de (toeristische) bezoeker, rondleiding mogelijk.

Salto do Cavalo ▶ 6, J 3

De bergweg van Furnas naar Salga in het noorden van het eiland passeert de Salto do Cavalo (805 m) net onder de top. Als het weer het toelaat, ontvouwt zich bij een wolkenvrije lucht vanaf de **Miradouro do Salto do Cavalo** een indrukwekkend panorama. Eigenlijk biedt het hele traject, dat grotendeels door bomenvrij weidegebied gaat, het ene geweldige uitzicht na het andere.

Ribeira Quente ▶ 6, H 4

Dit pittoreske stadje ligt ten zuiden van Furnas aan de monding van de rivier met dezelfde naam, ingeklemd tussen hoge kliffen. Nog zo'n honderd mensen zijn er visser van beroep, een relatief hoog aantal. Dankzij recente moderniseringsmaatregelen behoort de haven hier tot de beste van dit type voorzieningen op de Azoren. Op de smalle kustvlakte loopt een avenida in westelijke richting naar het aantrekkelijke plaatselijke strand. Aan de rotsige oever dringen zich daar warmwaterbronnen naar buiten, die het baden er nog aangenamer maken.

Oostelijke noordkust

Tussen Maia en Lomba da Fazenda toont São Miguel zich van zijn meest oorspronkelijke kant. Wie hiervan wil genieten, kiest de door bloembedden omzoomde, maar zeer bochtige oude landweg. Een hoger op de helling gelegen snelweg ontlast deze route sinds enige jaren van het meeste verkeer. Boerendorpjes worden afgewisseld door met hagen omzoomde weilanden en waterrijke dalen. Herhaaldelijk ontvouwt zich een grandioos uitzicht op de kustlijn.

Maia en Lomba da Maia ▶ 6, G 2

Beide dorpen waren ooit centra van de tabaksproductie op São Miguel. Eind 19e eeuw verving de tabaksplant gedeeltelijk de door ongedierte geplaagde sinaasappelbomen. De koning verleende in 1864 zijn goedkeuring aan de tabakswarenindustrie op de Azoren. In de daaropvolgende jaren ontstonden er verschillende fabrieken, waarvan er in Ponta Delgada nog steeds twee in bedrijf zijn. De fabriek in Maia, een op zichzelf al bezienswaardig natuurstenen gebouw uit 1871, sloot in 1988. Twee decennia later opende het zijn deuren weer, echter nu als het **Museu do Tabaco**, om de teelt en verwerking van de tabaksplant te documenteren (Estrada de São Pedro, tel. 296 44 22 93, http://museutabacomaia.webcindario.com, ma.-vr. 9-13, 14-17, za. 9.30-12, 12.30-17 uur, volw. € 2,50, studenten 14-18 jaar € 1, kind tot 14 jaar gratis). Vandaag de dag telen nog slechts enkele boeren in Maia tabak voor eigen gebruik. Zij drogen de bladeren op houten rekken met een afdak, die vroeger niet uit het landschap waren weg te denken.

Overnachten

Rustieke stijl – **Solar de Lalém:** Maia, Estrada de São Pedro, tel. 296 44 20 04, www.solardelalem.com, dec.-feb. gesl., 2 pk € 90 (ook via touroperator). Een eeuwenoud herenhuis in een groene omgeving. Individuele, met antiek ingerichte, comfortabele kamers. Ontbijtbuffet.

Bij Achadinha

Miradouro do Salto da Farinha ▶ 6, H 2

Dit bezienswaardige uitzichtpunt ligt bij Achadinha, niet ver ten oosten van de afslag richting Salto do Cavalo. Een korte doodlopende weg steekt vanaf de ER 1-1a (zie bord) langs een bergrug steil omlaag richting zee tot aan een keerpunt. Hier kijkt men in oostelijke richting uit over de steile kuststrook en over een sterk beboste vallei met een waterval. Een voetpad leidt in drie minuten steil omlaag naar een tweede uitkijkplatform met daarbij een kleine picknickplaats, de **Miradouro da Pedra dos Estorninhos**.

Parque Natural da Ribeira dos Caldeirões ▶ 6, J 2
ER 1-1a bij Achada

In het parkachtige gebied dat aan beide zijden van de regionale weg ligt, bloeien hortensia's en boomvarens. Daartussen kronkelen zich smalle paden en van af de klif stort zich een waterval omlaag het dal in. De stuwdam onder de waterval is nogal glad, het is daarom raadzaam om verder naar beneden te lopen en de beek daar over het daar aanwezige, enigszins geërodeerde pad over te steken. Vanaf daar kan men in de boog naar de oorsprong van de cascade omhoog klimmen die gevoed wordt door een aquaduct. Onder aan het pad stonden vroeger diverse graanmolens, die de waterstroom benutten. Ze zijn nu gerestaureerd en worden omgeven door een klein park met een goudvisvijver, een speeltuin en een ambachtelijke winkel. In de voormalige molenaarswoning nodigt een **café** uit tot een pauze.

Lomba da Fazenda ▶ 6, K 2

Vanuit het centrum van deze plaats is het **Parque Endémico do Pelado** bij de **Miradouro do Pelado** bereikbaar, een educatief natuurpark over de 100 m hoge rotskust. De inheemse vegetatie is hier in tegenstelling tot andere delen van het eiland goed bewaard gebleven (zie blz. 52) en staat onder bescherming. Bij alle belangrijke gewassen staat de botanische naam vermeld. Tafels en banken bieden gelegenheid voor een leuke picknick. De miradouro heeft een prachtig uitzicht over de Atlantische Oceaan.

Wandeling door het kustlandschap bij Lomba da Fazenda
Duur: 2 uur, middelzwaar

Tegenover de dorpskerk **Ermida de Nossa Senhora das Dores** (Rua Doutor Vítor Cabral Macedo) start en eindigt het rondje **PRC 31 SMI** bij een infopaneel. De route doorkruist het diepe dal van de **Ribeira do Guilherme**, volgt een oud kustpad, passeert het rotsbadencomplex van Nordeste (zie hieronder) en komt uit bij het Parque do Endemico Pelado. Via de toegangsweg naar dit park gaat de route terug naar Lomba da Fazenda. Het is de moeite waard om hier nog een extra rondje door het **Parque da Morgada** (Rua Doutor Vítor Cabral Macedo) te maken, een klein, weelderig groen themapark, met een bezienswaardige oude wasplaats met stenen bassin.

São Miguel

Jardim Botânico da Ribeira do Guilherme ▶ 6, K 2

ER 1-1a tussen Lombo da Fazenda en Nordeste, parkeerplaats direct ten zuiden van de brug over de rivier

Een breed, door struiken en bomen omzoomd voetpad leidt langs de rivier naar de kleine tropische tuin. Hortensia's, hibiscus en tibouchina bloeien hier zeer overvloedig. Er is een eendenvijver met een kunstmatige waterval en een voormalige watermolen die werd aangedreven door het water in de vijver.

Nordeste ▶ 6, K 2

Het centrum van Nordeste wordt vanuit het noorden bereikt over de **Viaduto** (Ponte dos Sete Arcos), een brug uit 1883 met een gewaagde constructie en nostalgische metalen lampen. Deze overspant de **Largo da Fonte**, een park met een fontein in de beekbedding. Het centrum zelf wordt gedomineerd door de kerk. Daaromheen groeperen zich eerbiedwaardige herenhuizen en enkele bars en winkels.

Museu do Nordeste

Rua Dona Maria do Rosário 5, tel. 296 48 00 65, ma.-vr. 9-12, 13-17, za. 9-12, 13-16.30 uur; indien gesloten medewerker van het verkeersbureau vragen (zie blz. 136)

In de stijlvolle omgeving van een oud herenhuis worden in het museum heemkundige objecten tentoongesteld: oude meubels, keramiek, porselein, kostuums en apparaten die werden gebruikt bij de landbouw, de ambachten en het huishouden.

Overnachten

Op een boerderij – **Quinta das Queimadas** (▶ 6, K 2): Richting Pico Bartolomeu, tel. 292 48 85 78, www.quintadasqueimadas.com, 2 pk € 50, suite € 70, appartement € 85 (hoogseizoen). Uitgestrekt landgoed, vertrekpunt voor wandelingen en tochten in de omgeving. Wie wil kan meehelpen op de boerderij: geiten en koeien melken, kaas maken, tuinieren. Avondmaaltijden mogelijk (€ 15 per pers.). Franse en regionale gerechten, ook vegetarisch, met lokale producten.

Eten & drinken

Badend in licht – **Tronqueira**: Estrada do Poceirão, tel. 296 48 82 92, dag. tot 21 uur, hoofdgerecht vanaf ca. € 8. Groot toeristenrestaurant aan de rand van de stad (volg de borden). Met zorg bereide streekgerechten.

Actief

Zwemmen – **Zona Balnear**: Ribeira do Guilherme, vrij toegankelijk. Aantrekkelijk, goed onderhouden zwemgedeelte aan de riviermonding, te bereiken via een smal avontuurlijk weggetje vanaf de rotonde aan de noordelijke rand van Nordeste. Sanitaire faciliteiten aanwezig. Zelfs als u niet wilt zwemmen, is de rit hiernaartoe de moeite waard. Vanaf het hoofd van de golfbreker, die zich in de Atlantische Oceaan uitstrekt, kijkt men naar het zuiden over de kust tot aan de vuurtoren (*farol*, zie blz. 137).

Info

Posto de Turismo: 9630-144 Vila do Nordeste, Rua Dona Maria do Rosário 11, tel. 296 48 00 66, posto.turismo@cmnordeste.pt, www.cmnordeste.pt, ma.-vr. 9-12, 13-18, za. 9-12, 13-16.30

Vanwege zijn zeven bogen wordt het Viaduto Nordeste ook Ponte dos Sete Arcos genoemd

uur. Plaatselijke informatiepost achter de kerk. Inlichtingen over de talrijke wandelmogelijkheden in de omgeving, zoals de klim naar de Pico da Vara, met zijn 1103 m de hoogste berg van São Miguel. Hiervoor is officiële toestemming nodig, online aan te vragen via http://servicos.srrn.azores.gov.pt (zoek op 'Pico da Vara').

Omgeving van Nordeste

Farol do Arnel en Porto Pesquero ▶ 6, K 2

Een zeer smalle en bijzonder steile toegangsweg leidt naar de vuurtoren (*farol*) van Nordeste bij de Ponta do Arnel. Hiernaartoe rijden wordt sterk afgeraden. Het is beter om naar de iets verder zuidelijk aan de regionale weg gelegen **Miradouro Vista dos Barcos** te gaan. Vanaf het uitkijkplatform daar is zowel de Farol als de kleine vissershaven van Nordeste te zien.

Centro Ambiental do Priolo
▶ 6, K 3

Parque Florestal de Cancela de Cinzeiro-Pedreira, bij Lomba da Pedreira vanaf de ER 1-1a bewegwijzerd (4 km), tel. 918 53 61 23, http://centropriolo.spea.pt, mei-sept. di-zo. 10-18 uur, half feb.-apr., okt.-half nov. za.-zo. en feestdagen 12-17 uur, half nov.-half feb. alleen op afspraak, gratis

In een dichtbebost hooggelegen dal informeert het bezoekerscentrum van de Portugese Vereniging voor Vogelonderzoek (SPEA) met een tentoonstelling over de azorengoudvink (Port. priolo),

São Miguel

een van de meest bedreigde vogelsoorten in Europa. Zijn habitat beperkt zich tot São Miguel. In 18e-19e eeuw werd hij fel bestreden omdat hij aan de jonge bloesemknoppen van de sinaasappelbomen knabbelde. Lange tijd werd hij zelfs als uitgestorven beschouwd, totdat hij in 1970 op Pico da Vara werd herontdekt (zie blz. 53).

Ernaast ligt het **Parque Florestal de Cancela de Cinzeiro-Pedreira** (ma.-vr. 8-20, za.-zo. en feestdagen 10-20 uur), een recreatiepark met picknickplaats. Het loont om de zijweg nog ca. 4 km te volgen, tot aan het einde op **Pico Bartolomeu**. Het laatste deel over een smalle bergkam is werkelijk spectaculair. Vanaf de top kijkt u uit over het hele zuidoosten van Sao Miguel met het brede massief van de Pico da Vara. Tenminste, wanneer deze zich niet – zoals zo vaak – in nevelen hult.

Actief

Natuurbescherming – **Centro Ambiental do Priolo**: zie blz. 137. Het centrum organiseert begeleide ornithologische excursies en workshops waarbij ook toeristen welkom zijn (data zie website, aanmelden vereist). Wie wil kan zelfs in het kader van vrijwilligerswerk meewerken aan het in kaart brengen van de habitat van de azorengoudvink en het kappen van de verwilderde exotische planten die het natuurlijke laurierbos bedreigen.

Ten zuiden van Lomba da Pedreira

Miradouro da Ponta do Sossego ▶ 6, K 3

Aan de ER 1-1a ligt de Miradouro da Ponta do Sossego, omgeven door een mooi onderhouden tuin met picknickfaciliteiten. Zorgvuldig gesnoeide buxushagen omvatten bloembedden waarin zomerbloemen in alle kleuren stralen onder de palmbomen en araucaria. Vaardige hoveniers transformeerden struiken in vormgesnoeide dierfiguren of zetels, waarop men bijna zou willen zitten. Uitkijkplatforms bieden verschillende vergezichten tot aan de kust. Op een tegeltableau staat een gedicht van João Teixeira de Medeiros (1901-1995), een dichter uit Lomba da Pedreira, die emigreerde naar Fall River in de Verenigde Staten. De autodidact moet een minzame, zeer geliefd man zijn geweest. In zijn humoristische verzen resoneert vaak kritiek op onrecht, maar ze zijn ook vol lof over de schoonheid van het leven.

Miradouro da Ponta da Madrugada ▶ 6, K 3

Recht tegenover de Miradouro da Ponta do Sossego ligt zuidelijk – door een dal gescheiden – de Miradouro da Ponta da Madrugada. Ook deze wordt omgeven door een klein park met een picknickplaatsen, een begroeide boog verleent toegang. Deze tuin onthult zijn volle

Tip

Weg met het mooiste uitzicht
Vanaf Nordeste is de kronkelende **Ruta da Tronqueira** (ER 1-2a) richting Povoaçao een alternatief voor de kustweg ER 1-1a. De grotendeels onverharde weg voert door een bosrijk gebied op de oostelijke flank van de Pico da Vara op ca. 800 m hoogte. De route is alleen bij wolkeloze hemel het rijden waard. Dan biedt deze weg echter prachtige panorama's. Voorzichtig met huurauto's: de verzekering dekt tijdens terreinritten veroorzaakte schade niet.

schoonheid in het vroege voorjaar, wanneer de camelia's bloeien.

Povoação ▶ 6, J 4

Hier vestigden zich in de 15e eeuw de eerste kolonisten op São Miguel. Aan deze historische betekenis kan de plaats zich nu niet meer spiegelen. De oudste kerk van São Miguel, gebouwd op het strand, werd in 1630 het slachtoffer van een aardbeving. Zijn plaats ten westen van de haven werd opgevuld door de **Igreja Nossa Senhora do Rosário** (Rua Gonçalo Velho). Het historische centrum met gerenoveerde herenhuizen, winkels en cafés is een voetgangerszone. Verder landinwaarts komt deze uit bij de tropische beplante flaneertuin **Jardim Municipal** (Rua Manuel José Medeiros). Hier staat de **Padrão dos Descobrimentos**, een monument voor de Portugese ontdekkers. Volgens overlevering lieten zij, nadat zij in de baai van Povoaçao voor anker waren gegaan, eerst een bok los op het strand. Pas toen deze het een paar dagen had overleefd, durfden ze aan wal te gaan.

Met een hotel aan de haven probeert Povoação deel te nemen aan de ontwikkeling van het toerisme op São Miguel. De mogelijkheden om te zwemmen zijn nogal bescheiden en beperken zich tot een kiezelstrand aan de oostelijke rand van het dorp.

Wandelpaden

In de omgeving van Povoação lopen tal van wandelroutes. De **PR 18 SMI Trilho da Vigia da Baleia** (3 uur, middelzwaar), een nog grotendeels verharde oude verbindingsweg, voert langs de panoramische uitkijkpost Miradouro do Pico dos Bodes naar de oude walvisvaarthaven Faial da Terra. Een historisch kustpad is de **PR 12 SMI Trilho do Agrião** (1,5 uur, middelzwaar). De route begint bij Lomba do Cavaleiro aan de doorgaande weg naar Furnas en eindigt in Ribeira Quente. Een andere oude verbindingsweg, de Trilho da Vigia da Baleia naar de walvisvaardershaven Faial da Terra, moest wegens gevaar voor aardverschuivingen permanent gesloten worden. Kijk voor de actuele status altijd op www.trails-azores.com.

Overnachten

Aan zee – **Hotel do Mar:** Rua Gonça lo Velho 2, tel. 296 55 00 10, www.hoteldomar.com, 2 pk ca. € 50. Modern, overzichtelijk en comfortabel hotel. Alle kamers met balkon, de meeste met zeezicht. Zwembad, jacuzzi, bar. Het huisrestaurant ligt op 50 m afstand.

Eten & drinken

Op het dorpsplein – **Jardim:** Largo D. João I 3/5, tel. 296 58 54 13, dag. geopend, hoofdgerecht vanaf € 7. Traditioneel restaurant met degelijke keuken. Dorpelingen komen vaak gewoon langs voor een kop koffie, die ze aan de bar of op het terras opdrinken.

Info

Centro de Informação – Turismo e Artesanato: 9650-422 Povoação, Rua Infante Sagres 49, tel. 296 55 90 50, info.turismo@cm-povoacao.pt, www.cm-povoacao.pt, dag. 10-17 uur. Gemeentelijke informatiepost. Inlichtingen over wandelroutes en meer.
Huurauto: 7 Lombas, Largo D. João I 2, tel. 296 55 95 60 of 967 46 13 56, www.7lombas.com.

IN EEN OOGOPSLAG

Santa Maria

Hoogtepunt ✸

Anjos: In dit kleine kustplaatsje bouwden de kolonisten de eerste kerk van de Azoren. Slechts enkele decennia later zou Christoffel Columbus op de terugtocht van zijn eerste Atlantische oversteek hier gebeden hebben. Een aantrekkelijk zeewaterzwembad en de schitterendste zonsondergangen van de wijde omgeving maken de idylle compleet. Zie blz. 151.

Bezienswaardigheden

Museu de Santa Maria: Het eilandmuseum in Santo Espírito geeft uitleg over de vroegere keramische industrie, het Feest van de Heilige Geest, de productie van kleding en nog veel meer. Zie blz. 149.

Ermida de Nossa Senhora de Fátima: 150 treden leiden naar de kapel, omringd door bloemen en schilderingen. Bovenaan ontvouwt zich een fantastisch uitzicht. Zie blz. 150.

Te voet en op de fiets

Fietsen: Met een tracking bike kan het eiland het beste vanaf Vila do Porto worden verkend. De niet onbelangrijke hoogteverschillen vereisen wel een goede conditie. Zie blz. 144.

Wandeling naar Anjos: De meest gevarieerde wandelroute van Santa Maria gaat over de centrale bergkam naar de hoogste top, de Pico Alto, en door de woestijnachtige Barreiro da Faneca naar Anjos. Zie blz. 148.

Sfeervol genieten

Miradouro da Macela: Een uitzichtpunt van superlatieven, niet alleen vanwege het geweldige zicht op de Praia Formosa, maar ook dankzij de onconventionele aankleding met banken en parasols. Zie blz. 147.

Maia: Zwemmen in een zeewaterbad tegen een achtergrond van wijngaarden, misschien wel na een wandeling naar de mooiste waterval van Santa Maria. Zie blz. 149.

Uitgaan

Central Pub: De jeugd van Vila do Porto ontmoet elkaar hier 's avonds bij een biertje. Afgezien daarvan worden de luiken vroeg gesloten in Santa Maria. Zie blz. 144.

Het onontdekte eiland

Het contrast tussen Santa Maria en São Miguel, die samen de oostelijke groep van de Azoren vormen, kon nauwelijks groter zijn. Het beduidend kleinere Santa Maria, met zijn rustige hoofdstad Vila do Porto, verwijst graag naar zijn glorieuze verleden als het eerste Azoreneiland dat door de Portugezen werd gekoloniseerd. Vandaag de dag ligt het desalniettemin wat afgezonderd en wordt zelden door toeristen bezocht. Het klimaat is hier echter zeer mild en zonnig en de kusten zijn zo aantrekkelijk, dat men graag spreekt van de 'Algarve der Azoren'. Zandstranden concurreren met aanlokkelijke rotszwembaden. Snorkelaars, duikers en golfsurfers vinden hier interessante locaties en intieme wandelroutes voeren door het heuvelachtige binnenland met zijn propere dorpjes en grazige groene weilanden.

Vila do Porto ▶ 7, B 2

De hoofdstad van Santa Maria (3000 inw.) wekt een ronduit slaperige indruk, prachtige monumenten getuigen echter van een belangwekkend verleden. Dicht opeengepakte huizen met smeedijzeren balkons rijgen zich aaneen aan de langgerekte hoofdweg, die herhaaldelijk van naam verandert. Winkels en restaurants liggen geconcentreerd in de omgeving van het stadhuis in het bovenste segment van de weg, de Rua Dr. Luís Bettencourt. Zijn benoeming in 1472 tot hoofdplaats van het eiland, verbonden met stadsrechten, dankt Vila do Porto aan de haast ideale natuurlijke haven. Hier konden de zeilschepen van de ontdekkingsreizigers veilig ankeren. Vandaag de dag schommelen hier een paar jachten en de speedboten van zeevissers. Ernaast

INFO

Toeristeninformatie

Een bureau van de Azoriaanse overheid verstrekt informatie op de luchthaven, zie blz. 145.

Heenreis en vervoer

Luchthaven: de Aeroporto de Santa Maria (SMA) ligt 2 km ten noordwesten van Vila do Porto. Taxi naar de stad ca. € 7. Lijndienstbus naar Vila do Porto en de haven ma.-vr. 8-19, za. 8-13 uur ca. elk uur, naar Praia Formosa juli-half sept. 4 maal daags. Vluchten naar Lissabon en Ponta Delgada (São Miguel), naar de andere eilanden alleen met een tussenstop/overstap (details zie blz. 22). Vluchtinformatie: www.ana.pt.

Veerboot: de veerhaven is Vila do Porto. Aan de veerdienst aangepaste lijnbustransfers van en naar de hotels in de stad. Veerboten van de Atlântico-line gaan 's zomers 2-3 maal per week naar Ponta Delgada (São Miguel), daar aansluiting op andere eilanden. Meer info zie blz. 23 en 145.
Bussen: het netwerk omvat zes lijnen, die deels slechts 2 maal daags of niet tijdens alle seizoenen rijden. Zo. geen busdienst. Meer info zie blz. 145
Taxi: taxistandplaats in Vila do Porto. Prijsvoorbeelden: naar Praia Formosa ca. € 9, naar São Lourenço ca. € 13.
Huurauto: diverse loketten op de luchthaven, verder een kantoor in Vila do Porto.

Geen piratenschip aan de horizon bleef vanaf hier onopgemerkt: Forte de São Brás

trekken visserslieden hun traditionele boten aan land.

Forte de São Brás

Largo Sousa e Silva
De witte vesting (17e eeuw) boven de haven, waar tegenwoordig een motorclub is gehuisvest, bood vroeger bescherming tegen piraten, waar het afgelegen eiland zeer vaak door werd geplunderd. Binnen in het complex staat de **Ermida de Nossa Senhora da Conceição**, waarschijnlijk de eerste kerk op het eiland. De overlevering brengt hem met een wonder in verband, dat in 1576 tijdens een aanval van kapers zou hebben plaatsgevonden. Toen de dominee de kerkschatten door het zuidelijke portaal in veiligheid wilde brengen, bleek deze geblokkerd te zijn door de aanvallers. Hij wist echter te ontsnappen door het noordelijke portaal, dat eigenlijk van binnenuit niet te openen was ...

Igreja Matriz Nossa Senhora da Assunção

Largo da Matriz
De hoofdkerk van Vila do Porto staat in het lagere, nu rustiger gedeelte van de stad. Zijn geschiedenis gaat terug tot het midden van 15e eeuw. Uit deze periode stamt nog het portaal met gotische spitsboog aan de linkerzijde. Het interieur werd later rijk versierd in barokke stijl met altaarstukken. Ertegenover, op de **Largo Coronel Costa Santos**, klatert een natuurstenen fontein uit 1882. Hieruit betrokken de stedelingen tot enkele decennia terug hun drinkwater.

Convento de São Francisco

Largo de Nossa Senhora da Conceição
Vernielingen door Berberpiraten in 1675 maakten de nieuwbouw van het franciscanenklooster noodzakelijk. Deze werd in de 18e eeuw in massieve barokke stijl voltooid. Tegenwoordig is het gemeentehuis van Vila do Porto er gehuisvest. Een poorttoren geeft toegang tot de lommerrijke kruisgang en scheidt het voormalige klooster van de bijbehorende kerk, de **Igreja Nossa Senhora da Vitória**.

Centro de Interpretação Ambiental Dalberto Pombo

Rua Teófilo Braga 10-14, tel. 296 20 67 90, parquesnaturais.azores.gov.pt,

half juni-half sept. dag. 10-13, 14-18, anders di.-za. 14-17.30 uur, € 2,50
Het informatiecentrum van het natuurpark van Santa Maria toont de verzameling van de lokale natuuronderzoeker Dalberto Pombo (1928-2007), die zich bezighield met de trekvogels die de Azoren bezochten en de fossielen van zeewezens die op Santa Maria in grote aantallen zijn te vinden.

Overnachten

Modern comfort – **Colombo:** Cruz Teixeira, tel. 296 82 02 00, www.colombo-hotel.com, 2 pk € 80-100 (via touroperator). Relatief nieuwe 4-sterrenhotel op 1 km boven de stad gelegen. Panoramisch uitzicht over de Atlantische Oceaan.
Luchthavenhotel – **Santa Maria:** Rua da Horta, tel. 296 82 06 60, www.hotel-santamaria.pt, 2 pk € 65-90. Motelstijl. Duidelijk voordeel is de loopafstand tot de luchthaven. Ook afgezien daarvan een goede keuze, met restaurant, bar in de tuin, zwembad en tennisbaan. Drie sterren.
Klassieke stijl – **Praia de Lobos:** Travessa Mercado, tel. 296 88 22 86, www.hotel-praiadelobos.pt, 2 pk € 65-80. Gunstig in het centrum van de stad gelegen 3-sterrenhotel met 36 kamers.
Voor reizigers – **Travassos:** Rua Doutor Luís Bettencourt 108, tel. 296 88 28 31, 2 pk € 35. Familiepension, centraal gelegen, met vijf eenvoudige kamers. Gedeelde badkamer, spartaans ontbijt.

Eten & drinken

Dicht bij het stadhuis liggen in de hoofdstraat diverse eenvoudige eetgelegenheden bij elkaar die een voordelige lunchgerecht aanbieden (rond € 6). Heel leuk zit men bijvoorbeeld op het terras aan de straat bij **O Jorge** (Rua Dr. Luís Bettencourt 15).
Op niveau – **Os Marienses:** Rua do Cotovelo, tel. 296 88 24 78, dag. 12-15, 19-23 uur, hoofdgerecht vanaf € 7,50. Beschaafd restaurant tegenover de markthal. De luxueuze *cataplanas*, zoals met zeevruchten of stokvis, moet u een dag van tevoren bestellen (voor 2 pers. € 20-30). Kindermenu beschikbaar. Lange wijnkaart.
Met patio – **Pub & Grill 55:** Rua Dr. Luís Bettencourt 55, tel. 296 88 35 55, hoofdgerecht vanaf € 7, snacks € 4-5. Vanaf 18 uur serveert de schaars verlichte bar grillgerechten en snacks.

Winkelen

Markthal – **Mercado Municipal:** Rua do Cotovelo, ma.-vr. 8-18, za. 8-13 uur. Kom vroeg, anders is alles al uitverkocht.

Actief

Het eiland verkennen per fiets – **Ilha do Sol:** Salvaterra 26 (weg naar Valverde), tel. 296 88 20 21, 962 34 92 44, www.ilhadosol.com. Autoverhuurbedrijf dat ook scooters (€ 24-29 p. dag) en tracking bikes (€ 6-8 p. dag) verhuurt. Fietstochten vereisen een goede fysieke conditie vanwege de hoogteverschillen.

Uitgaan

Scene – **Docas Bar:** Cais do Porto, tel. 296 88 48 00, dag. 9-24 uur. Dé ontmoetingsplek bij de haven is het prachtige terras bij de veerterminal. Gratis wifi, evenals in het hele havengebied.
Amerikaanse stijl – **Central Pub:** Rua Dr. Luís Bettencourt 20, tel. 296 88 25 13, 's zomers dag. 12-2, 's winters dag.

17-2 uur. Treftpunt voor de avond, geleid door Amerika-emigranten. Wie wil kan hier ook eten, bijvoorbeeld chili con carne, pizza of pasta vanaf ca. € 7.

Info

Posto de Turismo de Santa Maria: 9580-419 Vila do Porto, Aeroporto de Santa Maria, tel./fax 296 88 63 55, pt.sma@azores.gov.pt, www.visitazores.com. Informatiepost van de regering op de luchthaven, meestal geopend bij aankomsten en overdag.
Internet: www.cm-viladoporto.pt.
Vliegtuig: stadskantoor van de SATA, Rua Dr. Luís Bettencourt, tel. 296 82 07 01, ma.-vr. 9-18 uur.
Veerboot: tickets voor de Atlânticoline online (zie blz. 23), bij het havenloket (vanaf 1,5 uur voor vertrek) of het reisbureau Micaelense, Rua M 2 (bij Hotel Praia de Lobos), tel. 296 88 20 40.
Bussen: centrale busstation aan de Largo Nossa Senhora da Conceição. Dienstregeling en tickets bij het kantoor van de busmaatschappij TSM, Rua Teófilo Braga 55, tel. 296 88 21 15, ma.-vr. 8.30-12.30, 14-18 uur. Dienstregeling online op www.transportesdesantamaria.com.
Taxi: Rua Dr. Luís Bettencourt, bij het stadhuis, tel. 296 88 21 99. Bij aankomst veerboot ook bij de haven. Vier uur durende rondrit over het eiland ca. € 70.
Huurauto: Ilha do Sol (zie blz. 144).

Almagreira en Praia Formosa ▶ 7, C 2

De boerderijen van **Almagreira** liggen verspreid over een hoogvlakte met akkers en diepgroene weiden. Hier werd vroeger de rode klei van het eiland, de *almagra*, verwerkt. Vandaag de dag behoort de vervaardiging van keramiek tot het verleden. Een kronkelende weg voert omlaag naar de zuidkust. Onderweg is het de moeite waard om even te stoppen bij de **Miradouro da Macela** met uitzicht op de **Praia Formosa**, misschien wel het mooiste strand van de Azoren (zie Favoriet blz. 147). Beneden op het strand zijn alle gebruikelijke faciliteiten aanwezig. 's Zomers is het strand bewaakt en wappert er de Blauwe Vlag, een internationaal kwaliteitswaarmerk.

Overnachten

Eco-pension – **Francisca:** Almagreira, Brejo de Baixo, tel. 296 88 40 33, www.azorean-spirit.com, 2 pk € 60-70, bungalow voor 2 pers. alleen logies € 70-80. Drie kamers (met uitgebreid ontbijt) en een vakantiehuisje, alle goed ingericht. Gratis internettoegang, gebruik van wasmachine, verhuur van fietsen en e-bikes (resp. € 5 of € 15 per dag). In de totale energiebehoefte van het complex wordt zelf voorzien met behulp van zonnepanelen.

Strandvakantie – **Mar e Sol:** Praia Formosa, Largo Bom Despacho, tel. 296 88 43 01, www.apartamentosmaresol.com, appartement voor 2 pers. € 60-100. Alle eenheden hebben een balkon op het zuidwesten en uitzicht op zee. Ontbijt op verzoek. Minimaal verblijf van drie dagen.

Eten & drinken

Chique strandtent – **O Paquete:** Praia Formosa, tel. 296 88 60 15, https://pt-br.facebook.com/OPaquetePraiaFormosa, dag. 10-23 uur, hoofdgerecht vanaf € 7. Als een schip gebouwd, met een luchtig terras op de boeg. De keuken is overwegend inheems; ook pizza.

▷ blz. 148

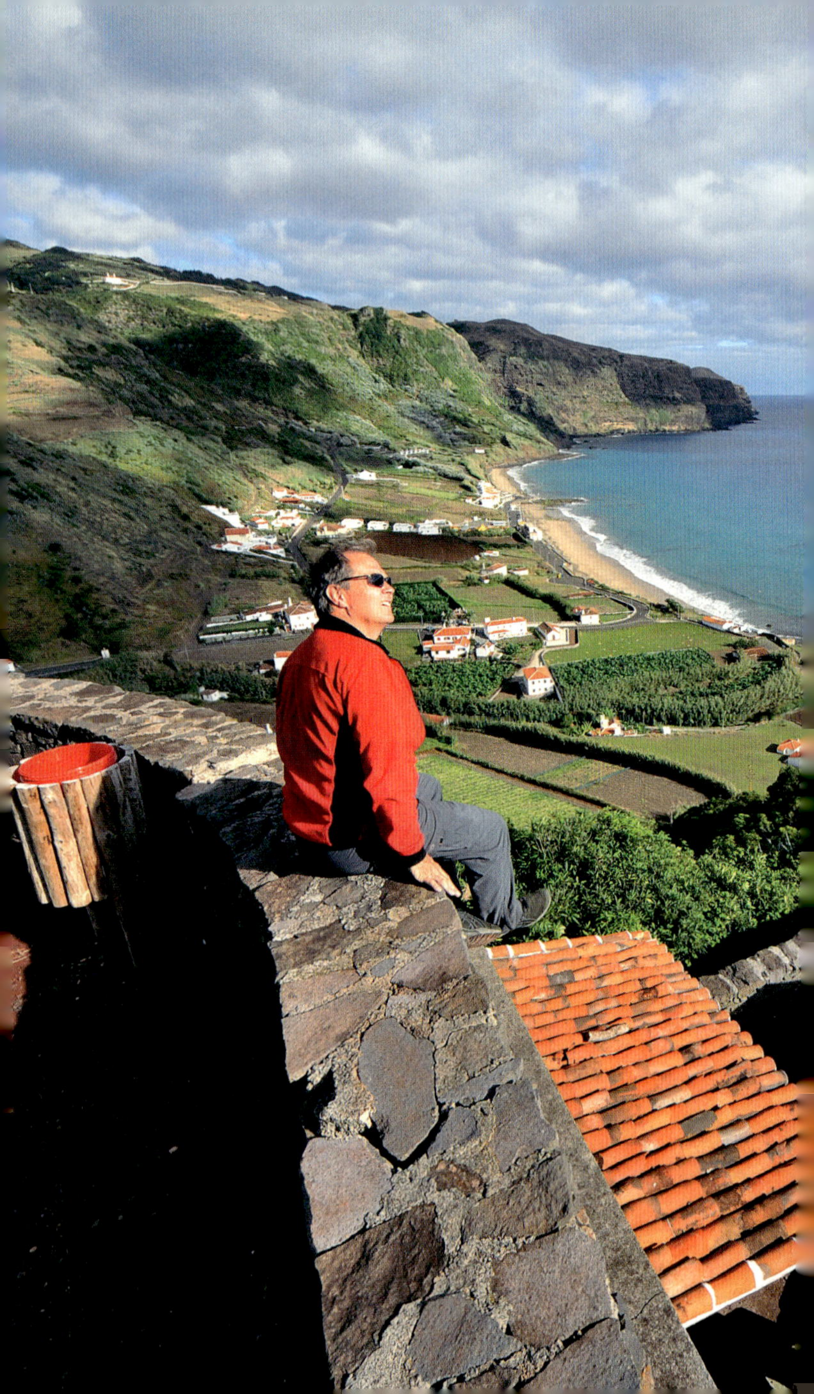

Favoriet

Miradouro da Macela – hier wordt het u groen en blauw voor de ogen ▶ 7, C 2

Het adembenemende uitzichtpunt met zijn picknicktafels en rode parasols biedt een perfecte blik op een ruime gewelfde baai met de Praia Formosa, een van de mooiste stranden van de Azoren – in ieder geval in de zomer. In de wintermaanden spoelt de branding het witte zand, dat de charme van deze zwemlocatie bepaalt, weg in zee. Aan de gigantische golven dankt de Praia Formosa echter ook zijn populariteit bij de internationale golfsurfergemeenschap.

Uitgaan

Altijd levendig – Beach Parque: Praia Formosa, 's zomers zo.-do. 21-2, vr.-za. 21-4 uur. Strandbar en pub met luide muziek, pooltafels en een speeltuin. Snacks voor de late honger.

Festiviteiten

Festival Maré de Agosto: 2e helft aug., www.maredeagosto.com. Driedaags muziekfestival op de Praia Formosa, voortgekomen uit een 'magische avond' van 1984, toen muzikanten van alle eilanden van de Azoren voor de eerste maal tezamen kwamen op Santa Maria. Inmiddels gaat het hier elk jaar los, met groepen uit de VS, Brazilië en Afrika. Hete ritmes in coole stijlen.

Berggebied

Tijdens de rit omhoog het centrale gebergte van Santa Maria in, is een stop bij de **Miradouro dos Picos** de moeite waard vanwege de aardige terugblik op Almagreira. Daarna volgt de splitsing Cruz dos Picos. Linksaf leidt vanaf hier een ongeveer 2 km lange doodlopende weg naar de **Pico Alto** (587 m), de hoogste berg van Santa Maria. Kort voor het einde van de weg kan men een bewegwijzerd wandelpad volgen naar de top, waarop een antenne staat. Boven ontvouwt zich een fantastisch uitzicht over grote delen van het eiland. Het contrast tussen het groene, met Japanse ceders begroeide en vaak door wolken bedekte hart van het eiland en het zonovergoten, 's zomers verdorde en bruine weidegebied in het westen bij Vila do Porto, kon nauwelijks groter zijn.

Bij het vervolg van de tocht vanaf de Cruz dos Picos richting Santo Espírito biedt de **Miradouro das Fontinhas** een vergelijkbaar perspectief als de Miradouro dos Picos, echter dan met picknicktafels als extraatje. Kort daarop passeert men het openbare parkbos **Fontinhas**, dat bekendstaat vanwege enkele reusachtige boomvarens. Hier zijn verder nog picknicktafels, een speeltuin en kronkelende paden die naar uitzichtpunten leiden.

Wandeling naar Anjos ▶ B/C 2
Duur: 4 uur, middelzwaar
De bewegwijzerde **PR 2 SMA** begint bij de **Cruz dos Picos** (zie hierboven) en loopt via de top van de **Pico Alto** over de heuvelrug naar het noorden. Vervolgens gaat de route verder in westelijke richting naar de **Barreiro da Faneca** (zie blz. 151). Daarna doet het pad de ruige **Baía da Cré** aan, loopt door weilanden met vee (oriëntatie lastiger) en eindigt ten slotte in **Anjos** (zie blz. 151).

Santo Espírito ▶ 7, C 2

Hier werd in de 15e eeuw de eerste mis in de Azoren gelezen ter ere van de Heilige Geest (zie blz. 69), vandaar de plaatsnaam. De imposante **Igreja de Nossa Senhora da Purificação** (Largo Padre José Maria Amaral) is echter aan Maria gewijd, die hier op Maria Lichtmis (2 febr.) wordt aanbeden. De kerk kreeg haar weelderige barokke gevel in de 18e eeuw. Met de flankerende klokkentoren fascineert hij door de afwisseling van donkere natuursteen en witte kalkverf. In de buurt van de kerk liggen twee eenvoudige restaurants en

---

Meer over het eiland weten
De receptie van het Museu de Santa Maria (zie blz. 149) in Santo Espírito geeft informatie ter verkenning van het eiland en over diverse thema's.

een minimercado. Verder is er – zoals in alle dorpen buiten Vila do Porto – weinig te doen.

Museu de Santa Maria

Rua do Museu, tel. 296 88 48 44, di.-vr. 9.30-12, 14-17 uur, za.-ma. en feestdagen gesl., € 1

Het eilandmuseum resideert links achter de kerk in een landhuis (begin 20e eeuw), waarvan de oorspronkelijke keuken is bewaardgebleven. De eetkamer en slaapkamer zijn ook nog herkenbaar. Basis van de collectie vormen de artefacten rond het pottenbakkersambacht. Daar binnen de archipel alleen Santa Maria over een noemenswaardige afzetting van klei beschikt, exporteerde het vroeger zowel aardewerk als klei in grote hoeveelheden naar de andere eilanden. Daarnaast richt het museum zich op het Feest van de Heilige Geest en de productie van linnen en wollen textielgoederen.

Maia ▶ 7, D 2

Een panoramische weg leidt van Espírito Santo omlaag tot aan de zuidoostkust, die dankzij het milde klimaat haast mediterraan aandoet. Onderweg ontvouwt zich vanaf de voormalige walvisvaardersuitkijkpost **Vigia da Baleia** (aan de ER 1, bewegwijzerd; kort, steil stukje omhoog lopen) een spectaculair uitzicht op de vuurtoren op **Ponta do Castelo** en een voormalige walvisverwerkingsfabriek. Vanaf een lager gelegen bocht in de weg kan men in 10 minuten over een weggetje naar de vuurtoren lopen. Voor auto's is daar geen plaats om te keren. Wijngaarden bedekken, ondersteund door stenen muren, de steile hellingen rond Maia. In combinatie met de rotsachtige zeekust levert het een pittoresk beeld op. Een groot zeewaterzwembad nodigt uit tot ontspanning (goede faciliteiten, strandbar). De ER 1 eindigt bij de **Cascata do Aveiro**, die zich in een eendenvijver stort. De waterval is een van de belangrijkste landschappelijke bezienswaardigheden van het eiland, maar alleen tijdens de regenmaanden. In de zomer is hij vaak uitgedroogd.

São Lourenço en Santa Bárbara ▶ 7, C 2

Als een amfitheater met wijngaarden als rangen, zo oogt de gebogen **Baía de São Lourenço** vanaf de **Miradouro do Espigão** (bord: Miradouro). De baai wordt beschouwd als een relikt van een gigantische krater, de grootste van de Azoren. Het door verschillende rotspartijen onderbroken lichte, smalle zandstrand contrasteert met het turkooisblauwe water. De rijke onderwaterfauna is een paradijs voor duikers en snorkelaars. Om te zonnebaden is het minder geschikt, het zand wordt er met elke grote storm bijna volledig weggespoeld. De meeste huizen van São Lourenço zijn eigendom van Amerika-emigranten, die hier de zomer doorbrengen. De oeverzone wordt momenteel volledig vernieuwd. Aan de zuidelijke rand van de Baía de São Lourenço ligt het bizarre rotseiland **Ilhéu do Romeiro** – een belangrijk broedgebied voor zeevogels.

Santa Bárbara ▶ 7, C 2

Dit pittoreske dorpje ligt ingebed in het glooiende landschap, waarin ruïnes van windmolens en oude veedrenkplaatsen verspreid liggen. Het mooiste overzicht biedt de **Miradouro da Pedra Rija** op de weg naar Almagreira / Vila do Porto. Omdat er in recenter tijden nauwelijks nog werd gebouwd, bewaarde het dorp zijn oorspronkelijke karakter. De randen van de huizen en ook de deur- en raamkozijnen zijn blauw geverfd, in een mooi contrast met de witte muren en felle rode pannendaken. Elk dorp op Santa Maria heeft zijn eigen kleur: Santo Espírito groen en São Pedro geel.

Overnachten

Landgoed – **Quinta do Monte Santo:** Lagoinhas, tel. 296 88 39 50, www.quintamontesanto.com, 2 pk € 30-40, huisje € 30-50, minimumverblijf 5 dagen. Rustig landelijk onderkomen met uitzicht op zee. Twee huisjes en een appartement, alle volledig uitgerust, en twee kamers met gedeelde badkamer in het hoofdgebouw, waar ook de eigenaar woont met zijn familie.

Actief

Duiken – **Wahoo Diving:** Forno, tel. 296 88 40 05, www.wahoo-diving.com. Duikbasis voor individuele duiken en duiktochten met een hoge belevingswaarde. Sinds 2014 onder nieuwe leiding. De echt hotspots bevinden zich bij de Formigas, een rotsachtige eilandengroep ten noorden van Santa Maria. Daarnaast diepzeeduiken, nachtduiken en snorkelen in de grotten. Afhankelijk van de windrichting vertrek vanaf verschillende kustplaatsen op het eiland. Gewone duik € 42.

São Pedro ▶ 7, B 2

Dankzij zijn vruchtbare landerijen was São Pedro (800 inw.) altijd al een belangrijk agrarisch centrum. Een echte dorpskern is nauwelijks te bespeuren. Grootgrondbezitters bezaten hier hun door parken omgeven herenhuizen (*quintas*). Een aantal werd in de afgelopen tijd zorgvuldig gerestaureerd. De enkele jaren geleden eveneens herstelde **Ermida de Monserrate** ligt eenzaam buiten São Pedro, ten westen van de weg naar Anjos (na ca. 1 km een verschoten houten bord, dan nog 300 m over een onverharde weg). Gezegd wordt dat deze in de 15e eeuw de tweede kerk van het eiland zou zijn geweest.

Ermida de Nossa Senhora de Fátima
Alto das Feteiras
De bedevaartskerk uit 1925 ligt op een heuvel langs de weg naar Lagoinhas. Naar verluid was dit het tweede heiligdom ter wereld (!) dat is gewijd aan de Maagd van Fátima, die op 13 mei 1917 in Portugal aan drie kinderen was verschenen. De 154 trappen die omhoogleiden staan symbool voor de kralen van de rozenkrans. Op elk van de 14 trapportalen, die overeenkomen met de grote rozenkranskralen, bidden de bedevaartgangers het Onze Vader. Langs de opgang ligt aan weerszijde een tuin met bomen, bloemen en azulejo-schilderingen. Ook zijn er twee beeldengroepen met voorstellingen van de drie kinderen met de Madonna en van een Vredesengel. Bovenop kunt u genieten van een prachtig uitzicht over de noordkust.

Overnachten

Landhuisstijl – **Casa de São Pedro:** Lugar de Rosa Alta, tel. 296 88 40 44, www.casasacorianas.com/azores/houses/casa-de-sao-pedro, 2 pk € 75-90. Vier comfortabel ingerichte kamers in een statig landhuis uit 1840. Uitgestrekte tuin met ligweide en zwembad.

Eten & drinken

Landelijke flair – **Rosa Alta:** Lugar de Rosa Alta, tel. 296 88 49 90, mobiel 913 99 78 97, di.-vr. 19-23, za.-zo. 12-15, 19-23 uur, okt.-mei gesl., hoofdgerecht vanaf € 10. Chic restaurant. Specialiteiten zijn verse vis, gestoofde inktvis en filet mignon. In het weekend traditionele gerechten van Santa Maria.

Actief

Paardrijden – **Centro Hípico de São Pedro:** Lugar de Rosa Alta, tel. 964 37 50 49, centrohipicosaopedro@gmail.com. Drie paarden, twee pony's en twee ezels voor buitenritten door de omgeving (2 uur € 30), ook lessen. Mogelijk niet meer in deze vorm beschikbaar.

Barreiro da Faneca

▶ 7, B 2

Het woestijnachtige landschap met zijn kale rode grond bij de noordkust van Santa Maria ontstond door kleiwinning. Vanaf de weg São Pedro – Anjos buigt een bewegwijzerde zijweg af naar dit voor de Azoren unieke gebied. Direct bij de volgende splitsing rechts aanhouden en dan alsmaar rechtdoor. De weg eindigt na ongeveer 2 km bij een landgoed, omringd door hoge muren. Vanaf daar is het nog 100 m over een stoffige weg van rode aarde.

Anjos ✸   ▶ 7, B 2

Vanwege zijn grote zeewaterzwembad (met strandbar, alleen 's zomers) is Anjos in de zomer drukbezocht. Dan zijn ook de vakantiehuizen in het dorp bewoond. In de winter is het hier doods. Vroeger voeren de dorpelingen uit op tonijnvangst. De conservenfabriek aan de rand van het dorp is echter allang niet meer in bedrijf. Tegenwoordig maken slechts enkele sportvissers gebruik van de haven. Op Santa Maria kan men 's zomers nergens beter genieten van een prachtige zonsondergang dan hier. Vanaf de haven voert een mooi voetpad 100 m westwaarts naar de Furna de Santana, een donkere afgrond waarin men een paar meter omlaag kan afdalen – zaklamp vereist.

Ermida dos Anjos

ER 1-1a, meestal overdag open, anders sleutel bij huis ernaast

De oudste kerk van de Azoren stamt uit de 15e eeuw, maar werd herhaaldelijk verbouwd. De laatste maal was in 1893, voor de vierhonderdste verjaardag van het bezoek van Christoffel Columbus, waaraan een bronzen beeld tegenover de kerk herinnert. Op de terugkeer van zijn eerste Atlantische oversteek ging hij bij Anjos voor anker om proviand in te slaan. Zijn bootslieden werden niet bepaald vriendelijk ontvangen door de eilandbewoners, ze werden zelfs aangehouden op verdenking van piraterij en pas vrijgelaten na lange onderhandelingen. Mogelijk heeft Columbus zelf zijn schip niet eens verlaten. Volgens een andere versie zou hij in de Ermida hebben gebeden. Bij de muur rond de begraafplaats staan de overblijfselen van een klokkentoren van een vorig gebouw. In de kerk zelf wordt een waardevol driedelig altaarstuk bewaard, dat zowel de Heilige Familie, als de heilige tweelingbroers Cosmas en Damianus toont. Gonçalo Velho Cabral, die Santa Maria in de 15e eeuw liet koloniseren, zou het op zijn karveel hebben meegevoerd.

Festiviteiten

Santa Maria Blues: drie dagen medio juli, www.santamariablues.com. Openluchtfestival met artiesten uit Portugal, Groot-Brittannië en de VS, dat vaak meer dan duizend bezoekers trekt. In hiervoor gebouwd bluescafé.

IN EEN OOGOPSLAG

Faial

Hoogtepunt ✸

Vulcão dos Capelinhos: Vulcão dos Capelinhos: De jongste vulkaan van de Azoren – pas in 1957-1958 ontstaan – ziet eruit als een maanlandschap. Een natuurleerpad voert omhoog, op de top broeden zeldzame zeevogelsoorten. Het bijbehorende bezoekerscentrum heeft veel informatie over vulkanisme. Zie blz. 174.

Op ontdekkingsreis

Horta als hoofdstad van de overzeese telegrafie: Vanaf het einde van de 19e eeuw ontwikkelde Horta zich tot het knooppunt van overzeese kabels. Tot op de dag van vandaag loopt men hier in de voetsporen van de communicatietechnici die op vele manieren hun stempel op de stad drukten. Zie blz. 164.

Azorenbiotopen op zakformaat – de botanische tuin van Faial: Verscholen achter hoge muren ligt aan de oostelijke rand van Flamengos de voormalige sinaasappelplantage van de Quinta de São Lourenço – een betoverende plek. In 1986 trok de botanische tuin hier in, om de flora van het eiland dichter bij de bezoekers te brengen. Op een klein oppervlak kunnen de leefgebieden van inheemse planten worden ervaren. Zie blz. 172.

Bezienswaardigheden

Fábrica da Baleia de Porto Pim: De oude walwisverwerkingsfabriek aan de natuurlijke haven Porto Pim in Horta is nu een industrieel monument en fungeert als een onderzoekscentrum voor de bescherming van de zeefauna. Zie blz. 158.

Igreja Matriz São Salvador: De voormalige jezuïetenkerk in Horta herbergt goudglanzende altaren. In het klooster ernaast toont het stadsmuseum gedetailleerde kunstwerken uit vijgenboommerg. Zie blz. 161.

Te voet

Vulkaanwandeling bij Capelo: Woestromantisch sluiten de enorme kronen van de boomheide zich over het wandelpad in het westen van Faial. Het leidt over drie vulkaankoppen naar de Vulcão dos Capelinhos. Zie blz. 176.

Wandeling rondom de Caldeira: Vanaf de krater in het hart van het eiland gaat de tocht door weelderige weiden en langs de Cabeço Gordo. Zie blz. 179.

Sfeervol genieten

Praia do Almoxarife: Onder de plaatselijke bevolking behoort dit strand tot de topbestemmingen voor een uitstapje op het eiland. Ook fijn om te zonnen en rond te kijken, mocht de branding het zwemmen onmogelijk maken. Zie blz. 162.

Havenflair: Er is geen betere plek om het zeezeilerswereldje van Horta op zich in te laten werken dan de tafeltjes voor de Bar da Marina met uitzicht op dobberende jachten. Zie blz. 168.

Uitgaan

Bar do Teatro: Gecultiveerd stappen is in het weekend het credo in de cocktailbar van het theater van Horta. Hier komt het plaatselijke trendy uitgaanspubliek. Zie blz. 168.

Kosmopolitische flair

Faial is een van de meest bezochte eilanden van de Azoren. Toeristen komen hier vooral om van de levendige sfeer in de hoofdstad Horta te genieten, watersporten te beoefenen of om walvissen te kijken. Maar ook de rest van het eiland mag gezien worden. Zeker tijdens de bloeiperiode van de hortensia's in de zomer, wanneer Faial zijn bijnaam *ilha azul* ('blauw eiland') eer aandoet. Een ringweg ontsluit dorpjes zoals Cedros in het noorden of Castelo Branco in het zuiden. Zijwegen leiden naar stranden, rotsbaden en schilderachtige vissershavens. Helemaal in het westen ligt de pas in 1957-1958 ontstane vulkaan Capelinhos. De Caldeira, een enorme cirkelvormige krater, strijdt met hem om de gunst van de bezoekers. Grote delen van het eiland zijn beschermd natuurpark, met vele wandelmogelijkheden.

Horta ▶ 5, C 4

Ondanks zijn bescheiden formaat behoort Horta (6500 inw.) tot de drie belangrijkste steden van de Azoren vanwege het regionale parlement dat hier vergadert. Horta heeft de reputatie een internationale sfeer te ademen. In de 18e-19e eeuw lag de vloot van de Noord-Amerikaanse walvisvaarders hier voor anker, om zich te bevoorraden en manschappen te rekruteren. In de eerste decennia van de twintigste eeuw, toen Horta het knooppunt van de intercontinentale telecommunicatie was, drukten de medewerkers van de kabelmaatschappijen van diverse nationaliteit hun stempel op het leven in de stad. De eerste Atlantische lijnvluchten met vliegboten werden in de jaren dertig van de twintigste eeuw uitgevoerd met

INFO

Toeristeninformatie
Bureau van de Azoriaanse overheid en kiosk van de ART in Horta. Op de luchthaven geen toeristeninformatie.

Heenreis en vervoer
Luchthaven: 8 km ten westen van de stad. Taxi naar Horta ca. € 12. Bussen vanaf Horta naar Castelo Branco (ma.-vr., 6 maal, za., 3 maal daags) stoppen ter hoogte van de luchthaven aan de doorgaande weg. Directe vluchten naar Lissabon, Ponta Delgada, Terceira, Flores en Corvo (zie blz. 22). Vluchtinfo: www.ana.pt.
Veerboot: vanaf Gare Marítima (cruiseterminal) aan de noordzijde van de baai van Horta. Accommodaties te voet of per korte taxirit bereikbaar. Veerboten van Atlânticoline 's zomers 2-3 maal per week naar de eilanden van de centrale en de oostelijke groep, deels 1 maal per week naar Flores. Passagiersveerboten van Transmaçor hele jaar naar Madalena (Pico) en Velas (São Jorge), 's zomers ook Calheta (São Jorge). Meer info zie blz. 23 en blz. 168.
Bussen: vanaf Horta naar alle belangrijke plaatsen ma.-vr. meerdere malen per dag, za. af en toe, zo. en feestdagen geen busdiensten.
Taxi: bij de luchthaven en in Horta. Taxicentrale: tel. 292 39 15 00. Prijsvoorbeelden: Horta – Capelo € 15, Cedros € 16, naar de Caldeira € 27.
Huurauto: diverse verhuurbedrijven op de luchthaven en in Horta.

een tussenstop in de haven van Horta. Tot slot ontdekte de gemeenschap van trans-Atlantische zeilers de voordelen van een tussenstop in de Marina van Horta. Aangetrokken door de flair van het eiland volgden de individuele toeristen. Echt levendig is het hier vooral in het zomerseizoen.

Rond de haven

Peter Café Sport [1]

Rua José Azevedo (Peter) 9, tel. 292 29 23 27, www.petercafesport.com, ma.-za. 8-24 uur, 's zomers soms ook zo., zie ook Favoriet blz. 156

De authentieke havenkroeg is voor de meeste bezoekers van Horta de eerste halte. José Azevedo (1925-2005), alias 'Peter', kreeg naar verluidt zijn bijnaam tijdens de Tweede Wereldoorlog van een Engelse kapitein, omdat die José niet kon uitspreken. Tientallen jaren lang was hij de 'vader' van de trans-Atlantische zeilers. Hij bewaarde hun post, gaf handige tips en wisselde geld tegen een gunstige koers. Vandaag de dag leidt zijn zoon José Henrique het café, en met succes.

De familie Azevedo heeft in de loop van generaties een verzameling van walvisbeengravures (zie blz. 79) samengebracht, die in het **Scrimshaw Museum** op de eerste verdieping kan worden bezocht (ma.-za. 9-12, 14-17 uur, € 2). Het meest waardevolle voorwerp is een potviskaak, waarop het strand van Porto Pim met twee dozijn voor anker liggende walvisvaarders is te zien. Ook bijzonder zijn de drie potvistanden met ingesneden portretten van Peter met vader en zoon.

Igreja de Nossa Senhora das Angústias [2]

Rua das Angústias / Rua Vasco da Gama

Tip

Originele zeilerskunst

Een speciale bezienswaardigheid zijn de muurschilderingen van de trans-Atlantische zeilers in de haven van Horta. De eerste schilderijen ontstonden in de jaren vijftig op de buitenste kademuur, waar ze inmiddels erg zijn vervaagd. Sinds de inhuldiging van de Marina in 1986 heeft het fenomeen zich daarheen verplaatst. Wie zich niet op de havenmuur vereeuwigt, roept ongeluk over zich af, zo wordt gezegd. Daarom schilderen alle zeiljachtbemanningen die in Horta aanleggen ijverig hun kleurrijke, fantasierijke kunstwerken op de muren van de Marina.

Tussen de huidige haven en de natuurlijke haven **Porto Pim**, waar voorheen de walvisvaarders voor anker gingen, verheft zich de oudste parochiekerk van Faial. Josse van Hurtere, de eerste gouverneur in de 15e eeuw, had vermoedelijk daar in de omgeving zijn residentie. In ieder geval liet zijn vrouw Brites de Macedo een voorloper van het huidige gebouw oprichten, om de Onze Lieve Vrouw van Smarten (Port. *angústia* = leed, vrees) te danken dat er geen slangen, schorpioenen of andere gevaarlijke dieren op het eiland voorkwamen.

De kerk werd in de 17e eeuw volledig vernieuwd. Binnen herinnert een bronzen plaquette aan het huwelijk van de Neurenbergse patriciërszoon en koopman Martin Behaim (1459-1507) met een dochter van Josse van Hurtere. Op het plafond prijkt zijn wapenschild naast dat van andere edelen. Behaim, die een tijd op Faial leefde, schiep rond 1492 tijdens een verblijf in zijn thuisland zijn beroemde wereldbol, op basis van de inzichten van Portugese ontdekkingsreizigers. ▷ blz. 158

Favoriet

Peter Café Sport 1 – de leukste kroeg in het Atlantisch gebied

De bar met de blauwe gevel is veel meer dan een café, het is een instituut en bekend tot ver buiten de Azoren. Ongedwongen komen hier contacten tussen zeilers, vissers en vakantiegangers tot stand. Op warme zomeravonden kan er op het terras worden genoten van het uitzicht op de haven. Ontelbare bemanningsleden lieten hier wimpels, vlaggen en foto's achter, waarmee de muren zijn behangen. Tot voor kort serveerde het iconische café hun legendarische gin-tonic voor een spotprijsje. Inmiddels zijn de prijzen iets gestegen, maar de drankjes zijn er nog steeds betaalbaar. Zie ook blz. 155.

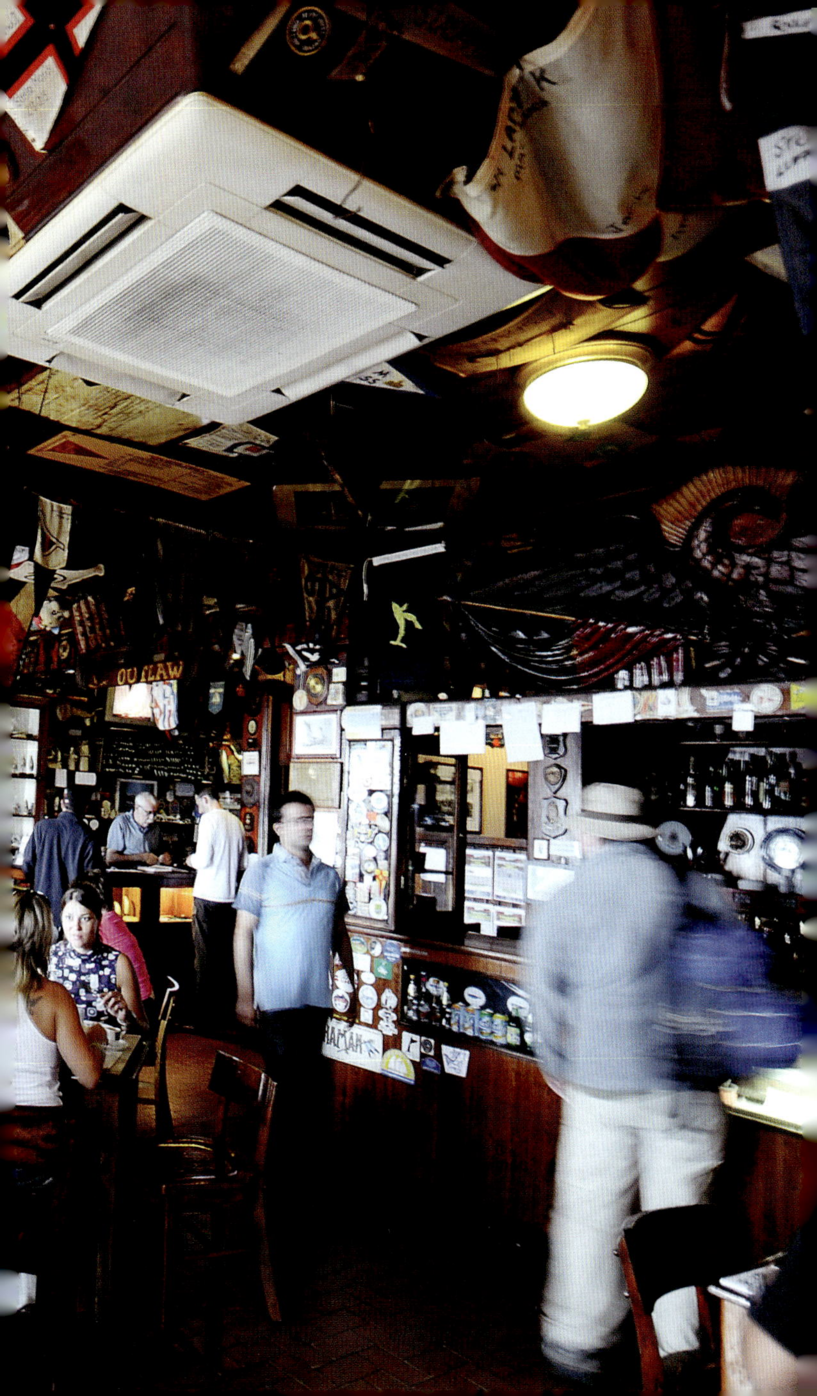

Horta

Bezienswaardigheden
1. Peter Café Sport
2. Igreja de Nossa Senhora das Angústias
3. Observatório Príncipe Alberto do Mónaco
4. Fábrica da Baleia de Porto Pim
5. Casa dos Dabney / Aquário do Porto Pim
6. Ermida de Nossa Senhora da Guia
7. Igreja Matriz São Salvador
8. Museu da Horta
9. Império dos Nobres
10. Jardim Florêncio Terra
11. Torre de Relógio
12. Hospital Walter Bensaúde
13. Igreja de Nossa Senhora do Carmo
14. Igreja de São Francisco
15. Trinity House
16. Colónia Alemã
17. Casa do Director
18. The Cedars

Overnachten
1. Faial Resort
2. Hotel do Canal
3. Estrela do Atlântico
4. A Casa do Lado
5. São Francisco
6. Vila Bélgica

Eten & drinken
1. Canto da Doca
2. Kabem Todos
3. Medalhas
4. Taberna de Pim
5. Casa Chá e Bar
6. Café Volga
7. Café Internacional

Winkelen
1. Mercado Municipal
2. Loja do Peter

Actief
1. Dive Azores
2. Base Peter Zee
3. Piscina Municipal

Uitgaan
1. Bar da Marina
2. Barão Palace
3. Teatro Faialense / Bar do Teatro

Observatório Príncipe Alberto do Mónaco 3

Monte das Moças, tel. 292 29 28 18, beperkt te bezichtigen

Boven de wijk Angústias troont op de bergkam een weerstation met een opvallende toren, die van een afstand wel wat op een kerk lijkt. In 1915 verving hij een ouder meteorologisch station bij de Igreja Matriz (zie blz. 161). Vandaag de dag dient het gebouw ook als seismologisch station. Jaarlijks worden hier ongeveer tweehonderd aardbevingen geregistreerd, waarvan de meeste niet waarneembaar zijn voor de mens. Het observatorium liep tijdens de aardbeving in 1998 ernstige schade op en werd gerestaureerd met de financiële steun van het vorstendom Monaco. Albert I van Monaco (1848-1922), een betovergrootvader van de regerende prins, maakte naam met zijn oceanografisch onderzoek in het midden van de Atlantische Oceaan. Dit bracht hem ook telkens weer naar Horta. Een jaar na zijn dood werd het weerstation naar hem vernoemd.

Fábrica da Baleia de Porto Pim 4

Encosta do Monte da Guia, aan de oprit naar Monte da Guia, tel. 292 29 21 40, www.oma.pt, half juni-half sept. ma.-vr. 10-18 (anders 9.30-17.30), za.-zo. 14-17.30 uur, nov.-half apr. za.-zo. gesl., € 3

Aan de zuidelijke rand van de Praia do Porto Pim ligt de voormalige walvisverwerkingsfabriek van Horta. Hier heeft de semioverheidsinstelling OMA zijn hoofdkwartier, dat zich wijdt aan marien onderzoek, milieu-educatie en monumentenbehoud met betrekking tot de walvisvaart. De walvisfabriek werd in 1943 in bedrijf genomen, midden in de Tweede Wereldoorlog (zie Op ontdekkingsreis blz. 192). Tot 1974 werden bij Porto Pim bijna tweeduizend

Horta

Flamengos, Jardim Botânico do Faial, Flamengos Caldeira

Espalamaca, Praia do Almoxarife, Parque da Alagoa

Gare Maritima

Pico, São Jorge · Ponta Delgada, Flores

Baia da Horta

Praça da República

Supermercado Continente

Aeroporto

vesting Santa Cruz

Praça do Infante

parlement

Fort São Sebastião — **Praia do Porto Pim**

Monte Queimado 86 m

Paisagem protegida — Caldeirinhas — **Monte da Guia** 145 m

jachthaven-kantoor

zie detailkaart

Streets:
- Calçada de Santo António
- R. Advogado Graça
- Rua Manuel Joaquim Dias
- Rua de São Paulo
- R. T. Aragão
- Al. Barão de Roches
- R. M. Simaria
- R. Almeida Garret
- Rua Nova do Carmo
- Rua de São Pedro
- Rua de São João
- R. D. Pedro IV
- Rua Serpa Pinto
- R. de São Bento
- Rua Dr. Neves
- R. Dr. Azevedo
- R. Com. Macedo
- R. Visconde de Santana
- Rua Médico Avelar
- R. Eduardo Bulcão
- R. Ernesto Rebelo
- Rua de Jesus
- Rua Dr. Melo e Simas
- R. Walter Bensaúde
- Avenida 25 de Abril
- Estrada das Dutras
- Rua Ilha do Pico
- Rua Marcelino Lima
- Rua da Santa Clara
- R. Conselheiro Medeiros
- Rua Cônsul Dabney
- R. Vasco da Gama
- R. da Ladeira
- R. José Azevedo
- R. das Angústias
- Estrada Príncipe Alberto de Mónaco
- R. Príncipe Alberto do Mónaco
- A. G. C. Sacadura Cabral
- R. Príncipe Alberto do Mónaco

potvissen verwerkt. Toen sloot de fabriek haar deuren als gevolg van het wereldwijde verval van de walvisvaart.

De indrukwekkende stoomketel uit 1904 voor het scheiden van de olie uit walvisvet komt uit een vorige fabriek. Later kwamen er meer geavanceerde apparaten bij voor de productie van diervoeders en meststoffen uit het vlees en de beenderen, die voorheen onbenut bleven. Achter het gebouw is de helling te zien waarover de gedode dieren aan wal werden getrokken.

Casa dos Dabney/Aquário do Porto Pim 5

Praia do Porto Pim, tel. 292 20 73 82, http://parquesnaturais.azores.gov.pt, Casa dos Dabney half juni-half sept. dag. 10-18, daarbuiten di.-vr. 9.30-13, 14-17.30, aquarium half juni-half sept. di.-zo. 10-17 uur, daarbuiten op afspraak, combiticket € 3,50

In het voormalige zomerverblijf van de Amerikaanse consul John Dabney, die in de 19e eeuw de eerste walvisverwerkingsfabriek in Horta bouwde, is nu een tentoonstelling over de door hem opgerichte dynastie te zien. Het eveneens hier gehuisveste Aquário do Porto Pim toont de onderwaterwereld van de Azoren, samen met de milieu-educatieve uitgangspunten.

Paisagem protegida Monte da Guia

Twee vulkanen aan de zuidelijke rand van Horta vormen samen een landtong, die van de Porto Pim de veiligste natuurlijke ankerplaats van de Azoren maakte. Een smalle landengte bij de walvisfabriek verbindt de bij de stad gelegen **Monte Queimado** met de **Monte da Guia** (145 m). Die laatste maakt met zijn inheemse kustflora en voor watervogels belangrijke broedplaatsen deel uit van het **Parque Natural do Faial**.

Een **natuurleerpad** (1,5 uur, licht) loopt van het Casa do Parque omhoog via twee haarspeldbochten naar de halvemaanvormige kraterrand van de Monte da Guia met daarop de **Ermida de Nossa Senhora da Guia** 6, de voormalige walvisvaarderskapel. Vanaf daar wordt zichtbaar dat de Monte da Guia eigenlijk een dubbele vulkaan is, waar in beide kraters – de **Caldeirinhas** (ook Caldeiras do Inferno, 'helleketels' genoemd) – vanuit het zuiden de zee binnendrong. Op de terugweg gaat het pad, dat in de bocht voor de Ermida afbuigt en door gagel- en heidestruiken naar de walvisfabriek leidt, steil omlaag.

Stadscentrum

Achter de eerste huizenrij aan zee ligt de langgerekte Rua Conselheiro Medeiros, meestal eenvoudigweg **Rua Direita** ('rechte weg') genoemd. Hieraan bevinden zich de meeste winkels van Horta. In het zuiden begint hij op de **Praça do Infante** met een monument voor prins (*infante*) Hendrik de Zeevaarder, die in de 15e eeuw de Portugese ontdekkingsreizen initieërde. In het noorden komt

---

Activiteiten en rondleidingen in het Parque Natural do Faial

Het natuurpark Faial organiseert lezingen, workshops, begeleide wandelingen en nog veel meer. Het maandelijkse programma kan vanaf http://parquesnaturais.azores.gov.pt, trefwoord Parque Aberto, worden gedownload. Wie naar het binnenste van de Caldeira wil afdalen, kan dit alleen doen onder begeleiding van een gids. Inschrijving in het **Casa dos Dabney** 5 of via parque.natural.faial@azores.gov.pt. De groepsgrootte is beperkt tot maximaal 12 personen, er worden tot drie tochten per dag uitgevoerd.

de Rua Direita uit op de **Largo Duque Ávila Bolama,** het representatieve centrale plein van de stad.

Igreja Matriz São Salvador [7]

Largo Duque Ávila Bolama, dag. 17-19 uur

Aan de rand van het plein staat de belangrijkste kerk van Horta (18e eeuw). Oorspronkelijk gebouwd door de orde der jezuïeten, die hier zijn grootste vestiging op de Azoren had, totdat deze in 1759 in Portugal werd verboden. De spreekwoordelijke luisterrijke jezuïetenbarok manifesteert zich binnen door enorme vergulde altaarstukken en weelderig met scènes uit het leven van ordestichter Ignatius van Loyola beschilderde azulejos. Speciale aandacht verdient ook de lessenaar in een rechter zijkapel van Braziliaans hout, ingelegd met ivoor (17e eeuw).

Museu da Horta [8]

Largo Duque Ávila Bolama, tel. 292 20 85 70, di.-vr. 10-12.30, 14-17.30, za.-zo. 14-17.30 uur, ma. en feestdagen gesl., volw. € 2, jongere 14-25 jaar € 1, kind tot 13 jaar gratis

Links naast de Igreja Matriz bezet het stedelijk museum enkele zalen in het **Palácio do Colégio,** het voormalige jezuïetenklooster (18e eeuw). Bij gebrek aan ruimte kunnen slechts weinig stukken uit de voorraad worden getoond. Wisselende tentoonstellingen hebben thema's als stadsgeschiedenis, kerkelijke kunst en kunstnijverheid. Doorlopend te zien is de typische dracht van rijke Azoriaanse vrouwen, die tot 1950 nog sporadisch in gebruik was: 'Capote e Capelo', een donkere cape gemaakt van zware wollen stof met een enorme capuchon, die het gezicht haast volledig bedekte. De mantel werd over generaties vererfd en soms zelfs afwisselend door meer vrouwen binnen één familie gedragen. Ze sloegen hem gewoon om zodra ze het huis verlieten. Sommige onderzoekers vermoeden dat de oorsprong ervan in Vlaanderen, anderen dat hij in het Portugal van 17e-18e eeuw ligt.

Aandacht verdient ook de permanente tentoonstelling 'Miolo de Figueira'. Euclides Silveira da Rosa (1910-1979), wiens nalatenschap hier is te zien, bracht de kunst van het modelleren met merg uit vijgentakken tot perfectie. Hij schiep opmerkelijke sculpturen van mensen, schepen en gebouwen (zie blz. 79).

Praça da República

Op het ruime plein ontmoeten de stedelingen elkaar. Tussen de bloembedden en tropische bomen door lopen de paden recht op de centrale, knalrode muziektent toe, waar tijdens volksfeesten de blaaskapellen spelen. Aan de westelijke rand van de Praça da República staat de barokke **Império dos Nobres** [9] (18e eeuw, Rua de São Paulo), een van de oudste Heilige Geesttempels van de Azoren. Hij werd gebouwd ter nagedachtenis van de vulkaanuitbarsting van 1672 in het noordwesten van het eiland. Op pinksterzondag is hij het middelpunt van het Feest van de Heilige Geest, verder blijft hij gesloten.

Jardim Florêncio Terra [10]

De kleine stadstuin uit 1857 draagt de naam van een lokale schrijver. De centrale vijver is versierd door vier

Faial voor bliksembezoekers

Wie slechts weinig tijd heeft, zoals bij een stop-over met doorreis op dezelfde dag, kan Faial leren kennen op een **eilandtour** per lijndienstbus. De bus vertrekt ma.-vr. om 11.45 uur vanaf halte S, de rit duurt twee uur. Soms moet men in Ribeira Funda overstappen.

marmeren beelden, symbool voor de seizoenen. Ernaast rijzen drie reusachtige drakenbloedbomen op, waarvan de kronen schijnbaar onontwarbaar in elkaar zijn gegroeid.

Onder aan het park verheft zich een vroeg-18e-eeuwse klokkentoren, de **Torre de Relógio** 11. De bijbehorende kerk, ooit de belangrijkste van de stad, werd vanwege zijn bouwvalligheid in 1825 gesloopt. De parochie werd verplaatst naar de huidige Igreja Matriz. Boven aan de tuin ligt het prachtige voormalige **Hospital Walter Bensaúde** 12 (Jardim Florêncio Terra), een openbaar ziekenhuis uit 1901 waar nu de overheidsinstantie voor Oceanografie en Visserij zetelt.

Igreja de Nossa Senhora do Carmo 13

Largo da Igreja do Carmo

Als een baken troont de kerk van het voormalige karmelietenklooster (18e eeuw) boven aan de rand van de stad. De imposante koloniale barokgevel kent een haast verwarrende gelijkenis met de façade van de Igreja Matriz en die van de **Igreja de São Francisco** 14 (Rua Direita). De drie kerken verwelkomen de zeilers al van verre en vormen gezamenlijk min of meer de skyline van de stad. De klim naar de karmelietenkerk is echter de moeite niet waard. Als gevolg van de aardbevingen van 1926 en 1998 leed die ernstige schade en is om veiligheidsredenen niet toegankelijk.

Trinity House 15, Colónia Alemã 16, Casa do Director 17 en The Cedars 18

Zie Op ontdekkingstocht blz. 164

Zon, zee & strand

Het stadsstrand van Horta is de 300 m lange, relatief blondzandige **Praia do Porto Pim**. Vanaf de meeste hotels is het gemakkelijk te voet bereikbaar.

Aan de noordelijke rand van de Avenida 25 de Abril nodigt het stedelijke overdekte zwembad **Piscina Municipal** 4 het hele jaar door uit tot sportief zwemmen. Voor het aangrenzende **Parque da Alagoa**, een recreatiepark met speeltuin en picknickfaciliteiten, ligt een klein, donker zandstrand. Ernaast leggen bij een nieuwe, grote pier cruiseschepen en veerboten aan.

Verder naar het noorden, door de bergrug van de Monte da Espalamaca (zie. Tip blz. 169) van de stad gescheiden, ligt het misschien wel mooiste strand van Faial, de **Praia do Almoxarife** (▶ 5, D 3). Om er te komen is eigen vervoer het handigste. Vanwege de stroming en de branding is voorzichtigheid

Horta: adressen

Goed zichtbaar vanuit de Jardim Florêncio Terra: de Torre de Relógio, restant van een kerk

bij het zwemmen geboden. Op de aangrenzende boulevard, die wordt gedomineerd door een imposante barokke kerk, zijn enkele eetgelegenheden.

Overnachten

Met geschiedenis – **Faial Resort** 1: Rua Cônsul Dabney, tel. 292 20 74 00, www.investacor.com, 2 pk € 70-160 (via touroperator). Viersterren hotel met 131 kamers in parkachtig terrein met een buitenzwembad. Bovendien overdekt zwembad, jacuzzi. Diverse gebouwen, waarin vroeger een Amerikaanse kabelmaatschappij was gevestigd (zie Op ontdekkingsreis blz. 164).

Boutiquestijl – **Hotel do Canal** 2: Largo Dr. Manuel Arriaga, tel. 292 20 21 20, www.bensaude.pt, 2 pk ca. € 100 (ook via touroperator). Nieuw gebouw met bijna honderd kamers, uitzicht op Pico. Inrichting in maritieme sfeer, met vissersboten, jachten en watervliegtuigen als inspiratie. Geen zwembad, maar wel een sauna en jacuzzi.

Gedecoreerd door kunstenaars – **Estrela do Atlântico** 3: Calçada de Santo António, tel. 292 94 30 03, www.edatlantico.com, 2 pk € 70-95, afh. van seizoen. Zeer smaakvol ingerichte kamers en suites, in totaal vijf wooneenheden, allemaal met een prachtig uitzicht. Grote tuin en zwembad.

Aardig stadshotel – **A Casa do Lado** 4: Rua Dom Pedro IV 23, tel. 292 70 03 51, www.acasadolado.com, 2 pk € 40-60. Klein, gemoedelijk gerund hotel met knusse binnenplaats, ▷ blz. 167

Op ontdekkingsreis

Horta – hoofdstad van de overzeese telegrafie

Vanaf het einde van de 19e eeuw ontwikkelde Horta zich tot knooppunt van overzeese kabels. Tot op de dag van vandaag loopt men in de voetsporen van de communicatietechnici die op vele manieren hun stempel op de stad drukten.

Kaart: ▶ 5, C 4
Stadsplattegrond: blz. 158.
Duur: halve dag.
Karakter: stadswandeling met pauze bij een traditioneel café aan zee.
Startpunt: bij de oude walvisfabriek **Fábrica da Baleia de Porto Pim** 4, te voet via Praia do Porto Pim of per taxi.
Info: Trinity House (Rua Cônsul Dabney 6), **Colónia Alemã** (Rua Colónia Alemã s/n), **Casa do Director** (Rua Marcelino Lima) en **Villa The Cedars** (Rua Cônsul Dabney).

Als u de parkeerplaats bij de walvisfabriek achter zich laat en in de richting van Porto Pim kijkt, ziet u in het kleine dal naast de straten drie platte, bunkerachtige gebouwen. Binnen deze onooglijke muren kwamen vanaf 1923 de kabels van Europa en Amerika bij elkaar. Zij konden tot vijf berichten tegelijkertijd in elke richting sturen. Samen waren dit ongeveer vijfhonderd woorden per minuut. Vanaf 1928 waren er vijftien zeekabels in bedrijf die Horta verbonden met alle metropolen aan beide zijden van de Atlantische Oceaan.

Drie maatschappijen verenigd

Al in 1893 was de eerste zeekabel vanuit Horta via Ponta Delgada naar Carcavelos bij Lissabon gelegd, in eerste instantie om weersomstandigheden door te kunnen geven. Toentertijd gebruikte men het begrip Azorenhoog. De hogeluchtdruk die hier gemeten werd, bereikte Europa een paar dagen later.

Ongeveer vanaf 1900 nam de uitwisseling van berichten tussen Europa en Amerika razendsnel toe. In een hoog tempo werden hierop meer zeekabels in Horta geïnstalleerd. Door de gunstige ligging midden in de Atlantische Oceaan was Horta uitermate geschikt voor een relaisstation. De kabels van vroeger reikten nog niet zo ver, waardoor de signalen onderweg versterkt moesten worden.

Het vrij kolossale **Trinity House** 16, dat na een renovatie als museum zal dienen, overheerst het onderste deel van de Rua Cônsul Dabney. Het gebouw kwam in 1902 gereed, om vervolgens alle drie de kabelmaatschappijen te huisvesten die op dat moment in Horta waren gevestigd: de particuliere Amerikaanse Commercial Cable Company (CCC), de Britse Europe & Azores Telegraph Company (EAT) en de Deutsch-Atlantische Telegraphengesellschaft (DAT). Deze laatste beheerde twee kabels vanaf het Noordzee-eiland Borkum naar Horta met aansluiting naar New York. Men was door de CCC gedomineerde alliantie aangegaan vanwege de wederzijdse technische ondersteuning, om zo op de sterk concurrerende telecommunicatiemarkt te kunnen overleven. Een tweede bondgenootschap onder leiding van de Britse maatschapij Anglo-American Telegraph Company opereerde niet op de Azoren, maar legde haar zeekabels voor het grootste gedeelte tussen Ierland en Newfoundland. Beide groepen voerden een bittere prijzenoorlog, met als gevolg dat de trans-Atlantische telegrammen telkens goedkoper werden. Kort voor de Eerste Wereldoorlog werden er al tienduizenden berichten per dag verzonden.

Glansrijke periode

Horta beleefde zijn hoogtijdagen als communicatiecentrum in de jaren twintig en dertig van de vorige eeuw, toen diverse naties hier kostbare installaties onderhielden. In die tijd woonden er honderden buitenlanders in Faial en wisselden contacten uit. Men trof elkaar bij gala's, concerten, kunsttentoonstellingen of sportwedstrijden, zoals op één van de negen (!) tennisbanen.

De ruimte in het Trinity House was inmiddels krap geworden. De Deutsch-Atlantische Telegraphengesellschaft was al voor de Eerste Wereldoorlog schuin ertegenover begonnen met de bouw van eigen kantoren en woonhuizen. Tijdens de oorlog moest de DAT Horta echter verlaten, hun kabels werden door de Britten doorgesneden. In 1926 legde de DAT opnieuw een kabel van Borkum naar Horta en voltooide hun **Colónia Alemã** 16 ('Duitse kolonie'). Hier woonden en werkten de circa zeventien medewerkers van de in Emden gevestigde centrale van de DAT. Zij hadden zich voor de felbegeerde overplaatsing naar het buitenland gekwalificeerd. Sommigen brachten hun gezin mee, anderen trouwden met vrouwen van het eiland. De groene kozijnen, smeedijzeren balustraden en houten dakkapellen van de in totaal vijf gebouwen zijn elementen van de halverwege de 19e eeuw in Horta populaire, Amerikaans-geïnspireerde 'walvisvaartarchitectuur'. Tegenwoordig zijn hier kantoren van de Azoriaanse regering in gevestigd. Bij de ingang van het complex is de afkorting DAT nog in mozaïekbestrating te lezen. Speciale aandacht verdient het **Casa do Relógio** met een klokkentoren en zuilengaanderij. Aan de achterzijde heeft het een jugendstilveranda met glas-in-loodramen die nog uit de tijd van het keizerrijk stammen. Vanaf de buitenkant is in spiegelbeeld een Duitse rijksadelaar te herkennen, geflankeerd door wapens van de toenmalige bondslanden en provincies.

Een beetje afgelegen staat verderop aan de Rua Marcelino Lima de **Casa do Director** 17. Hier resideerde de directeur van de DAT. Van 1980 tot 1990 hield in dit huis het Azoriaanse parlement zitting, dat daarna naar een nieuwbouw dichtbij verhuisde.

Comfortabel wonen

Als tweede kabelmaatschappij betrok de Amerikaanse Western Union Telegraph Company (WU) in 1928 een eigen kantoor- en wooncomplex, omgeven door een riante tuin. In de jaren zeventig van de vorige eeuw werd het complex verbouwd tot het **Hotel Fayal** (tegenwoordig het Faial Resort Hotel).

De Commercial Cable Company had al in het jaar 1900 de **Villa The Cedars** 18 van de Amerikaanse consul Dabney aangekocht om er haar directeurs in onder te brengen. De villa staat in de Rua Cônsul Dabney, boven aan de afslag met de Rua Marcelino Lima. Ernaast bouwde de CCC woonhuizen voor haar personeel.

In 1943 moest de DAT Horta opnieuw verlaten en na de Tweede Wereldoorlog keerde het bedrijf niet meer terug. Ook de andere maatschappijen verloren hun interesse. Luchtpost en verbeterde radiotelefonie, en later de moderne kabel met verbeterd zendbereik, hadden de relaisstations halverwege de Atlantische Oceaan al vanaf 1933 overtollig gemaakt. In 1969 nam ook de laatste maatschappij van Horta, het Britse Cable & Wireless afscheid. Een tijdperk was ten einde.

Tijdreis in een café

Als afsluiter kan men nog door de Rua Cônsul Dabney terug naar zee lopen. Daar nodigen twee traditionele cafés uit het tijdperk van de kabelmaatschappijen uit tot het nuttigen van een hapje of een drankje. Het **Café Volga** 6 (Praça Infante Dom Henrique 16, tel. 292 29 23 47, ma.-za. 7-24 uur) is modern ingericht. Alleen de grote foto's aan de muren herinneren aan de tijd toen de communicatietechnici hier bijeenkwamen om van gedachten te wisselen en de krant te lezen. Het **Café Internacional** 7 (Rua Conselheiro Medeiros 1/ Praça Infante Dom Henrique, tel. 292 29 30 57, dag. geopend) heeft meer van de vroegere flair weten te bewaren. Het café bevindt zich op de begane grond van een indrukwekkend, zeegroen gebouw, dat na de aarbeving van 1926 in art-decostijl werd ontworpen. Binnen kan men de inrichting uit de jaren twintig van de vorige eeuw bewonderen, met originele werken van de Portugese jugendstilschilder Almada Negreiros (1893-1970).

waar bij goed weer wordt ontbeten. Kamers met moderne tropische flair, ruim bemeten. Vraag naar een kamer met balkon en uitzicht op de Pico.

Het oude Portugal – São Francisco 5: Rua Conselheiro Medeiros 13, tel. 292 20 09 80, www.residencialsfrancisco.com.pt, 2 pk € 50-80. Centraal, maar rustig gelegen, in een oud herenhuis. 32 traditioneel ingerichte, goed uitgeruste kamers, sommige met uitzicht op zee.

Idyllisch – Vila Bélgica 6: Lomba, Estrada da Caldeira, tel. 292 39 26 14, www.azoresvilabelgica.com, 2 pk € 60-90. Boven de stad gelegen, zeer populaire bed & breakfast onder Belgische leiding. Shuttleservice naar Horta en fietsverhuur, maar een auto is aan te raden. Op aanvraag worden zeiltochten georganiseerd.

Eten & drinken

Buitengewoon – Canto da Doca 1: Rua Nova das Angústias, tel. 292 29 24 44, dag. 12-14.30, 19-23 uur, hoofdgerecht vanaf ca. € 12. Het bijzondere hier is de 'hete steen', waarop iedere gast aan tafel zelf zijn vlees, vis of zeevruchten 'grilt'.

Trefpunt – Kabem Todos 2: Av. 25 de Abril, tel. 292 29 21 20, di.-zo. 12-15, 19-23 uur, hoofdgerecht vanaf ca. € 12. Onder is de bar, boven een restaurant met uitzicht op de Atlantische Oceaan. De keuken is Portugees traditioneel georiënteerd, aanbevolen zijn de verschillende *cataplanas*.

Oudgediende – Medalhas 3: Rua Serpa Pinto 22, tel. 292 39 10 26, ma.-za. 12-14, 18.30-22 uur, hoofdgerecht vanaf ca. € 8. Bij de lokale bevolking al sinds jaar en dag favoriet. Ook ongewone gerechten op het menu, zoals murene *(moreia)* of kwartel *(codornizes)*. Oergezellige sfeer onder de gewelven.

Havenkroeg – Taberna de Pim 4: Rua Nova 3, tel. 934 10 87 20, 24 uur per dag geopend, snacks ca. € 4, hoofdgerecht rond € 10. In een klein vissershuisje met terras aan het strand van Porto Pim. Goede octopussalade en tonijnsteak. 's Avonds komt de lokale bevolking graag langs voor een biertje. Soms livemuziek.

Thee en kunst – Casa Chá e Bar 5: zie hieronder.

Traditioneel café – Café Volga 6: zie blz. 166.

Art deco – Café Internacional 7: zie blz. 166.

Winkelen

Markthal – Mercado Municipal 1: Praça da República / Rua Serpa Pinto, tel. 292 20 20 74, ma.-vr. 6.30-19, za. 6.30-13 uur. Kleine markt met fruit, groenten, kaas, eieren, bloemen en vis. Hier worden traditioneel ook vruchten van het naburige eiland Pico verhandeld. De *mulheres da fruta* (fruitvrouwen) komen ze nog dagelijks met de ochtendveerboot brengen, hoewel in veel kleinere hoeveelheden dan voorheen.

Tip

Genieten van thee en kunst

In een prachtig gerenoveerd pand uit de jaren twintig van de vorige eeuw is het **Casa Chá e Bar 5** gevestigd, dat tevens als vegetarisch restaurant en kunstgalerie fungeert. Men kan er op het intieme terras in de tuin zitten, of binnen in de smaakvol ingerichte ruimte naar subtiele jazzmuziek luisteren en thee met zelfgebakken taart bestellen (Rua de São João 38A, tel. 292 70 00 53, www.facebook.com/aCasadeCha, di., do., zo. 14-24, vr.-za. 14-2 uur, wo. gesl.).

Iconisch – **Loja do Peter** 2: Rua José Azevedo (Peter) 6, 's middags meestal gesloten. Onderdeel van het legendarische Peter Café Sport. Hier worden de T-shirts met het Peter-logo verkocht, waarmee men in alle havens van de wereld (en niet alleen daar) goede sier kan maken. Ook diverse andere souvenirs met het logo.

Actief

Duiken – **Dive Azores** 1: Marina da Horta, tel. 912 58 58 03, www.diveazores.net. Onder leiding van twee mariene biologen, die u naar de beste duikplekken rond Faial, Pico en São Jorge brengen. Boottrips met duikgelegenheid, maar ook whalewatching en zwemmen met dolfijnen. Duiktrip vanaf € 45, whalewatching € 60.
Fietsen en whalewatching – **Base Peter Zee** 2: Rua Tenente Valadim 9, tel. 292 39 18 14, www.petercafesport.com. De bij het Peter Café Sport behorende basis biedt een verscheidenheid aan activiteiten aan, ook avontuurlijke. Fietsverhuur (€ 12 p. dag) en begeleide fietstochten, zoals die met transfer naar de Caldeira, vanaf waar het vervolgens 1000 hoogtemeters *downhill* gaat (vanaf € 25). Bootexcursies ter observatie van walvissen en dolfijnen, volw. € 60, kind 5-12 jaar € 40.
Zwemmen – **Piscina Municipal** 3: zie blz. 162.

Uitgaan

Legendarisch – **Peter Café Sport** 1: zie blz. 155.
Havenflair – **Bar da Marina** 1: Marina da Horta, tel. 292 29 26 95, dag. van 's ochtends tot 's avonds laat. Hier ontspannen de 'yachty's' na hun inspannende dagen op volle zee. Ook allen die even aan de wereldzeilersflair willen ruiken komen hier graag langs voor een drankje. Tijdens grote sportevenementen staat binnen de tv aan. Vanaf het open terras dwaalt het oog over de zacht schommelende boten.
Lekker feesten – **Barão Palace** 2: Rua José Fialho 3, tel. 292 20 01 10, www.facebook.com/Barão-Palace-restaurante, zo.-ma. gesl. Op vrijdag- en zaterdagavond gaat het hier los. Het uitgaanspaleis herbergt een discotheek, een prima restaurant, drie bars en een *esplanada* (groot terras met bar) die druk worden bezocht door het kleurrijk gemêleerde, inheemse publiek.
Ambitieus – **Teatro Faialense** 3: Alameda Barão de Roches 31, tel. 292 29 31 31, www.cmhorta.pt. Pretentieuze bioscoop waar vaak liveconcerten plaatsvinden, zoals fado. De bijbehorende, met pluche ingerichte **Bar do Teatro** (dag. vanaf 12 uur) geniet in het weekend een grote populariteit bij het lokale uitgaanspubliek. Programma op de website onder 'Agenda Cultural'.

Info & festiviteiten

Posto de Turismo do Faial: 9900-117 Horta, Rua Vasco da Gama, tel. 292 29 22 37, fax 292 29 20 06, pt.fai@azores.gov.pt, www.visitazores.com, ma.-vr. 9-12.30, 14-17.30 uur. Informatiepost van de Azoriaanse overheid. **Quiosque ART:** Praça do Infante Dom Henrique, tel. 292 29 21 67, qit.horta@artazores.com, http://pt.artazores.com. Informatiekiosk van het eilandencollectief ART (zie blz. 18).
Internet: www.cmhorta.pt
Vliegtuig: SATA, Largo do Infante, tel. 292 20 23 10, ma.-vr. 9-18 uur.
Veerboot: tickets van Atlânticoline online (zie blz. 23), in de veerterminal (vanaf 1,5 uur voor vertrek) of bij reisbureaus. Passagiersveerboten van

Transmaçor (www.transmacor.pt) 's zomers 6-7 maal daags naar Madalena (Pico), 's winters 5 maal daags; via São Roque (Pico) naar Velas (São Jorge) 2 maal daags; tickets in de veerterminal (tel. 292 20 03 80).
Streekbussen: dienstregeling verkrijgbaar bij de Posto de Turismo of de busmaatschappij Farias (Rua Vasco da Gama 42, tel. 292 29 24 82). Daar vertrekken ook de bussen richting het zuiden (halte S). Bussen naar het noorden rijden vanaf de Av. Marginale (halte N).
Stadsbussen: minibussen rijden ma.-vr. 7.45-18 uur op vier verschillende routes binnen de stadsgrenzen. Dienstregeling op www.cmhorta.pt. Enkeltje € 0,50 (bij bestuurder), setje van 10 stuks € 4,50 (bij reisbureau Aerohorta, Rua Conselheiro Medeiros 2).
Taxi: Largo Dr. Manuel de Arriaga (bij de aanlegplaats van de passagiersveerboten), Rua Vasco da Gama en Praça da República (bij de markthal). Taxicentrale: tel. 292 39 15 00.
Huurauto: Ilha Verde, Rua das Angústias 70, tel. 292 39 27 86, www.ilhaverde.com; Auto Turística Faialense, Rua Conselheiro Medeiros 12, tel. 292 29 23 08, www.autoturisticafaialense.com.
Triatlo Peter Café Sport: elke 2 jaar (2016, 2018) 2 dagen eind april (alg. vr.-za.), www.petercafesport.com. De atleten worstelen zich op hun mountainbikes over de bergen van Pico, peddelen in een zeekajak van Pico naar Horta en surfen vanuit Velas (São Jorge) over de zeestraat tussen de eilanden.
Semana do Mar: 1e week aug., www.semanadomar.net. Hoogtepunten van de 'Week van de Zee' zijn de zeilwedstrijden voor jollen en jachten, de regatta van voormalige walvisvaarders, de zeekajakwedstrijd en de jetskiraces. Daarnaast zijn er demonstraties van oude ambachten, livemuziek, kraampjes met regionale specialiteiten en meer.

Tip

Briljant uitzicht

In het noorden wordt de stad door de **Monte da Espalamaca** (▶ 5, D 3) begrensd. Daar overheen loopt de eilandringweg ER 1-1a, die langs een miradouro voert met een prachtig uitzicht over zowel Horta als de Praia do Almoxarife (zie blz. 162). Handelsmerk van de besproken bergrug zijn de drie veel gefotografeerde windmolens.

Flamengos ▶ 5, C 3

De naam van de landinwaarts van Horta, in een vruchtbare vallei gelegen plaats herinnert aan de Vlamingen, die Faial in de 15e eeuw koloniseerden. De latere gouverneur Josse van Hurtere was afkomstig uit Moerkerke en bracht ruim een dozijn landgenoten met zich mee. Hij had hen verzekerd dat op het eiland rijke zilver- en tinvoorraden aanwezig waren. Deze werden echter nooit gevonden, zodat de nieuwkomers genoegen moesten nemen met de landbouw. Tot op de dag van vandaag dragen veel inwoners van Faial een naam met een Vlaamse oorsprong, zoals Dutra (afgeleid van Hurtere), Brum of Bruges. Rond Flamengos liggen enkele *quintas* die nog stammen uit de tijd van de eerste kolonisten.

Overnachten

Ideaal om te ontspannen – **Quinta do Vale:** Rua da Travessa 49, tel. 292 20 07 80, www.casasacorianas.com/azores/houses/quinta-do-vale, 2 pk € 110-130 (via touroperator). Landhuis met tien stijlvol ingerichte kamers. Zwembad en zonneterras met uitzicht op Pico, een fitnessruimte, een sauna en diverse lounges. Op loopafstand bevinden zich twee restaurants.

Eten & drinken

Zoals bij moeder thuis – **Avózinha**: Rua da Travessa 1, tel. 292 94 87 77, zo. gesl. Kleine eetgelegenheid aan de zuidelijke uitvalsweg. Smakelijk buffet (ca. € 6,50) met salades, pasta, vis en vlees. Ontmoetingsplek voor de bewoners van de omliggende huizen.

De noordkust

Langs de ER 1-1a rijgen zich agrarisch gestructureerde lintdorpen aaneen. Erachter strekken zich weilanden uit, tot ver naar het zuiden de hellingen op. Ten oosten van **Ribeirinha** (▶ 5, C/D 3) bevond zich het epicentrum van de aardbeving van 1998. De meeste huizen werden er verwoest en vervolgens weer herbouwd in een moderne stijl. Hier zijn twee interessante ommetjes te maken. Een naar de idyllische kleine vissershaven **Porto da Boca da Ribeira**, die in de beschutting van de landtong **Ponta da Ribeirinha** ligt. De andere gaat over een smalle weg naar de in 1915 gebouwde, sinds de aardbeving vervallen vuurtoren **Farol da Ribeirinha**, die op restauratie wacht. Een handtekeningenactie redde hem van de sloop.

Cedros en omgeving

▶ 5, A–C 2/3

Het centrum van het noorden is **Cedros** (▶ C 2), waar aan de westelijke rand van het dorp de zuivelcoöperatie van het eiland haar boter- en kaasfabriek heeft (geen bezoek). Schuin ertegenover buigt een onverharde weg af naar de **Cabeço Vigia**, een heuvel met een reeds van veraf zichtbare voormalige walvisvaardersuitkijkpost. De 800 m vanaf de hoofdweg ernaartoe is het beste lopend te overbruggen. Bij de oude haven van Cedros, de Porto da Eira (volg de borden vanaf de oostelijke dorpsrand), nodigt een rotsbassin bij kalme zee uit tot zwemmen. Misschien nog leuker is de sfeer in de voormalige vissershaven van de naburige plaats Salão, die via een steile weg te bereiken is.

Ten westen van Cedros ligt de terrasvormige **Miradouro da Ribeira Funda** (▶ B 2) met picknicktafels en een diepe blik in het dichtbegroeide ravijn van Ribeira Funda. Erachter is in de verte

De noordkust

nog het westelijke puntje van Faial te onderscheiden. Het volgende uitzichtpunt is de **Miradouro Ribeira das Cabras** (▶ B 2/3) aan de oostelijke toegangsweg van de **Praia do Norte**, met uitzicht op het strand van Faja.

Overnachten

Persoonlijke stijl – **Casa do Capitão:** Rua do Capitão 5, tel. 292 94 61 21 / 917 56 73 73, www.casadocapitao.pt, 2 pk € 95. Een groepje oude stenen huizen, liefdevol verbouwd tot een landelijke accommodatie met vijf verschillend ingerichte kamers. De zeer toegewijde Portugese eigenaar spreekt ook Duits. Tropische tuin, goed ontbijt, bibliotheek met boeken over de Azoren.

Eten & drinken

Romantisch – **O Esconderijo:** Rua Janalves 3, tel. 292 94 65 05, www.facebook.com/O-Esconderijo, wo.-ma. 18-21 uur, okt.-apr. vr.-zo. 18-21 uur, alleen met reservering, min. 2 uur van tevoren, hoofdgerecht vanaf ca. € 13. Verscholen in een groene vallei aan de bovenste dorpsrand. Uitstekende, creatieve keuken. Intieme sfeer op het terras, gezellige eetruimte binnen. ▷ blz. 174

Het uitzicht op de Pico interesseert ze niet: runderen in de weiden boven Flamengos

Op ontdekkingsreis

Azorenbiotopen op zakformaat – de botanische tuin van Faial

Verscholen achter hoge muren ligt aan de oostelijke rand van Flamengos de voormalige sinaasappelplantage van de Quinta de São Lourenço – een betoverende plek. In 1986 trok de botanische tuin hier in om de flora van het eiland dichter bij de bezoekers te brengen. Op een klein oppervlak kan de leefwereld van inheemse flora worden ervaren.

Kaart: ▶ 5, C 3
Duur: ca. 2 uur
Locatie: Jardim Botânico do Faial, Flamengos, Rua de São Lourenço 23, tel. 292 20 73 82, http://parquesnaturais.azores.gov.pt (met cafeteria en shop).

Openingstijden: 15 juni-15 sept. dag. 10-18 uur, 16 sept.-14 juni di-vr. 9.30-13, 14-17.30, 14-17.30 uur za.- ma. en feestdagen gesl., € 3,50. De beste tijd voor een bezoek is het voorjaar.

In het informatiecentrum toont een kleine film hoe de zeldzaam geworden inheemse planten in de botanische tuin van Faial worden onderzocht en geconserveerd – vanaf 2003 ook in een zadenbank. Een fototentoonstelling laat de belangrijkste planten zien van de verschillende vegetatietypen in de diverse hoogtezones op de Azoren (zie blz. 50).

Deze hoogtezones zijn in de tuin op

een klein oppervlak nagebootst. Aan het begin van de gemarkeerde rondleiding staat het zeer bedreigde azorenklokje (*Azorina vidalii*). De witte tot roze bloemen bloeien van mei tot oktober. Het behoort tot de kustvegetatie, evenals de planten die verderop aan het pad staan, zoals de zeldzame prehistorisch uitziende drakenbloedboom (*Dracaena draco*) of de veel voorkomende wasmirte (*Myrica faya*).

Beheerste wildernis

Een door kikkers en libellen bevolkte vijver markeert de grens met de **submontane hoogtezone** – die in werkelijkheid boven 400 m ligt. De karakteristieke planten van het plaatstelijke laurierbos, de azorenlaurier (*Laurus azorica*) en de kortnaaldige jeneverbes (*Juniperus brevifolia*), zijn hier vertegenwoordigd, evenals de azorenhulst (*Ilex azorica*), de sneeuwballaurier (*Viburnum subcordatum*), de azorenwegedoorn (*Frangula azorica*), de Portugese laurierkers (*Prunus lusitanica ssp. azorica*) en de grootbladige bosbes (*Vaccinium cylindraceum*).

De azorenboomheide (*Erica azorica*) komt weliswaar ook in het laurierbos voor, maar is ook onderdeel van de soortenarme **bergvegetatie** die voorkomt op het eiland Pico tot een hoogte van ongeveer 2000 m. In de botanische tuinen is deze gesymboliseerd door een kleine heuvel. Een tweede kenmerkende soort van deze vegetatie is de in Centraal-Europa bekende struikheide (*Calluna vulgaris*).

Tot slot daalt men af in een ware jungle, die de **vochtige ravijnvegetatie** verbeeldt. Hier vallen de enorme bladeren van de wortelende ketenvaren op (*Woodwardia radicans*), de grootste wilde varen van de Azoren. De overal voorkomende boomvarens daarentegen komen oorspronkelijk uit Australië.

Nostalgische idylle

Tussen het kantoor en het museumgebouw door komt men in een ander deel van de tuin. Links staan **aromatische planten**, die traditioneel op het eiland worden gebruikt als keuken- of geneeskrachtige kruiden. Daarachter staan in de glazen kas van het **Orquidário** ongeveer dertig soorten orchideeën, bijeengebracht door de plaatselijke verzamelaar Henrique Peixoto (1917-2007).

Het centrale gebied van de achtertuin is vergelijkbaar met het park van het voormalige landgoed. Rond een vijver zijn **exotische sierplanten** gegroepeerd: de crèpemirte (*Lagerstroemia indica*) uit China, ook wel de 'sering van het zuiden' genoemd, de witte paradijsvogelbloem (*Strelizia nicolai*) uit Zuid-Afrika of de altijd groene magnolia (*Magnolia grandiflora*) uit het zuiden van de Verenigde Staten.

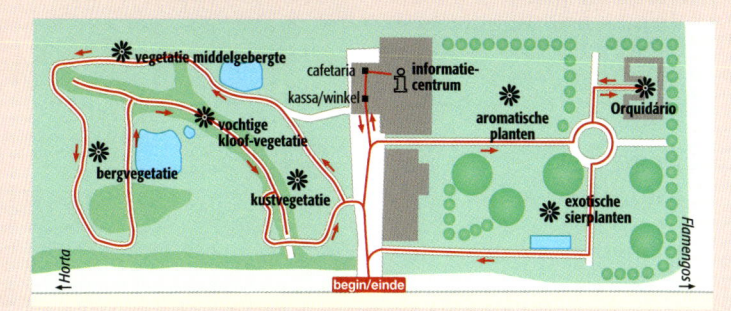

Actief

Paardrijden – **Pátio**: Quinta do Moinho, Rua da Igreja s/n, tel. 292 94 68 05, www.patio.pt. Victor Anthony Hucke en Anja Tettenborn hebben hun Quinta getransformeerd tot een paardenboerderij met zo'n tien paarden (Lusitanos en Cruzado Portuguese). Op het programma staan zowel buitenritten van verschillende lengtes voor gevorderden als introductielessen voor beginners. De deelnemers logeren in particuliere woningen dichtbij, maar eten op verzoek gezamenlijk op de boerderij. Ook buitenritten voor dagbezoekers en nachtritten mogelijk (halve dag € 60).

Fajã ▶ 5, B 3

Ten westen van de Praia do Norte strekt de beboste **Zona do Mistério** zich uit. In 1672 maakte een brede lavastroom het gebied onbruikbaar voor de landbouw. Een smalle weg leidt daar omlaag naar **Fajã**, waar enkele zomervilla's staan. Het donkere kiezelstrand is landschappelijk prachtig, maar ongeschikt om te zwemmen vanwege de sterke onderstroom (in de zomer strandbar). Aan de westelijke rand van de Zona do Mistério ligt het nog authentieke dorp **Norte Pequeno**, dat in tegenstelling tot de meeste plaatsen op Faial niet door de aardbeving van 1998 werd getroffen. Hier staan daarom nog voornamelijk traditionele natuurstenen huizen. Een aantal daarvan werd door de nieuwe eigenaren smaakvol gerestaureerd.

Vulcão dos Capelinhos ✹ ▶ 5, A 3

Op het westelijke puntje van Faial ontstond nieuw, tot op heden nog woestijnachtig land tijdens een onderzeese vulkaanuitbarsting, die van september 1957 tot oktober 1958 voor een spectaculaire show zorgde. Zij vernietigde in de omliggende dorpen echter ook meer dan vijfhonderd huizen en hield de bevolking van het hele eiland in de greep van de angst (zie blz. 47). Aan het einde van de weg zijn beneden bij de **Cais**, een oude aanlegplaats voor boten, nog steeds de ruïnes van enkele verwoeste huizen te zien. Inmiddels heeft de branding flink aan de zachte tufsteen van de Vulcão dos Capelinhos geknaagd en hem tot een derde van zijn oorspronkelijke grootte gereduceerd.

Bij het Centro de Interpretação (zie blz. 175) begint een pad omhoog naar de Vulcão dos Capelinhos (2 uur, middelzwaar). Voor vertrek moet men zich in het bezoekerscentrum registreren, want het aantal toegestane wandelaars is beperkt. De steile klif aan de zee kan men beter niet te dicht naderen, vanwege het gevaar voor afbrokkelend gesteente. Op de top broeden van mei tot juli ongeveer 160 paren van *Larus michahellis atlantis*, een ondersoort van de geelpootmeeuw. Tevens bevindt zich op Capelinhos een broedkolonie van de zeer bedreigde dougalls stern.

Centro de Interpretação do Vulcão dos Capelinhos

Farol dos Capelinhos, tel. 292 20 04 70, http://parquesnaturais.azores. gov.pt, 15. juni-15. sept. dag. 10-18, 16. sept.-14. juni di.-vr. 9.30-16.30, za.-zo. en feestdagen 14-17.30 uur, 1 jan., vastenavond, paaszondag, 24, 25 en 31 dec. gesl., permanente tentoonstelling € 6, beklimming vuurtoren € 1, combiticket € 10 (incl. wisseltentoonstelling en film over het ontstaan van de aarde), 13-17 jaar halve prijs, tot 12 jaar gratis; met cafetaria en shop

Het discreet onder de vuurtoren, de **Farol dos Capelinhos**, verscholen bezoekerscentrum geeft informatie over het vulkanisme. De permanente tentoonstelling *(Exposição Interpretativa)* toont een hologramvoorstelling over de uitbarsting van de Vulcão dos Capelinhos en displays waarop de verschillende fasen van de eruptie worden uitgelegd. Video's en foto's visualiseren de diversiteit aan vulkanische landschappen van de Azoren. Zelfs de aardbeving van 1998, met zijn verwoestende uitwerking op het eiland Faial, wordt gedocumenteerd.

Vanuit het centrum leidt een steile wenteltrap omhoog naar de vuurtoren. Hij dirigeerde vroeger schepen veilig rond de klippenrijke westpunt van Faial. Sinds het ontstaan van de nieuwe vulkaan is hij vanaf zee nauwelijks nog zichtbaar, daarom is hij inmiddels buiten gebruik.

Bij de uitbarsting van de Capelinhos in 1957 ontstond in het westen 2,4 km² nieuw land

Vulkaanwandeling bij Capelo

Vulkaanwandeling bij Capelo
▶ 5, A 3

Duur: 2,5 uur, middelzwaar
De wandelroute **PR 1 FAI** start in Capelo, op de weg naar Praia do Norte, en leidt door een woestromantisch, met boomheide overwoekerd landschap over drie vulkaankoppen naar het westen. De route wint eerst geleidelijk aan hoogte op de helling van de **Cabeço Verde**. Bij een splitsing rechts aanhouden om de kraterrand van het 'groene hoofd' te bereiken, zoals de vulkaan veelzeggend wordt genoemd. De vulkaan wordt volledig gerond, vervolgens gaat het terug naar de voet van de berg. Vanaf daar rechts aanhouden, verder naar een kleinere top, de **Caldeirão**. De route loopt over zijn zuidflank en gaat dan bij een kruispunt rechtdoor op de derde vulkaan af, de **Cabeço do Canto**. De kraterrand blijkt een geweldig uitkijkpunt met zicht op de **Vulcão dos Capelinhos**. Keer terug naar de kruising en ga rechtsaf. Het pad leidt naar de weg naar de Capelinhos, vanwaar het niet ver naar het **Centro de Interpretação**, het bezoekerscentrum is.

Winkelen

Kunstnijverheid – **Centro de Artesanato**: Capelo, Alto dos Cavacos, tel. 292 94 50 27, meestal ma.-vr. 10-12.30, 14-19, za.-zo. 14-17.30 uur. Winkel van de plaatselijke kunstnijverheidsvereniging aan de landweg. Typerend voor Faial zijn de delicate sculpturen van vijgen- en hortensiamerg (zie blz. 79), borduursels en houtwerk.

Varadouro ▶ 5, B 3

Dankzij zijn minerale bron was Varadouro vroeger een thermaal kuuroord. Het badhuis aan zee zal binnenkort worden heropend. Tot het zover is, zwemmen de dagjesmensen en bewoners van de omliggende vakantiehuisjes in het zeewater bij de **Zona de Banhos**. Bij kalme zee kan men direct in de Atlantische Oceaan zwemmen, anders kunt u zich het beste tot het natuurlijke lavabassin beperken (gescheiden vlagmarkering; met kinderbad en sanitaire voorzieningen, gratis toegang).

Overnachten

Bij de zwemplek – **Residências Varadouro:** Varadouro-Capelo, tel. 292 94 55 55, www.resvaradouro.com, 2 pk € 30-65, appartement voor 2 pers. € 60-85. Boven het zeezwembad. 14 functionele kamers, een paar appartementen en vakantiewoningen. Met restaurant.

Eten & drinken

Haantjes van de grill – **Vista da Baía:** Rua Tem. Simas, Tel. 292 94 51 40, do.-za. 12-16, 18-21 uur, 's winters alleen za.-zo. en feestdagen geopend, hoofdgerecht vanaf ca. € 8. Het door de teruggekeerde emigrant Frank gerunde restaurant met zeezicht is al meer dan 35 jaar (!) gespecialiseerd in gegrilde kip – 'Californische' stijl met knoflookbrood. Uitstekend gekruid, daar smaakt het in grote pullen geserveerde bier prima bij.

De zuidkust

Aan de lijzijde van Faial is het vaak windstil en het klimaat is er vochtiger dan in het noorden. Daarom gedijen hier zelfs bananen, zij het in kleine plantages die verborgen liggen achter hoge windschermen. In de 18e en 19e eeuw werden in deze regio sinaasappels geteeld. In die tijd ontstonden de quintas, statige landhuizen, die nu deels als stijlvolle hotels dienen.

Lombega (▶ 5, B 4) bezit een opvallend mooie, blauw geschilderde tempel van de Heilige Geest (aan de ER 1-1a). Ten westen van **Castelo Branco** ('wit kasteel') rijst een lichtgekleurd, glinsterend, machtig rotsblok van keihard trachiet op uit zee, de **Morro de Castelo Branco** (149 m). Het is het restant van een vulkaan die ongeveer 30 miljoen jaar geleden uitbarstte. Als broedgebied van talrijke zeevogels is het onderdeel van het Natuurpark van Faial. De rondwandeling **PRC 5 FAI** (1,5 uur, licht, vanaf regionale weg Lombega bewegwijzerd) leidt naar de voet van de Morro de Castelo Branco. Aangezien de klim naar de top als gevaarlijk wordt beschouwd, werd deze niet in de wandelroute opgenomen.

Rond een rustige vissershaven liggen de huizen van **Feiteira** (▶ C 4) gegroepeerd. De in het oosten aangrenzende, vlakke rotsachtige kuststrook geniet bij vissers een grote popualiteit.

Overnachten

Genoeglijk buitenhuis – **Quinta das Buganvílias:** Castelo Branco, Rua do Jogo 60, tel. 292 94 32 55, www.quintadasbuganvilias.com, 2 pk € 70-85. Landelijk huis (midden 20e eeuw) met acht kamers en een grote fruit- en siertuin. Lounges, bar.

Puur – **Quinta da Meia Eira:** Castelo Branco, Rua dos Inocentes 1, tel. 292 94 30 37, www.meiaeira.com, 2 pk € 70 92,

Tip

Op de Vulkanenroute

De **Ruta dos Vulcões** is een bewegwijzerde autoroute rond Faial. Een schitterend stuk begint tussen Areeiro en Castelo Branco, waar vanaf de regionale weg aan de linkerhand een brede en goed begaanbare onverharde weg afbuigt. Deze voert door een volledig onbewoond landschap. Velden en weilanden worden door bossen afgewisseld. Tot slot passeert men een boswachtershuis en bereikt u bij de Ermida de São João (zie blz. 178) de toegangsweg naar de Caldeira.

Faial

appartement voor 2 pers. € 85-110. Zeven eenvoudig ingerichte kamers en appartementen in twee gerestaureerde boerderijen, omgeven door enorme, agrarisch in gebruik zijnde landerijen. Met een mooie tuin en een overdekt zwembad.

Familiaal comfort – **Casa da Japoneira**: Feteira, Rua da Igreja 67, tel. 292 39 21 65, www.casadajaponeira.com, 2 pk € 70-80. Klassiek herenhuis uit de 19e eeuw, dat tot een klein, elegant landelijk hotel werd verbouwd. Uitzicht op Pico, grote tuin met camelia's, uitgebreid Azoriaans ontbijt.

Eten & drinken

Bij de haven – **A Salgueirinha**: Feteira, Canada do Porto, tel. 292 94 35 53, wo.-ma. 12-15, 19-22 uur, hoofdgerecht vanaf ca. € 10, menu rond € 16. Typisch regionale menukaart met overwegend vis en zeevruchten. Beschaafde sfeer, terras voor de mooie dagen.

Caldeira ▶ 5, B 3

De rit naar het hart van het eiland leidt langs de **Ermida de São João**, een kerk op een afgelegen plek. Hij werd in de jaren tussen 1921 en 1944 opgericht als een tussenstation voor pelgrims, die traditioneel op St.-Jan ter bedevaart naar de Caldeira trekken (zie blz. 32). Men passeert de **Casa do Cantoneiro** (Estrada da Caldeira, hoogseizoen meestal ma.-za. 10-12 uur, actuele tijden navragen via tel. 292 20 73 82, gratis toegang), een voormalige gebouw van de wegverkeersdienst, dat tegenwoordig als bezoekerscentrum van het natuurpark fungeert. Verderop wordt de weg door hortensia's omzoomd. Als ze in de omgeving van de kust reeds zijn uitgebloeid, dan ontluiken bij de hoger gelegen struiken net de eerste bloemen.

De Caldeira, de bijna cirkelvormige, reusachtige 2 km brede krater in het centrum van Faial, doet aan als kwam hij uit een plaatjesboek. De weg rond de op 1000 m hoogte gelegen kraterrand

Een rotsblok van keihard trachiet: de 149 m hoge Morro de Castelo Branco

wordt noch door kloven noch door vulkanische kegels onderbroken. Vermoedelijk is de ketel ongeveer 1000 jaar geleden ontstaan (zie blz. 48).

Vanaf de parkeerplaats aan het einde van de weg wordt via een korte voetgangerstunnel een op een gewaagde plek aangelegde **miradouro** bereikt. Hij is goed beveiligd door hekken, want het gaat hier steil, bijna loodrecht, 400 hoogtemeters omlaag de Caldeira in. Op de bodem zijn moerassige plekken te herkennen, overblijfselen van meren die na het uitbarsten van de Capelinhos in 1957 in de ontstane spleten wegsijpelden. De oevers en de hellingen zijn bekleed met door de mens onaangetaste struiken, overeenkomstig met de natuurlijke vegetatie, die ooit in de heuvels van het eiland wijdverspreid was (zie blz. 50).

Wandeling rondom de Caldeira

Miradouro do Cabouco

Deze miradouro wordt bij de oprit naar de Caldeira met borden aangegeven, kort voor het einde van de weg. Via een zijweg wordt na 350 m het grote uitzichtbalkon bereikt. Vanaf hier kijkt u in noordoostelijke richting uit over de **Graben de Pedro Miguel**. De aan het Duits ontleende naam verwijst naar een tektonische kloof nabij het dorp Pedro Miguel. Rechts op de achtergrond is de haven van Horta te herkennen.

Wandeling rondom de Caldeira

Duur: 2,5 uur, middelzwaar

De 8 km lange **PRC 4 FAI** loopt tegen de klok in rondom de Caldeira. Hij is niet gemarkeerd, maar onmogelijk te missen. De route start op de parkeerplaats bij het uitzichtpunt van de Caldeira, op een kleine 900 m hoogte. Naast het route-informatiepaneel leidt een trap omhoog naar de kraterrand. Daar houdt men rechts aan op een smal, door vee platgetrapt pad. Aan de rechterhand dwaalt de blik richting de vulkaan Pico op het gelijknamige eiland. Het eerste doel is de platte top **Alto do Cabouco** (917 m). Daarna gaat het naar de westelijke kraterrand, naar de **Alto do Brejo** (926 m). Vanaf hier begint een geleidelijke klim over de **Alto do Guarda-Sol** (997 m) en verder over een verkeersweg naar het hoogste punt van het eiland, de **Cabeço Gordo** (1043 m) op de zuidelijke kraterrand. Kort daarna wordt, afdalend over een pad met treden, het startpunt weer bereikt.

Andere wandelroutes

De PR 6 FAI **Trilho dos 10 vulcões** (informatiebord op de parkeerplaats, 8 uur, zwaar) volgt aanvankelijk, net als de PRC 4 FAI, de noordelijke kraterrand. De PR 6 FAI gaat daarna echter verder in westelijke richting, over een keten van steeds jonger wordende vulkanen omhoog tot de Vulcão dos Capelinhos. De afdaling naar de kraterbodem, die tevens bij het uitzichtpunt begint, mag alleen onder begeleiding van een natuurparkranger (zie blz. 160) worden gelopen (incl. terugweg 3,5 uur, middelzwaar tot zwaar).

IN EEN OOGOPSLAG

Pico

Hoogtepunten ✹

Zona de Adegas: Het mozaïek van de kleine wijngaarden, omgeven door talloze donkere muurtjes van lavasteen, was de UNESCO het predikaat 'Werelderfgoed' waard. Al eeuwenlang wordt hier de vurige verdelho-aperitiefwijn gemaakt. Zie blz. 201.

Montanha do Pico: De hoogste berg van Portugal is altijd fotogeniek, ongeacht vanaf welke kant bezien. Zijn vulkanische oorsprong kan hij niet verloochenen. In de historische tijden ontsprongen vanuit zijn flanken meermaals donkere lavastromen.
Zie blz. 201.

Op ontdekkingsreis

In het spoor van de walvisvaarders: Tot ver in de 20e eeuw was Pico het walvisvaarderseiland pur sang. In twee zeer verschillende musea in Lajes ontdekt men hoe de walvisvangst verliep en welke producten er van de walvissen werden gemaakt. Op een boottocht wordt contact met walvissen en dolfijnen mogelijk. Zie blz. 192.

Bezienswaardigheden

Gruta das Torres: De verkenning van de – met zijn 5 km – langste vulkaangrot van de Azoren is een avontuurlijke excursie. Voorzien van helmen en koplampen dalen de bezoekers af in de schemerige onderwereld. Zie blz. 185.

Escola Regional de Artesanato: Pico is het Azoriaanse bolwerk van de kunstnijverheid. In Santo Amaro worden delicate sculpturen van vijgenmerg, stropoppen en fijne kant gemaakt. Zie blz. 197.

Te voet

Wandeling van de Furna de Frei Matias naar Madalena: Een mysterieuze grot is het startpunt van de afdaling naar de wildromantische Quinta das Rosas en verder richting de kust. Zie blz. 186.

Beklimming van de Montanha do Pico: Een echte uitdaging is het bestijgen van de Pico. Boven ontvouwt zich een panoramisch uitzicht over de hele archipel. Zie blz. 202.

Sfeervol genieten

Parque Matos Souto: Er is geen betere plek voor een picknick tijdens een rondrit over het eiland dan dit ruige en romantische bospark. Zie blz. 197.

Furna de Santo António: Misschien wel de mooiste zwemplek van Pico biedt ook de mogelijkheid om vogels te kijken en heeft een restaurant dat smakelijke eilandgerechten serveert. Zie blz. 200.

Uitgaan

Esplanada Dark: In Madalena bevindt zich de onbetwiste uitgaanshotspot, een hippe bar aan de haven met een enorm terras en Latinomuziek. Zie blz. 188.

Discoteca Skipper in Santo António: Wie in de oudste disco van de Azoren de dansvloer op wil, moet rond 3 uur in de ochtend komen, dan pas is het publiek echt op stoom. Zie blz. 200.

Door vulkanen gevormd

Vanwege zijn bizarre landschap en de rijke mariene fauna is het dunbevolkte eiland Pico de favoriete bestemming van natuurtoeristen. De gelijknamige vulkaan is maatgevend onder bergen, en het beklimmen ervan een sportief avontuur. Prachtige wandelpaden ontsluiten kliffen, lavastromen, kratermeren, vulkaankoppen en mysterieuze grotten. Daartussen strekken wijngaarden zich uit met schilderachtige wijnboerenhuisjes. De musea tonen het walvisvaardersverleden, zoals het Museu dos Baleeiros in Lajes do Pico. Tegenwoordig wordt er whalewatching bedreven. De meeste accommodatie vindt men in Madalena of Lajes.

Madalena en omgeving ▶ 5, D 4

Madalena (2000 inw.) wordt vaak als de hoofdstad van Pico aangeduid, hoewel het dat nooit is geweest. De eerste gouverneur in de 15e eeuw bestuurde Pico vanuit Madeira. Zijn opvolger was Josse van Hurtere, gouverneur van de koning in Horta. Vanaf dat moment was Pico afhankelijk van Faial, dat het leeuwendeel van de uitvoerbelastingen op de wijnexport van het eiland incasseerde – een dikke 70%. Grootgrondbezitters uit Faial onderhielden landgoederen en zomerverblijven

INFO

Toeristeninformatie

In Madalena verkeersbureau van de Azoriaanse overheid op de veerhaven en kiosk van ART in de stad, in Lajes do Pico en São Roque do Pico gezamenlijke bureaus van de gemeente en de organisatie ART. Op de luchthaven geen toeristeninformatie.

Heenreis en vervoer

Luchthaven: Aeroporto do Pico (PIX) aan de noordkust, 8 km oostelijk van Madalena. Geen lijndienstbussen. Taxi naar Madalena ca. € 13. Rechtstreekse vluchten naar Lissabon ('s zomers), Terceira, Ponta Delgada en Horta (details zie blz. 22). Vluchtinfo: www.sata.pt
Veerboot: veerhavens in Madalena en São Roque. Met Atlânticoline in de zomer vanaf São Roque ca. 2-3 maal per week naar de eilanden van de centrale en oostelijke groep. Passagiersveren van Transmaçor hele jaar vanaf Madalena naar Horta (Faial) en van São Roque naar Velas (São Jorge); São Roque naar Calheta (São Jorge) alleen 's zomers. Meer info blz. 23 en blz. 188.
Bussen: vanaf Madalena een noordelijke route via São Roque naar Piedade en een zuidelijke route via Lajes naar Ribeirinha (ma.-za. 4 maal, zo. 2 maal daags). Eilandtour mogelijk met overstap in Piedade.
Taxi: taxistandplaatsen in Madalena, Lajes en São Roque. Geen taxicentrale. Lijsten met telefoonnummers van taxichauffeurs bij de verkeersbureaus, op de websites van de gemeenten of op www.azoren-online.com. Prijsvoorbeelden: Madalena-São Roque ca. € 16, Madalena-Lajes ca. € 27, Madalena-Casa de Apoio da Montanha do Pico ca. € 25.
Huurauto: op de luchthaven: Ilha Verde (tel. 292 62 20 02, www.ilhaverde.com). Andere verhuurbedrijven in Madalena en São Roque.

Blikvanger op grote afstand: de Pico, een van de belangrijkste attracties van het eiland

bij Madalena. Afgezien daarvan stagneerde de ontwikkeling. Pas in recenter tijden kwam een opleving dankzij het toerisme.

Igreja Matriz de Santa Maria Madalena

Largo Cardeal Costa Nunes

Achter de oude, kleine natuurlijke haven van Madalena rijst al van verre zichtbaar de representatieve gevel van de parochiekerk op (17e eeuw). Twee enorme araucaria aan de linkerzijde overtreffen zelfs de slanke kerktorens nog iets in hoogte. De met witte tegels uit Lissabon beklede gevel kreeg zijn uiterlijk tijdens de restauratiewerkzaamheden aan het einde van de 19e eeuw. Binnen is de Igreja Matriz rijkelijk van altaarstukken voorzien. Het altaar wordt versierd met twee azulejo-schilderingen uit 1723, terwijl glas-in-loodramen alles in een bijzonder licht hullen.

Museu de Cachalotes e Lulas

Av. Machado Serpa, tel. 292 623 934, ma.-vr. 9.30-17.30, za.-zo. 13.30-17 uur, gratis toegang

Het walvis- en inktvismuseum in het voetbalstadion aan de haven huisvest de collectie van de overleden Engelse marien bioloog Malcolm Clarke, die samen met zijn vrouw Dorothy, een biologielerares, vijf decennia lang onderzoek deed naar potvissen (*cachalotes*) en hun prooidieren, de in de diepzee levende reuzenkraken. Zijn levensavond bracht hij door op Pico. De modern opgezette tentoonstelling toont zowel skeletten als een reeks modellen, die bijna elk aspect van het leven van de dieren toelichten. Meer informatie op facebook.

Museu do Vinho

Rua do Carmo, tel. 292 62 21 47, di.-vr. 9.15-12.30, 14-17.30, za.-zo. 9.15-12 uur, feestdagen gesl., € 2, zo. gratis, combiticket zie blz. 185

De **Casa Conventual dos Carmelitas**, een voormalig karmelietenklooster (17e-18e eeuw), met ervoor de waarschijnlijk grootste drakenbloedboom van de Azoren, vormt een waardige omlijsting voor het wijnmuseum. Het museum toont gereedschappen van de wijnboeren, daarnaast documenteren foto's hoe het er vroeger bij de oogst en het persen van de druiven aan toeging. Zelfs de karmelieten produceerden hier al wijn. Op de begane grond was de *adega* ('wijnkelder') ingericht, erboven bevond zich woonruimte. In het bijgebouw staat een koperen retort voor het destilleren van de *bagaço* (brandewijn – vergelijkbaar met grappa) en de *aguardente* (lett. vuurwater) uit vijgen of uit *groselhas*, de aalbesachtige vruchten van de olijfwilg, een uit Azië geïntroduceerde en vervolgens op de Azoren verwilderde struik.

Cooperativa Vitivinícola da Ilha do Pico

Av. Padre Nunes da Rosa 29, tel. 292 62 22 62, www.picowines.net, okt.-aug. ma.-vr. 14-16.30, za.-zo. 15-17 uur, tijdens de druivenoogst in sept. geen bezoek, € 1,50, za. € 2, zo. € 2,50 (alle met wijnproeverij)

Pico's wijncoöperatie is vooral in oktober interessant om te bezoeken. Dan is de productie ten zuiden van Madalena

Een uitnodigend klein dorp: Madalena, met zijn natuurlijke haven en de parochiekerk

in volle gang. Hier worden de op de Azoren bekende merken Terras de Lava (wit of rosé) en Basalto (rood) gemaakt.

Uitstapjes en wandelingen

Gruta das Torres ▶ 5, D 4

Criação Velha (3 km ten zuiden van Madalena), tel. 924 40 39 21, juli-aug. dag. 10-12, 14.30-17.30, juni en sept. dag. 14.30-17.30, mei en okt. za.-zo. 14.30-17.30 uur, € 7, elke 30 min. rondleiding

In 1990 ontdekten speleologen de tot nu toe langste vulkanische tunnel van de Azoren. Hij is 5150 m lang en ontstond ongeveer duizend jaar geleden onder een lavastroom, die zich vanaf de flank van Pico in westelijke richting uitstortte. De 4500 m lange hoofdbuis is tot 15 m hoog. Daarnaast is een aantal kortere, kleinere neventunnels bekend.

De rondleiding begint bij het **Centro de Interpretação** (bezoekerscentrum), dat in 2007 werd genomineerd voor de Mies van der Rohe Architectuurprijs. Daar worden deelnemers geïnstrueerd in het gebruik van de beschermende helm en de koplamp (wandelschoenen aanbevolen). Daarna volgt een 45 minuten durende, avontuurlijke verkenning van de natuurlijke grot, onder leiding van een deskundige gids. Een mysterieus, overwoekerd instortingsgat in het plafond van de grot, de **Algar da Ponte**, fungeert als ingang. Men komt in volledige duisternis terecht. In het schijnsel van de zaklampen doemen de meest bizarre vormen op (zie blz. 46). De grottenfauna heeft voor toekomstig onderzoek zeker nog verrassingen in petto. Er werden reeds twee endemische insectensoorten ontdekt: een loopkever *(Trechus)* en een glasvleugelcicade *(Cixius)*.

> **Combiticket voor musea**
>
> Het Museu do Vinho in Madalena (zie blz. 183) heeft zich met het Museo dos Baleeiros in Lajes en het Museu da Indústria Baleeira in São Roque samengebundeld tot het Museu do Pico. Voor alle drie musea is er één combiticket voor € 5 (48 uur geldig).

Wandeling in het wijngebied van Criação Velha ▶ 5, D 4

Duur: 2 uur, licht; startpunt bereikbaar per bus naar het dorp Monte, dan 15 min. lopen

Het begin van de **PR 5 PIC** ligt aan de idyllische kleine vissershaven van **Porto do Calhau**. Vanaf daar gaat de wandelroute langs de kust naar het noorden. Zwemmen is mogelijk op het strand van **Pocinho**, tegen de achtergrond van de vulkaan **Monte** (135 m). De route gaat landinwaarts om de vulkaan heen en maakt een rondje door de wijngaarden van **Criação Velha**. Langs de weg staat een pittoreske windmolen. Bij **Areia Larga** wordt de stadsrand van Madalena bereikt, vanaf daar is het nog 1,5 km wandelen tot het centrum.

Quinta das Rosas ▶ 5, D 4

Parque Florestal da Quinta das Rosas, vanaf ER 1 richting São Roque na 1 km bord (rechts), dan nog 2 km over smalle weg, gehele dag geopend

Het betoverende parkbos is een populair recreatiegebied. Kronkelende paden leiden langs kikkerpoelen, bloembedden en picknicktafels. Exotische boomsoorten zoals de tulpenboom, aardbeiboom of Nieuw-Zeelandse kerstboom zorgen voor schaduw. Ongeveer 250 plantensoorten van over de hele wereld waren door de vorige eigenaars verzameld op dit 3 hectare grote terrein. Hieronder een aantal zeer zeldzame, in de 19e eeuw in Engeland gekweekte varianten, zoals de bonte taxus (*Taxus baccata variegata*).

Midden in het park staat de neogotische **Ermida de Santa Isabel**. Deze is gewijd aan de *Rainha Santa*, de heilig verklaarde koningin Isabel, die in 1282-1325 samen met haar man, koning Dinis I, over Portugal regeerde. De legende van het rozenwonder is met haar verbonden, evenals met haar oudtante, Elizabeth van Thüringen: op een winterochtend zou Isabel stiekem het paleis hebben verlaten om brood onder de armen te verdelen. Verrast door haar man, die haar om uitleg vroeg, beweerde ze geen brood, maar rozen onder haar gewaad te verstoppen. Toen ze dit opende kwam er daadwerkelijk een boeket rozen tevoorschijn. Vandaar ook de naam van de Quinta.

Wandelaars kunnen een andere weg terug nemen: buiten langs de linkermuur van het park tot aan de achterzijde, daar linksaf tot aan de ER 3, ruim 1 km boven Madalena.

Furna de Frei Matias ▶ 5, E 4

ER 3 ca. 8 km boven Madalena, niet bewegwijzerd, vrij toegankelijk

Frei Matias was volgens de legende een monnik (*frei* = Port. broeder), die vanuit Faial een lichtgevende verschijning op Pico zou hebben gezien. Daarop stak hij over naar het toen nog onbewoonde eiland en vestigde zich als kluizenaar in de later naar hem genoemde lavagrot.

De geïsoleerde grot ligt onder een lavastroom, die door de 50 m hoog oprijzende, tweetoppige vulkaan werd uitgestoten. Gebruik deze op uw heenreis als oriëntatiepunt, hij ligt ten zuiden van de weg. Loop vanaf de daar aanwezige parkeerinham door een hek het weiland in. Na ongeveer 100 m bereikt u de ingang van de grot. De toegang gaat via een 'schoorsteen', een met mossen en varens begroeide spleet in het plafond van de grot. De lavatunnel kan slechts een klein stukje worden verkend (een zaklamp is ideaal). Op de vloer is touwlava te zien, opgestroopte gladde lava (zie blz. 49). Enkele meters verder kunt u de tunnel verlaten via een tweede pijp. Pas op: gaten rond de schoorsteen kunnen u lelijk laten struikelen!

Wandeling van de Furna de Frei Matias naar Madalena ▶ 5, D/E 4

Duur: 3 uur, middelzwaar, afdaling van 600 hoogtemeters, niet bewegwijzerd; bereikbaar per taxi

In de bocht van de weg voorbij de parkeerinham bij het weiland gaat een steil pad door het veld omlaag, dat de weg nog eenmaal kruist en verder bergaf gaat tot aan een geasfalteerde weg. Hier rechts, een paar meter langs deze weg en dan weer links. Een halfuur later komt men bij een andere asfaltweg, rechtsaf over deze weg is al na een paar minuten de ER 3 weer bereikt. Op de weg kort links en bij een grotere *moroiço* rechtsaf – de piramideachtige steenhopen worden in dit gebied vaak door boeren opgestapeld om hun velden van de grofste brokstukken te ontdoen. De veldweg slingert zich tussen twee vulkanen door. Telkens de brede weg volgen, om uiteindelijk bij de **Quinta das Rosas** aan te komen. Verder zie blz. 186 (terugweg).

Overnachten

Exentriek – **Pocinhobay:** Monte, Pocinho, 5 km ten zuiden van Madalena, tel. 292 62 91 35, www.pocinhobay.com, 2 pk € 155-195. Omgeven door wijngaarden op een landgoed met een kiezelstrand voor de deur; zwembad met zonneterras en vele intieme rustplaatsen op het 13 ha grote terrein. Zes kamers in natuurstenen gebouwen met alle comfort, in donkere designstijl. Geen restaurant.
Ecologisch ontworpen – **Aparthotel Baía da Barca:** Lugar da Barca, tel. 292 62 87 50, www.baiadabarca.com, apartement voor 2 pers. € 100-180. Tien exclusieve units voor zelfstandige accommodatie in een rustige lavastenen baai ten noorden van Madalena. Het zwembad is gevuld met onbehandeld zeewater, warm water door zonne-energie. Hotelbar, spa met sauna, jacuzzi.
Middenklassecomfort – **Caravelas:** Rua Conselheiro Terra Pinheiro 3, tel. 292 62 85 50, www.hotelcaravelas.com.pt, 2 pk € 55-100 (via touroperator mogelijk voordeliger). Het enige grote hotel op Pico, tussen de haven en het stadscentrum. Zwembad, binnenbad, geen eigen restaurant.
Reizigerslogement – **Mini Bela:** Av. Machado Serpa 18, tel. 292 62 22 86, fax 292 62 35 21, 2 pk € 30. Eenvoudige, enigszins sleetse kamers, maar wel goedkoop. Sommige met eigen badkamer, andere gedeeld. Centrale locatie.

Eten & drinken

Aan het water – **O Ancoradouro:** Areia Larga, Rua João de Lima Whiton, tel. 292 62 34 90, do.-di. 12-15, 19-22 uur, hoofdgerecht vanaf ca. € 13. Een van de beste restaurants van de Azoren. Met zonneterras aan zee. Exquise vis- en schaaldiergerechten, zoals in de *cataplana* (2 pers. € 30). Ook erg lekker zijn het met soep gevulde brood, het vlees van jonge stieren *(novilho)* en de stokvis.
Beschaafd – **O Luís:** Areia Larga, Av. Padre Nunes da Rosa, tel. 292 62 20 28, tel. 292 62 20 28, dag. lunchtijd en 's avonds vanaf 19 uur, hoofdgerecht vanaf ca. € 9. In een modern lavastenen gebouw aan de zuidelijke rand van Madalena. Degelijke, authentieke regionale gerechten. Op doordeweekse dagen lunchbuffet.
Veel keus – **A Parisiana:** Rua A. Herculano, tel. 292 62 37 71, https://pt-pt.facebook.com/AParisiana, do. gesl., hoofdgerecht à la carte vanaf ca. € 9. Niet ver van het zeezwembad gelegen. Ruime eetzaal met inrichting in art-decostijl. Veel groepen. Soms zijn er folkloregezelschappen ter begeleiding van het diner. Vaak is er een goed gevuld buffet opgesteld (€ 12-15).

Actief

Walvissen en dolfijnen kijken – **Pico Sport:** Porto Velho, tel. 292 62 29 80, www.pico-sport.com. Excursies van drie uur met een RIB-boot met Frank Wirth, sinds 1994 gespecialiseerd in 'Soft Whale Watching' (€ 54 per pers.). Hierbij staat voorop de dieren niet te verstoren. Ook speciale excursies om dolfijnen te ontmoeten (€ 60).

Zwemmen – **Piscina Municipal:** Rua A. Herculano (aan de zuidelijke rand van de oude haven), 15 juni-15 sept. geopend, vrij toegankelijk. Een natuurlijk zwembad in de rotsen aan de kust werd uitgebreid tot een gemeentelijk zwembad met bar aan het strand en goede voorzieningen.

Uitgaan

Populair – **Esplanada Dark:** Bêco Trás Castelo, tel. 292 62 24 13, dag. 7-2 uur (bij evenementen tot 4 uur), beperkt in de winter. Hippe bar tussen de oude en nieuwe haven met overdekt terras. Van het ontbijt tot 's avonds laat wordt hier een breed publiek verwend met Braziliaanse hapjes, koele drankjes en latinmuziek. 's Zomers dj-optredens.

Info & festiviteiten

Posto de Turismo do Pico: 9950-329 Madalena, Gare Marítima, tel. / fax 292 62 35 24, pt.pic@azores.gov.pt, www.visitazores.com, juni-sept. dag. 8-18, daarbuiten ma.-do. 9-12.30, 14.30-17.30 uur. Informatiepost van de Azoriaanse overheid aan de veerhaven. **Quiosque ART:** Largo Cardeal Costa Nunes, tel. 292 62 33 45, qit.madalena@artazores.com, http://pt.artazores.com. Informatiekiosk van de organisatie ART (zie blz. 18).
Internet: www.cm-madalena.pt
Vliegtuig: stadskantoor van de SATA, Rua D. Maria da Glória Duarte, tel. 292 62 83 91, ma.-vr. 9-18 uur.
Veerboot: passagiersveerboten van Transmaçor (www.transmacor.pt) naar Horta (Faial) 's zomers 6-7 maal daags, 's winters 5 maal daags, tickets aan het havenloket (tel. 292 62 33 40). Tickets voor Atlânticoline vanaf São Roque (zie blz. 200) bij reisbureaus.
Bussen: centrale busstation op Av. Machado Serpa (bij de kerk). Dienstregeling verkrijgbaar bij de busmaatschappij Cristiano, Av. Dr. Machado Serpa 2, tel. 292 62 21 26.
Taxi: Largo Cardeal Costa Nunes (bij de kerk) en aan de haven.
Huurauto: Ilha Verde, Cais (haven), tel. 292 62 26 01 of 918 61 17 65, www.ilhaverde.com; Tropical, Largo Cardeal Costa Nunes, tel. 292 62 33 70, www.rentacartropical.com.

Festas da Madalena: rond 22 juli, www.cm-madalena.pt. Circa vier dagen durend kerkfeest met veel traditionele elementen: plechtige mis en feestelijke processie, optredens van folkloristische groepen en studentikoze 'Tunamuziek'. Kraampjes aan de oude haven bieden regionale specialiteiten, zoals stokvis of verse tonijn, waarbij *vinho do cheiro* wordt gedronken. Begeleidend cultureel programma met kunsttentoonstellingen, kunstnijverheid en boekenbeurs. Elke avond liveoptredens van Portugese popgroepen.

São Mateus ▶ 5, E 5

In het vissers- en herdersdorpje op de steile zuidelijke hellingen van de Pico staat de **Igreja de São Mateus**, een van de oudste en belangrijkste kerken van het eiland. Bekend is dat hier al vóór 1542 een voorganger stond. Het huidige kerkgebouw dateert echter van de 19e eeuw. Sinds het jaar 1862 wordt hier Senhor Bom Jesus Milagroso vereerd, de Onze Lieve Heer der Wonderen, wiens beeld door een emigrant uit Brazilië was meegebracht.

Winkelen

Kunstnijverheid – **Picoartes:** Estrada Regional (doorgaande weg richting Lajes), tel. 292 69 94 00, www.picoartes.com, dag. 9-19, in de winter tot 18.30 uur. Producten van plaatselijke ambachtslieden (zie blz. 77). Typisch voor São Mateus zijn de kanten kragen, omgehaakte zakdoeken, geborduurde setjes en tafellakens. Daarnaast zijn er decoratieve voorwerpen, gemaakt van schelpen, botten, vissenschubben en basaltsteen.

Festiviteiten

Festa do Senhor Bom Jesus Milagroso: 6 aug. Een van de grootste religieuze feesten van de Azoren in de traditie van de oude herdersfeesten. Op de vooravond is er een veemarkt, begeleid door de blaaskapel. Tegen 1 uur in de ochtend lopen de pelgrims uit Madalena en São João binnen. Na de ceremoniële ontvangst wordt een mis opgedragen. Gedurende de dag zijn er nog meer missen en 's avonds een processie.

São João ▶ 5, F 6

De omgeving van São João is nauwelijks geschikt voor landbouw. De bewoners houden rundvee boven in de bergen, de belangrijkste economische pijler van het dorp. Traditioneel wordt hier de *queijo do Pico* geproduceerd (zie blz. 61). Het boerderijencomplex **Casa do Pico** (Rua da Igreja 8, tel. 927 49 53 98, wo.-ma. 11-18 uur, alleen op afspraak, gratis toegang) documenteert het dorpse leven in de afgelopen decennia. Het kleine, in het Casa do Pico ondergebrachte **Museu O Alvião** is geheel gewijd aan de veehouderij en kaasproductie.

Aan weerszijden van het dorp liggen twee gestolde lavastromen, die in 1718 door de Pico werden uitgebraakt: de **Mistério de São João** in het westen en de **Mistério da Silveira** in het oosten. Hun oppervlak bestaat uit verbrokkelde lavasteenschotsen, waartussen in de scheuren struiken woekeren. Vroeger konden de mensen het ontstaan van deze willekeurige vormen niet verklaren, vandaar de naam ('mysterie'). De lavamassa's van de Mistério de São João bedolven destijds het dorp, dat toen inclusief de kerk een stuk naar het oosten moest worden verplaatst. Tegenwoordig ligt op de Mistério de São João een picknickplaats, aan de rand van de **Nicho de São João Pequenino** – een altijd met bloemen versierde kapel – die aan de oude kerk herinnert.

Overnachten

Een eigen natuurstenen huis – **Glicinias do Pico:** Rua da Igreja 8 A, tel. 292 67 32 70, www.gliciniasdopico.com, Vier gerestaureerde huizen met twee of drie slaapkamers, volledig ingericht, voor maximaal zes personen (huisje voor 4 pers. € 80-180). De huizen liggen verspreid over het dorp. Het betreft een door de regionale overheid ondersteund project ter bevordering van innovatief toerisme.

Winkelen

Pico-kaas – **Sociedade de Produção de Lacticínios:** ER 1 (tegenover het stadhuis), dag. geopend. Wanneer er melk wordt geleverd, kan men kijken hoe de wrongel in de vormen wordt geperst. Dankzij het voor vliegbagage handige formaat, is de *queijo São João do Pico* heel geschikt om als souvenir of cadeautje mee te nemen.

Pico

Lajes do Pico ▶ 5, G 6

Voor toeristen is het voormalige walvisvaardersplaatsje Lajes (1900 inw.) na Madalena de belangrijkste bestemming op Pico. Het heeft accommodatie en er is genoeg te zien en te beleven. In de vlakke kust met zijn ver in zee reikende rotsplateaus ten zuiden van de haven hebben zich natuurlijke zwembaden gevormd. Hieraan dankt de plaats zijn naam (Port. *lajes* = stenen platen).

In 1460 gingen in Lajes de eerste kolonisten aan land, aangetrokken door het gunstige klimaat in de luwte van het eilandgebergte en de vruchtbare grond die hier niet door jonge lava was overstroomd – in tegenstelling tot het westen van Pico. Ze zetten varkens uit, die in de bossen vruchten van de bomen aten. Het vlees hielp de kolonisten de eerste paar maanden te overleven, tot ze land hadden ontgonnen en de eerste graanoogst binnen was.

Ermida de São Pedro
Largo de São Pedro

Dit is de oudste kerk van het eiland. Hij werd net na de stichting van de stad in 1460 gebouwd. Hendrik de Zeevaarder, die in dat zelfde jaar stierf, liet de oprichting ervan aan zijn testament toevoegen. Het eenvoudige gebouw had oorspronkelijk een rieten dak, dat in de 17e eeuw door dakpannen werd vervangen. Tot 1506 diende de Ermida de São Pedro als parochiekerk, toen ging deze status over op de huidige Igreja Matriz, in het centrum van de stad.

Waarschijnlijk dankt de Ermida zijn naam aan de franciscaner monnik Pedro Gigante, die als kapelaan meevoer op het eerste kolonistenschip en in Lajes de taak van pastoor op zich nam. Hij werd een jaar later gevolgd door andere franciscanen, die een klooster stichtten aan de noordelijke rand van het dorp (het huidige gemeentehuis). De monniken maakten zich verdienstelijk bij de scholing en de culturele en economische ontwikkeling van het eiland. Pedro Gigante kwam in de annalen terecht vanwege het importeren van de waardevolle wijnstok verdelho uit Madeira.

Forte de Santa Catarina
Rua do Castelo, tegelijkertijd geopend met het Posto de Turismo (zie blz. 191), gratis

Aan de noordelijke rand van de haven, waar voorheen een uitkijkpost was gestationeerd om de zee af te speuren naar piratenschepen, ontstond in 1792 het enige nog overgebleven verdedigingsbouwwerk op Pico. In die tijd beval de Portugese koning de bouw van forten op alle eilanden van de Azoren, uit vrees voor een invasie van Franse revolutionaire troepen. Het Fort van Santa Catarina hoefde zich echter nooit te bewijzen. In 1885, toen het definitief onbruikbaar was geworden, kwam het in particulier bezit. De nieuwe eigenaren bouwden binnenin een kalkoven, om er de van het eiland Santa Maria geïmporteerde kalksteen te branden. Uiteindelijk nam de gemeente de inmiddels tot een ruïne vervallen vesting over en heropende deze in 2006 – gerenoveerd en als tuin ingericht. Het fort fungeert nu als miradouro en evenementenlocatie.

Museu dos Baleeiros
Zie Op ontdekkingsreis blz. 192

Centro de Artes e de Ciências do Mar
Zie Op ontdekkingsreis blz. 192

Overnachten

Azoriaans dorp – **Aldeia da Fonte:** Silveira, Caminho de Baixo 2, tel. 292 67 95 00, www.aldeiadafonte.com, 2 pk vanaf € 75, studio voor 2 pers. vanaf

Lajes do Pico

€ 85. Gelegen in het wijnbouwgebied 4 km ten westen van Lajes, 6 grote stenen huizen met in totaal 32 wooneenheden. Op 500 meter afstand is een natuurlijk zwembad.

Sfeervol – **Whale'come ao Pico:** Rua dos Baleeiros, tel. 292 67 20 10, http://hotel.espacotalassa.com, 2 pk € 43-75. Pension aan de haven van whalewatchingorganisator. Traditioneel hotel, alle kamers met eigen badkamer en wifi, de meeste met uitzicht op zee.

Familiaal – **Bela Vista:** Rua do Saco 1, tel. 292 67 20 27, www.lajesbelavista.com, 2 pk € 35-70. Moderne, vriendelijke residencial vlak bij het walvisvaardersmuseum. Behalve de normale kamers zijn er ook appartementen met kitchenette beschikbaar voor maximaal vier personen.

Eten & drinken

Lang bewezen – **A Lagoa:** Largo de São Pedro 2, tel. 292 67 22 72, www.facebook.com/restlagoa, dag. 12-15, 19-22 uur. Praktisch ingericht restaurant met groot terras. Regionale keuken, gespecialiseerd in octopus en inktvis (*polvo, lulas*). Menu van de dag € 6, in de zomer meestal als lunchbuffet.

Winkelen

Walvissouvenirs – **BOCA (Espaço Talassa):** Rua do Saco. Alternatieve walvisvaarderskunst uit hout, been (rund) of 'plantaardig ivoor' (zie blz. 79).

Actief

Whalewatching – **Espaço Talassa:** Rua do Saco, tel. 292 67 20 10, www.espacotalassa.com, circa apr.-okt., dag. 10 en 15 uur, afhankelijk van het seizoen € 40-60. Pionierorganisatie van de 'zachte' manier van walvissen en dolfijnen kijken. Tocht van drie uur, zie ook Op ontdekkingsreis blz. 192. Ook dagtochten en aangepaste attracties voor max. 12 personen en weekpakketten mogelijk. Daarnaast verhuur van **fietsen** en **kajaks**.

Uitgaan

Geen alternatief – **Onda Azul:** Largo de São Pedro, tel. 292 67 20 24, ma.-vr. 7.30-24, za. 8-24, zo. 9-24 uur. De enige plek in Lajes do Pico waar 's avonds iets te beleven valt en waar vroeger of later gegarandeerd bekende gezichten opduiken. Men kan er pizza, hamburgers of andere kleine gerechten eten (rond € 6) en wordt daarbij ondergedompeld in popmuziek.

Info & festiviteiten

Posto de Turismo: 9930-138 Lajes do Pico, Rua do Castelo, tel. 292 67 24 86, pt.lajesdopico@gmail.com, http://cm-lajesdopico.pt, ma.-vr. 9-12.30, 14-17.30, za. 9.30-13 uur, en feestdagen gesl. Stedelijke informatiepost in het Forte de Santa Catarina, met kunstnijverheidsshop. Indien gesl., kan men schuin ertegenover bij het Centro de Artes e das Ciências do Mar informatie verkrijgen. **Quiosque ART:** Rua do Castelo, tel. 292 67 24 86, qit.lajes@artazores.com, http://pt.artazores.com. Informatiepost van de organisatie ART (zie blz. 18) in het Forte de Santa Catarina.

Taxi: aan het centrale plein, de Largo E. Ávila.

Semana dos Baleeiros: laatste week van aug., http://semanadosbaleeiros.cm-lajesdopico.pt. Het walvisvaardersfestival wordt al sinds 1883 ▷ blz. 195

Op ontdekkingsreis

In het spoor van de walvisvaarders

Tot ver in de 20e eeuw was Pico het walvisvaarderseiland pur sang. In twee zeer verschillende musea in Lajes ontdekt men hoe de walvisvangst verliep en welke producten er van de walvissen werden gemaakt. Op een boottocht wordt contact met walvissen en dolfijnen mogelijk.

Kaart: ▶ 5, G 6
Duur: volledige dag.
Museu dos Baleeiros: Lajes do Pico, Rua dos Baleeiros 13, tel. 292 67 22 76, di.-vr. 9.15-12.30, 14-17.30, za.-zo. 14-17.30 uur, ma. en feestdagen gesl., € 2, zo. gratis.
Centro de Artes e de Ciências do Mar: Lajes do Pico, Rua do Castelo, tel. 292 67 93 30, dag. 10-18 uur, volw. € 3, kind tot 12 jaar gratis.
Whalewatching zie blz. 194.

Lajes do Pico staat geheel in het teken van de hier tot in de jaren tachtig van de vorige eeuw beoefende walvisvaart. Tegenover de haven liggen drie boothuizen (19e eeuw), waarin vroeger *canoas* opgeslagen lagen, slanke met zeven man bemande roeiboten. Daarmee gingen de walvisvaarders met een snelheid tot 35 km per uur op hun buit af om die met harpoenen en lansen te doden.

Een bloederige zaak

In die boothuizen toont tegenwoordig het **Museo dos Baleeiros** (walvisvaardersmuseum) hoe de met simpele middelen vanuit Pico beoefende walvisvaart verliep. In de centrale zaal staat een *canoa* met vanggerei. Maquettes, foto's en een video laten zien hoe bloederig het eraan toeging bij het doden van de walvissen, en ook in welke gevaren de mannen zich begaven. In de jaren vijftig van de vorige eeuw vingen de ongeveer 250 walvisvaarders van Pico zo'n 200 walvissen, daarna ging het bergafwaarts met de zaken. Kort vóór het stoppen van de vangst in 1984 waren het 50 dieren per jaar.

Veelzijdige toepassing

In vitrines staan potvisproducten uitgestald. De uit het spek gewonnen olie of 'traan', ongeveer 3 à 4 ton per walvis, was het belangrijkst. Deze deed vroeger dienst als lampenolie. Vlees en botten werden tot veevoer en meststof verwerkt. Bijzonder waardevol was de spermaceti, ook walschot geheten. Dit is een wasachtige substantie afkomstig uit de kolossaal grote kop van de potvis, die het hem mogelijk maakt zijn opwaartse druk bij het duiken in grote diepten te veranderen. Van walschot werden kaarsen en zalf gemaakt en ook smeermiddelen voor machines. Sommige potvissen kapselen niet-verteerbare voedingsbestanddelen, zoals inktvissenbekken, in hun maag in tot klompen van amber. Deze substantie werd vroeger gelijkgesteld aan goud. Men mengde amber door dure parfums vanwege de aangename geur. De galerij boven de museumreceptie is gewijd aan *scrimshaws* (walvisbeengravures, zie blz. 79). Bij het museum hoort ook een voormalige smederij, waar de scherpe punten voor de harpoenen en lansen werden gemaakt.

Vergeet bij het verlaten van het museum niet om een blik op de blauwwitte *azulejos* naast de ingang te werpen, een kopie van een barokke wandtegelvoorstelling uit de franciscanenkerk in Horta (Faial). Deze geeft het Bijbelse verhaal van Jonas en de walvis weer.

Hoe de walvisproducten ontstonden

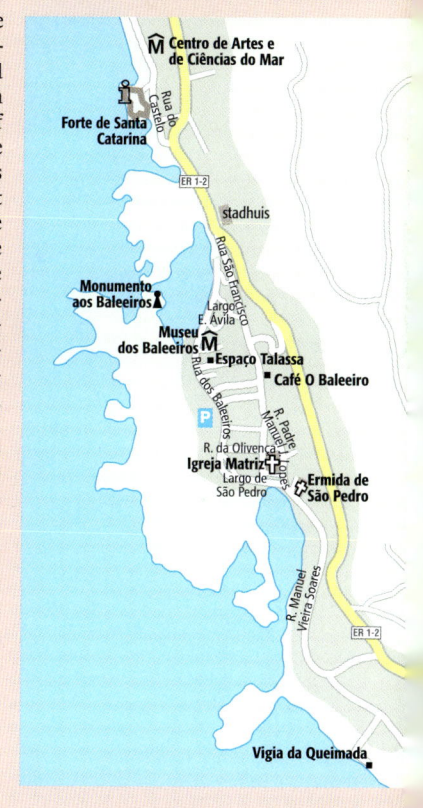

Het interessante **Centro de Artes e de Ciências do Mar** bij het Forte de Santa Catarina is vanaf het walvismuseum goed te voet bereikbaar. Van 1955 tot begin 1980 werd hier het bedrijf SIBIL geëxploiteerd. Dit was in de bloeitijd van de klassieke walvisvangst op Pico opgericht. Deze leefde in de Tweede Wereldoorlog enorm op, toen de strijdende naties hun vangstactiviteiten nagenoeg staakten en het neutraal gebleven Portugal in de bres sprong. Weliswaar werd al in de 18e en 19e eeuw in de wateren om de Azoren op grote schaal gejaagd, maar dit gebeurde door Noord-Amerikaanse zeilschepen.

De walvisvaarders sleepten de gedode potvis met een motorbarkas mee en trokken hem op een helling aan land. In de fabriek werden *óleos e farinhas* (olie en meel) uit het kadaver gewonnen, zoals nu nog op de gevel is te lezen. Het tot ruïne vervallen fabrieksgebouw is een paar jaar geleden gerestaureerd en tot museum verbouwd, de machines en gereedschappen zijn bewaard gebleven: dampketels en oliewincentrifuges, een droger en een molen voor het meel uit het vlees en de botten. In het souterrain lag de olie opgeslagen, tot één keer per jaar een tanker deze kwam ophalen. Een multimediashow geeft informatie over de verwerking van de walvissen en hun verspreiding, leefmilieu en biologie. Ook vinden er kunsttentoonstellingen en andere culturele evenementen plaats. In een winkel zijn boeken over walvissen en diverse andere onderwerpen over de Azoren verkrijgbaar.

Uitkijk over de zee

Hierna kan men nog de **Vigia da Queimada** bezoeken. Die staat sinds 1939 op de gelijknamige landtong, aan de meest zuidelijke plek van Pico, ca. 1 km buiten Lajes aan de weg naar Piedade (bewegwijzerd). Witte gebouwtjes zoals deze stonden vroeger overal op het eiland op hooggelegen punten. Er zaten wachtposten in, die door een kijkgleuf met een verrekijker de horizon afturen op zoek naar walvissen. Deze herkenden ze meestal aan hun fontein – de tot 5 m hoog de lucht ingeblazen ademdamp. Zodra zij er een waarnamen, gaven zij de exacte positie per radio door. Een halfuur later waren al vanuit alle havens van het eiland walvisvaarders met hun boten op weg. De Vigia da Queimada wordt tegenwoordig weer gebruikt door de whalewatchers, om de boten daarheen te loodsen waar walvissen werden gezien. De uitkijkpost is op de bovenste verdieping, de benedenverdieping is van mei tot september voor bezoekers geopend.

Walvis in zicht ...

Na een pauze in een van de traditionele walvisvaarderscafés, zoals **O Baleeiro** (Rua Capitão-Mor Madrugada), gaat de tocht bij geschikt weer verder. Na een multimediale inleiding van 1 uur is het tijd om met **Espaço Talassa** (zie blz. 191) het water op te gaan om de zeezoogdieren van zeer dichtbij te ontmoeten. Het zullen niet altijd potvissen zijn, want in de wateren rondom Pico vertonen zich ook enige andere walvissoorten en vooral dolfijnen. Hoe dan ook is het met een rubberboot in de buurt komen van de zeereuzen een onvergetelijke belevenis. Waterdichte kleding en gemakkelijk schoeisel zijn noodzakelijk. Bovendien dient men er rekening mee te houden dat men flink door elkaar wordt geschud door de golfslag.

Moderne havenkunst

Tot slot nog een wandeling naar de uiterste punt van de havenkade om het in 2001 geplaatste **Monumento aos Baleeiros** te bekijken. Op het 4 m hoge beeldhouwwerk staan de namen vermeld van alle walvisvaarders van Lajes sinds 1954, geordend naar boot en team. De internationaal bekende beeldhouwer Pedro Cabrita Reis uit Lissabon (geb. 1956), wiens hoofdthema's huis en architectuur zijn, maakte dit walvisvaardersmonument als een golfvormige poort en sloeg daarmee een brug tussen land en zee. Het oplichtende wit van het werk symboliseert het schuim van de branding.

gevierd, tegenwoordig een hele week lang en met enthousiaste medewerking van de whalewatchers. Hoogtepunten zijn de regatta voor walvisvaarders en de muzikale evenementen, bovenal de legendarische 'Noite de Fado' (Nacht van de Fado) voor de Ermida de São Pedro. Maar er is ook folklore, blaasmuziek en popmuziek. Cultureel programma met tentoonstellingen, kunstnijverheid, theater en lezingen.

De oostpunt

De vruchtbare, niet door jong vulkanisme beïnvloede bodem op het oostelijke deel van het eiland biedt de beste mogelijkheden voor landbouw. Bovendien is er op de glooiende hellingen veel ruimte. Daarom is **Piedade** (900 inw.; ▶ 5, K 5) het belangrijkste agrarische centrum van Pico. In de omgeving worden fruit, groenten en granen geteeld. In de buurdorpjes **Manhenha** (▶ 5, K 6) en **Calhau** (▶ 5, K 5) bevinden zich veel *adegas* (wijnkelders), in de wijngaarden eromheen rijpen de beroemde verdelho-druiven. Beide plaatsen hebben ook kleine havens met zwemmogelijkheden in zee.

Alleen bij **Calheta de Nesquim** (▶ 5, K 6) trekt de klif zich iets verder terug. Vandaar dat hier een groter vissersdorp kon ontstaan, voorheen was het ook een belangrijke walvisvaardersplaats. Tegenwoordig ademt Calheta rond de met kleurrijke boten gevulde haven een zeer rustieke sfeer uit.

Ponta da Ilha ▶ 5, K 6

Deze 22 meter hoge kaap vormt het meest oostelijke punt van het eiland. Hier staat een vrij jonge vuurtoren, de in 1946 gebouwde **Farol de Manhenha**. De naburige kustlijn kan op de wandelroute **PR 3 PIC** in beide richtingen worden verkend. Een vaste tred is hier vereist, en ook een gebrek aan hoogtevrees. Van mei tot juli is de route gesloten, omdat er dan meeuwen broeden.

Overnachten

Schitterend – **L'Escale de l'Atlantic:** Calhau, Morro de Baixo, tel. 292 66 62 60, www.escale-atlantic.com, half mei-half sept., 2 pk € 100. Idyllisch landgoed met uitzicht op de Atlantische Oceaan onder Zwitserse leiding. Vijf ruime, individueel ingerichte kamers. Diner mogelijk op aanvraag vooraf.
Zeezicht – **O Zimbreiro:** Piedade, Caminho do Cruzeiro 83, tel. 292 66 67 09, www.zimbreiro.com, 2 pk vanaf € 65. Onder Belgische leiding, omringd door puur natuur. Terras met prachtig uitzicht op de oceaan, zwembad, gratis wifi. Naar wens met avondeten (met streek- en biologische producten).
Zelfvoorzienend – **Pico Holiday Chalets:** Caminho do Calhau 37, tel. 292 66 65 99, www.picourlaub.de, appartement voor 2 pers. € 30-50. De Duitse eigenaren verhuren een vakantiehuisje (2 pers.) en drie huizen voor 4-10 gasten op hun quinta. Ze organiseren ook activiteiten, zoals wandel-of zeiltochten.

Eten & drinken

Dagvangst – **Ponta da Ilha:** Farol da Manhenha, tel. 292 66 67 08, dag. geopend, hoofdgerecht vanaf ca. € 8. Terras met uitzicht op zee bij de vuurtoren. Weinig keus, maar goede kwaliteit.

Winkelen

Keramiek – **Barro & Barro:** Rua José Vieira Alvernaz 43, Ribeirinha, tel. 911 82 82 70, www.facebook.com/barro barro.pico. Een Nederlands stel maakt

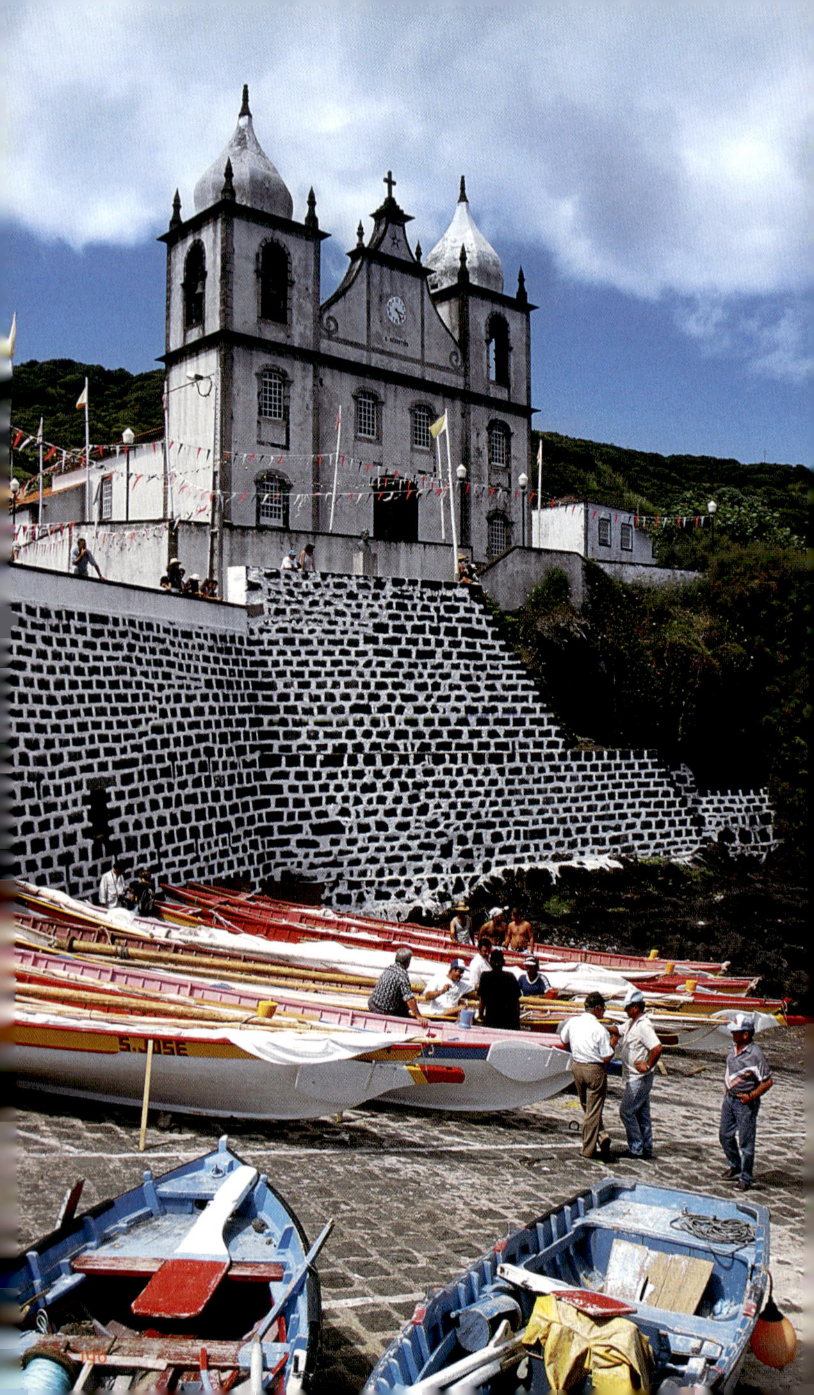
S.JOSE

smaakvolle keramiek. Objecten en vaatwerk, ongeglazuurd of in vrolijke kleuren. Ook Raku, een speciale stooktechniek uit Japan, wordt toegepast. Daarnaast nog sieraden van klei en glas.

Actief

Paardrijden – **Turispico:** Piedade, Caminho de Cima 17, tel. 912 62 21 98, 919 89 04 85, www.turispico.pt. Buitenritten te paard of per ezel in het oosten van Pico. Ze voerden door het ongerepte landschap naar vulkanen en kratermeren. Daarnaast worden excursies per koets, wandelingen en fietstochten georganiseerd.

Santo Amaro ▶ 5, H 5

Naast São Mateus is Santo Amaro (300 inw.) het tweede belangrijke kunstnijverheidscentrum op Pico (zie blz. 77). Meer dan honderd dorpelingen, voornamelijk vrouwen, voorzien met thuis vervaardigen van kunstnijverheidsproducten in hun levensonderhoud.

Escola Regional de Artesanato

Rua Manuel Nunes de Melo 9, tel. 292 65 51 15, ma.-vr. 9-18, 's winters tot 17 uur, soms ook za.-zo., gratis toegang

In de kunstnijverheidsschool zijn altijd wel enkele vrouwen druk met het creëren van bewerkelijke decoratieve voorwerpen – vooral bloemen – van vijgenmerg of visschubben. Anderen maken klederdrachtpoppen, vlechten traditionele strooien hoeden of borduren. Een klein museum toont de oorspronkelijke inrichting van een woning uit

Ooit een walvisvaardershaven: Calheta de Nesquim

Tip

Picknick in het groen

Met zijn tafels en banken is het wilde en romantische **Parque Matos Souto** (▶ 5, K 6) als het ware geschapen voor een uitgebreide lunchpauze. Tijdens een rondrit over het eiland, is het zinvol om in São João (zie blz. 189) kaas te kopen en de overige levensmiddelen in Lajes aan te schaffen. Parkoprichter Manuel Matos de Sousa Souto had in de 19e eeuw als emigrant in Brazilië zijn fortuin gemaakt. Hij liet het terrein na aan de overheid, om de oprichting van een landbouwschool mogelijk te maken. Op het 3 hectare grote terrein staan inheemse en exotische bomen harmonieus naast elkaar, er zijn volières en een vijver, een boomkwekerij en experimentele aanplant. Ook werden traditionele details van het agrarische landschap van Pico hier vastgelegd (Caminho do Matos Souto, bij de ER 1, dag. geopend, gratis).

grootmoeders tijd. In de winkel worden de producten van de ambachtslieden van Santo Amaro verkocht, evenals likeuren in allerlei smaken, zoals *amora* (bramen) of *nêveda* (bergmunt), die ook kunnen worden geproefd.

Museu Marítimo – Construção Naval

Rua António Maria Teixeira 23, tel. 292 65 51 09, meestal dag. 9-18 uur, gratis toegang (donaties welkom)

Jose Silva Melo stichtte dit privémuseum ter nagedachtenis van zijn vader, een botenbouwer. Tot in de jaren negentig van de vorige eeuw ontstonden op de werf naast het museum boten voor de visvangst – en vroeger ook voor de walvisvaart – transportaken, veerboten en zelfs tonijntrawlers.

Tip

Atlantische diepteblik
Aan de regionale weg tussen Piedade en Santo Amaro garandeert de **Miradouro Terra Alta** (▶ 5, J 5) een spectaculaire blik de diepte in: vanaf 415 m omlaag naar zee. Ook het naburige eiland São Jorge is aan de overkant goed te onderscheiden.

Met zo'n dertig medewerkers was het het grootste scheepsbouwbedrijf van de Azoren. De constructietechnieken stammen nog uit de 17e eeuw, toen er schepen nodig waren voor de wijnexport. Niet elke houtsoort is geschikt voor alle doeleinden. Voor de kiel waren zeer solide houtsoorten nodig, terwijl de planken uit zachter, soepeler hout bestonden – een wetenschap op zich. In het museum zijn modellen van de verschillende boten te zien die in Santo Amaro van de scheepshelling kwamen, eigenhandig door de heer Silva Melo vervaardigd. Apparaten en foto's documenteren de botenbouw. Vandaag de dag voert de werf alleen nog reparatiewerkzaamheden uit.

Prainha do Norte ▶ 5, H 5

De dorpskern van Prainha do Norte, net boven de zee, heeft niet veel te bieden. Des te bezienswaardiger is de wijnstreek ten westen van het dorp. Tussen de wijnranken liggen veel oude natuurstenen huizen en *adegas* verspreid. Het gebied rond de **Baía das Canas** onderscheidt zich door zijn bijzondere schoonheid. Een donker natuurstrand met grote lavakiezelstenen vlijt zich daar tegen de baai (niet bewaakt, geen voorzieningen).

Mistério da Prainha

Deze sterk overwoekerde en gedeeltelijk met dennen beboste gigantische lavastroom ontstond tussen 1562 en 1564, tijdens de langste geregistreerde vulkaanuitbarsting op Pico. Middenin ligt het **Parque Florestal da Prainha** (volg de borden), een wildromantisch recreatiepark met picknicktafels, barbecueplaatsen, speeltuinen en sportvelden. Een traditioneel huis en een oude *adega* fungeren als etnografisch museumcomplex.

Wandeling door de Mistério da Prainha

Duur: 3,5 uur, middelzwaar

De wandelroute **PR 2 PIC** ontsluit de Misterio da Prainha van boven naar beneden, beginnend op ca. 800 m hoogte op de weg naar de Lagoa do Caiado (zie blz. 203; bereikbaar per taxi). De route komt overeen met een deel van de **Caminho dos Burros** ('ezelpad'), een oude verbindingsweg die van zuid naar noord over het eiland loopt. Als eerste komt de route langs de **Cabeços do Mistério**, een zone van kleine vulkanen, waaruit in de 16e eeuw de lavamassa richting de noordkust stroomde. Dan volgt de route een oud veedrijverspad langs de rand van de Mistério omlaag, doorkruist het Parque Florestal da Prainha en eindigt aan de Baía das Canas.

Overnachten

In Prainha do Norte worden gerestaureerde wijnboerenhuisjes verhuurd (vanaf € 50 voor 2 pers.). Informatie en reservering:
www.adegasdopico.com
www.a-abegoaria.com
www.quintadaribeiradaurze.com
www.facebook.com/domusadepta/

Eten & drinken

Innovatief rustiek – Canto do Paço: Rua do Ramal, tel. 292 65 50 20, www.facebook.com/cantodopaco/, dag. 11-15, 19-22 uur, hoofdgerecht vanaf € 7, lunchbuffet ca. € 9. Smaakvol gerenoveerd natuurstenen gebouw. Traditionele streekgerechten, zoals *arroz de cherne* (rijst met wrakbaars). Op bestelling *cabrito* (geitje). Ook kindermenu, wat op de Azoren vrij zeldzaam is.

São Roque do Pico

▶ 5, G 4

In het historisch centrum van São Roque do Pico (1400 inw.), op de afslag van de ER 2 richting Lajes, staat wel de belangrijkste kerk **Igreja Matriz de São Roque**, maar is verder niet veel te doen. Alles gebeurt in de 1 km verder naar het westen liggende wijk **Cais do Pico**, waar bedrijven, overheidsinstellingen en bedrijven zich hebben gevestigd en waar de meeste mensen wonen. Daar bevindt zich ook de belangrijkste haven van Pico. Aan de sterke zeewering liggen containerschepen en veerboten, de vissersboten gebruiken de oude pier bij het walvismuseum (zie hieronder).

Museu da Indústria Baleeira

Cais do Pico, Praceta dos Baleeiros, tel. 292 64 20 96, di.-vr. 9.15-12.30, 14-17.30, za.-zo. 9.15-12.30 uur, feestdagen gesl., € 2, zo. gratis

Cais do Pico was ooit een belangrijk centrum van de Azoriaanse walvisvaart (zie Op ontdekkingsreis blz. 192). In de fabriek aan de haven werden van 1946 tot 1984 potvissen ontleed en tot olie en veevoer verwerkt. Vandaag de dag is de fabriek een interessant industrieel museum. Twee grote stoomketels voor het uitkoken van de blubber (spek), olietanks, droogovens en molens voor vlees en botten, evenals allerlei andere apparaten en machines van de originele uitrusting zijn te bezichtigen. Ook de walvisvangst wordt er uit de doeken gedaan door middel van maquettes en foto's.

Buiten voor het museum staat het **Monumento ao Baleeiro**. De beeldhouwer Dominges Soares Branco (1925, Lissabon), wiens beelden door heel Portugal te zien zijn, creëerde het bronzen beeld in 2000. Het toont een walvisvaarder met harpoen in zijn boot.

Convento de São Pedro de Alcântara

Rua João Bento de Lima

Het franciscanenklooster werd opgericht in 1718. Vanwege de herhaaldelijke vulkaanuitbarstingen in het zuiden van het eiland verplaatsten de monniken van het klooster in Lajes hun school toen naar de noordkust. De korte klim vanuit de stadstuin (zie blz. 200) is alleen al de moeite waard vanwege het mooie uitzicht over de stad dat men vanaf de kloostertuin heeft. In de barokke kerk (18e eeuw) zijn waardevolle altaarstukken en azulejos met scènes uit het leven van St.-Franciscus te bewonderen. Het zorgvuldig gerestaureerde klooster dient tegenwoordig als jeugdherberg (zie blz. 25).

Adega 'A Buraca'

Santo António, Estrada Regional 35, tel. 292 64 21 19, www.adegaaburaca.com, 's zomers dag. 8-20, 's winters ma.-vr. 8-12, 13-17 uur, incl. proeverij € 6

In een voormalige wijnmakerij is nu een boerenmuseum gevestigd, waar bezoekers de tradities van het eiland en de typische ambachten en kunstnijverheid leren kennen. De werkplaats van een kuiper en een smid zijn nagebouwd. Die laatste produceerde het gereedschap van de wijnboer. Andere ruimten zijn gewijd aan de vlechtkunst en de wolweverij. In een keuken uit grootmoeders tijd wordt jam gemaakt van het fruit van eigen akker en worden zoete koekjes en maïsbrood gebakken. Deze en andere Azoriaanse producten, waaronder wijn, likeur en brandewijn, kan men er proeven en kopen.

Zon, zee & strand

Aan de oostelijke rand van Cais do Pico ligt direct aan zee de zorgvuldig aangelegde **Jardim Municipal** (ook wel Jardim dos Serviços Florestais, Rua do Cais). De stadstuin staat vol inheemse en tropische planten en heeft fonteinen, picknicktafels, een speeltuin en de **Piscina Natural**, een natuurlijk lavazwembad. Een ander, soortgelijk rotsbad, **Poças** (lett. 'plassen'), ligt beneden de belangrijkste kerk van São Roque. Een van de populairste zwemlocaties van heel Pico, **Furna de Santo António**, bevindt zich even buiten de stad, nabij de westelijke buurplaats Santo António (▶ 5, F 4). Een lavatong stroomde hier ooit de zee in, waarbij het samenspel met de branding bizarre rotsbassins creëerde. Ze werden gecompleteerd met aangelegde zwembaden en ligweiden. De naburige kustlijn is een belangrijke broedplaats voor zeevogels. Alle drie de zwemplekken hebben faciliteiten, vrij toegankelijk.

Overnachten

Ongerepte omgeving – Casa do Comendador: São Miguel Arcanjo, Rua de Baixo 17, tel. 292 64 29 50, www.casa docomendador.com, 2 pk € 70-100. Een fraai landhuis (19e eeuw), met acht licht ingerichte en comfortabele kamers in een rustig dorp ten oosten van São Roque.

Eten & drinken

Veel lokale gasten – O Rochedo: Furna de Santo António 7, tel. 292 64 23 68, www.facebook.com/Restaurante-O-Rochedo, di.-zo. 7-24 uur, hoofdgerecht vanaf ca. € 8. Toeristenrestaurant bij het zwembad met stevige regionale gerechten, zoals *linguiça com inhames*, met ongerezen brood van maïsmeel geserveerd. In het weekend is er vaak speenvarken van de grill. Ruime porties.

Uitgaan

Danstempel – Discoteca Skipper: Santo António, Nariz de Ferro, tel. 292 64 21 85. Deze 'gouwe ouwe' op Pico en oudste disco van de Azoren opende zijn deuren in 1986. Elk weekend zijn er evenementen, zoals schuimparty's en live-optredens. Pas tegen 3 uur op stoom!

Info & festiviteiten

Quiosque ART: 9940-353 São Roque do Pico, Cais do Pico, Rua do Cais 25, tel. 292 64 25 07, qit.saoroque@artazores.com, http://cm-saoroquedopico.pt, http://pt.artazores.com. Informatiepost van de stad en van de organisatie ART (zie blz. 18) bij de haven.
Veerboot: tickets Atlânticoline online, bij havenloket (1,5 uur v. vertrek) of reisbureau Aerohorta, Cais do Pico, Rua João Bento de Lima, tel. 292 64 24 50. Passagiersboot Transmaçor (www.transma cor.pt) 2 maal daags naar Horta (Faial) en Velas (São Jorge), juni-sept. ook 2 maal p. week naar Calheta (São Jorge); tickets bij havenloket (tel. 292 64 24 82).
Taxi: Cais do Pico, Rua do Cais (haven).
Huurauto: Oásis, Cais do Pico, Estrada Regional 91, tel. 292 64 23 72, www.rent acaroasis.com.
Cais Agosto: eind juli/begin aug., www.

facebook.com/caisagosto. Vierdaags zomerfestival in de haven met Portugese en internationale popmuzikanten, DJ's, regatta en cultureel programma.

Zona de Adegas ✹

▶ 5, E/F 3/4

Bij **Santa Luzia** (▶ 5, F 4) vormden lavastromen een rotsachtige kustvlakte, die bijzonder bruikbaar bleek te zijn voor de wijnbouw. Talloze stenen muurtjes, moeizaam door generaties wijnboeren opgestapeld, omgeven de kleine velden (*currais*) met daarop vaak maar vier of vijf vlak tegen de bodem liggende wijnstokken. De muren beschermen ze tegen wind en zeenevel. Daarnaast slaan de donkere stenen de warmte van de zon op, om die 's nachts weer aan de planten af te geven. Het mozaïek van kleine wijngaarden werd door de UNESCO tot Werelderfgoed verklaard.

Het gebied met wijngaarden en wijnkelders, de Zona de Adegas, strekt zich uit langs de noordoostelijke kust van Pico, tussen de wijndorpen **Cabrito** (▶ 5, F 3) en **Cais do Mourato** (▶ 5, E 3). Alle plaatsen in deze zone beschikten vroeger over kleine havens, van waaruit in de 18e en 19e eeuw de wijn direct naar Faial werd verscheept. Vanaf daar vond de export plaats. Vooral **Porto do Cachorro** (▶ 5, E 3) mag zich verheugen op een stroom aan bezoekers, niet in de laatste plaats vanwege de bijzondere lavaformaties aan zee. De gelijknamige rots aan de westelijke rand van het dorp is dankzij de aangeplakte 'oren' te herkennen als hond (Port. *cachorro*). De gedrongen dorpskerk Ermida de Nossa Senhora dos Milagres stamt uit 1682.

Ook **Lajido** (▶ 5, E 3) is zeer zeker een bezoek waard. Hier is de karakteristieke bouwstijl (zie blz. 63) van de Zona de Adegas het zuiverst behouden gebleven. Bijzondere aandacht verdient de Ermida de Nossa Senhora da Pureza (1760), met twee onconventioneel in de gevel geïntegreerde klokken. De wijnhuizen en kerk zijn monumenten en werden zorgvuldig gerestaureerd.

Núcleo Museológico do Lajido de Santa Luzia

Santa Luzia, Rua do Lajido, tel. 292 20 73 75, http://parquesnaturais.azores.gov.pt, 15 juni-15 sept. dag. 10-18, anders di.-za. 9.30-12.30 uur, volw. € 7 (rondleiding 45 min. door museum en dorp, infocentrum, wijnproeven), € 5 (zonder proeverij), kind tot 12 jaar gratis, 13-17 jaar halve prijs

In dit boerderijcomplex maken de dorpelingen tot op heden wijn, slaan deze op in vaten en stoken brandewijn uit de pulp of uit vijgen. Het doel van het museum is ontmoetingen tussen wijnboeren en bezoekers mogelijk te maken. Het aangesloten **Centro de Interpretação da Cultura da Vinha** van het **Parque Natural da Ilha do Pico** geeft met een film en tentoonstellingen uitleg over de wijnbouw.

Wandelroutes

Twee officiële, gemarkeerde wandelpaden ontsluiten de Zona de Adegas. De **PR 1 IPC** (3 uur, middelzwaar) begint in **Maragala** bij de ER 1, gaat dwars door de wijngaarden via **Lajido** naar **Santa Luzia** en maakt nog een rondje door het idyllische beschermde landschap ten zuiden van het dorp. De **PR 10 PIC** (kleine 3 uur, licht) loopt van **Santana** tot **Lajido** langs de kust, echter grotendeels over asfalt.

Montanha do Pico ✹ ▶ 5, E/F 5

Deze enorme vulkaan domineert het westelijke deel van het eiland en wordt meestal eenvoudigweg **Pico** genoemd.

Met 2351 m is het de hoogste berg van heel Portugal. De door de Pico uitgestoten lavastromen reiken tot aan de zee. In de loop der eeuwen vloeide de lava niet meer uit de hoofdkrater, maar uit de kleine nevenkraters en spleten in de flanken. Reeksen van uitbraken vonden plaats in de jaren 1562-1564 en 1718-1720. Ten slotte kwam het in 1963 tot een onderzeese eruptie voor de kust van Santa Luzia.

Casa da Montanha

Tel. 967 303 519, juni-half sept. 24 uur per dag geopend, mei en tweede helft sept. ma.-do. 8-20, vr. 8 tot zo. 20 uur doorl., okt.-apr. alleen za.-zo. 8.30-18.30 uur, gratis, met bar, taxi vanaf Madalena enkele rit € 25

Na de afslag van de ER 3 kronkelt een smalle weg naar de op 1.200 m hoogte gelegen berghut, waar de wandelroute naar de krater van Pico begint (zie hiernaast). Hier is een kleine tentoonstelling over de geologie en de vegetatie van de vulkaan en daarnaast wordt het verloop van de klimtocht getoond. Er is ook een bar met een panoramisch uitzicht over de westkust van Pico en tot aan Faial.

Beklimming van de Montanha do Pico

Duur: heen en terug 6 uur, veeleisend, ca. 1000 hoogtemeters stijgen en dalen, met paaltjes gemarkeerd, max. 160 wandelaars per dag toegestaan, verplichte registratie vooraf in het Casa de Apoio (okt.-mei bij de brandweer in Madalena, ER 1 richting de luchthaven, tel. 292 62 83 00)

De beklimming van de Pico via de PRC 4 PIC, de enige toegestane route, vereist een goede fysieke conditie, tredzekerheid en warme kleding (o.a. handschoenen!). Niet zelden vriest het er of ligt er zelfs sneeuw. Optrekkende mist kan de oriëntatie bemoeilijken. Zwaar is ook de afdaling over het rollende lavagruis. De klimtocht kan alleen of in het gezelschap van een lokale gids worden ondernomen (zie kader blz. 203).

Bij helder weer worden alle inspanningen beloond met een overweldigend uitzicht. Met een beetje geluk ligt bijna de hele archipel aan de voeten van de

Witte voegen, rode deur – zo komen de vulkanische stenen van de adegas tot hun recht

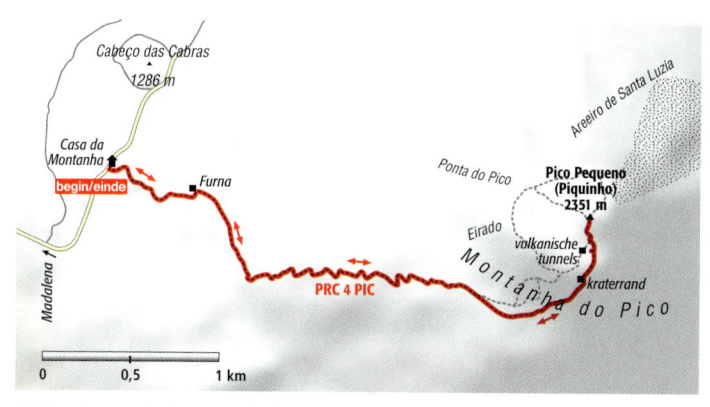

Beklimming van de Montanha do Pico

kijker. Via het pad bereikt men eerst de zuidelijke, ongeveer 2250 m hoge kraterrand en kijkt daar in de 700 m brede, maar slechts 30 m diepe krater. Wie wil, beklimt ook nog de **Pico Pequeno** (ook wel **Piquinho**, 2351 m), een noordoostelijke vulkanische kegel boven op de krater – de eigenlijke top.

Centraal en oostelijk berggebied

In oostelijke richting ligt de **Planalto Central**, een ongeveer 800 m hoge, onbewoonde vlakte met kratermeren en platte vulkaankoppen. Vanaf hier loopt een bergrug met kleinere, lang uitgedoofde vulkanen, over de lengte van het eiland op de oostpunt af.

Lagoa do Capitão ▶ 5, F/G 4

Volg de borden vanaf de ER 3, zie Favoriet blz. 204

Lagoa do Caiado ▶ 5, G 5

Vanaf de ER 2 de borden 'Lagoas' volgen, nog 5 km over asfaltweg
De behoorlijk dichtgeslibde Lagoa do Caiado is het grootste van een ensemble van kratermeren. Het wordt ook graag bezocht door vissers. Langs de toegangsweg ligt na circa 3 km het startpunt van de wandelroute **PR 2 PIC** (zie blz. 198). Aan beide zijden van de weg staat daar een aantal exemplaren van de uiterst zeldzame daphne-vlaswolfsmelk (zie blz. 52).

Over de hobbelige weg voorbij het Lagoa do Caiado passeert men de hoogste toppen van de oostelijke bergrug, de **Grotões** (1008 m), de **Cabeço Escalvado** (1004 m) en de **Caveiro** (1076 m). Daarna volgt een tweede groep kratermeren. Langs nog meer vulkanische toppen gaat het dan verder rechtdoor, geleidelijk bergafwaarts naar Prainha (ongeveer 30 km vanaf de ER 2).

Berggids voor de beklimming van de Pico

Te boeken door bemiddeling van het toeristenbureau in Madalena. Een berggids is ook te boeken via Aventura Abegoaria (tel. 292 64 28 34, http://aventura.a-abegoaria.com), Turispico (tel. 912 62 21 98, www.turispico.pt) en Turangra (tel. 295 40 40 15).

Favoriet

Idylle bij Pico's grootste kratermeer ▶ 5, F/G 4

Het machtige silhouet van de Pico, vaak met om zijn flanken zwevende mistflarden, domineert het idyllische kratermeer **Lagoa do Capitão** op de hoogvlakte van het eiland. Frisgroene weiden omzomen het diepblauwe wateroppervlak. Terwijl het meer een grote populariteit geniet bij de lokale vissers, die er zoetwatervis hebben uitgezet, staat de omgeving onder bescherming. Knoestige laurier, jeneverbessen en boomheide vormen hier authentieke foto-onderwerpen.

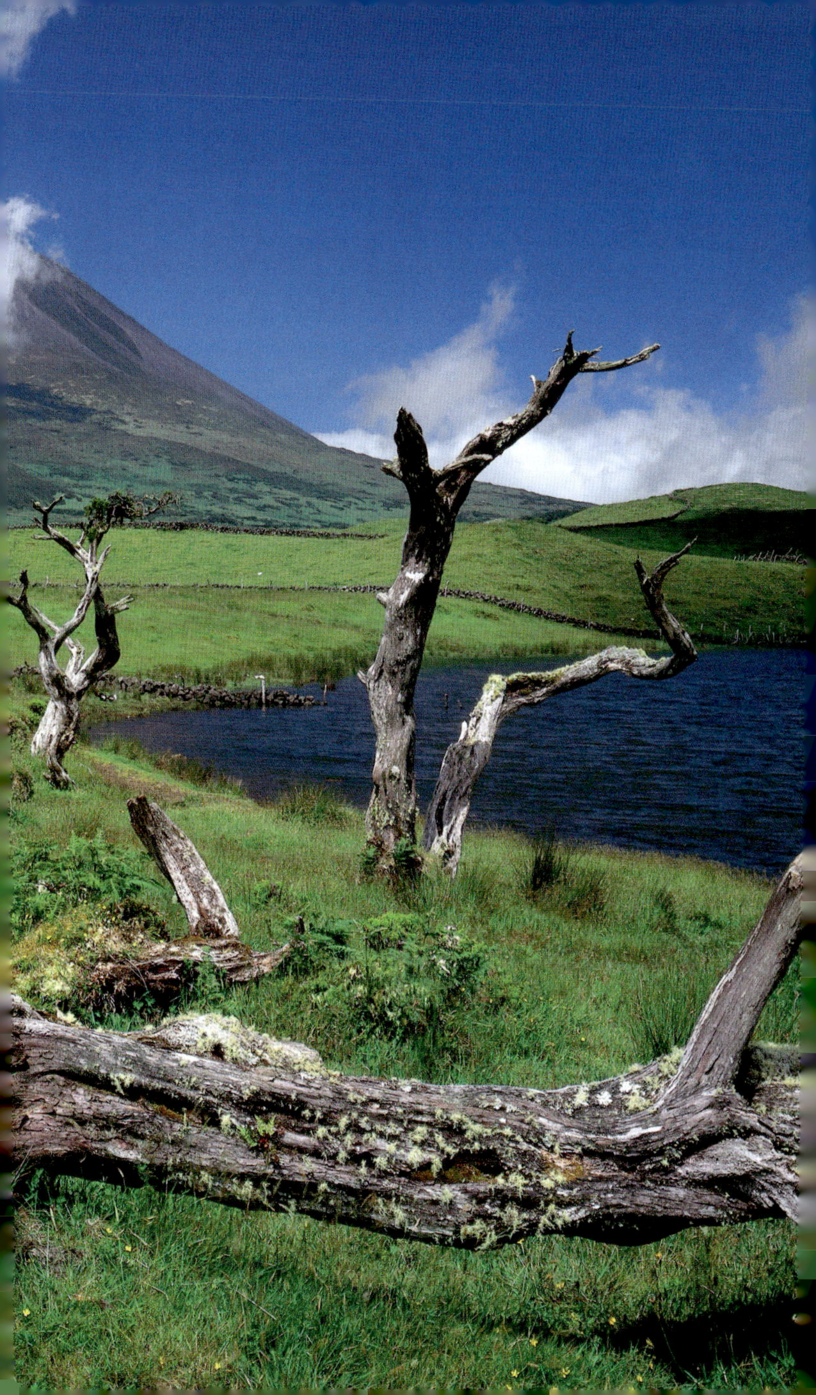

IN EEN OOGOPSLAG

São Jorge

Hoogtepunt ✱

Fajã de São João: De mooiste van de beroemde kustvlakten van São Jorge heeft een mild klimaat, tropische fruitbomen en de waarschijnlijk noordelijkst gelegen koffieplantages van de wereld. Steile wanden waarlangs watervallen zich omlaag storten maken het plaatje compleet. Zie blz. 218.

Op ontdekkingsreis

Romantische kuststroken – fajãs in het noorden van het eiland: Kenmerkend voor São Jorge zijn de *fajãs* – smalle kustvlakten onder aan de kliffen. Een wandeling door het wilde noorden van het eiland gaat langs de bijzonder aantrekkelijke Fajã da Caldeira de Santo Cristo, waar in de lagune zeldzame schelpdieren leven. Zie blz. 220.

Bezienswaardigheden

Kaasmakerij Uniqueijo in Beira: Hier wordt de beroemde Queijo de São Jorge geproduceerd en opgeslagen tot hij de juiste rijpheid heeft bereikt. Bezichtiging, kaasproeven en verkoop. Zie blz. 209.

Igreja Santa Bárbara: Veel pelgrims bezoeken het heiligdom van het eiland in Manadas. De kerk is bijzonder fraai uitgevoerd in barokstijl. Zie blz. 214.

Te voet

Wandeling over de Pico da Esperança naar Norte Grande: Een bijzondere ervaring, deze tocht over de hoogste toppen van São Jorge met hun geweldige panorama's. Zie blz. 219.

Rondje naar de Fajã de Além: Deze aantrekkelijke route ontsluit een van de voor São Jorge zo karakteristieke kustvlakten en gaat over steile, oude geplaveide wegen. Zie blz. 219.

Sfeervol genieten

Idyllisch parkbos: Het Parque Florestal das Sete Fontes schept prima voorwaarden voor een geslaagde picknick tussen azalea's, hortensia's en boomvarens. Koele bronnen borrelen omhoog, twee miradouros bieden fantastische uitzichten. Zie blz. 211.

Vissersambiance: O Amílcar in Fajã do Ouvidor serveert vis en zeevruchten van eigen vangst op zijn geweldige Atlantische terras. Zie blz. 223.

Uitgaan

Calhetense: Een jong, sportief publiek bevolkt 's zomers dit ontspannen café in Calheta. Er is vaak livemuziek. Zie blz. 216.

Een groene onbekende

Vanwege zijn authenticiteit en bijzondere natuur is São Jorge sterk in opkomst. Als de rug van een enorme walvis rijst het eiland op uit de Atlantische Oceaan. Een rijtje vulkaankoppen staat in het gelid op een plateau waar runderen grazen. Hun melk wordt tot een beroemde kaas verwerkt (zie blz. 60). Rondom het eiland storten steile rotshellingen zich omlaag naar zee. Aan de voet liggen smalle, moeilijk te bereiken kustvlakten – de *fajãs*. Slechts af en toe wijkt de rotswand, om plaats te maken voor kleine stille stadjes als Velas en Calheta of pittoreske dorpjes. Accommodatie biedt vooral de belangrijkste (haven)plaats Velas.

Velas ▶ 5, H 2

De belangrijkste plaats van São Jorge mag dan met zijn 2000 inwoners zo groot als een dorp zijn, hij heeft wel een zekere stedelijke flair. Het centrale kerkplein, de **Largo da Matriz**, is royaal van opzet. Langs de omliggende straatjes staan leuke kleine huizen. De in mozaïek aangelegde bestrating van de autovrije winkelstraat Rua M.F. Lacerda verbindt de Largo da Matriz met de **Praça da República**. Dit is het kloppende hart van de stad. In het midden van het exact vierkante, in de 19e eeuw ontworpen plein met verzorgde bloembedden, exotische bomen en banken, staat een rood paviljoen. In deze oriëntaals geïnspireerde muziektent speelt de blaaskapel tijdens volksfeesten.

Bij de zee staat nog de **Portão do Mar**, de oude havenpoort uit 1799. Het was oorspronkelijk een deel van de stadsmuur. In de haven heerst bedrijvigheid zodra er veerboten, vrachtschepen of vissersboten binnenlopen. Ernaast ligt een kleine jachthaven. Niet ver ten westen daarvan ligt aan de Avenida da Conceição een fijn rotszwem-

INFO

Toeristeninformatie
Verkeersbureau van de Azoriaanse overheid en kiosk van de organisatie ART in Velas. In Calheta bureau van ART (alleen 's zomers). Geen toeristische informatie op de luchthaven.

Heenreis en vervoer
Luchthaven: Aeródromo de São Jorge (SJZ), 7 km ten zuidoosten van Velas. Geen lijnbussen. Taxi naar Velas ca. € 9. Rechtstreekse vluchten naar Terceira, Ponta Delgada en Horta (details zie blz. 22). Vluchtinfo: www.sata.pt.
Veerboot: vanaf Velas met Atlânticoline 's zomers 2-3 maal per week naar de eilanden van de centrale en oostelijke groep. Naar Pico en Faial hele jaar met passagiersveer van Transmaçor vanaf Velas, 's zomers ook vanaf Calheta. Meer info zie blz. 23.
Bussen: alle drie buslijnen vertrekken vanaf Velas, noordelijke route naar Calheta ma.-za. 2 maal daags, zuidelijke route via Calheta naar Topo ma.-za. 1 maal daags, westelijke route naar Rosais ma.-za. 1 maal daags. Op zo. geen busdienst.
Taxi: taxistandplaats in Velas en Calheta. Prijsvoorb.: Velas – Calheta € 22.
Huurauto: op luchthaven Ilha Verde, tel. 910 54 64 93, www.ilhaverde.com.

Moderne architectuur omringd door eeuwenoude muren: Auditório Municipal

bad (met kiosk). Misschien nog wel mooier is de **Piscina Natural da Preguiça**, een door bizarre lavarotsen omgeven baai met zwemgelegenheid aan de Rua do Mar (dicht bij Hotel São Jorge Garden).

Igreja Matriz de São Jorge
Largo da Matriz, 's ochtends geopend
Hier stond al in 1460 een eerste kerk, waarvan de bouw door Hendrik de Zeevaarder was verordend. De huidige kerk dateert echter uit de 16e-17e eeuw en de gevel werd begin 19e eeuw na een aardbeving vernieuwd. Het is de belangrijkste kerk van de stad. Binnen valt meteen het elegante, vergulde altaarstuk in renaissancestijl op. Het heeft een standbeeld van St.-Joris, de patroonheilige van het eiland. Koning Sebastião zou het in 1570 aan de stad hebben geschonken. Verder bezienswaardig is nog de collectie houten commoden (17e eeuw) met gedetailleerd inlegwerk in de Indo-Portugese stijl.

Auditório Municipal
Av. da Conceição

Het stedelijke auditorium is dankzij zijn opvallende architectuur het gezicht van Velas. Het werd eind 20e eeuw midden in de oude havenvesting **Forte de Nossa Senhora da Conceição** uit 1644 gebouwd. Vanaf zee doet het met zijn patrijspoorten en zeilvormige zijvleugels aan als een reusachtig schip. Maximaal tweehonderd toeschouwers kunnen hier van theater, bioscoop, concerten en literaire lezingen genieten.

In de omgeving

Uniqueijo ▶ 5, H 2
Beira, tel. 295 43 82 74, www.lactacores.pt, ma.-vr. 9-12, 14-17 uur, € 1,50
In het kleine plaatsje Beira, dat op 4 km afstand van Velas op het centrale plateau van het eiland ligt, exploiteert de vereniging van alle zuivelcoöperaties van São Jorge een kaasmakerij. Geïnteresseerde bezoekers krijgen een rondleiding. Een proeverij van verschillende kaassoorten is bij de toegangsprijs inbegrepen.

São Jorge

Overnachten

Eerste gebouw aan het plein – São Jorge Garden: Rua Dr. Machado Pires, tel. 295 43 01 00, hotelsjgarden@mail.telepac.pt, 2 pk € 70-100 (via touroperator). Het enige grote hotel op het eiland, 58 goed uitgeruste kamers. Zwembad, restaurant, bar, boven een rotszwembad aan de stadsrand.

Klein resort – Cantinho das Buganvilias: Queimada, Rua Padre Augusto Teixeira, tel. 917 54 28 88, www.cantinhodasbuganvilias.com, appartement voor 2 pers. € 70-100. Nieuw gebouw met 19 appartementen voor maximaal zes personen, tussen Velas en de luchthaven. Zwembad, binnenbad, fitnessruimte, restaurant en bar. Excursies en sportieve activiteiten op aanvraag.

Typisch Azoriaans – Quinta do Canavial: Av. do Livramento, tel. 295 41 29 81, www.aquintadocanavial.com, 2 pk € 70-85, appartement voor 2 personen € 60-95. Boerderijcomplex met traditioneel ingerichte kamers en vakantiehuisjes, tuin met zwembad, zonneterras. Regionale specialiteiten voor het ontbijt, evenals voor het avondeten.

Praktisch – Neto: Rua Conselheiro Dr. José Pereira, tel. 295 41 24 03, www.acores.com/residencialneto, 2 pk € 45. Pension in een typisch herenhuis aan de haven. Eenvoudige kamers met eigen badkamer, sommige met uitzicht op zee. Zwembad, gratis vervoer naar de luchthaven.

Eten & drinken

Eigentijds – Açor: Largo da Matriz 4, tel. 295 41 23 62, dag. 8-2 uur, hoofdgerecht vanaf ca. € 9, salades ca. € 7, pasta ca. € 8. Modern cafetaria, bovendien streekgerechten. Op het terras met uitzicht op het kerkplein ontmoeten de schaarse toeristen in de stad elkaar.

Goed gerund – Velense: Rua Dr. José Pereiro 5, tel. 295 41 21 60, ma.-vr. 7-22, za. 7-12, zo. 7-19 uur, hoofdgerecht vanaf ca. € 8, luxe vissoorten € 12. In een prachtig oud herenhuis in de buurt van de haven. De eetzaal op de eerste verdieping is authentiek met ventilatoren aan het plafond. Persoonlijk advies van de cheffin, afhankelijk van het aanbod op de markt.

Superverse vis – Clube Naval das Velas: Rua Dr. José Pereira, tel. 295 41 29 45, ma.-vr. 12-16, 19-24 uur, hoofdgerecht vanaf € 8, variabele visprijzen. Restaurant van de lokale watersportclub in de haven, met sober-moderne inrichting, maar een onverslaanbare selectie van vis en zeevruchten. Specialiteit is *feijoada do mar* (bonenpot met zeevruchten). Ook venusschelpen (*amêijoas*) uit São Jorge staan regelmatig op het menu.

Stevig – Cervejaria S. Jorge: Rua Maestro Francisco Lacerda 31, tel. 295 41 28 61, dag. 7-22 uur, hoofdgerecht vanaf ca. € 7. Typische lokale biertentsfeer, qua prijs nauwelijks te verslaan. Het culinaire zwaartepunt ligt op vlees: speenvarken, *entremeada* (gegrilde speklapjes). Ook aanbevolen zijn de *lapas*.

Winkelen

Kunstnijverheid – Associação Regional de Turismo (ART): Largo da Matriz, ma.-vr. 9-12, 13.30-18, za. 9.30-12 uur. De organisatie ART (zie blz. 18 en blz. 211) verkoopt kunstnijverheid uit São Jorge, in het bijzonder houtsnijwerk. Soms demonstreren ambachtslieden hun vaardigheden, zoals glasgraveren, aan geïnteresseerde bezoekers.

Uitgaan

Iets anders – Café Flor do Jardim: Jardim da República 4, tel. 295 41 25 61. In het weekend treffen de jonge stadsbewoners elkaar hier voor een drankje. Af en toe liveconcerten, bij voorkeur alternatieve muziek.

Discoklassieker – **Zodíaco:** Av. do Livramento, tel. 295 41 26 77, alleen in het weekend (vr.-za.) en voor feestdagen. Een van de oudste dansgelegenheden van de Azoren en nog altijd actueel. Vaak livemuziek en themafeesten.

Info & festiviteiten

Posto de Turismo de São Jorge: 9800-530 Velas, Rua Conselheiro Dr. José Pereira 3, tel./fax 295 41 24 40, pt.sjo@azores.gov.pt, www.visitazores.com, ma.-vr. 9-12.30, 14-17.30 uur. Informatiepost van de Azoriaanse overheid. **Quiosque ART:** Largo Dr. João Pereira (Praça Velha), tel. 295 43 23 95, qit.ve las@artazores.com, http://pt.artazores.com. Informatiekiosk van de organisatie ART (zie blz. 18 en blz. 210).
Vliegtuig: stadskantoor van de SATA, Rua Maestro Francisco de Lacerda 40, tel. 295 43 03 51, ma.-vr. 9-18 uur. Loket op de luchthaven alleen bij aankomst en vertrek van vliegtuigen geopend.
Veerboot: tickets voor Atlânticoline online, in de haven (vanaf 1,5 uur voor vertrek) of bij reisbureaus (www.atlanticoline.pt). Passagiersveer van Transmaçor naar São Roque (Pico) en Horta (Faial) 1-2 maal daags; tickets in de haven (tel. 295 43 22 25, www.transmacor.pt).
Bussen: centrale busstation aan de Rua Dr. Miguel, onder de Auditório Municipal. Dienstregeling bij de Posto de Turismo. Busmaatschappij José Pinto Azevedo: tel. 295 41 41 65.
Taxi: Jardim da República (tel. 295 41 26 80). Ook staan er taxi's in de haven te wachten bij aankomst.
Huurauto: Ilha Verde, Largo Dr. João Pereira 21, tel. 295 43 21 41, www.ilha verde.com.

Semana Cultural de Velas: 1e week van juli. Tijdens de Culturele Week presenteren Azoriaanse muzikanten traditionele en moderne muziek, vooral de studentikoze Tuna-klanken. Uitgelezen filmvertoningen, tentoonstellingen en workshops. In de straten worden nietbloederige stierengevechten gehouden, naar het voorbeeld van Terceira.

Rosais ▶ 5, G 1

In het uiterste westen van het eiland ligt het boerendorp Rosais (800 inw.) op een vruchtbaar plateau, waar intensief landbouw wordt bedreven. Het dorp heeft weinig te bieden, maar in de omgeving zijn interessante bestemmingen.

Parque Florestal das Sete Fontes ▶ 5, G 1

Het 50 ha grote recreatiegebied is een populaire bestemming bij de lokale bevolking, die hier geniet van de pick-

Tip

Herberg met panorama

Het restaurant **Fornos de Lava** behoort tot een Quinta in het boerendorp Santo Amaro (▶ 5, H 2). Het originele stenen gebouw staat op de voormalige dorsvloer. Vlees en vis afkomstig van het eiland garen in de oven of op de barbecue, evenals de specialiteit van het huis: warm brood met knoflookworst. Men serveert ook een vegetarische variant van de *cataplana*. De groente komt van eigen biologische landbouw (Travessa de São Tiago 46, tel. 295 43 24 15, www.ilha-da-aventura.pt, dag. 12-15, 18-23 uur, hoofdgerecht vanaf ca. € 12, grote porties, reserveren aanbevolen).

São Jorge

Muurtjes van stapelstenen structureren het landschap bij Rosais

nickfaciliteiten, speeltuinen, het hertenkamp en de **Capela de São João Baptista** uit de jaren zeventig van de vorige eeuw. In het voorjaar bloeien de azalea's, in de zomer biedt het park schaduw van enorme boomvarens en het koele water van enkele bronnen (Port. *fontes*). Het **Monumento ao Emigrante** is een betonnen sculptuur van een walvisvaardersboot, gesierd met azulejos. Het tableau is een kopie van het bekende schilderij *Os Emigrantes* van Domingos Rebelo (1891-1971), waarvan het origineel aan het Museu Carlos Machado in Ponta Delgada (São Miguel) toebehoort. De sculptuur heeft zo betrekking op twee bevolkingsgroepen die in het verleden een belangrijke rol speelden: walvisvaarders en emigranten. De **Miradouro da Fajã de Fernando Afonso** biedt een adembenemende blik vanaf de 300 m hoge klif op de gelijknamige *fajã* en andere kleine kustvlakten. Vanaf de **Miradouro do Pico da Velha** op de gelijknamige 493 m hoge heuvel kijkt men naar Velas en grote delen van het binnenland van het eiland.

heemse vegetatie. Boven de rotsrichel cirkelen buizerds en in de struiken nestelt de azorenhoutduif. Aangezien de weg naar de Ponta dos Rosais niet is verhard, wordt er op de landtong ook graag gewandeld (vanaf de kapel in het Parque das Sete Fontes heen en terug ca. 4 uur, licht).

Urzelina ▶ 5, J 2

Deze beschaafde kustplaats (800 inw.) werd in het verleden telkens weer door vulkaanuitbarstingen getroffen. De meest recente daarvan was in 1808, toen het dorp grotendeels werd verwoest. Alleen de toren van de oude kerk steekt nog boven de gestolde lavamassa's uit in een tuin aan de Largo Dr. Duarte Sá. De huidige **Igreja de São Mateus** (Estrada Regional) werd in 1822 gebouwd. Verschillende 19e-eeuwse herenhuizen getuigen van de welvaart, die de sinaasappelexport naar Engeland en de Verenigde Staten het eiland bracht. Wie het zich kon veroorloven, vestigde zich in die tijd in Urzelina vanwege de schitterende ligging en het milde klimaat. Ook vandaag de dag wonen hier nog veel welgestelde eilandbewoners. Naast de haven ligt een rotszwembad (entree). Achter de gerestaureerde ruïne van de havenvesting **Forte de Castelinho** (17e eeuw, Caminho do Cais) staat een oud sinaasappelpakhuis met op de gevel een tegeltableau dat de aanlevering van de sinaasappeloogst en het verpakken ervan laat zien.

Ponta dos Rosais ▶ 5, G 1

Het westelijke puntje van São Jorge wordt gemarkeerd door de **Farol dos Rosais**, of beter gezegd door zijn opinstortende staande ruïne, die 200 m boven de Atlantische Oceaan oprijst. Sinds de aardbeving van 1980 is de vuurtoren buiten dienst. Vanaf de oude walvisvaarderssuitkijkpost ernaast kijkt men langs de kuststrook en uit over zee. De post is bereikbaar via een onverharde weg. De omgeving is beschermd natuurgebied vanwege de bijzondere in-

Overnachten

Idyllische rust – **Jardim do Triângulo:** Terreiros 91, tel. 295 41 40 55, www.ecotriangulo.com, 2 pk € 50-80, studio voor 2 pers. € 70-90. Gelegen tussen Urzelina en Manadas. Vier kamers en een

São Jorge

studio in kleine traditionele huizen in een uitgestrekte tuin. De Duitse gastheren helpen graag bij het organiseren van outdooractiviteiten.

Eten & drinken

Toeristenrestaurant – **O Manezinho:** Canada do Açougue, tel. 295 41 44 84, di.-zo. 12-15.30, 18-22 uur. Eilandkeuken in royale porties, zoals steak met São Jorge-kaas of *cataplana*. In het hoogseizoen is er dag. een uitgebreid lunchbuffet (€ 12), daarbuiten alleen op zondag.

Winkelen

Kunstnijverheid – **Cooperativa de Artesanato Senhora da Encarnação:** Ribeira do Nabo, tel. 295 41 42 96, http://senhoradaencarnacao.wix.com/senhoradaencarnacao, dag. 9-18 uur. Een beetje afgelegen, vanaf Urzelina met borden aangegeven. Drie vrouwen vervaardigen hier weef- en naaldwerk en verkopen het in de bijbehorende winkel.

Actief

Duiken en meer – **Urzelinatur:** Rua do Porto, tel. 295 41 42 87, www.urzelinatur.com, prijzen op aanvraag. Victor Soares organiseert duiktochten, golfsurfen, observatie van zeevogels en andere zeedieren, evenals boottochten naar de naburige eilanden.

Manadas ▶ 5, J 3

Mooi dorp aan zee (500 inw.) dat wordt omringd door boomgaarden en velden, waartussen vorstelijke landhuizen staan. Pittoresk is de door hoge araucaria gedomineerde havenwijk Cais das Manadas. Boven Manadas rijst een vulkaanketen met de hoogste toppen van Sao Jorge op. Op de hellingen wordt veehouderij bedreven.

Igreja Santa Bárbara
Cais das Manadas, ma.-vr. 9-12, 14-17 uur, sleutel op huisnummer 6

Pelgrims van het hele eiland trekken regelmatig naar Manadas, om in de kerk van Santa Bárbara (18de eeuw) te bidden of de mis bij te wonen. Dankzij hun donaties wordt de rijkversierde kerk als een van de mooiste op de Azoren beschouwd. Het interieur toont alle typerende stijlelementen van de Portugese barok (zie blz. 66). Het houten plafond van inheemse jeneverbes is beschilderd met medaillons, die de patroonheilige van het eiland St.-Joris en de Heilige Geest weergeven. Azulejotableaus tonen taferelen uit het leven van St.-Barbara. De doopvont van basalt (16e eeuw) is afkomstig van een eerdere kerk. In de sacristie staan kostbare meubels, waaronder een ingelegde tafel uit 1799, met symbolen van de martelares Barbara: de toren waarin zij door haar vader werd opgesloten om haar onschuld te bewaren en het zwaard waarmee hij haar later geëxecuteerde.

Fajã das Almas ▶ 5, K 3

Een kilometer oostwaarts vanaf Manadas, ligt onder aan een hier beginnende klif de kleine nederzetting Fajã das Almas. Het gehucht is te bereiken via een zijweg. Het laatste stuk van deze weg is zeer steil en smal, zodat men dit beter te voet kan afleggen. Het klimaat is hier bijzonder gunstig, zodat er op de beperkte ruimte van de kuststrook tropische fruitbomen en koffiestruiken worden gecultiveerd. De laatste zijn alleen voor eigen gebruik. Bij de kleine vissershaven kan men zwemmen.

Eten & drinken

Vissersgeluk – **Maré Viva:** Fajã das Almas, tel. 295 41 44 95, dag. 7-22 uur, hoofdgerecht rond € 12. Geweldige locatie aan zee, traditionele gerechten, zoals vissoep of gestoofde inktvis. Reserveren aanbevolen.

Calheta ▶ 5, K 3

In de buurt van de haven staan aan de hoofdstraat van Calheta (1200 inw.) enkele huizen met opgezette dakkapel in de stijl van de walvisvaardersarchitectuur (zie Op ontdekkingsreis blz. 164). Ze overleefden de aardbeving van 1980, in tegenstelling tot vele andere gebouwen die daarna moesten worden herbouwd. De stad werd in 1483 gesticht als een van de eerste op São Jorge. De 'smalle baai' – de letterlijke vertaling van *calheta* – was een veilige natuurlijke haven en was handiger gelegen dan Velas, met het oog op de verbinding naar Terceira.

Vanuit het gemeentehuis van Calheta wordt de oostelijke helft van het eiland bestuurd. Ondanks dat gaat het leven in de stad rustig zijn gangetje. De portalen van de **Igreja Matriz Santa Catarina** (17e eeuw, Rua Doutor António Martins Ferreira) gaan alleen tijdens missen en speciale gelegenheden open. Aan de havenbaai staat een al jarenlang gesloten tonijnfabriek, die zal worden verbouwd tot eilandmuseum (zie hieronder). Daarentegen wordt in de Fábrica Santa Catarina in de westelijke buurplaats **Fajã Grande** nog steeds tonijn ingeblikt.

Jardim Maestro Francisco de Lacerda

Deze fraaie stadstuin in het centrum werd terrasvormig aangelegd vanwege het steile terrein. Er groeit een grote variatie aan subtropische en tropische sierplanten. Een standbeeld gedenkt Francisco de Lacerda (1869-1934), een belangrijke Portugese componist. Hij kwam uit een van de meest invloedrijke families van São Jorge en werd geboren in het naburige dorp Ribeira Seca. Als vierjarige kreeg hij reeds zijn eerste pianolessen. Hij woonde later in Lissabon en Parijs en was in verschillende Franse steden aangesteld als orkestdirecteur.

Museu Francisco de Lacerda

Rua José Azevedo da Cunha, tel. 295 41 63 23, ma.-vr. 9-17.30 uur, za.-zo. en feestdagen gesl., € 1
Het eilandmuseum is nu nog ondergebracht in een prachtig herenhuis, dat pastoor en leraar Latijn Francisco de Azevedo Machado Neto in 1811 liet bouwen. Binnenkort zal het verhuizen naar een extravagant nieuw gebouw, dat door architectenbureau Rui Pinto & Ana Robalo is ontworpen.

Het museum is niet alleen gewijd aan het behoud van cultuurgoed door de eeuwen heen, maar richt zich ook op onderzoek en onderwijs en voorlichting. Wisselende tentoonstellingen documenteren het maken van kaas, het weven van stoffen, de klederdracht van de verschillende bevolkingsgroepen en de Heilige Geest-cultus. De eilandcultuur verre overstijgend zijn de collectiestukken die de componist Francisco de Lacerda (zie hierboven) betreffen. Wegens ruimtegebrek kunnen deze tot op heden echter niet altijd worden getoond.

Overnachten

Prettig stadshotel – **Solmar:** Rua Domingos d'Oliveira 4, tel. 295 41 61 20, www.residencialsolmar.com, 2 pk € 60. Eenvoudig en praktisch ingericht, maar prima gerenoveerd pension met 16 kamers en een appartement.

De zeewind als wasdroger – aan de zuidkust bij Ribeira Seca

Eten & drinken

Boven de zee – **Os Amigos**: Rua José Azevedo da Cunha, tel. 295 41 64 21, ma. 7.30-15, di.-zo. 7.30-15, 18-24 uur (sept.-mei doorlopend geopend), hoofdgerecht vanaf ca. € 10. Groot restaurant met traditionele eilandgerechten, zoals *febras de porco* (varkensvlees met garnalen), *alcatra* (zie blz. 70), vaak ook venusschelpen (*amêijoas*) van São Jorge. In het weekend is 's avonds vaak fado.

Actief

Avontuur – **AvenTour**: Rua Nova 91, tel. 295 41 64 24, www.aventour.pt. In hoogzomer dagelijks wisselend programma: boottochten, snorkelen, golfsurfen, zeekajakken, jeepsafari, wandelen, fietsen en canyoning in de steile ravijnen op de rotsachtige kust van São Jorge. Dit laatste kan in deze vorm nergens anders op de Azoren worden beoefend. Daarnaast *cascading*: het abseilen door watervallen. Eigen camping.

Uitgaan

Open-Air – **Calhetense**: Travessa Amorim, tel. 295 41 65 07, alleen 's avonds. Leuke bar met terras, drankjes en snacks, op vrijdag of zaterdag is er vaak livemuziek voor een jong publiek.

Info & festiviteiten

Quiosque ART: 9850-039 Calheta, Rua José Mariano Goulart, tel. 295 41 62

gevolgd door een processie met het met bloemen versierde heiligenbeeld van St.-Catharina door de hoofdstraat, die bedekt is met bloementapijten. Een blaaskapel begeleidt de stoet.

Het oosten

Op de **Serra do Topo** (▶ 5, M 3/4) bereikt de centrale bergrug van São Jorge nog eenmaal grote hoogten, met als top de **Pico dos Frades** (942 m). Daarna vlakken de bergen geleidelijk af, om in het oostelijke puntje bij Topo uit te lopen. Het hoogland wordt intensief gebruikt voor begrazing, in tegenstelling tot de klif, die grotendeels ontoegankelijk is. Slechts hier en daar heeft zich een smalle kustvlakte (*fajã*) gevormd. Het merendeel van deze idyllische, voor wijn- en fruitteelt gebruikte plekjes is echter alleen te voet bereikbaar.

Fajã dos Vimes   ▶ 5, L 3/4

Een bijzonder mooie weg leidt naar dit afgelegen dorp (80 inw.). Onderweg nodigen verschillende miradouros met picknicktafels uit tot rusten en kijken. Fajã dos Vimes lijkt dankzij het milde klimaat op een tropische tuin. Naast de verscheidenheid aan exotische fruitbomen groeit hier ook koffie, die soms wordt geschonken in Café Nunes – het ultieme dorpshuis. In de kleine sportvissershaven kan men zwemmen.

Te voet

Wie liever naar Faja dos Vimes wandelt, kan over een oud muilezelpad omlaag lopen. Dit is tegenwoordig de wandelroute **PR 2 SJO** (2,5 uur, middelzwaar, ca. 700 hoogtemeters afdalen) die begint aan de ER 2-3 in de buurt van het windenergiepark bij de **Piquinho da Urze** (711 m).

52, qit.calheta@artazores.com, http://pt.artazores.com, juli-sept. ma.-za. meestal 9.30-12, 13.30-15.30 uur, okt.-juni gesl. Informatiepost van de organisatie ART (zie blz. 18).
Internet: www.cm-calheta.pt
Veerboot: passagiersveer van Transmaçor (www.transmacor.pt) via Velas naar São Roque (Pico) en Horta (Faial) 's zomers 2 maal per week, tickets bij het havenloket (tel. 295 41 61 46).
Bussen: centrale busstation bij de haven. Naar Velas ma.-za., 3 maal daags, naar Topo ma.-za. 1 maal daags.
Taxi: Rua 25 de Abril (bij het gemeentehuis), tel. 295 41 61 74.
Huurauto: Auto Turística Calhetense, Rua Domingos Oliveira, tel. 295 41 64 47.
Festa de Santa Catarina: 25 nov. Hartstochtelijk gevierd patronaatsfeest met een feestelijke mis in de parochiekerk,

São Jorge

Tip

Picknicken in het park
Boven Ribeira Seca (▶ 5, L 3) ligt het **Parque Florestal da Silveira**. Het strekt zich uit langs een beek, die ooit verschillende molens liet draaien. Op de vochtige valleibodem gedijt een jungleachtige vegetatie, met boomvarens en allerlei inheemse planten. Faciliteiten voor een ontspannen picknick zijn aanwezig (volg de borden vanaf de ER 2-2).

Winkelen

Weefkunst – **Casa de Artesanato:** Fajã dos Vimes, dag. geopend. De twee gezusters Alzira en Carminda Nunes zitten in hun 'kunstnijverheidhuis' boven Café Nunes achter de weefgetouwen, precies zoals vroeger (zie blz. 78).

Lourais ▶ 5, M 4

Vanaf een **Miradouro** aan de ER 2-2 is Lourais goed te overzien. De drie plaatsdistricten dragen heel praktisch – van west naar oost – de namen **Loural 1, 2 en 3** en liggen aan de rand van het plateau, ten zuiden van de Serra do Topo. Ongeveer 400 m onder Lourais is aan de voet van de klif een aantal smalle *fajãs* te onderscheiden. In Lourais werkt de enige van Uniqueijo (zie blz. 209) onafhankelijke kaasmakerscoöperatie van het eiland.

Winkelen

Kaas – **Cooperativa Agrícola e Lacticínios dos Lourais:** Lourais, Travessas, tel. 295 41 63 58. De in het uitgestrekte achterland opgehaalde melk wordt hier verzameld en verwerkt tot de beroemde *queijo Lourais*. Proeverij en verkoop. De kaas is 'vliegbagageproof' verpakt.

Fajã de São João ☀ ▶ 5, M 4

Een kronkelende, smalle weg voert omlaag naar de vruchtbare kustvlakte met zijn gunstige klimaat. Watervallen storten zich van de torenhoge rotswand achter het dorp en bieden een overvloed aan water. Aangetrokken door deze gunstige omstandigheden, vestigden de eerste kolonisten zich hier al in 1560. Na de verwoestende aardbeving van 1757 werd het dorp snel herbouwd. Eeuwenlang stond Fajã de São João bekend als de fruitboomgaard van het eiland. Tot op de dag van vandaag telen de inwoners hier ananassen, sinaasappels, vijgen, walnoten en kastanjes, tegenwoordig echter meestal alleen nog voor eigen gebruik. Net zoals in Fajã dos Vimes worden ook hier koffiestruiken verbouwd. En zelfs bananen gedijen hier prima dankzij de beschutte, vochtige locatie. Vroeger bezaten de leidende families van Calheta hier hun zomerverblijven. Zoals voorheen is Fajã de São João een populair vakantieoord bij de lokale bevolking en immigranten. Accommodaties voor toeristen zijn er niet.

Topo ▶ 5, N 4

In deze vandaag de dag vrij geïsoleerd gelegen plaats begon de kolonisatie van São Jorge. Hier vestigde zich in 1470 de Vlaming Wilhem van der Hagen met zijn volgelingen, aangetrokken door de gunstige omstandigheden voor de landbouw. In het uiterst oostelijke deel van het eiland is de rotsklif laag, het centrale plateau reikt er bijna tot aan de zee. Tot 1867 was Topo het ambtelijke centrum van de provincie, voordat die functie werd overgedragen aan de gemeenteraad van Calheta. Topo wordt gekenmerkt door zijn voor São Jorge ongewone bouwstijl. Deze zou sterk door Angra do Heroísmo in Terceira zijn beïnvloed, waarmee voorheen een levendige bootverbinding bestond, dankzij de relatief korte afstand.

De plaats zelf ligt met zijn kleine kerk ongeveer 100 m boven zee. Een avontuurlijke steile weg leidt omlaag naar de vroegere walvisvaardershaven **Cais do Topo**. Onder bij de **Ponta do Topo** met zijn vuurtoren knaagt de branding onophoudelijk aan de rode rotsen langs de kust. Ervoor ligt het Ilheu do Topo, een plat onbewoond eiland, dat als belangrijke broedplaats voor zeevogels beschermd natuurgebied is.

Eten & drinken

Gezellig – **O Baleeiro:** São Pedro (vanaf de ER 2-2 al voor Topo aangegeven), tel. 295 41 51 39, ma.-za. 6.30-18 uur, hoofdgerecht rond € 8. Op tafel komen typische streekgerechten, zoals *bacalhau* of *carne de porco à Alentejana*. Specialiteit van het huis is een pittige stoofpot van kip en zeevruchten.

De noordkust

In het noorden is de kust zo mogelijk nog ontoegankelijker dan in het zuiden van het eiland. De twee grotere plaatsen, **Norte Pequeno** en **Norte Grande** (▶ 5, K 2) bevinden zich op 500 m boven het zeeoppervlak, op de met weilanden bedekte hoogvlakte. De kleine nederzettingen op de karakteristieke bescheiden kustvlakten, de *fajãs*, zijn alleen bereikbaar via smalle wegen of steile voetpaden.

Wandeling over de Pico da Esperança naar Norte Grande

Duur: 5 uur, middelzwaar, ca. 200 hoogtemeters stijgen en 700 hoogtemeters dalen, bereikbaar per taxi (ca. € 16 vanaf Velas), sommige dagen 's middags terugtocht per bus mogelijk (van tevoren checken!)

Ongeveer op het hoogste punt van de ER 3-2 van Norte Grande naar Urzelina begint de aantrekkelijke wandelroute **PR 4 SJO**. Deze volgt de door lage vulkaankoppen in segmenten verdeelde centrale bergrug en passeert kort na elkaar de **Pico do Pedro** en **Pico do Carvão**, telkens over hun noordflank. Dan gaat het langs nog een aantal bergtoppen, totdat een pijl naar links een uitstapje naar de kraterrand van de **Pico da Esperança** (1053 m) aangeeft. Deze hoogste top van het eiland heeft een klein kratermeer en biedt een geweldig panoramisch uitzicht op de andere eilanden van de centrale groep. Verder over de hoofdweg komt u bij de **Pico do Pinheiro**. Hier slaat de route links af, om vervolgens af te dalen naar **Norte Grande**, waar de hier beschreven tocht eindigt. Weliswaar gaat de PR 4 SJO verder naar Fajã do Ouvidor, maar men moet zich dan wel daarvandaan laten ophalen door een taxi.

Opmerking: de duur van de wandeling is officieel 4 uur voor de gehele 17 km lange PR 4 SJO-route; dit wordt waarschijnlijk echter alleen door de zeer sportieve wandelaars gehaald!

Rondje naar de Fajã de Além ▶ 5, J/K 2

Duur: 3 uur, middelzwaar, 500 hoogtemeters dalen en stijgen

Het startpunt van de **PRC 5 SJO** is de **Ermida de Santo António** in het gelijknamige gehucht aan de ER 1-2, ten westen van Norte Grande. Op een oud geplaveid pad met vele ondiepe traptreden (bij nat weer ▷ blz. 223

Op ontdekkingsreis

Romantische kuststroken – fajãs in het noorden van het eiland

Kenmerkend voor São Jorge zijn de fajãs – smalle kustvlakten onder aan de kliffen. Een wandeltocht door het wilde noorden van het eiland passeert de bijzonder attractieve Fajã da Caldeira de Santo Cristo, waar in de lagune zeldzame schelpdieren leven.

Kaart: ▶ 5, L 3
Duur: halve dag.
Informatie: per taxi op de ER 2-2 Calheta – Topo langs een windturbinepark, kort daarop volgt de startplaats (zie borden) van wandelroute PR 1 SJO richting Fajã dos Cubres; met de chauffeur afspreken in Fajã dos Cubres (ophaalpunt bij de kerk).
Karakter: middelzware wandeling (looptijd 2,5-3 uur, ca. 850 hoogtemeters afdalen) met een rustpauze bij een authentiek restaurant.
Centro de Interpretação da Fajã da Caldeira de Santo Cristo: tel. 295 40 38 60, http://parquesnaturais.azores.gov.pt, half juni-half sept. wo.-zo. 10-13, 14-16, half mei-half juni alleen za.-zo, half sept.-half mei alleen za., gratis toegang

De tocht begint bij een bergpas in het midden van de **Serra do Topo**, op bijna 700 m boven zee. Een welig begroeid dal, de **Caldeira de Cima**, loopt omlaag tot aan de kust. Het bovenste gedeelte is ongewoon breed, vandaar de naam *caldeira* (ketel). Er is hier echter geen sprake van een vulkaankrater. De bodem van het dal is opgedeeld in weilandjes met roodbonte koeien, hortensiahagen, waterrijke beekjes en afgesleten rotsen. De route gaat steil omlaag over een deels verhard muilezelpad. Dit oude pad fungeert niet alleen als het wandelpad PR1 SJO, maar is tot op de dag van vandaag nog vaak in gebruik als pelgrimsroute tijdens een bedevaart in september.

Naar de schelpenzoekers

Onderweg moeten er enkele veehekken worden geopend en gesloten. In het laatste deel van de afdaling staan bij een stenen brug nog de ruïnes van het verlaten gehucht Caldeira de Cima. Niet veel later wijst een wandelbord naar links; vanwege dit bord zou men per abuis een rondje terug kunnen lopen richting de provinciale weg. U moet zich door dit bord echter niet van de wijs laten brengen, maar over de niet bewegwijzerde weg verder naar beneden blijven lopen. Vervolgens wandelt men door dichte begroeiing langs de rotskust en bereikt na in totaal 1,5 uur de **Fajã da Caldeira de Santo Cristo** met haar zoute lagune. In het water leven tapijtschelpen *(amêijoas)*, die verder nergens op de Azoren te vinden zijn. Het gaat hierbij om de *Ruditapes decussata*, de gewone 'echte' Europese tapijtschelpsoort, die zowel in de Portugese als in de mediterrane keuken zeer geliefd is. Deze schelpen staan weliswaar niet op de rode lijst van bedreigde dieren, maar ze zijn op veel plekken toch tamelijk schaars geworden. Om de schelpen de gelegenheid te gunnen zich voort te planten, is er op São Jorge een verzamelverbod ingesteld van half mei tot half augustus.

Een wonderbaarlijke vondst

Het kustgebied dankt zijn naam aan een legende. Een herder zou ooit vanuit de bergen, waar zijn vee rustig graasde, naar de kust zijn afgedaald om in de lagune schelpen te verzamelen. Daar ontwaarde hij plotseling een drijvende, uit hout gesneden Christusfiguur. Blij nam hij deze mee, om het beeld thuis neer te zetten. Doch 's nachts was het opeens verdwenen en het bleek op wonderbaarlijke wijze te zijn teruggekeerd naar de *fajã*. Verschillende malen probeerden de bergbewoners het beeldje met zich mee te nemen, maar steeds weer keerde het terug naar de vindplaats. Ten slotte begrepen de gelovigen dat Santo Cristo in de *fajã* wilde blijven. Ze bouwden daar een kleine kerk voor hem. Eromheen onstond een nederzetting die na de aardbeving van 1980 echter door de meeste bewoners werd verlaten. Vandaag de dag woont er, net als op andere *fajãs*, eigenlijk niemand meer het hele jaar door. Tegenwoordig is het bij de jonge Portugezen van het vasteland chic om een van de oude, uit natuursteen opgetrokken huizen als tweede woning te kopen, te restaureren en te omringen met bloembedden. Ze worden aangetrokken door de ideale omstandigheden voor golfsurfen aan dit gedeelte van de kust. Hier surfen is echter alleen voor profs weggelegd.

Sporen van de bedevaarders

Ter hoogte van de **Ermida de Santo Cristo** (Caldeira de Santo Cristo) slaat men rechts af. Sinds de kerk in 1835 werd ingewijd, is hij ieder jaar op de eerste zondag van september de eindbestemming van een populaire pelgrimstocht, de **Romaria de Santo Cristo**. Pelgrims vanuit het hele eiland gaan op pad om geloftes af te leggen en onderweg in kerken en kapellen te bidden. Uiteindelijk bereiken ze – het laatste stuk te voet afleggend

– de Fajã da Caldeira de Santo Cristo, waar ze een mis in de Ermida bijwonen. Daarna trekt een processie met het beeld van Santo Cristo door de feestelijk versierde steegjes van de kleine nederzetting. Aansluitend klinken er traditionele liederen en is er een vuurwerk.

Aan de andere zijde van de kerk kan men bij het verkennen van de lagune een idee krijgen van het ontstaan van de *fajãs*. Dit zijn in feite afzettingen van sedimenten uit de beekjes die zich vanaf de centraal gelegen hoogvlakte omlaag in zee storten. Uit het brede dal Caldeira de Cima is ook een brede afzetting voortgekomen. De meeste van de bijna vijftig kustvlakten rond São Jorge zijn veel kleiner. De grote strandwal bestaat uit grove keien en dankt zijn ontstaan aan het spel van de golven tegen de oever. In de vlakke zone erachter vormde zich de lagune. Parallel aan de linkeroever komt men bij het restaurant **O Borges** (Caldeira de Santo Cristo, tel. 917 76 31 32, http://o_borges.tripod.com, dag. 7-24 uur, dec. gesl.), dat *amêijoas* uit het zoutmeer serveert (alleen 14 aug.-14 mei, zie blz. 221).

Bovendien is er altijd verse vis voorradig, met zelfgebakken brood. Wie hier nog geen rustpauze wil inlassen, loopt de afslag naar het restaurant voorbij en komt weer terug op het hoofdpad. Op de zuidelijke oever van de lagune is een stop bij het bezoekerscentrum de moeite waard. Het is gevestigd in een gerestaureerd, voorheen erg chic huis en is gewijd aan de geschiedenis en de natuur van de Fajãs.

Uitblazen in de visserskot

De huidige bewoners van Fajã da Caldeira de Santo Cristo komen hier niet te voet naartoe, maar rijdend op een quad. Deze robuuste pleziervoertuigen komt men tijdens de verdere tocht af en toe tegen. Langs de kust komt u langs het kleine en verlaten **Fajã do Belo**. Vervolgens gaat de route 150 m omhoog. Ten slotte daalt de weg weer tot zeeniveau richting **Fajã dos Cubres**, waar een brede weg wordt bereikt. Zo'n 10 minuten later staat u bij de kerk van het overwegend in de zomer bewoonde dorp, waar een straat begint.

Als laatste uitrusting kan men hier uitrusten en wat eten bij de snackbar **Costa Norte** (Fajã dos Cubres, tel. 917 79 52 38, dag. 7-2 uur, snacks € 3-5, hoofdgerecht vanaf ca. € 8), die gevestigd is in een oude, uit natuursteen gebouwde visserskot. Aan de drie tafels voor de deur is het heerlijk zitten onder de platanen en kan men van verschillende kleine gerechten genieten. Grotere gerechten zoals gesmoorde inktvis (*polvo assado*) of vispotje (*caldeirada de peixe*) zijn alleen verkrijgbaar indien ze van tevoren zijn besteld.

Let op: na winterse aardverschuivingen wordt het wandelpad af en toe gesloten. Informeer daarom altijd voordat u een tocht begint even bij een van de plaatselijke toeristenbureaus of kijk op http://trilhos.visitazores.com voor de actuele situatie.

De noordkust: adressen

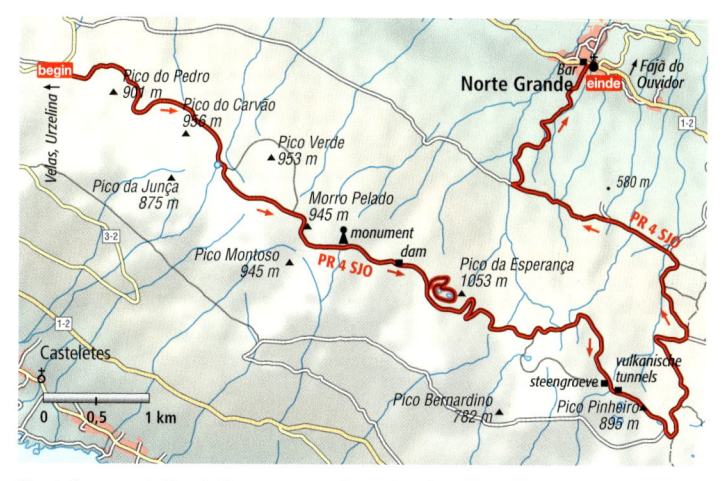

Wandeling over de Pico da Esperança naar Norte Grande

glad!) gaat het omlaag naar de **Fajã de Além**, een slechts te voet bereikbare kustvlakte. Onderweg ontvouwen zich fantastische vergezichten. Beneden woont niemand meer permanent. Er zijn een paar wijngaarden en *adegas*, evenals een oude watermolen. Via een andere route volgt de beklimming terug naar de regionale weg.

Fajã do Ouvidor ▶ 5, K 2

Onder Norte Grande steekt een lavastroom ver de zee in. In tegenstelling tot de andere kustvlakten op São Jorge is de Fajã do Ouvidor dus niet ontstaan als gevolg van sedimentatie. Een paar smalle haarspeldbochten leiden omlaag naar het gelijknamige dorp (50 inw.). Het donkere vulkanische gesteente is bijzonder geschikt voor de wijnbouw. Tussen de kleine wijngaarden staan de typische wijnboerenhuizen. Bij de schilderachtige haven knaagt de branding aan de kust en biedt bij noordenwind een bizar schouwspel. Mooie zwemlocaties liggen links verderop: de natuurlijke rotszwembaden **Poça do Caneiro** en **Poça do Simão Dias** (beide aangegeven).

Eten & drinken

Aan de haven – **O Amílcar**: Fajã do Ouvidor, tel. 295 41 74 48, dag. 12-15, 18-2 uur, hoofdgerecht vanaf ca. € 7. Terras op een geweldige locatie, waar zich 's zomers ook het nachtleven afspeelt. Serveert vis van eigen vangst, smakelijk bereid op eilandtypische wijze.

Info

Casa do Parque: Norte Grande, Estrada Regional, tel. 295 41 70 18, http://parquesnaturais.azores.gov.pt, half juni-half sept. dag. 10-13, 14-18, anders di.-za. 14-17.30 uur. Bezoekerscentrum van het natuurpark, informatie over wandelpaden, flora, fauna en bezienswaardigheden. Inclusief het Ecomuseu da Ilha de São Jorge (gratis), dat gewijd is aan het traditionele eilandleven, en shop.

IN EEN OOGOPSLAG

Terceira

Hoogtepunt ✺

Angra do Heroísmo: De prachtige renaissancestad, met zijn rechthoekige stratenpatroon was eeuwenlang de belangrijkste goederenoverslaghaven in de Atlantische Oceaan. Voorname paleizen en rijk versierde kerken getuigen van die tijd. Zie blz. 226.

Op ontdekkingsreis

De Heilige Geesttempels op Terceira: Het Feest van de Heilige Geest wordt op Terceira vol overtuiging gevierd. De *impérios* spelen daarbij een belangrijke rol. Er zijn 68 van deze kleurrijk beschilderde tempels op het eiland. Tijdens een tocht langs de fotogenieke exemplaren rond Angra maakt men kennis met hun geheel eigen architectuur. Zie blz. 232.

Lavagrotten en hete dampen – vulkanische verschijnselen: Op vele plaatsen op Terceira zijn sporen van vulkanisme te ontdekken. De verkenning van tunnelopeningen, lavastromen en de uitgangen van zwavelhoudende gassen belooft avontuur. Zie blz. 242.

Map labels: Terceira, Kloof van de Ribeira do Além, Lagoinha, Serreta, Vulkanische verschijnselen, Heilige Geesttempels, Igreja de São Sebastião, Angra do Heroísmo, São Mateus da Calheta, Monte Brasil, Porto das Pipas

Bezienswaardigheden

Sé Catedral do Santíssimo Salvador: Sinds bijna vijfhonderd jaar is Angra de residentie van de bisschop van de Azoren. Geheel in overeenstemming daarmee is deze kathedraal midden in de stad schitterend uitgevoerd. Zie blz. 227.

Igreja de São Sebastião: De parochiekerk van São Sebastião werd nog in de gotische stijl gebouwd – een zeldzaamheid op de Azoren. Hij bevat waardevolle fresco's. Zie blz. 245.

Te voet

Wandeling op de Monte Brasil: De vulkaan Monte Brasil is de berg van de stad Angra. Een populair wandelpad leidt omhoog naar de panoramische top Pico das Cruzinhas. Zie blz. 238.

Wandeling naar Lagoinha: Vanaf Serreta kan men naar twee landschappelijke bijzonderheden wandelen: het idyllische kratermeer Lagoínha en de jungleachtige vallei van de Ribeira do Além. Zie blz. 256.

Sfeervol genieten

Pátio da Alfândega: De oude tolkade in de haven van Angra is met zijn caféterras de perfecte plek voor een gezellige pauze. Zie blz. 227.

São Mateus da Calheta: Het vissersdorp met de enorme kerk is niet alleen vanuit de verte mooi om te zien. Het biedt aan de haven ook veel flair en goede visrestaurants. Zie blz. 256.

Uitgaan

Porto das Pipas: Rond de oude havenpier en de nieuwe jachthaven speelt het nachtleven van Angra zich af in verschillende trendy openluchtbars. Zie blz. 227 en 240.

Geschiedenis en landschap

Angra do Heroísmo, de oude hoofdstad van de Azoren, is door de UNESCO tot Werelderfgoed verklaard. De stad biedt veel cultuur, de meeste bezoekers verblijven dan ook hier. Dankzij wildromantische rotskusten en bizarre vulkanische verschijnselen komen ook de natuurtoeristen niets tekort. Kleine plaatsen met een rijk etnografisch erfgoed zijn een bezoek waard, zoals het wijndorp Biscoitos, de vissersplaats São Mateus da Calheta of São Sebastião met zijn Heilige Geesttempel. De levendige stad Praia da Vitória valt in de smaak vanwege zijn lange zandstrand.

Angra do Heroísmo ✶

▶ 4, C/D 3/4

De toevoeging *heroísmo* (Port. 'heldendom') draagt de stad pas sinds 1837, nadat koning Pedro IV vanaf hier zijn aanspraak op de troon kon verdedigen tegen zijn broer Miguel, die in Portugal de macht had gegrepen. Daarvoor heette de plaats simpelweg Angra ('baai'), vanwege zijn uitstekende natuurlijke haven. Dit maakte hem al kort na de oprichting in de 15e eeuw tot het belangrijkste handelscentrum in de Atlantische Oceaan, wat tot in de 18e eeuw zo bleef. Vanaf 1766 was Angra zelfs de hoofdstad van de Azoren en schaart zich aldus onder de Azoriaanse metropolen met misschien wel de interessantste historische overblijfselen. In 1534 werd Angra bisschopsstad en tegelijkertijd de eerste *cidade* ('grote stad') van de archipel. Daarmee begon de bouwlust in de renaissancestijl, waarbij regelmatige, rastervormige straten ontstonden, volgezet met voorname paleizen en herenhuizen.

Een zware aardbeving maakte op 1 januari 1980 binnen elf seconden een

INFO

Toeristeninformatie

Verkeersbureaus van de Azoriaanse overheid op de luchthaven en in Angra do Heroísmo. Infokiosken van ART in Angra en Praia da Vitória.

Heenreis en vervoer

Luchthaven: Aeroporto Internacional das Lajes (TER) in het noorden van het eiland, 3 km van Praia da Vitória, 17 km van Angra. Bus naar Praia elke 1-2 uur (zo. slechts 4 maal daags), overstap in Angra. Taxi naar Praia ca. € 10, Angra ca. € 22. Rechtstreekse vluchten naar Lissabon en de meeste eilanden van de Azoren (zie blz. 22). Vluchtinfo: http://aerogarelajes.azores.gov.pt.

Veerboot: met Atlânticoline vanaf Praia da Vitória 's zomers 2-3 maal per week naar de eilanden van de centrale en oostelijke groep. Meer info zie blz. 23.
Bussen: dicht lijndienstnetwerk van de EVT (tel. 295 21 70 01, www.evt.pt). Het traject tussen Angra do Heroísmo en Praia da Vitória (lijn 2) wordt ca. elk uur bediend (za.-zo. minder), ritprijs € 2,45. Beide steden zijn knooppunten voor verdere verbindingen.
Taxi: taxistandplaatsen in Angra en Praia (Angra – São Mateus ca. € 6, Angra – Algar do Carvão ca. € 15).
Huurauto: diverse bedrijven in de aankomsthal van de luchthaven. Meer verhuurders in Angra.

einde aan alle pracht en praal. Er waren ongeveer honderd doden, twaalfduizend mensen werden dakloos. Veel huizen en monumenten werden vernietigd of stonden op instorten. Maar Angra herrees uit de puinhopen. De Verenigde Staten, die bij Lajes in het noorden van het eiland een militaire basis hebben, droegen daaraan bij met royale financiële hulp. Vandaag de dag is er geen spoor van de aardbeving meer te zien, alles werd in originele staat hersteld.

Bezienswaardigheden

Een rondleiding door het historische centrum van de stad kan beginnen bij de **Porto das Pipas**. De oude kade verloor zijn betekenis in de 19e eeuw, omdat de baai niet meer diep genoeg was voor de almaar groter wordende vrachtschepen.

In die tijd begon de opkomst van Praia da Vitória als de belangrijkste haven van Terceira. Het **Castelo de São Sebastião** 1 (16e eeuw, Rua do Castelinho) troont boven de Porto das Pipas uit. In het fort is tegenwoordig een gerenoveerd luxehotel van de voormalige staatshotels Pousadas de Portugal (www.pousadas.pt) gehuisvest. Ernaast ligt de moderne **marina**, waarvan de lange golfbreker begint bij de **Pátio da Alfândega**, de voormalige tolkade. Tegenwoordig staan hier de tafels van een caféterras, dat een bevoorrecht uitzicht op de haven en de baai biedt.

Igreja da Misericórdia 2

Rua Direita, tel. 295 20 48 40, meestal overdag geopend

De blauw-witte voorzijde van de kerk van de Misericórdia (zie blz. 66) uit de 18e eeuw is gericht op de zee. In de vergulde retabel van het hoofdaltaar wordt een beeld van de patroonheilige van de stad, **Senhor Santo Cristo**, vereerd. Interessant en griezelig tegelijkertijd zijn de catacomben onder de kerk. Ze werden in vroeger eeuwen gebruikt als begraafplaats. De doden werden willekeurig op elkaar gestapeld, getuige de dikke lagen met beenderen. Wanneer dat zo gebeurde, weet niemand. Volgens de overlevering zou het hierbij om piraten zijn gegaan. Zeker is dat het massagraf uit een tijd dateert dat hier nog een voorloper van de huidige kerk stond. Pas bij de restauratie na de aardbeving van 1980 werd het herontdekt.

Rua Direita

Aan deze deftige straat van Angra staan de voormalige adellijke paleizen, waarin nu chique winkels en restaurants zijn gevestigd. Tussen alle paleizen springt het **Casa do Conde de Vila Flor** 3 (huisnr. 111-121) er bovenuit, waar de zevende graaf van Vila Flor woonde, António de Noronha (1792-1860). Hij was een vertrouweling van koning Pedro IV en door hem geïnstalleerd als kapitein-generaal op de Azoren. Later werd hem de titel van Duque da Terceira ('hertog van Terceira') verleend.

Landinwaarts komt de Rua Direita uit op de **Praça Velha** (officieel Praça da Restauração). Rond dit centrale plein staan het stadhuis, banken, winkels en een hotel gegroepeerd. Het caféterras in het midden is erg populair. Alle straten in westelijke richting lopen parallel aan de Rua Direita. De **Rua da Palha** is een voetgangerszone, ook hier bevinden zich twee drukbezochte terrassen.

Sé Catedral do Santíssimo Salvador 4

Rua da Sé, tel. 295 21 78 50, ma.-za. 8-18, zo. 8-12, 18-20 uur

De Rua da Sé is de hoofdwinkelstraat en belangrijkste verkeersader van de binnenstad. Hij begrenst de rechthoekige renaissancestraten ▷ blz. 230

Ladeira Branca
Rua P. Madonado
R. de São João de Deus
Rua da Pereira
R. P. Atónio Cordeiro
Canada Nova de Santa Luzia
Ladeira de Sta. Luzia
R. Beato João B. Machado
R. P. Manuel J. Máximo
Rua da Miragaia
R. M. Cândido
Rua do Desterro
Rua do Pau São
Rua do Marques
Praça Dr. Sousa Júnior
Rua da Boavista
Rua do Palácio
Rua de São Pedro
Rua do Rego
Taxi
Rua da Esperança
Ladeira de S. Francisco
R. do Gruzeiro
Stadhuis
Praça Velha
Rua da Sé
Rua do Galo
Av. T. C. José Agostinho
R. Gonçalo V. Cabral
Rua do Barcelos
Rua do Morrão
Caminho Novo
Cerrado do Bailão
Rua Carreira Cavalos
Rua do Salinas
Rua da Palha
Rua de São João
Rua Direita
Rua do Santo Espírito
Rua dos Italianos
Rua da Rosa
Rua Tomé Belo De Castro
Rua Recreio dos Artistas
Rua dos Canos Verdes
Rua de Jesus
Pátio da Alfândega
Rua do Armador
Rua do Cardoso
Rua do Faleiro
Rua Ciprião
Rua da Boa Nova
Rua da Olveira
Largo Miguel Corte de Real
Estrada Pêro de Barcelo
Estrada Gaspar Corte Real
Rua da Rocha
R. Cons. José Silvestre Ribeiro
Porto das Pipas
Baía de Angra
Pico das Cruzinhas 168 m
Monte Brasil
Pico do Facho 205 m
Baía d
Silvei
0
100
200 m

Angra do Heroísmo

Bezienswaardigheden
1. Castelo de São Sebastião
2. Igreja da Misericórdia
3. Casa do Conde de Vila Flor
4. Sé Catedral do Santíssimo Salvador
5. Palácio dos Bettencourt
6. Palácio dos Capitães-Generais
7. Jardim Duque da Terceira
8. Alto da Memória
9. MAH – Museu de Angra do Heroísmo
10. Castelo de São João Baptista
11. Monumento ao Povoamento da Terceira
12. Ermida de Santo António
13. Forte da Quebrada
14. Vigia da Baleia
15. Império dos Inocentes da Guarita
16. Império do Outeiro
17. Museu Vulcanoespeleológico Machado Fagundes

Overnachten
1. Angra Garden Hotel
2. Terceira Mar
3. Hotel do Caracol
4. Quinta da Nasce Água
5. Beira Mar
6. Monte Brasil
7. A Ilha

Eten & drinken
1. O Chico
2. As Nossas Ilhas
3. Casa do Peixe
4. O Pátio
5. Cervejaria Angrense

Winkelen
1. Açorbordados
2. Mercado Duque de Bragança

Actief
1. Arraia Divers
2. Ocean Emotion
3. Aguiatur
4. Quinta do Galo

Uitgaan
1. Farol da Baía
2. Havanna Club
3. Centro Cultural e de Congressos de Angra do Heroísmo (CCCAH)
4. Teatro Angrense

Terceira

Markant decor: de vulkaankegel van de Monte Brasil rijst voor Angra do Heroísmo op uit zee

in het noorden. Hier verheft zich de kathedraal van de Azoren. De term Sé is afgeleid van het Latijnse *sedes* (bisschopszetel). Vanaf 1570 nam het huidige gebouw de plaats in van een oudere, veel te klein geworden kerk uit de tijd van de ontdekkingsreizigers. Pas in de 17e eeuw kon de nieuwe kerk worden afgemaakt. Later werden er nog verschillende veranderingen uitgevoerd, maar deze werden weer ongedaan gemaakt bij de reconstructie na de aardbeving van 1980. Men richtte zich daarbij exact naar het oorspronkelijke bouwplan. Binnen is het linker zijaltaar bijzondere aandacht waard. Dit werd in de 17e eeuw bekleed met een reliëf van gehamerd zilver. Bijzonder waardevol is ook de Indo-Portugese muziekstandaard uit Braziliaans hout met ivoren inlegwerk (ook 17e eeuw).

Naast het hoofdportaal van de kathedraal staat een beeld van paus Johannes Paulus II. Het herinnert aan zijn bezoek aan de Azoren in 1991.

Palácio dos Bettencourt 5

Rua da Rosa 49, tel. 295 21 26 97, okt..-juni ma.-vr. 9-19, za. 9.30-12, juli-sept. ma.-vr. 9-17 uur

Het statige, eind 17e-eeuwse paleis achter de kathedraal behoorde tot de rijke Bettencourtfamilie. Zij waren oorspronkelijk afkomstig uit Normandië en speelden aan het begin van de 15e eeuw een belangrijke rol bij de verovering van de Canarische Eilanden Lanzarote en Fuerteventura door

Angra do Heroísmo

Castilië. Via Madeira was een tak van de familie naar Terceira gekomen.

Het portaal is uitzonderlijk rijk versierd met beeldhouwwerk in de stijl van de vroege Portugese barok. Boven de ingang prijkt een stenen wapenschild van het adellijke geslacht. Vandaag de dag zijn de openbare bibliotheek en het stadsarchief in het gebouw gevestigd. Bezoekers kunnen een kijkje nemen in het trappenhuis waar azulejos taferelen tonen uit de geschiedenis van het eiland.

Palácio dos Capitães-Generais 6

Rua do Palácio/Largo Prior do Crato, tel. 295 21 36 71, www.azores.gov.pt, apr.-sept. ma., wo.-za. 10-18, zo. 14-18, okt.-mrt. ma., wo.-vr. 10-13, 14-17.30, za. 14-17.30 uur, di. en zo. gesloten, gratis toegang

Het ruime gebouw was oorspronkelijk door de jezuïetenorde opgericht, die zich in 1570 in Angra had gevestigd. Binnen bevond zich een college en eveneens een middelbare school voor jongens van adellijke families. Nadat de orde in 1759 werd verboden in Portugal, moesten de jezuïeten het complex verlaten. Het ging over in staatsbezit en werd tot residentie verbouwd. Van 1766 tot 1831 werd het paleis gebruikt door diverse kapitein-generaals, de vertegenwoordigers van de koning op de Azoren. Koning Pedro IV bereidde hier aan het begin van de 19e eeuw zijn invasie op het vasteland voor (zie blz. 44) en Koning Carlos I logeerde hier tijdens zijn bezoek aan de Azoren in 1901.

Vandaag de dag is het Palácio dos Capitães-Generais de officiële zetel van de president van de Azoren. De staatskamers met het originele koninklijke meubilair en het klooster van de jezuïeten zijn te bezichtigen, als ze ten minste niet op dat moment worden gebruikt voor recepties.

Ernaast staat, met de façade naar de Largo Prior do Crato toegekeerd, de **Igreja do Colégio** (zo. 10-12 uur), de voormalige 17e-eeuwse jezuïetenkerk. Deze is in de stijl van de jezuïeten-barok (zie blz. 67) rijkelijk versierd. De blauwe en witte tegeltableaus werden in Delft vervaardigd.

Jardim Duque da Terceira 7

Rua do Marquês, juni-aug. 8-24, mei-sept. 8-22, okt.-apr. 8-18 uur, gratis toegang; zie Favoriet blz. 236

Alto da Memória (ook Outeiro da Memória) 8

Op de heuvel boven de stad verheft zich de **Obelisco da Memória**. Deze werd in 1845 door koningin ▷ blz. 235

Op ontdekkingsreis

De Heilige Geesttempels op Terceira

Het Feest van de Heilige Geest wordt op Terceira vol overtuiging gevierd. De impérios spelen daarbij een belangrijke rol. Er zijn 68 van deze kleurrijk beschilderde tempels op het eiland. Tijdens een tocht langs de fotogenieke exemplaren rond Angra maakt men kennis met hun geheel eigen architectuur.

Kaart: ▶ 4, B-E 3/4
Stadsplattegrond: blz. 229
Duur: volledige dag.
Start: Angra do Heroísmo.
Karakter: tocht per huurauto, met lunch- en zwempauze.

De kleurrijke *impérios* (Heilige Geesttempels) lijken op kapelletjes. Zij worden echter niet voor officiële christelijke erediensten gebruikt, maar voor het zeer populaire Feest van de Heilige Geest, die jaarlijks tussen Pasen en Pinksteren, deels ook nog tot in de zomer gevierd worden (zie blz. 69). Dit middeleeuwse gebruik heeft zich in Portugal eigenlijk alleen op de Azoren kunnen handhaven. Essentiële onderdelen ervan zijn een maaltijd voor de armen en de kroning van de zogeheten Heilige Geestkeizer.

Heilige Geesttempels zijn vaak staaltjes van echte volksbouwkunst, tot stand gebracht en gefinancierd door de parochieleden. Aan de misschien wel mooiste tempel van Angra do Heroísmo, de **Império dos Inocentes da Guarita** 15 (zie foto; Rua Guarita, links naast de Casa Santa Maria da Misericórdia), zijn in ieder geval bekende namen verbonden. De tempel werd gebouwd op basis van een ontwerp van João da Ponte, een architect uit São Miguel, die zich vanwege een groter bouwproject op dat moment in Angra bevond. Een engelenfiguur van Sá e Silva siert de top van de gevel. De beroemde Festas da Guarita vinden eind juli of begin augustus plaats.

De bouw van *impérios* nam in de 19e eeuw grootse vormen aan. Ze vervingen steeds meer de voorheen gebruikelijke *teatros*, houten tempels die naar behoefte opgebouwd en weer afgebroken konden worden. Het *teatro* van de Rua Guarita uit 1845 werd aan Serra Ribeirinha verkocht, waar het de tien jaar erop gebruikt werd totdat ook in deze kleine gemeente ten noordoosten van Angra een vaste tempel kwam.

Het wonder van de kroon

De eerbiedwaardigste Heilige Geesttempel van Terceira, de **Império do Outeiro** 16 uit 1670, staat in het oudste stadsdeel van Angra. Men rijdt het ziekenhuis voorbij, gaat vervolgens bij de eerste kerk linksaf en rijdt dan door de Rua das Maravilhas, een smal geplaveid straatje zonder naambordje, recht op de tempel af. Het gebouwtje voegt zich naadloos in de één verdieping hoge huizenrij. De gevel bestaat nog uit natuursteen en is niet, zoals bij recentere bouw gebruikelijk is, volledig beschilderd. Toen in 1761 op het westen van het eiland de Pico de Santa Bárbara tot uitbarsting kwam, trokken de verschillende broederschappen er met hun Heilige Geestkronen op uit om de vulkaan tot rust te brengen. De kroon uit de Império do Outeiro zou als eerste gearriveerd zijn en de lava tot stilstand hebben gebracht. Koning José I verordonneerde daarop, dat deze voortaan bij processies met meer Heilige Geestkronen, voorop diende te gaan.

Bontgekleurd

De opvallend bontgekleurde **Império do Porto Judeu de Baixo** (1916, Estrada Regional 1-2) staat aan de hoofdstraat van **Porto Judeu** (▶ 4, E 4), niet ver van de Igreja de Santo António. Speelse details, zoals een klaverbladvenster en kleine smeedijzeren balkons, karakteriseren het gebouw. De ramen bieden een blik op het interieur, waar – zoals bij alle tempels – een altaar staat, waarop de Heilige Geestkroon bewaard wordt. Schuin ertegenover herinnert een gedenkteken in de vorm van een vissersboot aan de gevallenen in de Portugese koloniale oorlogen van de jaren zestig en zeventig van de twintigste eeuw.

Weelderige motieven

In **São Sebastião** (▶ 4, E 3) hoeft men alleen maar de wegwijzers 'Império' te volgen om in het centrum van het plaatsje te komen, waar de **Império de São Sebastião** (Rua da Igreja) oprijst. Hij wordt gekenmerkt door zijn prachtige beschildering in zachte aardkleuren. Onder het bouwjaar (1918) staan op een stenen banier de eerste woorden van de pinksterhymne, een middeleeuws gedicht waarmee de gelovigen de Heilige Geest om bijstand vragen. 'Veni sanct espiritus' (Kom, Heilige Geest). Afbeeldingen op de sokkel stellen de spijzen van het Feest van de Heilige Geest voor. Zij tonen rundvlees, maïsbrood, wijnvaten en -kruiken. Ook hier valt op dat de parochiekerk vlakbij staat. Hoewel de katholieke kerk lange tijd heeft getracht de Heilige Geestcultus te verbieden of op zijn minst in te perken, waren en zijn de plaatselijke priesters er toch altijd bij betrokken. Zij hebben tot taak het brood te zegenen en de *imperador* (Heilige Geestkeizer) te kronen.

Gezamenlijk maal

Via de ER 1-1 rijdt men bovenlangs om Porto Judeu en Angra do Heroísmo heen en verder over de secundaire weg ER 6-2 boven São Mateus da Calheta richting São Bartolomeu. Onderweg passeert men na Angra de **Império do Cantinho** (Estrada Regional 6-2), een ongebruikelijk brede, in verschillende tinten blauw geverfde Heilige Geesttempel uit 1860. Aan de gevel prijken twee engelen met een banier waarop geschreven staat: 'Em louvor do Divino Espto. Santo' (Geloofd zij de goddelijke Heilige Geest). De tempel staat in een deel van São Mateus waar de inwoners vroeger van de veeteelt leefden. De plaatselijke Heilige Geestbroederschap organiseerde tot voor enkele decennia een dankmaaltijd met stokvis, aardappels en eieren voor de veehouders, die offerdieren voor het feest hadden gedoneerd. Wie geen eigen vee had, kon als *criador seco* ('droge boer') aan de aankoop van een dier bijdragen.

In **São Bartolomeu** (▶ 4, C 3) staat de Heilige Geesttempel in de hoofdstraat, die zich richting het centrale plein verbreedt. Op het dak van de tempel prijken kronen en duiven. Geschilderde bloemenranken omringen het bouwjaar '1875' op de fassade. De **Império de São Bartolomeu de Regatos** (Largo Doutor Corte Real e Amaral) is verder fleurig beschilderd en bovendien met smeedijzeren hekwerken versierd. De aanbouw aan de rechterkant is op vergelijkbare wijze vormgegeven. Aan veel tempels zit zo'n opslagruimte, waarin tijdens het Feest van de Heilige Geest brood, vlees en wijn bewaard worden.

Borduursel met duiven

Ook in **Santa Bárbara** (▶ 4, B 3) bevindt de Heilige Geesttempel zich precies tegenover de dorpskerk en is in soortgelijke kleuren beschilderd – wit met okergele randen en raamkozijnen. Een mozaïekbestrating voor het kerkportaal verbeeldt de toren, het symbool van St.-Barbara. De **Império de Santa Bárbara** (1876, Largo da Igreja) heeft in de voorgevel drie spitsboogvormige deuren en een rozetvenster, in de toenmalig actuele neogotische stijl. Een Heilige Geestkroon met de karakteristieke voorstelling van een duif prijkt op de façade. Dit motief komt ook weer terug op de bestikte deurgordijnen.

Over de ER 1-1 gaat het weer terug naar Angra. Men kan de dag afsluiten in de populaire badplaats **Porto Negrito** (▶ 4, C 3; goede faciliteiten, strandbar) of in een bar aan de vissershaven van **São Mateus da Calheta** (zie blz. 256).

Maria II opgericht ter nagedachtenis van haar vader Pedro IV, die er in 1832 vanaf Angra op uit was getrokken om zijn aanspraken op de Portugese troon tegen zijn jongere broer Miguel te verdedigen. De onderste steen van de obelisk zou afkomstig zijn van de kademuur van Angra, vanaf waar Pedro IV zijn schip betrad. Het panoramaterras voor het monument biedt een prachtig uitzicht over Angra.

De ontdekkingsreizigers hadden op deze kwetsbare plaats een burcht gebouwd, die rond het einde van de 16e eeuw zijn betekenis had verloren door de bouw van een vesting aan zee en slechts nog als munitiedepot diende. Hij werd gesloopt om ruimte te maken voor het beeldteken. Onder de burcht had Álvaro Martins Homem in 1460 een eerste nederzetting aan de **Ribeira dos Moinhos** ('molenbeek') opgericht. Hij liet twaalf molens langs de waterrijke stroom bouwen, die graan maalden en dat aan aan passerende boten verkochten. Daarnaast stonden er ook leerverwerkingsfabrieken en linnenweverijen. In 1956 werd de Ribeira dos Moinhos omgeleid om twee waterkrachtcentrales aan te drijven. De **Rua do Pisão** en de omliggende steegjes met hun lage bebouwing herinneren nog aan de laatmiddeleeuwse kern van Angra.

MAH – Museu de Angra do Heroísmo 9

Ladeira de São Francisco, tel. 295 24 08 02, http://museu-angra.azores. gov.pt, di.-vr. 9.30-17, za.-zo. 14-17 uur, entree € 2

Het hoofdgebouw van het eilandmuseum is gevestigd in het voormalige franciscanenklooster **Convento de São Francisco**. In een voorloper van de bijbehorende **Igreja de Nossa Senhora da Guia** begroef Vasco da Gama zijn broer Paulo, die in 1499 stierf tijdens zijn terugkeer van de zeereis naar India. Binnen in de huidige, driebeukige barokke kerk (eind 17e eeuw), zijn de dragende pilaren en bogen rijk beschilderd. Speciale aandacht verdient het beeldhouwwerk in de hal vooraan, waartussen zich nog bouwelementen van de gotische eerste kerk bevinden en een 15e-eeuwse grafsteen.

De historische collectie van het museum wordt in de langdurige tentoonstelling 'Do Mar e da Terra' gepresenteerd. Het thematiseert Angra als het knooppunt in de Atlantische Oceaan door de eeuwen heen. Daarnaast zijn er telkens interessante wisseltentoonstellingen. In de voormalige, met 17e-eeuwse azulejos versierde refter (eetzaal) van het klooster zijn oude koetsen te bewonderen.

Castelo de São João Baptista 10

Largo da Boa Nova, dag. 9.30-12.30, 14-18 uur, gratis toegang, elk uur rondleidingen

De enorme vesting op de westelijke rand van de baai van Angra werd tijdens de Spaanse overheersing in de late 16e eeuw door koning Filips II gebouwd en heette eerst Castelo de São Felipe. In die tijd werd het beschouwd als een van de grootste verdedigingswerken in Europa. Hier werden de goud- en zilverschatten uit Midden- en Zuid-Amerika bewaard, wanneer de transportschepen in Angra kwartier maakten om er proviand en manschappen aan te vullen. Aan boord van de verankerde en daarmee ook onmanoeuvreerbare galjoenen, zouden deze anders een te gemakkelijke prooi zijn voor de piraten, die in die tijd de wateren van de Azoren onveilig maakten.

Toen Portugal onder koning João IV weer onafhankelijk werd, kreeg het kasteel zijn huidige naam. Uit dankbaarheid voor de verdrijving van de Spanjaarden werd in 1645 binnen in de burcht de **Igreja** ▷ blz. 238

Favoriet

Jardim Duque da Terceira 7 – idylle in de stad

Exotische struiken en bomen bloeien er om het mooist, vogels kwetteren en kikkers kwaken in de vijvers en waterbekkens. De stadstuin van Angra, een van de mooiste klassieke tuinen van de Azoren, werd al in 1882 aangelegd tussen de jezuïetenkerk en het franciscanenklooster. Twee indertijd geplante en vandaag de dag reusachtige araucaria zetten de toon. In model geknipte struiken nemen gedurfde vormen aan en doen een beetje denken aan de bekende tweelingschoorstenen van Terceira. Bewoners en bezoekers flaneren ertussendoor, rusten uit op afgelegen bankjes en bewonderen de mozaïekbestrating, die persoonlijkheden uit de eilandgeschiedenis en bloem- en vogelmotieven verbeelden. Actieve bezoekers lopen via terrassen en langs fonteinen en vijvers de helling op naar de bovenste uitgang aan de Alto da Memória.

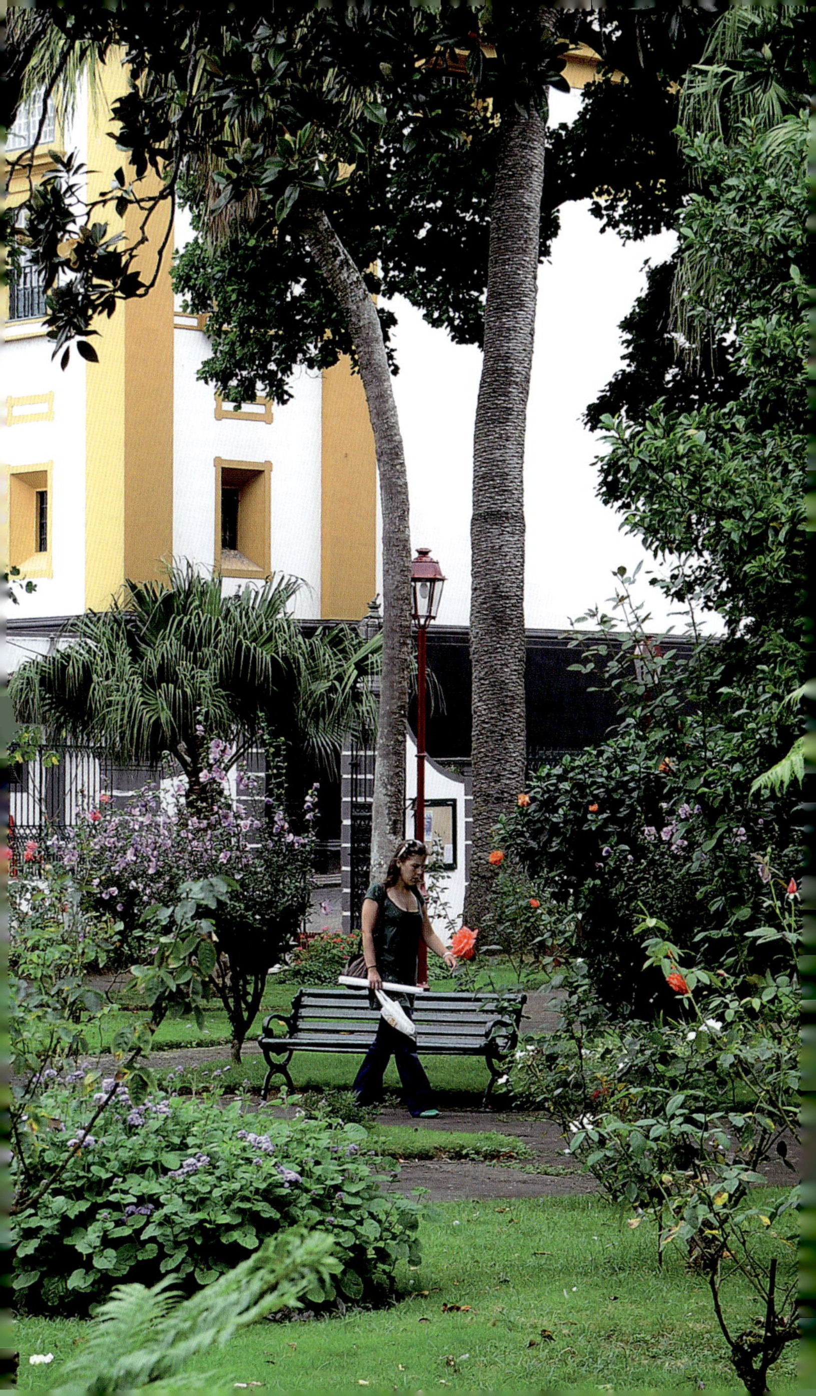

de São João Baptista opgericht. In de periode erna werden er telkens politieke gevangenen in ondergebracht. Tot op heden is het leger hier gestationeerd. Soldaten leiden de bezoekers door het complex, dat via een zijingang achter een doorgangspoort wordt betreden. U kunt de kerk en verschillende bolwerken, waar oude bronzen kanonnen en afweergeschut uit de Tweede Wereldoorlog staan opgesteld, bezichtigen.

Het op de stad gerichte, representatieve hoofdportaal Portão de Armas is altijd afgesloten, maar aan de buitenkant toch de moeite van het bezichtigen waard vanwege de rijke, vroegbarokke ornamenten. Ook indrukwekkend zijn de *bocas de lobo* ('wolfsmuilen'), obstakels in de kasteelgracht, die het aanvallers moeilijk maakten bij een bestorming van de vestingmuur.

Monte Brasil

Alleen toegankelijk vanaf zonsopkomst tot zonsondergang

De buitenste, 4 km lange verdedigingsmuur van het Castelo de São João Baptista omringt de gehele Monte Brasil (205 m), een vulkaankegel aan de westelijke rand van Angra. Door het poortgebouw naast het fort komt men op de smalle toegangsweg naar de Monte Brasil. Boven is er een in het weekend drukbezochte picknickplaats.

De weg eindigt bij de **Pico das Cruzinhas** (168 m), een secundaire top met daarop het **Monumento ao Povoamento da Terceira** 11, een zuil met bovenop een omwonden bol (een armillairsfeer, het navigatie-instrument van vroegere zeevaarders) en het kruis van de orde van Christus. Beide zijn voormalige koninklijke insignes en symbolen van de Portugese ontdekkingsreizen. Het monument werd in 1932 ter ere van de vijfhonderdste verjaardag van de kolonisatie van Terceira ingehuldigd. Vanaf het platform heeft men een uitstekend uitzicht op Angra.

Wandeling over de Monte Brasil
Duur: 2,5 uur, licht

De rondwandeling **PRC 4 TER** gaat ook langs de minder bekende, alleen te voet bereikbare zijden van de Monte Brasil. De route start bij de ingang van het Castelo de São João Baptista. Het eerste doel is de **Ermida de Santo António** 12, met een prachtig uitzicht over de haven en baai van Angra. Vervolgens leidt het pad naar de **Pico do Facho** (205 m), de hoogste top van de vulkaan, naar het **Forte da Quebrada** 13 en naar de **Vigia da Baleia** 14, een oude walvisvaardersuitkijkpost. Vanaf de picknickplaats bij de Pico das Cruzinhas gaat het uiteindelijk weer steil omlaag, rechtstreeks terug naar het beginpunt.

Heilige Geesttempels in Angra
15 en 16, zie Op ontdekkingsreis blz. 232

Museu Vulcanoespeleológico 17
Zie Op ontdekkingsreis blz. 242

Overnachten

Voor verfijnde stadsmensen – **Angra Garden Hotel** 1: Praça Velha, tel. 295 20 66 00, www.angragardenhotelazores.com, 2 pk ca. € 100. Hotel met 120 kamers, sommige met balkon of uitzicht op de aangrenzende Jardim Duque da Terceira (zie Favoriet zie blz. 236). Goed uitgeruste spa en fitnessruimte.

Ruim opgezet – **Terceira Mar** 2: Portões de São Pedro 1, tel. 295 40 22 80, www.bensaude.pt, 2 pk € 85-120 (via touroperator). Gelegen aan de westelijke rand van Angra bij de zee, op loopafstand van het centrum. Met alle comfort van een viersterrenhotel.

Comfortabel – Hotel do Caracol 3: Silveira, Estrada Regional 1, tel. 295 40 26 00, http://pt.hoteldocaracol.com, 2 pk € 85-120 (via touroperator). Viersterrenhotel, gelegen boven de openbare zwembaden in de Baía da Silveira. Eromheen ligt de groene woonwijk in het westen van Angra. Spa en fitness.

Subtropisch park – Quinta da Nasce Água 4: Vinha Brava, Lugar de Nasce Água, tel. 295 62 85 00, 2 pk € 80-130 (via touroperator). Statig 19e-eeuws landgoed met 14 kamers en 2 suites, een prachtige tuin en een groot zwembad in een landelijke omgeving. Snackbar met goedkope dagschotels in de directe nabijheid.

Klassieke stijl – Beira Mar 5: Largo Miguel Corte Real 1-5, tel. 295 21 51 88, www.hotelbeiramar.com, 2 pk € 70-80. Overzichtelijk stadshotel aan zee, ruim ontbijtterras met uitzicht op de haven en gerenommeerd restaurant (dag. 12-15, 18.30-22 uur, hoofdgerecht vanaf € 7).

Praktisch – Monte Brasil 6: Alto das Covas 8/10, tel. 295 21 24 40, http://montebrasil.pt, 2 pk € 50-65. Beschaafd pension met 32 kamers en een gezellige lounge.

Centraler kan niet – A Ilha 7: Rua Direita 24, tel. 295 62 81 80, fax 295 62 81 81, 2 pk € 50-60. Net hotel-pension in een stadspaleis aan de boulevard van Angra, 12 kamers.

Eten & drinken

Nieuwe bescheidenheid – O Chico 1: Rua de São João 7, tel. 295 33 32 86, ma.-za. 12-15, 18.30-23, zo. 12-15 uur, hoofdgerecht € 7-12, dagmenu € 6. Met redelijke prijzen en grote porties trekt dit gemoderniseerde, kleine restaurant klanten aan. Traditionele eilandgerechten, zoals *alcatra*. Ook om mee te nemen.

Stevige keuken – As Nossas Ilhas 2: Rua do Rego, 1e etage van de markthal, eigen ingang, tel. 295 21 60 87, dag. 12-15, 18-22 uur, hoofdgerecht vanaf € 9, buffet rond € 10. Ruim lokaal, behorend tot de markthal. Gespecialiseerd in gegrilde vlees en vis en kipspiezen, met verse groenten geserveerd. Mooi terras met uitzicht over de stad.

Alle soorten vis – Casa do Peixe 3: Estrada Gaspar Corte Real 30, tel. 295 21 76 78, wo.-ma. 12-15, 19-23 uur, 's winters 11-15, 18.30-22 uur, hoofdgerecht vanaf ca. € 10. Modern gebouw met panoramavenster, minimalistische stijl. Verschillende vormen van *telha* (lett. 'dakpan'), een voor het eiland typische bereidingswijze van vis of schaal- en schelpdieren (voor 2 pers. ca. € 25).

Regionale keuken – O Pátio 4: Largo Prior do Crato, tel. 295 21 61 39, ma.-za. 11-15, 18.30-23 uur, zo. en feestdagen gesl., hoofdgerecht vanaf ca. € 7,50. Familiaal restaurant zonder franje, waar inktvis, *cherne* (wrakbaars) of steak 'van het huis' op tafel komen.

Ongecompliceerd – Cervejaria Angrense 5: Alto das Covas 22, tel. 295 21 71 40, dag. geopend. Ruim restaurant in traditionele stijl, met tafeltjes erbuiten. Weinig keus, maar goede prijs-kwaliteitverhouding. Heeft iets weg van een snackbar. Afwisselend, stevige dagschotels € 6-7 (incl. drankje).

Winkelen

Borduurwerk – Açorbordados 1: Rua da Rocha 50, tel. 295 21 42 39, www.acorbordados.com. Verkooppunt van een traditioneel bedrijf dat al sinds 1945 borduurwerk laat maken door thuiswerksters (zie blz. 78).

Markthal – Mercado Duque de Bragança 2: Rua do Rego, ma.-vr. 7-16, za. 7-14 uur. Beste keus aan inheems fruit, groenten, vlees en vis, brood, kruiden en bloemen. Op de eerste etage een galerie met verkoop van kunstnijverheid, een uitzichtsterras en restaurant As Nossas Ilhas (zie blz. 239).

Actief

Duiken – Anfibius 1: Silveira, Estrada Regional 1, tel. 912 59 65 41, http://pt.hoteldocaracol.com, dec. gesloten. Duikschool bij Hotel do Caracol, ook voor externe deelnemers. PADI-cursussen, ook in het Engels (Open Water Diver € 280), verhuur van uitrusting (waaronder digitale onderwatercamera's). Er wordt gedoken bij het huisrif, op verschillende plaatsen rond het eiland of in de baai van Angra, die vanwege de scheepswrakken tot 'archeologisch onderwaterpark' werd uitgeroepen. Op de oostelijke helling van de Monte Brasil ligt het Cemitério das Âncoras ('ankerkerkhof'). Talloze schepen moesten daar hun anker loskappen en achterlaten, omdat de wind plotseling draaide en er gevaarlijke golven ontstonden.

Whalewatching – Ocean Emotion 2: Rua da Praia 49, tel. 917 07 21 54, www.oceanemotion.pt. Vanaf de jachthaven vaart de ruime RIB-boot 'Ocean Emotion' uit voor het observeren van walvissen en dolfijnen. Volw. € 50, kind 3-12 jaar € 25. Zwemmen met dolfijnen tegen toeslag (€ 20). Minimum aantal deelnemers 6 pers.

Nachtelijke verlichting

Ook na het invallen van de duisternis is een wandeling door Angra de moeite waard. De mooiste monumenten zijn dan aantrekkelijk verlicht, zoals de kathedraal of het voormalige gebouwencomplex van de jezuïetenorde in Largo Prior do Crato.

Fietsen, kajaks – Aguiatur 3: Marina de Angra, Pontão C, tel. 295 21 81 02, www.aguiaturazores.com. Verhuur van mountainbikes (€ 20 p. dag), kajaks (2 pers. € 12 p. uur) en scooters. Daarnaast worden diverse begeleide activiteiten te land en te water aangeboden.

Kinderboerderij en paardrijden – Quinta do Galo 4: Terra Chã, Fonte Faneca 75, tel. 295 33 33 15, www.quintadogalo.pt. De pedagogische kinderboerderij is bovenal gericht op lokale families. Kinderen leren hoe de traditionele landbouw werkt en beleven er allerlei avonturen. Volwassenen kunnen paarden huren voor ritten (€ 30 p. uur). Op afspraak begeleide tochten in de bergen van Terceira.

Uitgaan

Veelzijdig – Farol da Baía 1: Estrada Gaspar Corte Real, tel. 295 21 82 81. Minimalistisch ingerichte bar aan de haven. Met *esplanada* (groot terras met bar) en twee zalen waar muziek – ook alternatief – wordt gedraaid voor een jonger en ouder publiek. Vaak dj-optredens.

Zomerse droom – Havanna Club 2: Porto das Pipas, tel. 968 30 66 56, in het weekend tot 5 uur. Uitstekende locatie aan de jachthaven met superuitzicht vanaf het terras. 's Zomers thema-avonden en culturele evenementen.

Puur cultuur – Centro Cultural e de Congressos de Angra do Heroísmo (CCCAH) 3: Canada Nova de Santa Luzia, tel. 295 20 61 20, www.cm-ah.pt. Het modernste cultureel en evenementencentrum van de Azoren. De extravagante architectuur bootst een arena na. Theater, concerten, prestigieuze films en tentoonstellingen. In het Centro bevindt zich ook het concertcafé **Piano Bar** (dag. 10.30-24 uur), waar op het podium vaak kleinere evenementen plaatsvinden.

Theater – **Teatro Angrense** 4: Rua da Esperança 48-52, tel. 295 62 87 21, www.cm-ah.pt. Een nostalgisch gebouw (1860) in classicistische bouwstijl. Opera, operette, ballet en concerten met nationale en internationale ensembles.

Info & festiviteiten

Delegação de Turismo da Terceira: 9700-066 Angra do Heroísmo, Rua Direita 74, tel. 295 21 33 93, fax 295 21 29 22, pt.de.ter@azores.gov.pt, www.visit azores.com, ma.-vr. 9-17.30, za. 10-13 uur. informatiebureau van de Azoriaanse regering. **Quiosque ART:** Alto das Covas, tel. 295 21 85 42, qit.angra@ artazores.com, http://pt.artazores.com. Informatiekiosk van de organisatie ART (zie blz. 18).
Internet: www.cm-ah.pt
Vliegtuig: stadskantoor van de SATA, Rua da Esperança 2, tel. 295 21 20 13, ma.-vr. 9-18 uur.
Streekbussen: bussen van de EVT (zie blz. 226) naar het oosten van het eiland (Porto Judeu, Porto Martins, Praia) vertrekken vanaf de Praça Velha tegenover het Angra Garden Hotel, naar het westen (São Mateus, Biscoitos) aan de Rua do Marquês voor de ingang van de Jardim Duque da Terceira.
Stadsbussen: in de buitenwijken van Angra rijden bussen van de EVT.
Taxi: Praça Velha (tel. 295 21 20 05), Alto das Covas (tel. 295 21 30 88).
Huurauto: Ilha Verde, Angra Garden Hotel, Praça Velha, tel. 295 21 58 22, www.ilhaverde.com; Rentangra, Rua Direita 26, tel. 295 54 39 99, www.rent angra.com.
Festas Sanjoaninas: 24 juni, www.san joaninas.pt. In Angra wordt het feest van St.-Jan uitgebreid gevierd met een cultuur- en sportprogramma. Hoogtepunten zijn de stierenmarkt en de stierengevechten.

Angrajazz: drie of vier dagen begin okt., www.angrajazz.com. Jazzfestival met muzikanten van de Azoren, uit Europa en Noord-Amerika. In het Centro Cultural e de Congressos (zie blz. 240), dat dan elke avond in een sfeervolle jazzclub verandert.
Festa da Castanha: laatste weekend van okt. Terra Chã, de vruchtbare streek boven Angra, wordt beschouwd als het beste gebied voor de teelt van tamme kastanjes. Op het kerkplein van de gemeente worden gekookte kastanjes uitgedeeld aan bezoekers, verder zijn er gegrilde sardientjes, maïs en rode wijn. Bij kraampjes wordt kastanjegebak verkocht. Folkloregroepen en blaasmuzikanten zorgen voor vermaak.

Porto Judeu en omgeving ▶ 4, E 4

Onmiddellijk na de oostelijke invalsweg wijst rechts een bord naar de Miradouro Cruz do Canário, een groot panoramisch terras met uitzicht op de Ilhéus das Cabras (geiteneilanden). Dan strekt de bebouwing van Porto Judeu zich over meerdere kilometers uit langs de kust. Het kleine oude centrum wordt gemarkeerd door de Igreja do Santo António (Estrada Regional 1-2) met een mooie klokkentoren. Een eindje verderop splitst de Rua do Porto zich af richting zee, voor een kort uitstapje naar de vissershaven. De weinige overgebleven vissers treffen elkaar vaak in de twee nabijgelegen bars.

Baía da Salga

Aansluitend ligt in oostelijke richting de populaire badplaats **Zona Balnear da Salga**. De sfeer is er regelrecht mediterraan zoals eigenlijk nergens anders op de Azoren. Een enigszins gedateerd aandoende villa achter het grove kiezelstrand getuigt van ▷ blz. 245

Op ontdekkingsreis

Lavagrotten en hete dampen – vulkanische verschijnselen

Op vele plaatsen op Terceira zijn sporen van vulkanisme te ontdekken. De verkenning van tunnelopeningen, lavastromen en de uitlaten van zwavelhoudende gassen belooft avontuur.

Kaart: ▶ 4, C/D 2-4
Stadsplattegrond: zie blz. 229
Duur: volledige dag.
Startpunt: Angra do Heroísmo, Museu Vulcanoespeleológico.
Karakter: tocht per huurauto met rondleidingen; stevig schoeisel aanbevolen.
Museu Vulcanoespeleológico: Angra, Rua da Rocha 8, ma.-vr. 9-12.30, 14-17.30 uur, gratis toegang. Vanwege renovatie voor onbepaalde tijd gesloten. **Gruta do Natal:** half mrt.-mei en eerste helft okt. dag. 15-17.30, juni-sept. 14.30-17.45, juli-aug. 14-18 uur, € 5. **Algar do Carvão:** openingstijden als Gruta do Natal, € 5; combiticket voor beide grotten € 8, www.montanheiros.com.

Terceira heeft geluk met 'Os matanheiros'. Sinds de jaren zestig van de vorige eeuw bezit het eiland met hen een zeer ondernemende club van amateurgeologen en -speleologen. De leden hebben met veel liefde het kleine **Museu Vulcanoespeleológico Machado Fagundes** 17 in Angra opgericht. Een bezoek in de ochtend aan het museum is een informatieve inleiding op deze excursiedag. Er zijn reliëfs van de Azoreneilanden te zien, met de belangrijkste geologische formaties. Informatiepanelen geven in het Engels uitleg over de vulkanologische bezienswaardigheden van Terceira en andere eilanden. Verder is er een reeks door de 'Montanheiros' verzamelde gesteentemonsters te zien.

Een romantisch meer

Goed voorzien van proviand uit de markthal van Angra, gaat de reis vervolgens naar het romantische kratermeer **Lagoa da Falcã** (▶ 4, C 2; ook Lagoa das Patas). Op de ER 3-1 richting Biscoitos rijdt men het bergland in. Sla bij een centraal kruispunt linksaf naar Ribeiras Doze. Na de afslag naar Viveiro do Falcã/São Bartolomeu volgt een opvallende S-bocht, direct daarna ligt aan de linkerhand een parkeerplaats.

Aan de overzijde van de weg ligt het kratermeer ingebed in een dicht woud van Japanse ceders (zie blz. 95). De oevers zijn omzoomd door hortensiastruiken, kleurrijke exotische eenden (Port. *patas*) trekken hun baantjes tussen de waterlelies en langs de rand nodigen bankjes en grasvelden uit tot een rustpauze. Aan de westelijke rand van de Lagoa verheft zich de **Ermida**, een rijk uitgevoerde driebeukige kapel, die echter meestal gesloten is.

Avontuur in de tunnel

Om bij de **Gruta do Natal** (▶ 4, C 2) te komen, rijdt men terug naar de centrale kruising en vervolgens verder op de ER 3-1 richting Biscoitos. Vlak voor een splitsing in de regionale weg is er links een afslag naar de ingang van de Gruta do Natal (volg de borden). De lavatunnel dankt de naam 'Kerstgrot' aan het feit dat ter ere van de opening voor het publiek op 25 december 1969 een mis werd opgedragen – een gebeurtenis die sindsdien regelmatig wordt herhaald.

De toegangsweg eindigt bij het geleidelijk aan dichtgroeiende kratermeer **Lagoa do Negro** (▶ 4, C 2). Daar geeft een informatiepaneel uitleg over de *mistérios negros* – jonge, pas in 1761 ontstane lavastromen, die in westelijke richting te herkennen zijn. Ze werden uitgestoten door de vier kleine vulkanen op de zuidoostelijke flank van het Santa Bárbaramassief. Ook de 700 m lange Gruta do Natal ontstond onder een lavastroom, maar is van onbekende leeftijd.

De ingang van de Gruta do Natal bevindt zich in een traditioneel stenen huis met typische dubbele schoorsteen aan de zuidelijke oever van de Lagoa do Negro. Men krijgt een helm en kan vervolgens de vulkanische tunnel op eigen houtje verkennen (plattegrond bij de kassa). De totale bezichtiging neemt ongeveer 20 minuten in beslag. De temperatuur ondergronds is ongeveer gelijk aan die bovengronds.

Blijf eerst op de hoofdroute, in noordelijke richting, door de hier relatief brede rotstunnel. Wandelend over zogeheten touwlava komt men bij een stenen altaar, waar de mis wordt gelezen. Aan de linkerkant buigt hier een lage zijpijp af. Wie er doorheen wil kruipen, moet echter wel avontuurlijk aangelegd zijn. Normaal gesproken gaat men verder door de hoofdgang. Na ongeveer 20 m komt vanaf links de smalle zijpijp weer in de hoofdtunnel uit. Gestolde steendruppels hangen hier aan het plafond. Het einde van het ontsloten gedeelte van de tunnel is nu bereikt, de terugweg gaat langs dezelfde route. Kort voor het bereiken van de brede toegangstrap, leidt links een smalle stenen trap naar een klein, wat uitdagender rondje door een smaller gedeelte van de grot. In de hier zeer lage tunnel moet men vaak gebukt lopen. De ondergrond wordt gevormd door scherpe AA-lava, die tredzekerheid vereist.

Stinkende zwaveldampen

De autorit gaat opnieuw terug naar de centrale kruising. Vanaf daar rijdt men vervolgens richting het oosten, waar na ca. 3 km linksaf een korte doodlopende weg naar de **Furnas do Enxofre** ('zwavelgrotten'; ▶ 4, C 2) leidt. Op de parkeerplaats begint een korte, door leuningen beveiligde en van informatiepanelen (Port./Eng.) voorziene route rondom het fumarolenveld. Men kan deze route beter niet verlaten, want buiten de paden is het gevaarlijk vanwege de gaten in de bodem, waaruit kokendhete stoom opstijgt. De waterstofsulfidehoudende dampen hebben door de voortdurende afbraak van gesteente een kom gecreëerd, die vanaf verschillende platforms kan worden bekeken.

In de onherbergzame omgeving van de fumarolen gedijen slechts mossen en korstmossen. Er zijn ongeveer vijftig verschillende soorten waargenomen, waaronder enkele vrij zeldzame. Iets verderop strekt zich een heidelandschap uit, waar in de nazomer de struikheide bloeit. Ook groeien hier azorenbosbes, adelaarsvaren, vingerhoedskruid en de delicate blauwe lobelia.

Een ondoorgrondelijke pijp

De ernaastgelegen **Algar do Carvão** (▶ 4, C/D 2; lett. 'kolenmijn', vanwege het deels bijna zwarte gesteente binnenin) is in feite de mond van een uitgedoofde vulkaan, die zich tegen het einde van de laatste uitbraak – ongeveer 1700 tot 2100 jaar geleden – volledig had gelegd. Er bleef een holte achter van bijna 100 m diep. Zelfs in de zomer is het hierbinnen nog koud en vochtig. Ook in deze grot kunnen de bezoekers zich over het algemeen vrij bewegen. Meestal is er wel een begeleider van Os Montanheiros in de buurt. Op verzoek geeft hij uitleg in het Engels.

Door een voetgangerstunnel betreedt men de vulkaanpijp. Hoog bovenin is de dichtbegroeide, natuurlijke uitgang te herkennen. Naar omlaag verbreedt de grot zich steeds verder en beneden leidt een zijtunnel naar een grote, bolvormige ruimte, die 'de kathedraal' wordt genoemd. Wie zin heeft, daalt vervolgens de steile, gladde trappen nog verder af naar een meer op de bodem van de grot. Dat betekent echter dat men zo'n 220 steile trappen weer omhoog moet klimmen om terug te komen bij de ingang.

Bij de receptie van de grot worden drankjes en snacks verkocht. Andere horecagelegenheden zijn er niet in de bergen. Het is daarom het beste om de dag in Angra af te sluiten, bijvoorbeeld in een café aan de haven.

vergane glorie. Om het zwemmen gemakkelijker te maken, werd een door een golfbreker beschermd bassin aangelegd, waarvan het water regelmatig bij vloed wordt ververst. Daarnaast kan er vanaf een stenen kade in zee gedoken worden ('s zomers bewaakt, betonnen ligplaatsen, sanitaire faciliteiten, strandbar, kleine camping).

Baía das Mós ▶ 4, E 4

Verderop langs de kustweg passeert men de vuurtoren bij de **Ponta das Contendas** en de schilderachtige **Baía das Mós**. De baai is onderdeel van Natura 2000, het netwerk van speciale natuurbeschermingszones van de EU voor het behoud van biodiversiteit. Zwemmen is hier niet mogelijk, maar in plaats daarvan is er een fotogeniek uitzicht op de **Ilhéu da Mina**, een afgeplatte rotspartij in zee, die de Baía das Mós begrenst.

São Sebastião ▶ 4, E 3

De inwoners van São Sebastião zijn trots dat hun plaats al in 1503 tot *vila* werd verheven, oftewel stadsrechten kreeg. De hele stad, waar veel prachtige oude gebouwen bewaard zijn gebleven, doet aan alsof hij pas is opgepoetst. Het stadhuis en enkele eenvoudige cafés en snackbars groeperen zich rond de **Praça da Vila de São Sebastião**, het centrale autovrije plein tegenover de kerk.

Igreja de São Sebastião

Rua da Igreja São Sebastião
De gedrongen, versterkt uitziende parochiekerk werd in 1455 opgericht en is daarmee een van de oudste kerken van de Azoren. In de afgelopen jaren werd hij van de grond af gerenoveerd. Het belangrijkste toegangsportaal, met het enorme roosvenster erboven, en het kleine zijportaal vertegenwoordigen nog de Atlantische gotiek (zie blz. 65). Binnenin kwamen er later de kapellen bij met manuelistische geribde kruisgewelven en wapenschilden van de families die toentertijd geld schonken voor de bouw. Op de zijwanden verbeeldt een aantal voor de Azoren unieke fresco's verschillende heiligen, zoals Maria Magdalena, Barbara, Maarten, de patroonheilige Sebastiaan of de aartsengel Michaël. Hierop staan ook de schenkers als kleine figuren in laatmiddeleeuwse kleding afgebeeld. De lang verwaarloosde muurschilderingen werden professioneel gerestaureerd.

Largo da Fonte

Aan de oostelijke rand van São Sebastião ligt deze uitgestrekte plaats met de **Chafariz de São Sebastião**, de mooiste oude waterbron in de wijde omgeving – de fontein stamt uit de 16e eeuw. Bij de kranen haalden de bewoners hun water, het waterbekken diende als veetrog.

Eten & drinken

Centrale herberg – **A Ilha:** Rua da Igreja São Sebastião 47, tel. 295 90 41 66, wo.-ma. 12-15, 18-22.30 uur. Van de buitenkant bescheiden, maar van binnen verrassend ruim en smaakvol. Specialiteit is *alcatra* (meestal alleen op zo.). Wisselende menu's vanaf ca. € 8.

Porto Martins ▶ 4, E 3

Door prachtige tuinen omgeven vakantievilla's karakteriseren de uitgestrekte plaats. Wie hier een huis bezit, behoort tot de welgestelden van Terceira. Porto Martins biedt met zijn **Piscinas naturais** (natuurzwembad, Largo da Poça da Areia) de prettigste zwemgelegenheid van de hele pittoreske zuidoostkust: een breed lavazwembad met betonplaten om op te zonnen en trappetjes in de zee. Hier begint een boulevard, die in het noorden naar de kerk leidt en naar een Heilige Geesttempel (1902). Onderweg ziet u hier en daar nog een traditionele visserswoning, maar van het oude centrum is weinig meer overgebleven.

Overnachten

Lokaal pension – **Branco do Porto Martins:** Estrada Santa Margarida, tel. 295 51 60 75, www.residencial-branco.com, 2 pk € 45. De enige reguliere accommodatie in deze plaats, op steenworp afstand van het zeezwembad.

Eten & drinken

Strandtent – **Búzios:** Piscinas naturais, tel. 295 51 55 55, www.facebook.com/buziusazores, di.-zo. 12-14.30, 18-22 uur, hoofdgerecht vanaf ca. € 12. Stijlvol, bij de Amerikanen zeer populair restaurant met beschutte veranda. Gespecialiseerd in *picanha* en verfijnde Italiaanse keuken. Wisselende menukaart, afhankelijk van het aanbod op de markt, zo. en feestdagen vaak buffet.

Baía dos Salgueiros ▶ 4, E 3

De vlakke rotsachtige kust ten zuiden van Porto Martins dankt zijn onstaan aan de lava die hier als een tong de zee instroomde. Een strand is er niet. In plaats daarvan is er een kunstmatig gecreëerd rotszwembad, via trappen kan men daar ook de zee in en er is een kleine camping. Langs de door de branding overspoelde kust staan tamarisken, in het achterland omzomen lage stenen muurtjes de groene velden.

Praia da Vitória ▶ 4, E 2

Hier begon in 1450 de kolonisatie van Terceira, toen de Vlaming Jácome de Bruges (Jacob van Brugge) zich met toestemming van Hendrik de Zeevaarder vestigde in deze grote baai met goede omstandigheden om er te ankeren. Praia da Vitória (7000 inw.) kan zich voor wat betreft stadsbeeld en bezienswaardigheden echter niet met Angra vergelijken. De levendige, goed onderhouden plaats profiteerde in ieder geval decennialang economisch van de militaire basis in Lajes, zelfs nu het aantal daar gelegerde Amerikanen de laatste tijd sterk is verminderd.

Op verzoek van de Amerikanen werd de haven uitgebouwd tot de grootste van de Azoren. De belangrijkste havenfaciliteiten bevinden zich aan de zuidelijke rand van de baai. Praia zelf blijft daarvan gevrijwaard, maar heeft wel een royale kustboulevard. Hieraan ligt het lange zandstrand van **Praia Grande**, dat zeer geschikt is om te zwemmen, en verderop de jachthaven. Aan het noordelijke deel van de promenade staat een rij moderne gebouwen met hotels, restaurants en bars. In het zuiden ligt het historische centrum.

Praça Francisco Ornelas da Câmara

Het middelpunt van de oude stad wordt gevormd door het Praça Francisco Ornelas da Câmara. Er staat een monument dat de zeeslag van 1829 in de baai van Praia herdenkt. Koning Pedro IV behaalde toen een beslissende overwinning op de troepen van zijn broer en tegenstander Miguel. Praia werd daarop geëerd met de toevoeging 'da Vitória' (overwinning) aan zijn naam. Aan het plein verheft zich het **Paços do Concelho** (stadhuis), een renaissancegebouw uit 1596.

Blikvanger aan de voorgevel van de Igreja Matriz is het portaal in manuelstijl

Rua de Jesus

Bij het gemeentehuis begint de Rua de Jesus, die als voetgangersgebied dwars door het centrum van de stad loopt. Erlangs staan mooie, twee verdiepingen tellende herenhuizen met balkons of dakkapellen en rode pannendaken. In het uiterste zuiden van deze straat, waar wel auto's rijden, ligt aan de linkerkant de **Mercado Municipal**. Het aanbod op de gemeentelijke markt is niet overweldigend, maar men kan er prima verse groenten, fruit en vis kopen. Ertegenover nodigt de **Jardim Silvestre Ribeiro** uit tot een pauze onder de hoge araucaria. Midden in de stadstuin verheft zich een machtige zuil met een standbeeld van José Silvestre Ribeiro, die in de 19e eeuw de civiel gouverneur van Angra do Heroísmo was.

Igreja Matriz de Santa Cruz

Rua Mestre de Campo, onregelmatig geopend

Een schaduwrijk platanenpark met bankjes ligt aan weerszijden van de belangrijkste kerk van Praia, in 1456 opgericht door Jácome de Bruges. Hij is vaak gesloten en het barok ingerichte interieur is niet te bezichtigen. Toch is de kerk een bezoek waard vanwege de manuelistische marmeren portalen aan de voorkant en aan de zuidzijde. Ze werden op het Portugese vasteland vervaardigd en in 1577 geschonken door koning Sebastião nadat de Igreja Matriz zware schade had geleden bij een aardbeving. Aan de zuidgevel zijn bovendien oude grafstenen met verweerde lettertekens te zien.

Igreja da Misericórdia

Rua da Misericórdia

Passend bij de gelijknamige kerk zijn de huizen in de straat geschilderd in de kleuren blauw en wit. In de twee beuken van de kerk worden, zoals meestal bij de Misericórdia (zie blz. 66), de patroonheiligen Espírito Santo (Heilige Geest) en Santo Cristo gelijkwaardig vereerd. Het oorspronkelijke 15e-eeuwse gebouw brandde af in 1921 en werd drie jaar later herbouwd. Vandaag de dag straalt de gerenoveerde Igreja da Misericórdia met hernieuwde glans.

Cabo da Praia ▶ 4, E 3

Het zuidelijke deel van Praia da Vitória heeft weinig te bieden. Maar in de buurt van het havengebied staat het 16e-eeuwse **Forte de Santa Catarina** (Estrada de Santa Catarina). Het is het enige overgeblevene van de twaalf forten, die tot in de 19e eeuw de baai van Praia beveiligden tegen piratenovervallen. Ze werden verbonden door een vestingmuur, waarvan nog slechts enkele delen overeind staan. De toegangsweg naar het Forte de Santa Catarina wordt op twee plaatsen met borden aangegeven. De noordelijke route is de beste keuze. Deze gaat langs de zuidelijke havenrand tot aan de grote buitenste pier, waar aan het begin de onlangs gerestaureerde vesting staat. Tegenwoordig is hier de Liga dos Combatentes gehuisvest, een veteranenvereniging. Het gebouw is niet van binnen te bezichtigen.

Overnachten

Hedendaags comfort – **Praia Marina:** Av. Beira Mar 1, tel. 295 54 00 55, www.hotelpraiamarina.com, 2 pk ca. € 85, appartement voor 2 pers. € 130. Vrij nieuw viersterrenhotel aan het strand en de jachthaven. Kamers met balkon, suites met een panoramaterras. Ook appartementen met kookgelegenheid.

Modern – **Varandas do Atlântico:** Rua da Alfândega 19, tel. 295 54 00 50, www.hotelvarandas.com, 2 pk ca. € 80. Driesterrenhotel in wit en blauw, dicht bij stad en strand. Kamers met uitzicht op zee en een balkon.

Plattelandshotel – **Quinta dos Figos:** Cabo da Praia, Rua das Pedras 34, tel. 295 54 27 08, www.quintadosfigos.com, 2 pk € 60-70, appartement voor 2 pers. € 75-85. Zorgvuldig, met traditionele materialen gerestaureerde boerderij met tien stijlvolle units. Groenten en fruit uit eigen tuin, ze houden daarnaast kippen, eenden en kalkoenen.

Sympathiek ouderwets – **Salles:** Praça Francisco Ornelas da Câmara 2-6, tel. 295 54 24 54, www.hotelsalles.com, 2 pk ca. € 50. Stadshotel met 24 nette kamers, vele met balkon. Gemeubileerd dakterras met uitzicht op zee.

Eten & drinken

Braziliaans – **Tropical Point:** Av. Beira Mar 11 A, tel. 295 54 21 67, di.-zo. 10-2 uur (keuken tot 24 uur), hoofdgerecht vanaf ca. € 12. Aan de haven, met een beschutte veranda. Braziliaanse gerechten zoals tropische visstoofpot.

Verse vis – **O Pescador:** Rua Constantino José 11, tel. 295 51 34 95, keuken van 12-14,30 en 18-23 uur. Hoofdgerecht vanaf € 12, dagschotel vanaf € 6,50. Wat duurder visrestaurant, maar met een voordelig dagmenu. Professionele keukenbrigade en bediening. Ook vegetarische gerechten.

Ontmoetingspunt – **Santa Cruz:** Praça Francisco Ornelas da Câmara. Beneden een populair café (snacks), met 's zomers tafels aan het centrale plein. Boven selfservicerestaurant (ontbijt ca. € 8).

Actief

Watersport – **Praiacores:** Cruz do Marco 106, tel. 966 03 98 99. Van een ritje op een bananenboot en verhuur van waterfietsen (1 uur € 12) en waterski's, tot zeekajakexcursies naar Ilheus das Cabras. Gevarieerd aanbod.

Uitgaan

Verantwoord – Etis Bar Cultural: Rua de Jesus 26, tel. 295 51 26 91. Jong publiek en een alternatief tintje. Ambitieuze kleine foto- en kunsttentoonstellingen. Rond lunchtijd is er een betaalbare dagschotel, verder broodjes en gebak. De winst van het restaurant wordt voor sociale doeleinden gebruikt.
Jonge club – Up & Down: Av. Beira Mar (Edifício Beira Mar), dag. geopend. Beneden bar met uitzicht op de boulevard, boven in het weekend disco. Vaak evenementen met bekende Azoriaanse dj's.

Info & festiviteiten

Quiosque ART: Zona da Marina, tel. 295 54 32 51, qit.praia@artazores.com, http://pt.artazores.com. Informatiekiosk van de organisatie ART (zie blz. 18) aan de jachthaven.
Internet: www.cmpv.pt
Veerboot: tickets voor Atlânticoline online (www.atlanticoline.pt), aan het havenloket (vanaf 1,5 uur voor vertrek) of bij reisbureaus in Angra en Praia. Aanlegplaats veren aan de zuidelijke rand van de haven, Cabo da Praia (buslijn 8 richting Porto Martins, ma.-za. 5-6 maal daags).
Streekbussen: centraal vertrekpunt aan de noordelijke rand van de stad, nabij de Largo Conde da Praia. Dienstregeling bij het kantoor van de EVT, Rua Padre Rocha Sousa.
Stadsbussen: twee minibuslijnen rijden hun rondes (tussen 7.30 en 18.30 uur), enkele reis € 0,20, Routeplattegrond op www.cmpv.pt.
Taxi: Praça Francisco Ornelas da Câmara, tel. 295 51 20 92.
Festas da Praia: begin aug. Met dit stadsfeest wordt de glorieuze zeeslag op 11 augustus 1829 (zie blz. 246) herdacht. in de week ervoor zijn er zeilwedstrijden, stierengevechten op het strand, parades, een gastronomische beurs en een kunstnijverheidstentoonstelling. Met veel muziek en dans, en als finale een groots vuurwerk.

> ## Tip
>
> ### Biologische producten
>
> Avelino Ormonde heeft zijn Quinta in het lieflijke boerendorp Fontinhas (▶ 4, E 2) met veel betrokkenheid omgezet naar biologische productie. Soms leidt hij zelf de bezoekers rond. Onder de merknaam BioFontinhas verkoopt hij salades, kruiden en fruit. Meestal zijn er ook eieren, honing en zonnebloembrood verkrijgbaar (Rua das Fontinhas 57, dicht bij Via Rápida, tel. 295 57 91 45, za.-ochtend, alleen als de poort geopend is of op afspraak).

Omgeving van Praia da Vitória

Wandeling in Biscoito das Fontinhas ▶ 4, D 2

Duur: 2 uur, licht, bereikbaar via VR afrit Fontinhas / São Brás naar Ladeira do Cardoso, daar borden volgen 'Zona de lazer'

Het wandelrondje en natuurleerpad **PRC 8 TER** begint en eindigt bij het **Parque de Merendas de São Brás,** een picknickplaats ten zuiden van **Ladeira do Cardoso.** De route volgt eerst een oud, in de jaren negentig van de vorige eeuw herontdekt en hersteld karrenpad over de vlakke lavastroom Biscoito de Fontinhas. In het gesteente hebben de sporen van de ossenwagens zich diep ingesneden. De oudste dateren uit een tijd vóór 1820, toen de wielen nog met nagels werden beslagen. Op de kale, nauwelijks verweerde lava heeft zich

Een dambordpatroon van weilanden en velden ligt aan de voet van de Serra do Cume

een zeer speciale flora ontwikkeld. Het hele jaar door borrelt er water uit de **Fonte do Cão** ('hondsbron'). Hier mochten de honden drinken die het karrenconvooi begeleidden. De terugweg voert over een brede onverharde weg langs de **Ribeira dos Pães**.

Serra do Cume ▶ 4, D/E 2/3
Dankzij de Serra do Cume (546 m) bleef de noordoostelijke rand van een reusachtige, ongeveer 10 km brede krater perfect bewaard. Bij de rest van deze caldera heeft de tand des tijds zijn tol geëist. Jongere vulkaanuitbarstingen verwoestten de westelijke rand. De zuidelijke rand zonk in de zee, de Monte Brasil bij Angra en de rotseilandengroep Ilhéus das Cabras voor Porto Judeu zijn de overblijfselen die hier nog aan herinneren. Vanaf het uitkijkpunt op de Serra do Cume kijkt men in zuidwestelijke richting ver de voormalige kraterbodem in. Als een dambordpatroon liggen hierin de weiden en velden, afgebakend door de voor Terceira typische donkere lavasteenmuurtjes.

Actief

Golf – **Ilha Terceira Golf:** Fajãs da Agualva, tel. 295 90 24 44, www.terceiragolf.com. In een bosrijk meren- en heuvellandschap, tussen de Serra do Cume en het centrale gebergte prachtig ingebedde 18-holes golfbaan. Azalea's en hortensia's omzomen de fairways. Greenfee € 30-50.

Biscoitos ▶ 4, C 1

Fraaie huizen rijgen zich dicht aaneen langs de langgerekte dorpsstraat en verlenen Biscoitos een bijna stedelijke flair. Bij de afslag van de ER 3-1 richting Angra ligt het centrum met kerk, Heilige Geesttempel en enkele restaurants en winkels. Aan de 1 km lange eenrichtingsweg naar de vissershaven **Porto de Biscoitos** en het legendarische rotszwembad (zie Favoriet blz. 252) staan vakantievilla's met subtropische tuinen, omgeven door wijngaarden. Veel inwoners van Biscoitos bedrijven wijnbouw – althans als nevenactiviteit – en verbouwen vijgen. Deze gevoelige gewassen gedijen op het donkere, warmte vasthoudende gesteente van de lavatong, die hier in de 18e eeuw in zee stroomde. Pas daarna werd het dorp gesticht, dat zijn naam dankt aan een speciaal hier voorkomend type lavagesteente, dat op biscuit lijkt.

Museu do Vinho

Canada do Caldeiro (ER 3-1 richting Angra), tel. 295 90 84 04, apr.-sept. di.-zo. 10-12, 13-17.30, ma. gesl., okt.-mrt. di.-za. 10-12, 13.30-16 uur, zo.-ma. gesl., 3e week sept. gesl., gratis toegang

Het privémuseum is onderdeel van het **Casa Agrícola Brum**, een reeds sinds 1890 bestaand, inmiddels door de vijfde generatie geleid wijnhuis. Het toont oude wijnmakersgereedschappen, foto's en documenten. De familie Brum vecht samen met andere wijnboeren voor het behoud van het wijnbouwgebied Biscoitos, voor de opleving van de productie van de klassieke verdelhowijn en tegen de snele, lucratieve verkoop van wijngaarden als bouwgrond. In de oogsttijd mag men op de begane grond kijken hoe de druiven worden verwerkt. Ernaast in de winkel kan worden geproefd.

Overnachten

Romantisch – **Quinta do Rossio:** Lugar do Rossio 20, Rua dos Boiões, tel. 295 98 91 60, www.quintadorossio.com, 2 pk € 80. Landelijk hotel met vier kamers, door een familie geleid, liefdevol ingericht in antieke stijl. Met zeewaterzwembad en sauna, op 2,5 km afstand van het rotszwembad van Biscoitos. Traditioneel ontbijt, op aanvraag de dag ervoor ook lunch of diner (menu van de dag € 17,50).

Eten & drinken

Veel lokale gasten – **O Pedro:** Junto à Igreja, tel. 961 43 49 88, www.facebook.com/casadepastoopedro, ma.-za. 12-15, 18-22 uur, dagschotel ca. € 5,50, hoofdgerecht vanaf ca. € 7. Een klein restaurant bij de kerk. Uit de keuken komen gegrilde *lapas*, inktvisstoofpot en andere eilandgerechten.

Strandtent – **Bar do Abismo:** Piscinas naturais, 's zomers dag. geopend, snacks € 3-4. Snackbar in Amerikaanse stijl, hamburgers of cheeseburgers met frietjes. Buiten tafels met prachtig uitzicht op de kust. ▷ blz. 254

Tip

Proviand uitpakken bij de miradouro

Vier rivieren – *quatro ribeiras* – monden bij het gelijknamige dorp uit in de uitgestrekte **Baía das Quatro Ribeiras** (▶ 4, C 1). Aan de westelijke rand van het dorp, langs de weg naar Biscoitos, verwijst een bord naar een miradouro. Die werd daar als picknickplaats aangelegd op de bergrug van de Ponta da Furna, met een prachtig uitzicht over de baai in het oosten.

Favoriet

Biscoitos – zwemplezier tussen de rotsen ▶ 4, C 1

Er zijn vele lavazwembaden op de Azoren, maar geen daarvan is zo mooi als de **Piscinas naturais** van Biscoitos. Een natuurlijke rotsbarrière beschermt het binnenste bassin tegen de branding. Verderop, waar de golven naar binnen klotsen, wordt het wat avontuurlijker. Bij rustig weer wagen sportievelingen zich nog wel eens in open zee. Hun koene daden zijn echter begrensd. Een boeienketting voorkomt dat men zich al te ver uit de kust begeeft. Smalle, betonnen nissen in de rotsen nodigen vervolgens uit tot uitgebreid zonnebaden (Piscinas Naturais: vrij toegankelijk, tijdens het seizoen overdag bewaakt, sanitaire faciliteiten aanwezig, douches tegen vergoeding).

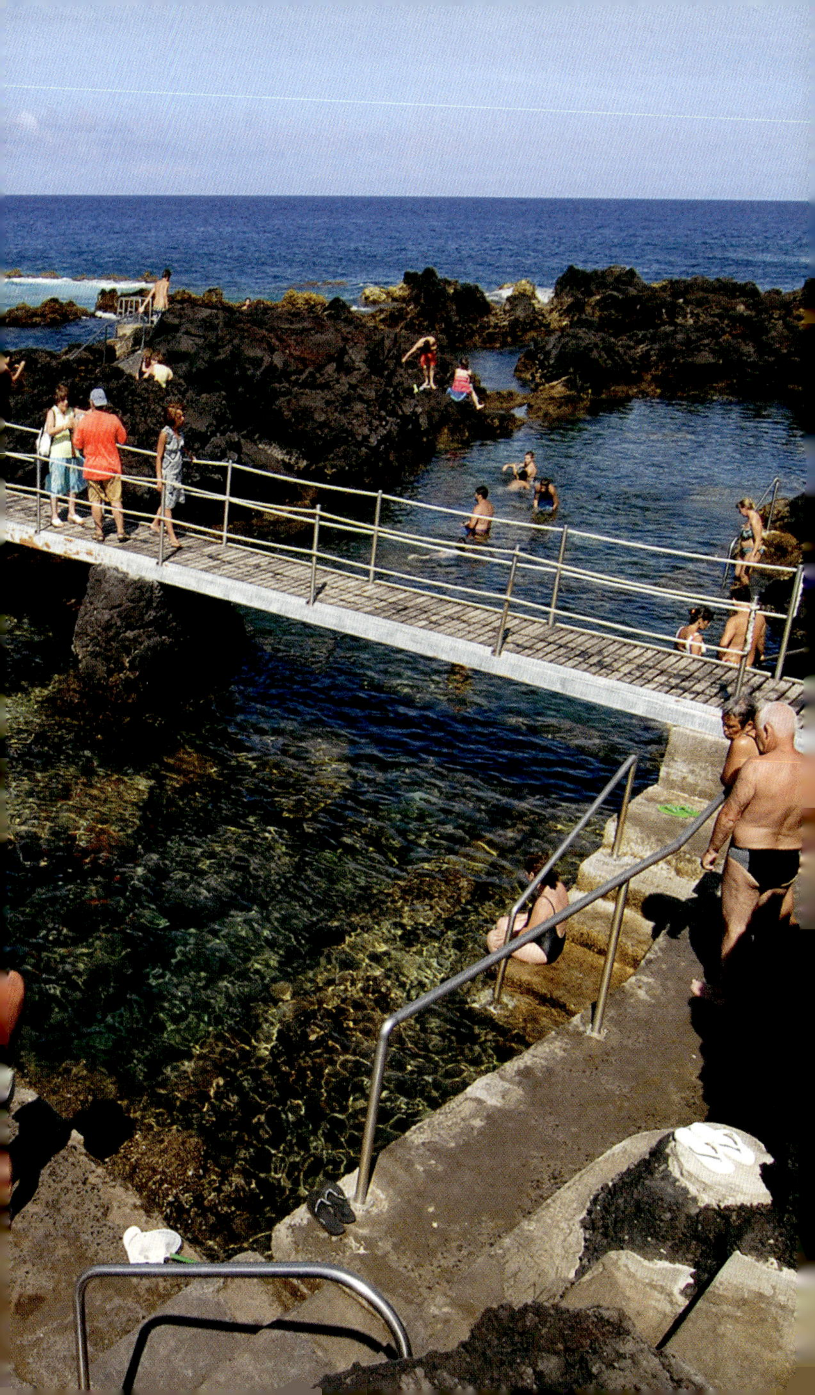

Tip

Kleine zomermarkt

Tijdens het seizoen staan bij de ingang van de **Piscinas naturais** (zie blz. 252) van **Biscoitos** (▶ 4, C 1) een paar marktkramen met lokaal geproduceerde kunstnijverheid (gesneden armbanden, klederdrachtpoppen), groenten en fruit, *tremoços* (lupinezaden), pittig gekruide ingemaakte groenten, jam en gebak (bijv. *queijadas*). Als in september de vijgen rijp zijn, worden deze niet alleen hier, maar ook bij een aantal huizen langs de toegangsweg aangeboden (zie borden: 'Se venden figos').

Actief

Zwemmen – **Piscinas naturais**: zie Favoriet zie blz. 252. Een tweede lavazwembad ligt, omgeven door bizarre rotsformaties, ten oosten van Biscoitos in de **Baía das Quatro Ribeiras**.

Festiviteiten

Festa da Vinha e do Vinho dos Biscoitos: 1e weekend sept. De druivenoogst vormt de aanleiding voor een festival gewijd aan wijnrank *(vinha)* en wijn *(vinho)*, op het terrein van het **Museu do Vinho** (entree). Het is mogelijk om het oogsten en het persen van de druiven bij te wonen en de verse most te proeven, onder het genot van volksmuziek en -dans. Daarnaast proeverij van traditionele gerechten en de wijn van afgelopen jaar.

Altares ▶ 4, B 1

Het boerendorp (900 inw.) valt in de smaak door de architecturale dialoog tussen de kerk en de Heilige Geesttempel, die zich tegenover elkaar bevinden aan de hoofdweg. De laatste stamt uit 1903 en is voorzien van glas in de op dat moment actuele jugendstil en bovendien niet – zoals gebruikelijk – geschilderd, maar volledig bedekt met groene en witte tegels.

Núcleo Museológico dos Altares

Largo Mons. Inocêncio Enes, tel. 295 98 91 00, wo.-zo. 14-17 uur
In de oude dorpsschool uit 1888 aan het kerkplein is tegenwoordig een klein museum gevestigd. Het presenteert oude huishoudelijke gereedschappen en landbouwapparaten, en allerlei andere volkenkundige artefacten uit het dorp. Daarnaast is er ook een kleine tentoonstelling over de flora, fauna en ecologie van het eiland.

Pico Matias Simão ▶ 4, C 1

De opvallende vulkaankop (153 m) verheft zich enigszins afgezonderd van Altares aan de zee. Dankzij zijn zeer solide lavasteen trotseerde hij de erosie. De *pico* kan alleen te voet worden verkend (incl. terugtocht 30 min.). Het startpunt is bij een opvallende bocht in de ER 1-1 aan de oostelijke invalsweg van Altares, waar men bij een hoekspiegel afslaat, de Canada do Pico in. Op de top hadden de walvisvaarders van Biscoitos ooit hun uitkijkpost, hier staat vandaag de dag een kruis. De kust valt hier steil omlaag naar de Atlantische Oceaan.

Eten & drinken

Burgermanskost – **Caneta**: Às Presas 13 (ER 1-1), tel. 295 98 91 62, di.-zo. 12-15, 18-22 uur, hoofdgerecht vanaf ca. € 8. In een mooi ingericht herenhuis aan de westelijke rand van het dorp, met terras en verzorgde eetzaal. Typische regionale gerechten, zoals *alcatra* of inktvis van de grill.

Mata da Serreta ▶ 4, B 1/2

Tussen **Raminho** en **Serreta** ligt dit uitgestrekte bosgebied, waar de exotische vegetatie profiteert van het milde klimaat bij de zee. De 15 ha grote kern van het gebied werd door de bosbeheerder ingericht als het **Reserva Florestal de Recreio da Serreta**, een recreatiepark met wandelpaden, uitkijkposten, picknicktafels en een speeltuin. Onder de Nieuw-Zeelandse pohutukawa's, cryptomeria's en eucalyptusbomen die hier ooit werden aangeplant, bloeien nu azalea's en hortensia's. De ingang wordt gemarkeerd door een reusachtige barokke fontein met een beeld van een mythische roofvogel. Oorspronkelijk klaterde de fontein in de kruisgang van een klooster in Angra. Een folder van het park met plattegrond is te downloaden van www.azores.gov.pt.

Miradouro do Raminho

ER 1-1 ten zuiden van Raminho
Vanaf het uitzichtpunt kan men ver naar het noordoosten kijken, over Raminho en Altares heen, helemaal tot aan de Pico Matias Simão. Afhankelijk van de weersomstandigheden zijn in het westen respectievelijk het zuiden, de eilanden Graciosa en São Jorge te onderscheiden. Het laatste wordt echter door de hoger wordende bomen steeds verder aan het oog onttrokken. Het mozaïek op de vloer van het uitzichtterras toont een windroos. Het wordt beschouwd als een van de mooiste voorbeelden van de *calçada portuguesa*, typisch Portugese straatmozaïek, op de Azoren.

Naast de Miradouro do Raminho wijst een bord de weg naar de **Vigia da Baleia**, een voormalige walvisvaardersuitkijkpost, die over een 300 m lange onverharde weg kan worden bereikt. De rond 1950 gebouwde hut troont 153 m hoog boven de zee uit. De wachter gaf al naar gelang het moment van de dag met vlaggen of met vuur en ook over de radio een bericht zodra er walvissen in zicht kwam. In de omgeving van de *vigia* bevindt zich een bosrijke picknickplek. Vanaf hier loopt een avontuurlijk steil door vissers gebruikt pad omlaag naar de kust bij **Ponta do Raminho** (bewegwijzerd, incl. terugweg 20 min.).

Ponta do Queimado

Aan de zuidelijke rand van de Mata da Serreta staat langs de ER 1-1 een bord dat de weg naar de **Farol** wijst. Voorbij de kleine vuurtoren kronkelt de weg zich omlaag naar de rotsachtige kust bij de Ponta do Queimado en eindigt na 2 km op een betonnen parkeerplaats, enkele meters boven zee. De plaatselijke hengelaars komen hier graag vanwege de rijkdom aan vis. Het geweldige uitzicht langs de klif naar het noorden en naar het eiland São Jorge in het zuiden maken de rit hierheen de moeite waard.

Tip

Handgemaakte kaas ▶ 4, B 3
Zuivelfabriek Queijo Vaquinha in Cinco Ribeiras nodigt uit tot een bezoek aan het melkbedrijf en om te komen proeven en kopen. In deze oudste kaasmakeij van Terceira produceren João Henrique Melo Cota en zijn medewerkers de *queijo da ilha* nog precies zoals vroeger (**Queijo Vaquinha**, Cinco Ribeiras, Canada do Pilar 5, tel. 295 90 71 38, w www.facebook.com/queijovaquinha, ma.-vr. 10-22, za. 15-22 uur).

Tip

Bezoekerscentrum ▶ 4, B 3

Aan de ER 5 tussen Doze Ribeiras en Lagoa da Falca, in de buurt van de afslag naar de top van de Caldeira de Santa Bárbara, informeert het **Centro de Interpretação da Serra de Santa Bárbara** over het natuurpark Terceira, dat uit twintig beschermde gebieden bestaat en een kwart van het eiland beslaat, met expositie en shop (tel. 295 40 38 00, http://parquesnaturais.azores. gov.pt, half juni-half sept. dag. 10-18, anders di.-za. 9.30-12.30 uur, gratis).

Wandeling naar Lagoinha

Duur: 2,5 uur, middelzwaar, 400 hoogtemeters stijgen en dalen, bereikbaar per bus tot afslag naar de Farol, vanaf daar 400 m in zuidelijke richting over de ER 1-1, dan links afslaan en 800 m klimmen tot aan het wandelroutepaneel

De rondwandeling **PRC 3 TER** voert door het bovenste deel van de Mata da Serreta, waar exotisch bos geleidelijk overgaat in natuurlijke, inheemse vegetatie. De route begint bij een informatiepaneel aan de autoweg **Canada das Fontes**, een voormalig veedrijversspad dat een boog beschrijft rond de bovenste rand van **Serreta** (rijroute per auto gelijk aan de aanlooproute 'per bus', zie boven). Na 100 m over asfalt linksaf, een holle weg omhoog. Ongeveer halverwege de looptijd wordt een kruising bereikt, waar een kleine omweg bergopwaarts leidt naar de op 777 m hoogte gelegen **Lagoinha**, een romantisch, door jeneverbesstruiken omgeven kratermeer. Terug bij de kruising parallel aan de helling verdergaan en vervolgens rechts omlaag door de laurierbosskloof van de **Ribeira do Além**. Op een gladde ondergrond doorkruist men een bosgebied op de **Pico do Negrão** (640 m). Weilanden en hortensia's kenmerken het laatste deel.

São Mateus da Calheta ▶ 4, C 3

Het vissersdorp (4000 inw.) ligt er mooi bij in het omringende pittoreske landschap. Zijn silhouet wordt bepaald door de imposante parochiekerk **Igreja de São Mateus**. Toen de kerk na een relatief lange bouwtijd (1895-1911) eindelijk klaar was, waren enkele journalisten op het eiland van mening dat deze veel te groot was voor het dorp en zo het contrast tussen arm en rijk maar al te duidelijk weerspiegelde. Het is waar dat veel inwoners van São Mateus vroeger naar Amerika moesten emigreren, omdat zij met de visserij te weinig verdienden. Inmiddels is de financiële situatie van het dorp aanzienlijk verbeterd. De haven werd gemoderniseerd en huisvest een grote trawlervloot. De koelwagens van de handelaren halen de meestal 's ochtends binnengebrachte vis af bij de moderne vismarkthal. Aan het water staan diverse visrestaurants en een aantal bars, waar de vissers hun vrije tijd doorbrengen. Op de korte promenade bevinden zich trapjes naar zee, die relatief risicovrij zwemmen in de haven mogelijk maken.

Bezienswaardigheden

Het **Núcleo Museológico Casa dos Botes Baleeiros** (Porto de São Mateus, meestal 's middags geopend, gratis toegang) is gehuisvest in een voormalig boothuis. De hoofdattractie zijn drie gerestaureerde walvisvaardersboten. Foto's tonen hoe het er vroeger aan toeging in de haven van São Mateus en informatiepanelen geven uitleg over de werking van de ambachtelijke visserij op de Azoren.

Aan de oostelijke rand van de haven rijzen de dikke muren van het gerestaureerde 16e-eeuwse **Forte Grande de São Mateus** (Estrada Regional 1) op, een van de verschillende vestingen die vroeger de haven en de aangrenzende kust beschermden. Het fort herbergt nu het **Núcleo Museológico do Mar** (ma.-vr. 9-17 uur) van de milieuorganisatie Gê-Questa. Het kleine museum met aquaria en wisseltentoonstellingen informeert over de ecologie en de bescherming van de zee.

Overnachten

Als een landheer – **Quinta do Martelo:** Canada do Martelo 24, tel. 295 64 28 42, www.quintadomartelo.net, 2 pk € 100, vakantiehuisje voor 2 pers. € 120. Landgoed met 12 wooneenheden, antieke meubels en modern comfort. Tennisbaan, zwembad, minigolf, fitnessruimte, sauna, fietsverhuur.

Eten & drinken

Chic regionaal – **Quinta do Martelo:** zie Overnachten, tel. 962 81 27 96, do.-di. 12-15, 18.30-22 uur, hoofdgerecht vanaf € 10. Specialiteit is *alcatra*, hier ook met wild konijn of kip. De restaurantgasten kunnen tevens het bijbehorende etnografisch museum bezichtigen.

Een klassieker – **Beira Mar:** Canada do Porto 46, Tel. 295 64 23 92, di.-zo. 12-14.30, 19-22 uur, hoofdgerecht vanaf € 10. Vers gevangen vis en zeevruchten die u zelf uitzoekt in de vitrine. Sobere, informele inrichting. Overdekt terras met uitzicht op de haven.

Als een rots in de branding: de imposante kerk is het centrum van São Mateus

IN EEN OOGOPSLAG

Graciosa

Hoogtepunt ✸

Furna do Enxofre: De vulkanische grot met de mysterieuze Lagoa do Styx in het hart is een geologische bijzonderheid. Hij behoort tot de top van de Portugese natuurlijke attracties. Zie blz. 264.

Bezienswaardigheden

Igreja Matriz de Santa Cruz: De hoofdkerk van het eiland werd rond 1500 gebouwd in de manuelstijl en bezit paneelschilderijen van een beroemde Portugese schilder uit de renaissance. Zie blz. 261.

Museu da Graciosa: In een oud wijnhandelaarshuis en een hedendaags nieuw gebouw toont het eilandmuseum in Santa Cruz alle wetenswaardigheden over Graciosa. Zie blz. 261.

Te voet

Rondje om de Caldeira: De indrukwekkende enorme krater in het oostelijke deel van het eiland nodigt uit tot een panoramische wandeling. Vanaf de kraterrand is er uitzicht op het kustlandschap en de beboste binnenkant van de caldera. Zie blz. 265.

Wandeling door de Serra Branca: Het 'witte' gebergte biedt een geweldig uitzicht op de vulkaan Caldeirinha tijdens de doorsteek van west- naar oost-Graciosa over heel het eiland. Zie blz. 267.

Sfeervol genieten

Terra do Conde: Het traditionele wijnhuis produceert een op de Azoren bekende wijn. In het proeflokaal worden verschillende soorten en kwaliteiten gepresenteerd. Zie blz. 262.

Termas do Carapacho: Wellness met een hoofdletter in het gerenoveerde 19e-eeuwse badhuis, zowel buiten in het zeezwembad, als in de aangenaam warme binnenruimte met zwembad en sauna. Zie blz. 266.

Uitgaan

Grafil Coffee Bar: Het populairste muziekcafé van het eiland biedt in het weekend vaak livemuziek, in het centrum van Santa Cruz. Zie blz. 262.

Het ontspannen eilandleven

Met Santa Cruz bezit Graciosa een van de mooiste steden van heel de Azoren. Het levenstempo is er rustig, zoals ook elders op het eiland, dat werd uitgeroepen tot UNESCO Biosfeerreservaat. Andere toeristische attracties zijn de Caldeira, met de gigantische vulkanische grot Furna do Enxofre, en het nostalgische kuuroord Carapacho, met zijn tot wellnesstempel verbouwde badhuis. Een nieuw hotel in Santa Cruz trekt steeds meer vakantiegangers naar Graciosa. Desondanks blijft het eiland een bestemming voor onafhankelijke reizigers, op zoek naar rust en authenticiteit.

Santa Cruz da Graciosa ▶ 3, B 1

Het leven op Graciosa speelt zich voornamelijk af in de hoofdstad Santa Cruz (1800 inw.). De centrale **Praça Fontes Pereira de Melo**, met daaraan het stadhuis, wordt door de bewoners liefdevol **Rossio** genoemd, naar het veel bekendere voorbeeld in Lissabon. Ondanks zijn bescheiden afmeting is dit het meest uitgestrekte dorpsplein van de Azoren. Hoge araucaria staan kaarsrecht naast twee grote waterbassins aan de noordelijke rand van het plein – overblijfselen van een eens natuurlijke zoetwaterlagune. Die was meer dan welkom bij de eerste kolonisten, die zich rond 1475 vestigden op het verder vrij waterarme eiland. Het zuidelijke deel van de Rossio is een openbare ontmoetingsplaats. De rustbankjes ontvangen hun schaduw van enorme pohutukawa's, waarvan sommige al in 19e eeuw werden geplant. 's Avonds zorgen nostalgische lantaarns voor sfeerverlichting en tijdens volksfeesten speelt de muziekkapel hier in het open paviljoen.

Een tekort aan water was ook de reden waarom de vruchtbare grond rondom de stad werd gebruikt voor de

INFO

Toeristeninformatie
Verkeersbureau van de Azoriaanse overheid en kiosk van de organisatie ART in Santa Cruz. Op de luchthaven geen toeristische informatie.

Heenreis en vervoer
Luchthaven: Aeródromo da Graciosa (GRW), 1,5 km ten westen van Santa Cruz. Geen bussen. Taxi naar de stad ca. € 6. Rechtstreekse vluchten naar Terceira, Ponta Delgada, Horta (details zie blz. 22). Vluchtinfo: www.sata.pt.
Veerboot: veerhaven in Praia. Met de Atlânticoline 's zomers 2-3 maal per week naar de eilanden van de centrale en oostelijke groep. Meer info zie blz. 23 en blz. 264.
Bussen: vanaf Santa Cruz rijden bussen op twee routes naar de belangrijkste plaatsen in het oosten of westen van het eiland, meerdere malen per dag (za. beperkt, zo. geen bussen).
Taxi: taxistandplaats in Santa Cruz. Prijsvoorbeelden: naar Furna do Enxofre ca. € 9, naar Carapacho ca. € 10.
Huurauto: diverse aanbieders op de luchthaven, maar alleen geopend bij aankomst. Twee van deze bedrijven hebben stadskantoren in Santa Cruz (zie blz. 262).

wijnbouw en niet voor irrigatie-intensieve sinaasappelteelt – in tegenstelling tot enkele andere eilanden. Ook met de export van wijn viel er geld te verdienen, vooral rond het einde van de 18e tot het midden van 19e eeuw. Uit deze periode stammen de voorname adellijke en herenhuizen die het gezicht van de inmiddels onder monumentenzorg vallende binnenstad bepalen.

Igreja Matriz de Santa Cruz
Rua da Misericórdia
De oorspronkelijke kern van de nederzetting bevond zich op een heuvel ten oosten van de lagune. Daar staat nog steeds de hoofdkerk van Santa Cruz. Hij werd rond 1500 gebouwd in de manuelstijl, wat in het interieur nog te herkennen is aan de hand van het metselwerk. Ook bezit de kerk uit de oprichtingsperiode nog een reeks meesterlijke paneelschilderijen in het hoofdaltaar, waarop het lijden van Christus is afgebeeld. Ze zijn vermoedelijk afkomstig uit het atelier van Cristóvão de Figueiredo, die tussen 1515 en 1543 in Lissabon werkte en een van de bekendste Portugese renaissanceschilders was. Rond 1700 werden de barokke gevel en de handgeschilderde blauw-witte azulejos toegevoegd.

Een paar stappen hiervan verwijderd werd enkele jaren later de tweede karakteristieke kerk van Santa Cruz gebouwd, de **Igreja da Misericórdia** (ook Igreja de Santo Cristo). Al in 1510 bezat het een bijbehorend Hospital. In het hoofdaltaar bevindt zich een 19e-eeuws beeld van de **Senhor Santo Cristo dos Milagres**, dat bij het grootste eilandfeest de hoofdrol speelt (zie blz. 263).

Museu da Graciosa
Rua das Flores 2, tel. 295 71 24 29, ma.-vr. 9.30-12.30, 14-17.30 uur, juli-aug. ook za.-zo. 14-17 uur, feestdagen gesl., € 1

Het eilandmuseum nabij de havenkade Fontinhas toont in een voormalig woon- en bedrijfsgebouw van een wijnmaker en -exporteur een *adega*, compleet met wijnpers en andere originele apparaten. In de aangrenzende nieuwe, avant-gardistische vleugel informeert een permanente tentoonstelling over diverse aspecten van het eiland: geologie, landbouw, irrigatiesystemen, traditionele ambachten, muziek, carnaval en het Feest van de Heilige Geest.

Ook bij het museum aangesloten is de **Barracão das Canoas Baleeiras** (Rua do Mar), een oude loods met een originele walvisvaardersboot.

Monte da Ajuda

De 129 m hoge vulkaankegel ten zuiden van de stad is de karakteristieke berg van Santa Cruz. Drie bedevaartskerken bekronen de berg, waarvan de eerste op de weg naar de kraterrand ook de opvallendste en oudste is, de **Ermida de Nossa Senhora da Ajuda**. De legende wil dat hij werd gesticht nadat er op de Monte da Ajuda op wonderbaarlijke wijze een beeld van Maria werd gevonden. Het als een fort aandoende gebouw vormt met de ernaastgelegen pelgrimsherberg een tamelijk groot complex. Meestal zijn alle drie de Ermida's gesloten. De klim vanaf het centrum is alleen al de moeite waard vanwege het geweldige uitzicht over de stad en de zee (heen en terug ca. 1 uur).

Overnachten

Extravagant – **Graciosa Resort Hotel:** Porto da Barra, tel. 295 73 05 00, info@graciosahotel.com, 2 pk € 80-110 (via touroperator), halfpension € 23 per persoon. Vrij nieuw viersterrenhotel, 54 kamers, aan een haventje 3 km ten

oosten van de stad. Strakke, moderne bouwstijl in lavasteen, comfortabel interieur, groot zwembad.
Chic pension – **Ilha Graciosa:** Av. Mousinho de Albuquerque 49, tel. 295 71 26 75, 2 pk € 90 (via touroperator). Traditioneel boerderijcomplex aan de rand van de stad met 16 kamers, klassiek ingericht, familiaal gerund. Gezellige tuin.
Bij het centrum – **Residencial Santa Cruz:** Largo Barão de Guadalupe 9, tel. 295 71 23 45, fax 295 71 28 28, http://residencialsantacruz.pt, 2 pk € 55-70. Leuk pension in een goed onderhouden herenhuis, 19 functionele kamers.

Eten & drinken

Bonte mengeling – **Apolo 80:** Rua D. João IV 8, tel. 295 71 26 60, dag. 12-14.30, 19-23 uur, hoofdgerecht vanaf ca. € 6. Sober ingericht, maar serveert goede kost. Doordeweeks lunchbuffet (€ 6,50), 's avonds Azoriaanse gerechten à la carte, bijv. *morcela com feijão* (bloedworst met bonen).
Heerlijke vis – **Costa do Sol:** Largo da Calheta 2-4, tel. 295 71 26 94, dag. 12-15, 19-24 uur, hoofdgerecht vanaf ca. € 9. Bij de haven. Op het menu: vis (murene, inktvis) en ook *carne assada* (stoofvlees) of *costoleta de porco* (karbonade). Wisselende dagschotel (lunch) € 4.

Winkelen

Eilandwijn – **Terra do Conde:** Av. Mouzinho de Albuquerque (achter pension Ilha Graciosa), tel. 295 71 21 64, ma.-vr. 8-17 uur. Proeflokaal van een van de bekendste wijnhuizen van de Azoren. Witte en rode wijn, aperitiefwijn en brandewijn (*aguardente*). De laatste wordt buiten Graciosa als bijzonderheid verkocht. De druiven komen van de wijngaarden van het bedrijf bij Vitória.

Actief

Fietsen en meer – **Nautigraciosa:** Rua Corpo Santo 11, tel. 295 73 28 11, www.divingraciosa.com. Fietsverhuur en allerlei georganiseerde activiteiten: wandeltochten, vogelobservatietochten aan land en op zee, bootexcursies, whalewatching, duiken, zeekajakverhuur.

Uitgaan

Trendy – **Grafil Coffee Bar:** Largo Conde de Simas 4, tel. 295 71 21 44, www.facebook.com/grafilcoffeebar. Muziekcafé onder nieuwe eigenaar. In het weekend vaak livemuziek of dance-evenementen met live dj.

Info & festiviteiten

Posto de Turismo da Graciosa: 9880-355 Santa Cruz da Graciosa, Rua Castilho 7, tel. 295 71 25 09, fax 295 73 24 46, pt.gra@azores.gov.pt, www.visitazores.com, ma.-vr. 9-12.30, 14-17 uur. Informatiebureau van de Azoriaanse overheid. **Quiosque ART:** Praça Fontes Pereira de Melo, tel. 295 71 28 88, qit.graciosa@artazores.com, http://pt.artazores.com. Informatiekiosk van de organisatie ART (zie blz. 18).
Internet: www.cm-graciosa.pt
Vliegtuig: stadskantoor van de SATA, Rua João de Deus Vieira 1, tel. 295 73 01 61, ma.-vr. 9-17.15 uur.
Bussen: centrale halteplaats aan de Rua da Boavista. Dienstregeling bij de Posto de Turismo of bij de Empresa de Transportes Colectivos da Ilha Graciosa, Rua da Boavista, tel. 292 73 23 63.
Taxi: Praça Fontes Pereira de Melo (Rossio), tel. 295 71 23 42.
Huurauto: Medina & Filhos, Rua da Misericórdia 9, tel. 295 71 20 94, www.medinarent.net; Graciosa, Largo de

Ermida de Nossa Senhora da Ajuda, de oudste van de drie kapellen op de Monte da Ajuda

Santo António 138, tel. 295 71 22 74, www.rentacargraciosa.com.
Carnaval: de gemaskerde bals in Santa Cruz zijn legendarisch. Hoogtepunten zijn de 'Nacht van de Fantasieën' (vr.) en de optocht van carnavalsgroepen uit alle delen van het eiland (zo.).
Festas do Senhor Santo Cristo dos Milagres: 2e zo. van aug. Het populairste eilandfeest. Processie met het standbeeld van Onze Lieve Heer der Wonderen uit de Igreja da Misericórdia, stierengevechten in de krater van Monte da Ajuda en volksmuziek.

Praia (São Mateus)

▶ 3, C 2

De officiële naam van de stad (900 inw.) luidt São Mateus. Meestal wordt echter de historische naam Praia (of Vila da Praia) gebruikt. Hier bevindt zich de haven van het eiland. De gerestaureerde molens in de omgeving bieden een prachtige aanblik. Ernaast ligt aan de promenade het zandstrand **Praia de São Mateus**. Hiertegenover vonden de eerste kolonisten een veilige ankerplaats. Daarmee was Praia waarschijnlijk rond 1470 de vroegste vestigingsplaats op Graciosa. Hij verloor echter al snel aan betekenis in vergelijking met Santa Cruz, omdat de bodem in het noorden van het eiland vruchtbaarder was.

Als hoogste kerk van Graciosa domineert de **Igreja de São Mateus** het stadsbeeld. De kerk stamt uit de 16e eeuw, maar kreeg zijn laatbarokke gevel pas aan het einde van de 19e eeuw. Binnen is hij rijk uitgevoerd met barokke gouden altaren.

Ilhéu da Praia ▶ 3, C 2

Voor de stad ligt een klein rotsachtig eiland, de geërodeerde overblijfselen van een oude vulkaan. Vanwege zijn cruciale belang als vogelbroedplaats voor de gehele Azoren valt het onder natuurbescherming. Alleen hier komt het pas enkele jaren geleden ontdekte, endemische Monteiro's stormvogeltje voor. In de zomer kunnen vogelaars met een boot vanaf Praia naar het eiland varen

Tip

Mooiste uitzicht op de haven

Het beste uitzicht op Praia heeft men vanaf het plein voor de Ermida Nossa Senhora da Saúde. De in 1910 gebouwde bedevaartskerk op de noordoostelijke flank van de Monte da Saúde (193 m), een vulkaankegel ten zuiden van de stad. Hij is te bereiken via een smalle weg, die in Santa Quitéria afslaat van de ER 2 richting Luz.

(€ 2-5 per pers.), de toegang is echter beperkt. Er worden ook observatietochten aangeboden vanaf Santa Cruz (zie blz. 262).

Overnachten

Op zijn best – Casa das Faias: Rua Infante Dom Henrique 10, tel. 295 73 25 30, 2 pk alleen overnachting € 75, suite € 85. Van buiten een eenvoudig stenen huis, binnen een chic boutique-hotel. Zeven kamers, een suite met whirlpool, op 200 m van het havenstrand gelegen. Gratis wifi.

Origineel – Moinho de Pedra: Rua dos Moinhos de Vento 28, tel. 295 71 25 01, www.moinho-de-pedra.pt, appartement voor 2 pers. € 70. Vier appartementen in comfortabele landelijke stijl, in een gerestaureerde windmolen ten noorden van de haven.

Eten & drinken

Aan de haven – José João: Rua Fontes Pereira de Melo 148, tel. 295 73 28 55, dag. 12-15, 19-23 uur, hoofdgerecht vanaf ca. € 8. Eilandkeuken met vis, maar ook vlees (*cataplana*, *alcatra* etc.) en pasta. Authentiek ingericht.

Winkelen

Kleine taartjes – Pastelaria Queijadas da Graciosa: Rochela, Canada Nova 34-36, tel. 295 71 29 11, http://queijadas dagraciosa.webnode.pt, ma.-vr. 9-17 uur (indien gesl. bij huis ernaast vragen). Aan de noordelijke rand van de stad produceert deze groothandel in zoetwaren *queijadas*, de zoete custardgebakjes waar Graciosa om bekendstaat. Verkoop per dozijn in doosje. De pasteleria heeft ook een facebookpagina.

Info

Veerboot: tickets voor Atlânticoline online, bij het havenloket (vanaf 1,5 uur voor vertrek) of bij de reisbureaus.

Caldeira ▶ 3, C 2

Het landschappelijk mooiste deel van Graciosa is de bergketen in het zuidoosten met de centrale Caldeira, waarvan de kraterrand 405 m bereikt. Daarmee vormt deze het hoogste punt van het eiland. Eigenlijk gaat het hier om twee kraters, die ongeveer twaalfduizend jaar geleden ontstonden en samen zijn versmolten tot een elliptische ketel. Deze meet 1600 m in de lengterichting en slechts 800 m overdwars. De dichtbeboste zijwanden lopen steil omlaag naar de bodem van de krater. De caldera biedt twee bezienswaardige vulkanische tunnels.

Furna do Enxofre ✸

Tel. 295 73 00 40, http://parquesnatu rais.azores.gov.pt, bezoekerscentrum Caldeira da Graciosa mei.- half juni di.-vr. 9.30-13, 14-17.30, za. 14-17.30, half juni-half sept. dag.

10-18, half sept.-apr. di.-za. 14-17.30 uur, € 2,50, rondleidingen door de grot slechts 2-3 maal daags

Met de 'zwavelgrot' herbergt de Caldeira een van de grootste natuurwonderen van de Azoren. Net als bij de Algar do Carvao op Terceira (zie Op ontdekkingsreis zie blz. 242) gaat het om een voormalige vulkaanmond, waarvan de lavaspiegel tegen het einde van de eruptie gestaag daalde, om uiteindelijk een grote basaltkoepel met een 95 m diepe en 130 m brede grot achter te laten.

Door een tunnel in de kraterrand loopt een doodlopende weg naar het binnenste van de Caldeira tot aan de Furna do Enxofre. Over een kort voetpad bereikt men dan eerst het **bezoekerscentrum**, waar een expositie uitgebreid informeert over de geologische omstandigheden. De toegang tot de grot wordt bereikt door een dichtbegroeide natuurlijke opening in de basaltkoepel. Hier daalde in 1879 de enthousiaste natuurwetenschapper Albert I van Monaco (zie blz. 158) via een touwladder af.

Om het ook voor mensen met wat minder lef mogelijk te maken om de grot te bezoeken, werd in de jaren dertig van de vorige eeuw een 37 m hoge toren met een wenteltrap gebouwd. Een gids begeleidt de bezoekers in kleine groepen tot de plek waar men uitkijkt op de mysterieuze **Lagoa do Styx**. Het meer op de kraterbodem werd vernoemd naar de rivier die in de Griekse mythologie de grens tussen de wereld der levenden en de onderwereld markeerde.

Een fumarolenveld aan de binnenwand van de grot stoot voortdurend waterstofsulfide en andere giftige gassen uit. Daarom is de afdaling tot aan het meer niet langer toegestaan. Afhankelijk van de intensiteit van de emissie, moet de grot af en toe zelfs volledig worden afgesloten.

Rondje om de Caldeira
Duur: 2 uur, licht

Het startpunt van de **PRC 2 GRA** is een routepaneel aan de ER 2-2 in **Canada Longa** (▶ 3, C 2). De wandeling gaat eerst naar een splitsing in de weg. Daar zou men linksaf naar de kratertunnel kunnen om een uitstapje naar de Furna do Enxofre te maken (ca. 2,5 uur extra, incl. bezichtiging). Anders rechts aanhouden omhoog naar de kraterrand. Deze wordt met de klok mee omrond over een onverharde weg met geasfalteerde stukken. Al snel leidt rechts een kort pad met treden naar de **Furna da Maria Encantada**, een 56 m lange natuurlijke vulkanische tunnel. De **Miradouro** aan de andere kant biedt zicht op het inwendige van de ketel. De route loop vervolgens langs de buitenste, vlakke helling van de Caldeira met uitzicht op het kustlandschap. Eerst kijkt men uit op het noordoosten richting Fenais, daarna op de ruige zuidoostelijke punt van Ponta da Restinga met enkele rotseilandjes. Ten slotte komt het kuuroord Carapacho in zicht. Bij Canada Longa is men weer terug op de bekende route.

Rondje om de Caldeira

Het zuiden

De grootste plaats in het zuiden is het boerendorp **Luz** (900 inw.; ▶ 3, C 2). Lager aan de kust ligt de **Porto da Folga**, een kleine vissershaven met een populair restaurant (zie hieronder). De haven is ook te bereiken over de gemarkeerde, uitzichtrijke wandelroute **PR 3 GRA** (1 uur, licht), die in Luz bij de Heilige Geesttempel begint.

Een ware bezoekersattractie aan de zuidkust is het **thermaalbad Carapacho** (▶ 3, C 2). Het plaatselijke zwavel- en zouthoudende, alkalische bronwater wordt geacht effectief te zijn tegen reuma, botziekten en huidirritaties. Het is afkomstig uit een rotsspleet die in verbinding staat met de Furna do Enxofre. Rond 1750 werd begonnen met het gebruik van het heilzame water voor kuurbaden. Vooral in 19e eeuw trok het welgestelde Azorianen van alle eilanden aan. Hun zomervilla's verlenen Carapacho nog steeds een bijzondere charme.

Overnachten

Oase van rust – **Quinta da Gabriele**: Carapacho 52, tel. 295 71 43 52, vakantiehuisje voor 2 pers. € 40-65. Twee gerestaureerde huizen (Casa Baleia en Casa Golfinho) voor maximaal vijf personen op een boerderij. Prachtig uitzicht op zee, bloementuin, eigen groenten en fruit. In combinatie met een vakantieverblijf worden therapieën tegen burnout, ADD en andere hedendaagse klachten aangeboden.

Eten & drinken

Vissersfeer – **Estrela do Mar**: Porto da Folga 12, tel. 295 71 25 60, di.-zo. 12-15, 19-21.30 uur, hoofdgerecht vanaf € 6. Eigenlijk is het meer een kantine, maar men serveert er vis, gebakken of als *caldeirada*, en er is een klein terras met uitzicht op zee. 's Zomers in het weekend is reserveren aan te raden.

Dagtoeristenrestaurant – **Dolphin**: Carapacho 181, tel. 295 71 20 14, dag. 12-15, 18-22 uur, hoofdgerecht vanaf ca. € 6. Modern restaurant, groot terras met zeezicht. Verse vis, meestal als *cataplana* of *espetada*. Ook vaak *caldeirada de cabrito* (geitenstoofpot). 's Zomers in het weekend is er een buffet. Ook leuk voor een drankje of een snack (cheeseburger etc.).

Actief

Wellness-thermaalbad – **Termas do Carapacho**: Rua Dr. Manuel de Menezes, tel. 295 71 42 12, di.-vr. 9.30-18.30, za.-zo. 14-19 uur. Tot wellnessoase gemoderniseerd oud badhuis. Overdekt zwembad, jacuzzi, sauna, stoombad, ontspanningsruimte en buitenruimte met zeewaterzwembad, ligweide en café. Ook diverse behandelingen. Trappen leiden naar het souterrain, waar het heilzame water met 35-40 °C uit de rots stroomt.

Het westen

Het minder bezochte, vlakkere westelijke deel van Graciosa wordt gekenmerkt door wijngaarden en weilanden. **Guadalupe** (▶ 3, B 1) en **Vitória** (▶ 3, B 1) zijn grote boerendorpen. Een bezoekje waard is **Porto Afonso** (▶ 3, B 1), de oude natuurlijke haven van Vitória. Hier lopen nog steeds een paar boten uit voor de visserij. In het weekend werpen vissers vanaf de nabijgelegen rotsachtige kust hun hengel uit en 's zomers duiken hier de lokale zwemmers in de baai.

Onder invloed van de branding verandert de kust van Graciosa elke dag een beetje

Wandeling door de Serra Branca

Over de Caldeirinha: heen en terug 30 min.; naar Praia: 2,5 uur, licht

De **Serra Branca** begint bij **Ribeirinha** (▶ 3, B 2). Het hoogste punt, de vulkaan **Caldeirinha** (360 m), ligt 500 m ten oosten van de ER 1 naar Luz bij een windturbinepark (Parque Eólico). Op het eerste gedeelte van de **PR 1 GRA** kan men erheen wandelen en de vlakke kraterrand rond de smalle vulkaanmond beklimmen. Het biedt een prachtig uitzicht op Graciosa en de andere eilanden van de centrale groep. Wie met de taxi gekomen is, kan op de PR 1 GRA over de Caldeirinha heen en verder tot aan Praia wandelen op oude veedrijverspaden. Onderweg kan men vanaf de **Cruz de Barro Branco** genieten van een panoramisch uitzicht op de noordkust van Graciosa.

Overnachten

In een natuurstenen huis – **Quinta dos Frutos:** Vitória, Lugar da Vitória 10, tel. 295 71 25 57, huis 2 pers. € 35-45, voor 4 pers. € 50-60. In een traditioneel boerderijcomplex worden drie fraai ingerichte natuurstenen huizen verhuurd. Rondom strekken zich appelboomgaarden en weilanden uit.

Eten & drinken

Op een landgoed – **Quinta das Grotas:** Ribeirinha, Caminho das Grotas 28, tel. 295 71 23 34, dag. 12-14 en vanaf 19 uur, hoofdgerecht vanaf € 10. Regionale keuken van hoge kwaliteit. In het weekend worden hier in een houtoven op klassieke wijze broden gebakken en stoofgerechten bereid.

IN EEN OOGOPSLAG

Flores en Corvo

Hoogtepunt ✹

Corvo: Het kleinste eiland van de Azoren bestaat uit niet meer dan een stad met 400 inwoners en een reusachtige vulkaankrater. De UNESCO heeft het kleinood uitgeroepen tot Biossfeerreservaat. Zie blz. 283.

Op ontdekkingsreis

Naar de Sete Lagoas – een rondrit over het merenplateau: Het hoogland van Flores is een onvervalst merenplateau, onderbroken door gegroefde bergketens en symmetrische vulkaankegels. Een rondrit toont aan dat er wat betreft flora en fauna verschillen bestaan tussen de zeven kratermeren. Zie blz. 278.

Bezienswaardigheden

Igreja Matriz Nossa Senhora da Conceição: Een van de mooiste kerken van de archipel schittert in Santa Cruz met zijn indrukwekkende façade. Zie blz. 271.

Rocha dos Bordões: De enorme rotsformatie met basalten orgelpijpen wordt tot de wonderen der natuur gerekend. Vanaf de gelijknamige miradouro worden de mooiste foto's gemaakt. Zie blz 276.

Te voet

Wandeling van Lajedo naar Fajã Grande: Een oude verbindingsweg over de westkust voert stijgend en dalend door een afwisselend landschap vanaf Lajedo langs de idyllische dorpen Mosteiro en Fajãzinha. Zie blz. 277.

Wandeling van Ponta Delgada naar Fajã Grande: Een uitdaging voor iedereen die zich te voet op Flores voortbeweegt is het muilezelpad langs de ruige steile rotswand tussen Ponta Delgada en Fajã Grande. Zie blz. 282.

Sfeervol genieten

Caffé Buena Vista: Geen opwindend trendy trefpunt, maar een ontmoetingsplek voor de stadsjeugd van Santa Cruz is het rondom van glas voorziene café bij het rotszwembad. Zie blz. 272.

Poço do Bacalhau: Flores is het eiland van de watervallen. Een van de mooiste en waterrijkste cascades stort zich bij Fajã Grande in een idyllische zwemvijver. Zie blz. 276.

Uitgaan

Zonsondergang: Aan de uiterste westkust van Europa, zoals in restaurant Pôr-do-Sol, beleven hoe de zon achter de horizon verdwijnt, tegelijk met het gevoel heel dicht bij Amerika te zijn, dat heeft iets ... Zie blz. 281.

Flores

De eilanden van de westelijke groep zijn sinds enkele jaren populair bij natuurtoeristen, onder andere omdat ze beide werden uitgeroepen tot UNESCO Biosfeerreservaat. In Santa Cruz, het grootste, slaperige stadje van Flores, zijn de meeste inlichtingen verkrijgbaar. Voor wandelaars is de westkust aantrekkelijk, vooral Fajã Grande. Het binnenland wordt gekenmerkt door kratermeren, hortensiahagen en jeneverbesstruiken. Watervallen storten zich omlaag vanaf de ruige rotskust. Duikers en bootexcursies verkennen de brandingsgrotten vanaf zee.

Santa Cruz das Flores ▶ 1, C 2

Santa Cruz (1800 inw.) is de oudste plaats op Flores. Nadat de eerste kolonisten het eiland in de 15e eeuw weer hadden verlaten, werd er in 1508 een nieuwe poging gedaan tot vestiging en het stichten van een stad. Monniken van de orde der franciscanen motiveerden de mensen om het op deze afgelegen Europese buitenpost vol te houden. Zij zorgden er voor zielenheil, ziekenverzorging en scholing. Met de walvisvaart kwam in de 19e en 20e eeuw een bloeiperiode. Sinds deze in 1981 werd verboden en in 1993 ook nog het drie decennia daarvoor ingerichte Franse telecommunicatiestation werd gesloten, is de stad in een diepe slaap ondergedompeld. De bescheiden opmars van het toerisme heeft haar daar tot op heden nog niet uit kunnen ontwaken.

Schilderachtig ligt Santa Cruz over de rotskust gedrapeerd, die hier sterk is opgedeeld in segmenten. Dicht bij de stad ligt het rotszwembad **Piscina Na-**

INFO

Toeristeninformatie

Bureau van de Azoriaanse overheid in Santa Cruz, in juli-aug. ook tijdens aankomsten op de luchthaven.

Heenreis en vervoer

Luchthaven: Aeroporto das Flores (FLW) aan de rand van Santa Cruz. Taxi naar het centrum € 3-4, lijndienstbus meerdere malen per dag, te voet 500 m (ca. 10 min.). Rechtstreekse vluchten naar Corvo, Horta, Ponta Delgada, Terceira (zie blz. 22). Vluchtinfo: www.ana.pt.
Veerboot: vanaf Lajes das Flores met Atlânticoline in hoogzomer ca. 1 maal per week naar Horta (Faial), daar aansluiting naar de andere eilanden. Naar Corvo vanaf Santa Cruz das Flores met passagiersveerboot van de Atlânticoline op 2-4 dagen per week. Meer info zie blz. 23, 273, 276 en 283.
Bussen: met bussen van de UTC van Santa Cruz naar Lajes 3 maal daags (za.-zo. beperkt), ook naar Fajã Grande (via Lajes, 's zomers ook 2 maal daags rechtstreeks) en Ponta Delgada.
Taxi: taxistandplaats in Santa Cruz das Flores, geen taxicentrale, tel.nummers van taxichauffeurs bij touristenbureaus en op www.azoren-online.com. Prijsvoorbeelden: naar Lajes ca. € 13, naar Fajã Grande of Ponta Delgada beide ca. € 15.
Huurauto: diverse bedrijven in Santa Cruz das Flores (luchthaven en stad).

Starten en landen in het zicht van de Igreja Matriz Nossa Senhora da Conceição

tural en er zijn verschillende natuurlijk havenbaaien. Niet ver van de stad vertrekt vanuit **Porto das Poças** de veerboot naar Corvo. De **Porto Velho** ('oude haven') wordt slechts nog door enkele vissersboten gebruikt. Verder noordelijk liggen de voormalige walvisvaardershaven **Porto do Boqueirão** en – in het verlengde van de landingsbaan van de luchthaven – de zeer kleine **Porto de São Pedro**. Beide havens hebben een klein rotszwembad.

Igreja Matriz Nossa Senhora da Conceição

Rua da Conceição, meestal alleen geopend tijdens de mis

De belangrijkste kerk van Santa Cruz overtuigt met zijn volumineuze, door basaltstenen pilaren onderverdeelde façade, die ondanks de late bouwperiode (midden 19e eeuw) stijlkenmerken van de barok vertoont. Hij troont enigszins verhoogd op een met mozaïekbestrating versierd voetstuk en is vanaf bijna elk punt in de stad te zien. Het interieur is niet – zoals zo vaak op de Azoren – met barokke altaren gesierd. De retabelen in het hoofd- en de zijaltaren zijn ingericht in classicistische stijl.

Museu das Flores

Largo da Misericórdia, tel. 292 59 21 59, di.-vr. 9-12, 14-17, juni-sept. ook za.-zo. 14-17 uur, € 1

Het eilandmuseum heeft momenteel alleen een tijdelijke tentoonstelling in de kerk van het **Convento de São Boaventura**, het voormalige franciscanenklooster, dat na de opheffing in 1834 lange tijd dienst deed als ziekenhuis. Spoedig zullen in de kloosterzalen weer landbouwwerktuigen, huisraad etc. uit vroeger tijden te zien zijn. Een filiaal in de fabriek aan de oude walvisvaardershaven **Porto do Boqueirão** in het noorden van de stad zal binnenkort de walvisvangst gaan documenteren.

Centro de Interpretação Ambiental do Boqueirão

Porto do Boqueirão, tel. 292 54 24 47, http://parquesnaturais.azores.gov.pt, 15 juni-15 sept. dag. 10-13, 14-18, daarbuiten di.-za. 14-17.30 uur, € 2,50 Het bezoekerscentrum van het natuurpark van Flores informeert met een moderne tentoonstelling over de verschillende aspecten van de flora, fauna en geologie van het eiland. Virtuele aquaria gunnen een kijkje in de onderwaterwereld rond het eiland.

Overnachten

Aan de oude haven – Inatel Flores: Zona do Boqueirão, tel. 292 59 04 20, www.inatel.pt, 2 pk € 60-100. Aan de oude walvisvaardershaven, beetje afgelegen, 26 goed ingerichte kamers, zwembad. Het nieuwe hotel mist misschien nog een beetje flair, maar biedt naar eilandmaatstaven relatief veel comfort.
Twee sterren – Ocidental: Av. dos Baleeiros, tel. 292 59 01 00, www.hotelocidental.com, 2 pk € 45-95. Aan de rotskust, 36 kamers, bijna allemaal met zeezicht en beschut balkon. Avondeten alleen op bestelling vooraf. Eigen duikcentrum, uitrusting en duiken op aanvraag.
Vriendelijk pension – Hospedaria Maria Alice Pereira: Rua Nossa Senhora do Rosário 3, tel. 292 59 23 09, https://pt-br.facebook.com/hospedariamariaalice, 2 pk € 30. Alle kamers met eigen badkamer, op het zuiden ook met balkon.

Eten & drinken

Modern – Restaurante Hotel Café: Av. dos Baleeiros (in hotel Ocidental), tel. 292 54 20 83, zo. gesloten, hoofdgerecht ca. € 10. Hedendaagse degelijke stijl. De lokale bevolking houdt hier graag zijn familiefeesten. Bijzondere gerechten zoals vis uit de oven op bestelling.
Gemoedelijk – Rosa: Rua da Conceição, tel. 292 59 21 62, dag. 7-24 uur, hoofdgerecht vanaf € 7. Vis en zeevruchten, zoals een spies met krab of tonijn. Ook keuze uit vleesgerechten. Gezellige kleine eetzaal.
Typisch – Sereia: Rua Dr. Armas da Silveira 30, tel. 292 59 22 29, ma.-za. 12-15, 18.30-22 uur, hoofdgerecht vanaf ca. € 6. Eenvoudig restaurant vlak bij Porto das Poças. Vis van de dagvangst, inktvisragout, gebraden haan.

Actief

Boottochten – João Cardoso: Rua Dr. Armas da Silveira 30, tel. 292 59 22 20 en 960 17 43 90. Met RIB-boot 'Lua Cheia' ('Volle Maan') naar de brandingsgrotten **Gruta dos Enxaréus** en **Gruta do Galo** (ca. € 15). Ook rondvaarten om het eiland (ca. € 40) en naar behoefte naar Corvo (ca. € 30). Te boeken in het restaurant Sereia. Vergelijkbaar excursieprogramma via Hotel Ocidental bij Carlos Mendes (www.hotelocidental.com) en Malheiros Serpa (www.malheiros.net).

Uitgaan

Klein trefpunt – Caffé Buena Vista: Piscina Natural, tel. 292 54 22 48, dag. tot 's avonds laat. Afhankelijk van weer en wind ontmoeten de jonge inwoners elkaar in het moderne glazen gebouw of op het terras bij zonsondergang voor een cola of een biertje. Ook snacks (ca. € 3) en gerechten (ca. € 8,50).
Disco Number One – Hotel Café: Av. dos Baleeiros (bij Hotel Ocidental), hotel_cafe@hotmail.com, ma.-za. 20-4 uur. Alleen in het weekend is hier iets te beleven. Om middernacht wordt dan de snackbar omgetoverd tot een disco met thema-avonden, dj's of livemuziek. Aankondigingen voor evenementen zijn op facebook onder 'Hotel Café Ilha das Flores' te vinden.

Info

Posto de Turismo das Flores: 9970-331 Santa Cruz das Flores, Rua Dr. Armas da Silveira, tel./fax 292 59 23 69, pt.flo@azores.gov.pt, www.visitazores.com, ma.-vr. 9-12.30, 14-17.30 uur. Informatiepost van de Azoriaanse overheid. Met kantoor aan de luchthaven (alleen juli-aug. ma.-za. 12-13.30, 16-17.30 uur, wijzigingen voorbehouden).
Internet: www.cmscflores.pt
Vliegtuig: stadskantoor van de SATA, Rua Senador André Freitas 5, tel. 292 59 03 50, ma.-vr. 9-17.15 uur.
Veerboot: passagiersveerboot 'Ariel' (Atlânticoline) vanaf Porto das Poças 2-4 dagen per week 2 maal naar Corvo (vaartijd 40 min., *oneway* € 10). Slechts 12 plaatsen, dus tijdig boeken; info: tel. 962 37 48 88 of bij het Posto de Turismo; ticketverkoop, ook voor de veerboot van Atlânticoline vanaf Lajes, in het Posto de Atendimento ao Cidadão (gemeentehuis), Praça Marquês de Pombal, ma.-vr. 9-12, 13-16.30 uur.
Bussen: dienstregeling bij de Posto de Turismo. Lijndienstbussen naar Lajes, Fajã Grande en Ponta Delgada stoppen in de stad bij diverse haltes (o.a. voor het stadhuis en bij de luchthaven).
Taxi: Praça 25 de Abril, tel. 292 59 25 98.
Huurauto: Autatlantis, Rua do Aeroporto (op de luchthaven), tel. 296 54 22 78, www.autatlantis.com.

Lajes das Flores ▶ 1, B 3

Het kleine stadje Lajes (1500 inw.) is het bestuurlijke centrum van de zuidelijke helft van het eiland en de belangrijkste haven van Flores. In noordelijke richting gaat de bebouwing, die zich langs beide zijden van de kustweg uitstrekt, bijna naadloos over in de ernaast gelegen dorpen **Fazenda das Lajes** (▶ 1, C 3) en **Lomba**.

Museu das Lajes
Av. do Emigrante 4, www.cmlajesdasflores.pt, exposities (meestal ma.-vr.) en evenementen op wisselende tijden
Met het fonkelnieuwe stedelijk museum heeft Lajes nu een belangrijke culturele attractie. Alleen al vanwege de bijzondere architectuur is het op palen opgetrokken, van hoge, spiegelende glazen wanden voorziene gebouw het bekijken meer dan waard. Behalve een zaal voor wisseltentoonstellingen, heeft het ook een auditorium, een bibliotheek en een bar.

Wandeling naar Fajã de Lopo Vaz ▶ 1, B 3

Duur: 2 uur, middelzwaar, geen last van hoogtevrees
De Fajã de Lopo Vaz, een smalle kustvlakte in het zuiden van Flores, is een klein, autovrij paradijs met een mild klimaat en een zoetwaterbron. Hier gedijen wijnranken en tropisch fruit, zoals bananen. Ook zijn er twee prachtige stranden, waar zwemmen echter alleen bij kalme zee is aan te raden. Het startpunt van de gemarkeerde **PRC 4 FLO** is de ca. 250 m boven zee gelegen **Miradouro da Fajã de Lopo Vaz** (met picknickplaats; doodlopende weg vanaf de ER 1-2a bij de westelijke uitvalsweg van Lajes). De oude verbindingsweg gaat steil omlaag langs de rotskust – pas op voor mogelijk vallend gesteente! Beneden kan men de Fajã verkennen, voordat de route weer terug naar de miradouro gaat.

Overnachten

Particulier – **Hospedaria Casa da Fazenda:** Fazenda das Lajes, tel. 292 59 33 26, 2 pk met/zonder badkamer € 30. In een mooi huis verhuurt ▷ blz. 276

Favoriet

Veel groen – Reserva Florestal de Recreio Luís Paulo Camacho ▶ 1, C 2

Ten noorden van Santa Cruz, bij het dorp Fazenda, ligt dit romantische recreatiepark ingebed in een waterrijke vallei. In 1968 werd hier door het eilandbosbeheer een nu nostalgisch aandoende forellenkwekerij aangelegd, met vijvers en watertrappen. De bedoeling was om jonge vissen op te kweken en die vervolgens in een aantal beken en meren op het eiland uit te zetten voor de recreatieve visserij. Later kwamen er nog intieme picknick- en barbecueplaatsen bij. Wandelpaden kronkelen tussen de subtropische bomen en struiken uit alle continenten door, en langs dieren- en vogelverblijven. In de **Casa do Guarda**, het boswachtershuis, is een fototentoonstelling te zien over de eilandflora. Aan de bovenste rand van het park kijkt men vanaf de **Miradouro Belvedere** uit op een stuwmeer midden in het bos (Fazenda de Santa Cruz, mei-okt. dag. geopend, exacte tijden veranderen per maand, tel. 292 59 23 54, gratis toegang, folder met plattegrond op www.azores.gov.pt).

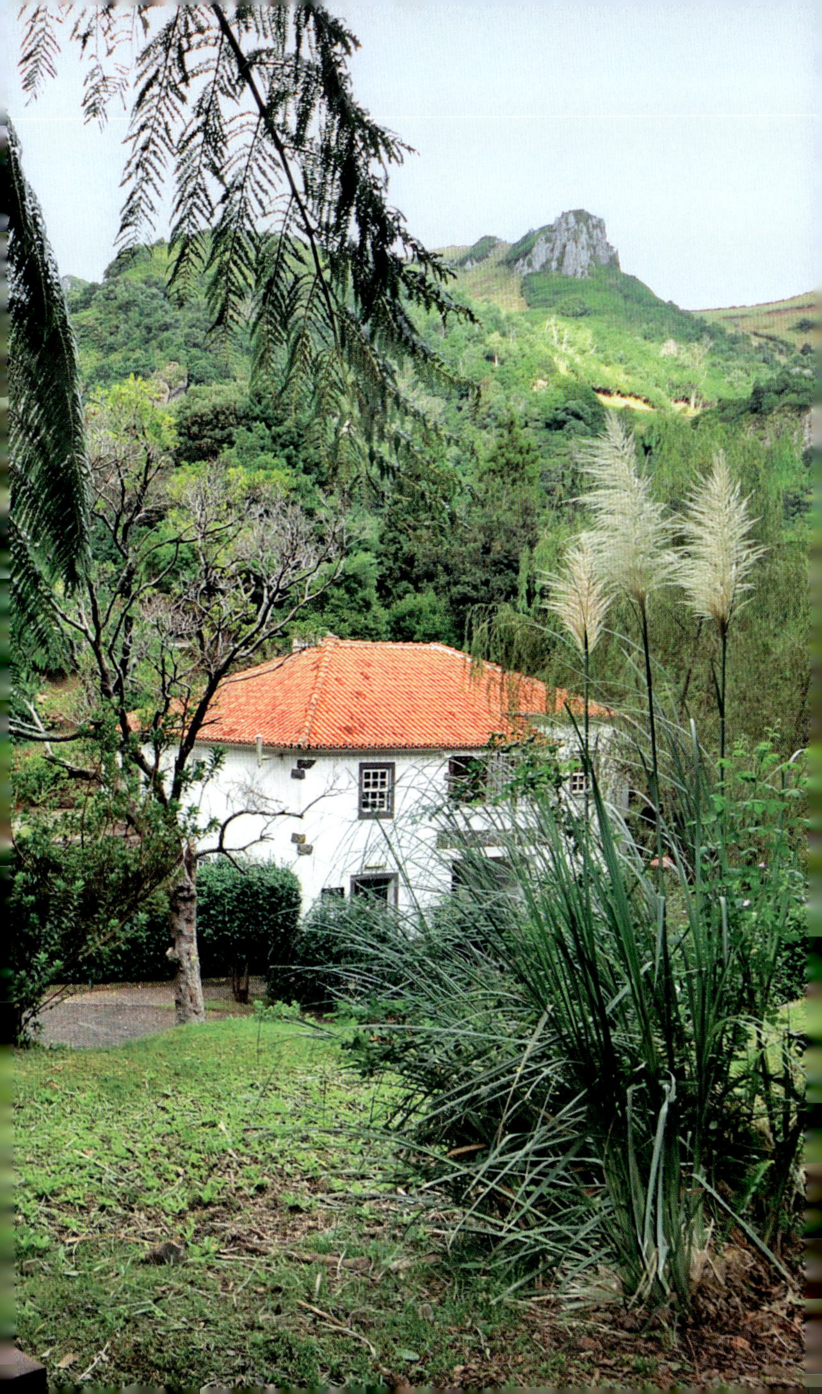

Tip

Waterval met zwemvijver

Een van de talrijke watervallen van Flores is de spectaculaire **Cascata do Poço do Bacalhau** (▶ 1, B 2). Deze stort zich van de 90 m hoge steile rotswand loodrecht omlaag in de Poço do Bacalhau, een idyllisch natuurlijk zwembad met verfrissend water. De waterval wordt gevoed door de Ribeira das Casas, een van de waterrijkste bergbeken van Flores. Hij ontspringt aan de westelijke flank van de hoogste top van het eiland, de Morro Alto (914 m; vanaf Fajã Grande 15 min. te voet, eerst noordwaarts, richting Ponta da Fajã, dan bij een brug rechts over een smal, bewegwijzerd pad).

Telma Silva drie kamers; met gemeenschappelijke woonkamer en keuken.

Eten & drinken

Veel geprezen – Casa do Rei: Rua Peixoto Pimentel 33 (weg naar Fajã Grande), tel. 292 59 32 62, www.restaurantcasadorei.com, dag. 18.30-21.30 uur, hoofdgerecht, ook de betere vissoorten, vanaf ca. € 12, vegetarische gerechten vanaf € 8. Het Casa do Rei is een van de beste restaurants van het eiland. Van de grill komen haai en andere vissoorten, en ook vlees. Grote salades en goede vegetarische gerechten. Veel ingrediënten komen uit eigen tuin of uit de regio.
Stevige vleesgerechten – O Forno Transmontano: Fazenda das Lajes, tel. 292 59 31 37, dag. 12-14.30, 19-22 uur, hoofdgerecht vanaf ca. € 9. In rustieke omgeving serveert men *feijoada* (stoofpot), *enchidos* (worstjes) en *cabrito* (geit), gegarneerd met allerlei groente. Alleen na reservering een dag van tevoren!

Actief

Boottochten – Florespesca: Porto das Lajes, tel. 963 69 69 90. Eilandrondvaarten met begeleidend commentaar (4 uur, afhankelijk van de deining, met bezoek aan de brandingsgrotten) of uitstapjes naar Corvo, elk € 50 per persoon (min. 4, max. 10 deelnemers).

Info & festiviteiten

Op internet: www.cmlajesdasflores.pt
Veerboot: tickets voor de Atlânticoline bij het havenloket (vanaf 1 uur voor vertrek) of bij de Posto de Atendimento ao Cidadão (gemeentehuis), Av. do Emigrante 8, ma.-vr. 9-12, 13-16.30 uur.
Festa do Emigrante: medio juli. Tijdens dit vierdaagse feest vieren de emigranten op vakantie in hun thuisland het weerzien met vrienden en familie. Met klederdrachtoptocht, volksdansen, traditionele gerechten en veel muziek.

De westkust

De panoramische tocht van **Lajedo** (▶ 1, B 3) naar het noorden biedt veel landschappelijk schoon. Het uitzicht over de steile hellingen, bedekt door een mozaïek van weilanden en bossen, wordt onderbroken door talloze hortensia's, in hun blauwe zomerkleed, veelal aangevuld door een toets oranjerood van croscosmia's. Hier doet het eiland Flores (Port. bloemen) zijn naam alle eer aan. Een stop bij de **Miradouro Rocha dos Bordões** is bijna verplicht, om het gelijknamige, ruig uit de groene omgeving oprijzende rotsblok in alle rust op zich te laten inwerken. Hij werd beroemd vanwege de brede en tot 28 m hoge basaltzuilenformatie in zijn flank, die zelfs in internationaal opzicht een van de geweldigste in zijn soort is.

De westkust

Wandeling van Lajedo naar Fajã Grande

Duur: 4 uur, middelzwaar, bereikbaar per bus of taxi

De wandelroute **PR 2 FLO** vereist een vrij goede conditie. Met een voortdurend stijgen en dalen voert hij langs de westkust, door open weiden en schaduwrijke struiken. De route begint in **Lajedo** (▶ 1, B 3) in de nabijheid van de kerk. In het stille boerendorp **Mosteiro** (1 uur) nodigt het fraaie dorpsplein uit tot een eerste rustpauze. **Fajãzinha** (2 uur) ligt in een vruchtbare vallei, omringd door terrasvormige velden.

Vanaf Fajãzinha is het kustpad sinds 2013 onderbroken, omdat de oude brug over de **Ribeira Grande** is ingestort. Er is een goed gemarkeerde omleiding aangelegd. Deze gaat omhoog naar de regionale weg, die wordt bereikt bij een historische watermolen. De rivier wordt via deze weg overgestoken. Daarna is er rechtsaf een 800 m lang uitstapje mogelijk naar het idyllische **Poça de Patas**, een klein kratermeer waarin van een weelderig groen begroeide rotswand verschillende watervallen omlaag klateren. Terug op de regionale weg leidt al snel een tweede brug over de **Ribeira do Ferreiro**. Daarna gaat de route rechtsaf een asfaltweg op, die na 700 m overgaat in een oude geplaveide weg. Langs kleine velden wordt op deze weg uiteindelijk **Fajã Grande** bereikt.

Wandeling van Lajedo naar Fajã Grande

Fajã Grande ▶ 1, A 2

De inwoners van Fajã Grande zijn er trots op in de meest westelijke plaats van Europa te wonen. Bij toeristen groeit het gezellige natuurstenen dorp in populariteit als verblijfplaats. In de zomerweekeinden sluiten de lokale dagjesmensen zich daarbij aan.

Fajã Grande kijkt terug op een belangrijk verleden als walvisvaardersplaats. Representatieve woonhuizen uit de 18e en 19e eeuw getuigen van de vroegere rijkdom. Nu liggen er slechts een paar kleine sportvissersboten in de haven. Verder dient hij als zwemlocatie. Een andere mogelijkheid om bij de rotsachtige kuststrook te zwemmen zijn de **Piscinas naturais** (ca. 500 m vanaf het dorp, aangegeven). ▷ blz. 281

Op ontdekkingsreis

Naar de Sete Lagoas – een rondrit over het merenplateau

Het hoogland van Flores is een onvervalst merenplateau, onderbroken door gegroefde bergketens en symmetrische vulkaankegels. Een rondrit toont aan dat er wat betreft flora en fauna verschillen bestaan tussen de zeven kratermeren.

Kaart: ▶ 1, B 2/3
Duur: volledige dag.
Startpunt: Santa Cruz das Flores.
Karakter: tocht per huurauto of taxi; middelzware wandeling (1 uur) over een vaak drassige bodem, lunchpauze met zwemgelegenheid; evt. een tweede lichte wandeling (1,5 uur).

Om alvast in de stemming te komen voor de Sete Lagoas ('zeven meren'), zoals de groep van kratermeren wordt genoemd, is een uitstapje mogelijk naar de **Lagoa da Lomba**. Deze ligt een beetje afgelegen in het oostelijke deel van de hoogvlakte van Flores. Op veel kaarten staat ze als **Caldeira da Lomba** vermeld, naar de vulkaankrater die het meer opvult. Ook de overige Lagoas, die hierna op het programma staan, worden vaak als Caldeiras aangemerkt. Ze zijn echter allemaal, zoals alle *maaren*, ontstaan tijdens freatomagmatische explosies – door contact tussen hete magma en grondwater.

Tweeslachtig hengelplezier

Volg eerst de ER 2 richting Fajã Grande. Op de hoogvlakte wordt de Lagoa da Lomba naar links aangegeven, deze ligt ca. 2 km van de regionale weg af. Het kleine, door dichte hortensiastruiken omringde water is inmiddels al behoorlijk dichtgeslibd. Niettemin wordt het gebruikt om te vissen. De boswachterij zet hier regenboogforellen uit van de eigen kwekerij bij Fazenda (zie Favoriet blz. 274), net zoals in een aantal beken op het eiland. Deze praktijk is niet onomstreden, want van nature komen er op de Azoren geen zoetwatervissoorten voor – afgezien van paling, die op Flores, São Jorge, São Miguel en Santa Maria in de onderloop van beken binnenzwemt. De stofwisselingsuitscheiding van de forellen draagt bij aan de eutrofiëring van het meer, dat wil zeggen, aan de overmatige aanwas van organische substanties. Hierdoor wordt het natuurlijke verlandingsproces versneld. De dichte begroeiing van waterplanten in de Lagoa da Lomba getuigt hier onmiskenbaar van.

Vogels kijken

Weer terug op de ER 2 gaat de rit ongeveer 2 km westwaarts. Daar ligt een groep van vier kratermeren ten noorden van de weg, schitterend ingebed in een licht glooiend landschap. Een korte doodlopende weg (bewegwijzerd) voert naar de **Lagoa Comprida** en de **Lagoa Negra** (op veel kaarten ook aangegeven als Lagoa Funda). Met haar 105 m is de Lagoa Negra het diepste van alle meren of Flores. Hieraan dankt zij ook haar naam ('zwarte meer'), hoewel haar wateroppervlak eigenlijk niet zwart, maar veel meer een glinsterend donker turqooisgroen is. Aangezien de beide meren steile oevers hebben, zijn hier nauwelijks watervogels aanwezig – in schril contrast tot de twee ernaast gelegen Lagoas.

Deze laatste twee meren laten zich te voet verkennen op een gedeelte van de gemarkeerde wandelroute **PR 3 FLO**. De weg eindigt tussen Lagoa Comprida en Lagoa Negra bij de zogeheten **Miradouro das Lagoas**. Kort daarvoor ligt het startpunt van de wandelroute bij een informatiepaneel. De route voert in zuidelijke richting om de **Lagoa Comprida** heen, die 950 jaar geleden in haar huidige vorm is ontstaan. Vervolgens gaat de route naar de **Lagoa Seca** ('droge meer'), waarin zich het minste water bevindt. De kraterbodem is veel meer een moeras. Hier groeit het zeldzame daphne-vlaswolfsmelk (*Euphorbia stygiana*), dat verder bijna alleen nog op Faial en Pico te vinden is (zie blz. 52). Hier is regelmatig de aan de wilde eend verwante, uit de VS afkomstige Amerikaanse zwarte eend te gast.

De hierop volgende **Lagoa Branca** is slechts 2 m diep. In de zomer, wanneer de zon voor een sterke verdamping zorgt, verandert zij zich in een moeras. Hier komen talloze vogels op af, op zoek naar voedsel – een eldorado voor birdwatchers. Hier kan men telkens weer de Amerikaanse blauwe reiger waarnemen, die als trekvogel uit de VS komt en sterk op 'onze' blauwe reiger lijkt. Ook de watersnip en de bosruiter zijn hier regelmatig te zien. Aan de rand van het meer is een vogelkijkhut geplaatst. Daarnaast leeft hier een groot aantal kikkers, waarvan het gekwaak in het seizoen onmiskenbaar is. Het betreft de Iberische meerkikker, ook wel de Iberische groene kikker genoemd, die waarschijnlijk in de 19e eeuw op de Azoren werd uitgezet om muggen te bestrijden. Bij de Lagoa Branca, die na ongeveer 40 min. lopen wordt bereikt, kan men het beste weer omkeren. Het hierna volgende gedeelte van de PR 3 FLO vereist tredzekerheid, is erg steil (hoogtevrees) en is vaak gesloten vanwege gevaar voor vallend gesteente of aardverschuivingen (actuele informatie op het verkeersbureau van Santa Cruz of op http://trilhos.visit azores.com).

Wie op dit punt graag een lunchpauze wil inlassen, kan dat het beste doen in **Fajã Grande** (zie blz. 277). Daar bevinden zich zowel een restaurant als een zwemgelegenheid in zee. Vervolgens rijdt men terug naar de regionale weg (ER 1) en vervolgt deze in zuidelijke richting op het misschien wel aantrekkelijkste gedeelte, dat fantastische uitzichten oplevert.

Onder natuurbehoud

Bij **Lajedo** buigt de weg zich in oostelijke richting. Vanaf daar is het niet ver meer tot de afslag naar de **Lagoa Funda**, die ca. 1 km ten noorden van de ER 1 ligt. De oeverhellingen van dit zeer fraaie, 22 m diepe meer zijn bebost met Japanse ceders. Beneden ligt een klein strand, maar het pad omlaag (begint bij de parkeerplaats met het gezicht naar het meer) is erg steil, dicht begroeid en eigenlijk niet aan te bevelen. Een waterval vult de Lagoa Funda voortdurend aan en compenseert zo het verlies als gevolg van lekkage en verdamping. Dit is echter de uitzondering die de regel bevestigt, want de meeste andere meren kunnen zich alleen dankzij de winterse regenval vullen.

Toegankelijker is de kleinere, 16 m diepe **Lagoa Rasa** die ernaast ligt. De vlakke omgeving is overwoekerd met lage struiken. Men kan er over de weg eenvoudig naartoe rijden. Als alternatief wandelt men over de weg naar het meer, wat heen en terug ongeveer 1 uur in beslag neemt.

De Lagoa Funda en de Lagoa Rasa vallen vanwege hun bijzondere landschappelijke schoonheid gezamenlijk onder natuurbescherming. Het gebied werd in 2011 gesticht als Reserva Natural (natuurbeschermingsgebied in categorie 1) en werd meteen onderdeel van het in ontwikkeling zijnde Natuurpark Flores. Het is de bedoeling om hier rond de meren de inheemse laurier- en jeneverbesvegetatie weer te bevorderen. De geïmporteerde 'exoten', zoals de hortensia's, wil men daarentegen sterk onder controle houden (zie ook blz. 54). Men wil deze echter niet geheel uitbannen, uiteindelijk zijn het welkome kleuraccenten in het groene tapijt van de oorspronkelijke flora van de Azoren.

Bij de Lagoa Rasa eindigt de rondrit over het merenplateau van Flores. Via Lajes komt men weer op de regionale weg ER 1 die terugleidt naar Santa Cruz das Flores.

Overnachten

Bijzonder vakantiedorp – Aldeia da Cuada: Cuada, tel. 292 59 00 40, www.aldeiadacuada.com, huisje voor 2 pers. € 65-80. De boerenhuizen van het jaren geleden verlaten gehucht werden liefdevol omgetoverd tot huisjes voor max. 4 pers. Ca. 2 km van Fajã Grande.
Ambitieus – Argonauta: Fajã Grande, Rua Senador André de Freitas 5, tel. 292 55 22 19, 2 pk afhankelijk van seizoen en uitrusting € 50-90, suite voor 2 pers. € 125. Italiaan en eilandveteraan Pierluigi Bragaglia verhuurt drie mooie kamers en twee suites. Lounge met bibliotheek en internet, open relax-patio.
Perfecte plattelandsidylle – Casa Tenente / Boi da Junta: Fajãzinha, Rua do Pico Redondo 2, tel. 292 55 20 50, www.fajazinha.com, huisje voor 2 pers. € 35-55, plus eindschoonmaak, min. verblijf 2 dagen. Enkele natuurstenen huizen aan de rand van Fajãzinha werden verbouwd tot mooie niet-rokers-vakantiehuizen. Modern interieur, bibliotheek. Zitplaats buiten, barbecue, zwemvijver met glijbaan. Er is ook een voor mensen met een beperking toegankelijk huisje.

Eten & drinken

Veel dagjesmensen – Balneário: Porto de Fajã Grande, tel. 292 55 21 70, dag. 12-14.30, 19-22 uur, hoofdgerecht vanaf ca. € 10. Gelegen bij de zwemplaats, zeer ruim opgezet. In het weekend genieten lokale families hier van regionale specialiteiten in grote porties, zoals inktvis of visspies.
Italiaans – Casa da Vigia: Fajã Grande, Caminho da Vigia, tel. 292 55 22 17, www.facebook.com/casadavigia, alleen mei-okt. geopend, hoofdgerecht vanaf ca. € 9. Liefdevol gerestaureerd huis bij de ingang van het dorp. Alles is zelfgemaakt, zo mogelijk met biologische producten. Ook vegetarisch, gebak, ijs. Bescheiden porties.

> ### *Tip*
> **Sfeervol bij zonsondergang**
> In een oude boerderij onder Fajã Grande ligt vlak bij de zee het restaurant **Pôr-do-Sol**. Het biedt wat de naam belooft: hier eet men lokale gerechten, zoals *morcela com inhame*, terwijl men naar de zonsondergang kijkt (Praia de Fajãzinha, aangegeven, tel. 292 55 20 75, juni-aug. di.-zo. 's middags en 's avonds, sept.-mei. alleen in het weekend, verse vis vanaf ca. € 14).

Het noorden

De panoramische ER 1-20 ontsluit het zeer authentieke noordoosten en noorden van het eiland. Telkens weer is het onderweg de moeite waard om even te stoppen bij een van de miradouros. Een omweg voert naar de **Baía da Alagoa** (▶ 1, C 2) met een picknickterrein achter een kiezelstrand. Voor de kust ligt de fotogenieke rotseilandengroep **Ilhéus da Alagoa**, een belangrijk broedgebied voor de dougalls stern.

Zodra men het rustige dorp **Cedros** (150 inw.) achter zich heeft gelaten, loopt de weg omhoog over de door de branding geteisterde noordkust vol kloven. Een uitstapje over een smalle zijweg (3 km) voert omlaag naar **Ponta Ruiva** (▶ 1, C 2), een nietig dorpje in de luwte van een rotskaap.

Ponta Delgada en omgeving ▶ 1, B 1

Het uitgestrekte dorp Ponta Delgada (400 inw.) is de enige grote plaats in het

Wandeling van Ponta Delgada naar Fajã Grande

noorden. Het werd al in de 16e eeuw gesticht en is een van de oudste nederzettingen op Flores. Echte bezienswaardigheden heeft het niet. In de schilderachtige haven liggen een paar vissersboten en bij goed weer kan men er zwemmen.

Farol do Albarnaz ▶ 1, B 1

Op de noordwestelijke punt van het eiland, de **Ponta do Albarnaz**, staat hoog boven de kliffen een elegante vuurtoren. Deze werd in 1925 gebouwd, toen er nog geen verbinding overland naar Ponta Delgada was. Sindsdien wijst hij schepen de weg tussen Flores en Corvo. Met 22 zeemijlen heeft hij het grootste bereik van alle vuurtorens op de Azoren. Vanaf de zuidzijde is er een prachtig uitzicht op het rotseiland **Ilhéu de Monchique**, het – afhankelijk van de definitie – meest westelijke punt van Europa. Richting het noorden kijkt men tot aan Corvo.

Wandeling van Ponta Delgada naar Fajã Grande

Duur: 3,5 uur, middelzwaar, ca. 400 hoogtemeters zowel stijgen als dalen, geen hoogtevrees, tredzekerheid vereist, bereikbaar per bus of taxi

De **PR 1 FLO** gaat langs de ruige noordwestkust en is een absoluut hoogtepunt onder de wandelingen op Flores. De route start aan de westrand van **Ponta Delgada** bij een infopaneel aan de weg naar de Farol do Albarnaz. Ga even verderop linksaf een asfaltweg in. (Met de taxi kan men zich dit stuk nog laten rijden, dat scheelt 1 uur wandeltijd.)

Een oude holle weg – deels verhard muilezelpad – buigt rechts van de rijweg af. Het pad klimt naar een plateau met veeweiden en volgt dan de rand van de steile afgrond boven zee. Het steekt beken over, waarvan de smalle dalen dichtbegroeid zijn met jeneverbes- en laurierstruiken of hortensia's. Af en toe is er een glimp te zien van de **Quebrada Nova,** een door een aardverschuiving ontstane, onbewoonde kustvlakte, en van het rotseiland **Ilhéu Maria Vaz.** Dan begint een afdaling langs de rotswand omlaag naar de kust (bij nat weer erg glad). Ten slotte wordt het kleine dorpje **Ponta da Fajã** bereikt. Over de weg gaat men de afslag naar Poço do Bacalhau (zie blz. 276) voorbij en vervolgens naar **Fajã Grande.**

Overnachten

Paradijsje – **Georg & Helga Schneider:** Cedros, Rua da Igreja, tel. 292 54 21 43, www.cedros-flores-azoren.de, 2 pers. € 63, 2 kinderen tot 11 jaar gratis, okt.-mei gesloten. Twee comfortabele huisjes met een prachtig weids uitzicht op de Atlantische Oceaan. Met een kleine tuin.

Eten & drinken

Verse vis – **O Pescador:** Ponta Delgada, Rua da Terra Chã, tel. 292 59 26 92, meestal dag. geopend, hoofdgerecht vanaf ca. € 8. In maritieme stijl ingericht. *Seafood*, ook geiten- en lamsvlees.

Corvo ✸

Het eiland Corvo wordt meestal op een dagje uit vanaf Flores bezocht, maar er zijn ook overnachtingsmogelijkheden. In de enige plaats Vila Nova gaat het leven zijn rustige gangetje. Uitstapjes gaan naar de reusachtige eenzame krater midden op het eiland, de Calderão. In 2007 werd Corvo uitgeroepen tot een UNESCO Biosfeerreservaat. Sindsdien is er veel veranderd. Op veel huizen van Vila Nova zijn nu zonnepanelen te zien, een project van de regering. Binnenkort moet het kleine eiland zichzelf volledig van stroom en warm water kunnen voorzien met duurzame energie.

Vila Nova ▶ 2, B 2

In Vila Nova (400 inw.), de enige plaats op het kleinste eiland van de Azoren, kent iedereen elkaar. De bewoners wonen in kleine natuurstenen huizen en ontmoeten elkaar op de centrale Largo

INFO

Toeristeninformatie
Posto de Turismo do Corvo: 9980-039 Corvo, Vila Nova, Avenida Nova, tel. 292 59 60 45, turismo.corvo@gmail.com, www.cm-corvo.pt. Gemeentelijke informatiepost.

Heenreis en vervoer
Luchthaven: Aeródromo do Corvo (CVU) bij Vila Nova. Kantoor SATA, Caminho dos Moinhos, tel. 292 59 03 10. Met de verzameltaxi of te voet naar het centrum. Rechtstreekse vluchten naar Flores, Horta (Faial), Ponta Delgada (zie blz. 22). Vluchtinformatie: www.sata.pt.
Veerboot: passagiersveerboot 'Ariel' (Atlânticoline) 2-4 dagen per week telkens 2 maal naar en van Santa Cruz das Flores (vaartijd 40 min., enkele reis, € 10). Slechts 12 plaatsen, dus tijdig boeken. Ticketverkoop op Corvo in de Posto de Atendimento ao Cidadão (gemeentehuis), Rua do Jogo da Bola, ma.-vr. 9-19 uur. Meer info zie blz. 23.
Bussen: geen busverbinding (zie taxi).
Taxi: grote meerpersoons taxi's nemen hier de functie van bussen over en verzorgen verzameltransport vanaf de haven van het vliegveld naar de stad, ook transport bij de aankomst van de veerboot vanaf de haven naar de Calderão (ca. € 6 per pers.). Contact: Carlos Reis (tel. 292 59 61 41 of 964 57 77 65), of João Mendonça (tel. 917 76 30 29).
Huurauto: geen.

Vissers met hun vangst in de haven van Vila Nova

do Outeiro of in de plaatselijke bar. Wanneer de veerboot aankomt en als de vissersboten binnenlopen, gaat het er in de haven bedrijvig aan toe. Landt er een vliegtuig, dan verplaatst de actie zich naar de kleine luchthaven.

De **Miradouro do Portão**, uitzichtpunt op 150 m boven de stad aan de weg naar Calderão (wandeling heen en terug ca. 45 min.), biedt een goed overzicht. Zwemmen kan in **Porto Novo**, de oude walvisvaarthaven ten zuiden van de luchthaven, of aan het westelijke uiteinde van de landingsbaan bij de **Praia da Areia** (ook gemeentelijke camping).

Centro de Interpretação Ambiental e Cultural

Canada de Graciosa, tel. 292 59 02 00, http://parquesnaturais.azores.gov.pt, half juni-half sept. dag. 10-13, 14-18, daarbuiten di.-za. 14-17.30 uur, gratis
In een traditioneel stenen huizencomplex geeft het bezoekerscentrum informatie over de bijzondere natuur op het eiland. Vooral voor ornithologen biedt deze veel gelegenheid tot vogelobservatie. Er is ook een museumwinkel.

Wandeling van de Cova Vermelha naar Vila Nova

Duur: 2,5 uur, middelzwaar
Het startpunt van de **PR 1 COR** bij de **Cova Vermelha** is bekend bij de taxi chauffeurs. Over oude, door muurtjes omlijste veedrijfpaden gaat het in ca. 20 min. naar de westkust, waar vanaf de klif met een beetje fantasie de rotsformatie **Cara do Índio** ('indianengezicht') te herkennen is. Vanaf hier gaat de PR 1 COR gestaag bergafwaarts tot aan **Vila Nova**. Onderweg zijn oude herdersschuilhutten, interessante geologische formaties en fraaie exemplaren van kortbladerige jeneverbesstruiken te zien. Ten slotte gaat de route dwars door het dorp en vervolgens in een boog ten zuiden van het vliegveld langs de kliffen naar de **Praia da Areia**.

Overnachten

Aangenaam – **Guest House Comodoro:** Caminho do Areeiro, tel. 292 59 61 28, http://guesthousecomodoro.web node.com, 2 pk ca. € 60 (via touroperator). De enige professionele accommodatie op het eiland, zeven goed uitgeruste kamers, een lounge en een gemeenschappelijke keuken. Daarnaast vier appartementen. Gratis transport naar de haven / luchthaven en naar de Calderão. Als alles bezet is, wordt bemiddeld bij het vinden van een particuliere kamer – voor zover beschikbaar. Het Guest House zit ook op facebook. **Particuliere kamers:** www.cm-corvo.pt

Eten & drinken

Eerste huis aan het plein – O Caldeirão: Caminho dos Moinhos, tel. 292 59 60 18, dag. 7-21 uur, dagschotel incl. drankje € 7, daarbuiten hoofdgerecht vanaf € 8. Naast de luchthaven. Typische eilandkeuken, zoals *cherne* (wrakbaars) of gevulde *bacalhau*.
Vissersflair – Traineira: Rua da Matriz, tel. 292 59 62 07, ma.-za. 8-22 uur, hoofdgerecht vanaf ca. € 6. Eenvoudig restaurant aan de haven, vers bereide vissoep 'van het huis'. Ook gebraden varkensvlees, *alcatra* en biefstuk. Vooraf reserveren!

Actief

Boottochten – Nauticorvo: Caminho da Horta Funda, tel. 917 76 30 65. Boottochten rond het eiland, overtochten naar Flores en duikexcursies. Alles op afspraak.

Festiviteiten

Festival dos Moinhos: vier dagen rond 15 aug. In het kerkwijdingsfeest van de **Nossa Senhora dos Milagres** geïntegreerd cultureel evenement met folk(pop)muziek en jongerentheater trekt veel bezoekers naar Corvo.

Caldeirão

De belangrijkste attractie van het eiland is de centrale, ongeveer 1-2 miljoen jaar oude caldera. De kraterrand bereikt zijn hoogste punt in het zuiden met de **Morro dos Homens** (718 m) en in het noorden met de **Serrão Alto** (663 m). In de omgeving van die laatste leidt vanaf Vila Nova een 7 km lange doodlopende weg door de weilanden, met aan het einde de **Miradouro do Caldeirão**. Hiervandaan kijkt men 150 m de diepte in, naar de bodem van de krater met een meer in de vorm van een acht. Volgens de inwoners van Corvo zijn de piepkleine eilanden en schiereilanden in deze Lagoa miniatuurversies van de grote Azoreneilanden. De Miradouro do Caldeirão is bereikbaar per taxi (zie blz. 283) of te voet omhoog over de toegangsweg (incl. terugweg ca. 4 uur).

Wandeling naar de bodem van de Caldeirão

Duur: 2,5 uur, middelzwaar
Bij de Miradouro do Caldeirão begint de wandelroute PR 2 COR. Deze daalt eerst van het ongeveer 550 m hoge uitzichtpunt af in de caldera. Op de bodem volgt men bij een groot rotsblok de borden rechtsaf richting het meer en omrondt de op circa 400 m boven de zeespiegel gelegen kraterbodem tegen de klok in. Daarbij oriënteert men zich grotendeels op de oever van het meer. Bij mist is het belangrijk om goed op de markering te letten, omdat er enkele vochtige plekken zijn waar omheen gelopen moet worden. Het pad langs de zuidelijke oever ligt op enige afstand van het meer en passeert enkele vlakke heuveltjes. Aan de rechterhand ligt daar een moerasgebied. Vervolgens gaat vanaf het markante rotsblok het pad weer omhoog, om over de reeds bekende route terug te klimmen naar de Miradouro do Caldeirão.

Toeristische woordenlijst

Uitspraakregels

De klemtoon ligt in het Portugees doorgaans op de voorlaatste lettergreep.

ão	als een nasale au
c	voor a, o, u als k; voor e, i als ss
ç	als ss
-em/ -im/ -om	aan het eind van een woord nasaal uitgesproken
es	aan het begin van een woord als isj
g	voor a, o, u als g; voor e, i als sj
h	wordt niet uitgesproken
j	als sj
lh	als lj
nh	als nj
o	wanneer zonder klemtoon, dan als oe
s	voor medeklinker als sj; voor klinker als s

Algemeen

goedemorgen / goedendag	bom dia
goedemiddag	boa tarde ('s middags)
goedenavond / -nacht	boa noite
hallo!	olá!
tot ziens	adeus, até logo
als(tu/je)blieft	faz favor
dank	obrigado (als man) obrigada (als vrouw)
ja / nee	sim / não
neem me niet kwalijk!	desculpe!
wat zeg(t) je (u)?	como?

Onderweg

halte	paragem
bus / auto	autocarro / carro
tram	eléctrico
trein	comboio
afrit / uitgang	saída
tankstation	posto de gasolina
rechts	à direita
links	à esquerda
rechtdoor	em frente
inlichtingen	informação
telefoon	telefone
postkantoor	correios
station	estação
luchthaven	aeroporto
stadsplattegrond	mapa da cidade
ingang	entrada
geopend	aberto
gesloten	fechado
stadscentrum	centro da cidade
kerk	igreja
museum	museu
brug	ponte
plein	praça / largo
strand	praia

Tijd, dagen van de week

uur	hora
dag	dia
week	semana
maand	mês
jaar	ano
vandaag	hoje
gisteren	ontem
morgen	amanhã
's morgens	de manhã
's middags	ao meio-dia
's avonds	à tarde / à noite
vroeg	cedo
laat	tarde
maandag	segunda-feira
dinsdag	terça-feira
woensdag	quarta-feira
donderdag	quinta-feira
vrijdag	sexta-feira
zaterdag	sábado
zondag	domingo

Noodgevallen

help!	socorro!
politie	polícia
arts	médico
tandarts	dentista
apotheek	farmácia
ziekenhuis	hospital
ongeluk	acidente
pijn	dor
pech	avaria

Overnachten

hotel	hotel
pension	pensão
eenpersoonskamer / tweepersoonskamer	quarto individual / com duas camas
met / zonder eigen badkamer	com / sem casa de banho
toilet	casa de banho
douche	duche
met ontbijt	com pequeno almoço
halfpension	meia-pensão
bagage	bagagem
rekening	factura

Winkelen

winkel	loja
markt	mercado
levensmiddelen	alimentos
bank	banco
creditcard	cartão de credito
geld	dinheiro
geldautomaat	caixa automático
duur / goedkoop	caro / barato
maat (kleding)	tamanho
betalen	pagar

Getallen

1	um/uma	18	dezoito
2	dois/duas	19	dezanove
3	três	20	vinte
4	quatro	21	vinte-e-um
5	cinco	30	trinta
6	seis	40	quarenta
7	sete	50	cinquenta
8	oito	60	sessenta
9	nove	70	setenta
10	dez	80	oitenta
11	onze	90	noventa
12	doze	100	cem, cento
13	treze	101	cento e um
14	catorze	150	cento e cinquenta
15	quinze	1000	mil
16	dezasseis		
17	dezassete		

De belangrijkste zinnen

Algemeen

Spreekt u Duits / Engels?	Fala alemão / inglês?
Ik begrijp het niet.	Não compreendo.
Ik spreek geen Portugees.	Não falo português.
Ik heet ...	Chamo-me ...
Hoe heet jij / heet u?	Como te chamas / se chama?
Hoe gaat het met je / met u?	Como estás / está?
Goed, dank je / u.	Bem, obrigado/-a.
Hoe laat is het?	Que horas são?

Onderweg

Hoe kom ik in / bij ...?	Como se vai para ...?
Waar is ...?	Onde está ...?
Kunt u mij a.u.b ... aanwijzen?	Pode-me mostrar ... , faz favor?

Noodgevallen

Kunt u mij alstublieft helpen?	Pode me ajudar, faz favor?
Ik heb een arts nodig.	Preciso de um médico.
Hier doet het pijn.	Dói-me aqui.

Overnachten

Hebt u een kamer vrij?	Tem um quarto disponível?
Hoe veel kost de kamer per nacht?	Quanto custa o quarto por noite?
Ik heb een kamer gereserveerd.	Reservei um quarto.

Winkelen

Hoe veel kost ...?	Quanto custa?
Ik heb ... nodig.	Preciso ...
Wanneer is ... geopend / gesloten?	Quando abre/ fecha ...?

Culinaire woordenlijst

Bereidingswijzen

assado	gebakken, gebraden
cozido	gekookt
doce	zoet
estufado	gestoofd
frio	koud
frito	gefrituurd
grelhado/na brasa	gegrild
guisado	gestoofd
no forno	uit de oven
quente	warm, heet
recheado	gevuld

Soepen en voorgerechten

azeitonas	olijven
caldo verde	groenekoolsoep
canja da galinha	heldere kippensoep met rijst
creme de marisco	(romige) zeevruchtensoep
manteiga	boter
pão	brood
presunto	(rauwe) ham
queijo	kaas
sopa de legumes / peixe	groente- / vissoep

Vis en zeevruchten

amêijoa	venusschelp
atum	tonijn
bacalhau	stokvis
besugo	zeebrasem
camarão	garnaal
cherne	wrakbaars
espardarte	zwaardvis
lagosta	kreeft
lula	inktvis
pargo	snapper
peixe espada	degenvis
tamboril	zeeduivel

Vlees

bife	biefstuk, steak
borrego	lamsvlees
cabrito	geitje
figado, iscas	lever
frango	haantje
galinha	kip
lombo	lendestuk
pato	eend
peru	kalkoen
porco	varken
vaca	rund, koe
vitela	kalf

Groente en bijgerechten

alho	knoflook
arroz	rijst
batatas cozidas / fritas	gekookte aardappelen / patat frites
cebola	ui
cenoura	wortel
cogumelos	champignons
couve-flor	bloemkool
espinafre	spinazie
ervilhas	erwten
favas	tuinbonen
feijão (verde)	(groene) bonen
massas	pasta
pepino	komkommer
pimento	paprika
salada (mista)	(gemengde) salade

Nagerechten en fruit

ameixa	gedroogde pruim
ananás / abacaxi	ananas
arroz doce	melkrijst
bolo / torta (de amêndoa)	(amandel)taart
cereja	kers
figo	vijg
gelado	ijs
laranja	sinaasappel
leite creme	gekarameliseerde eierpudding (crème brûlé)
limão	citroen
maçã assada	appelbol
meloa / melão	meloen
morango	aardbei
pêra	peer
pêssego	perzik

pudim flan	karamelpuddinkje	cataplana	stoofpot in een typische koperen of ijzeren pot, met een verscheidenheid aan ingrediënten, meestal vis of schaal- en schelpdieren
uvas	druiven		
salada de fruta	fruitsalade		

Dranken

água com/sem gás	water met / zonder koolzuur
aguardente (velho)	(oude) brandewijn
bagaço	sterkedrank uit druivenschillen
café/bica	koffie (espresso)
café com leite	koffie met veel melk
caneca	grote tapbier (pul)
cerveja	flesje bier
chá (preto / verde)	thee (zwarte / groene)
galão	koffie verkeerd in glas
imperial	klein tapbiertje
macieira	brandewijn, cognac
sumo de laranja	jus d'orange
vinho (branco / tinto)	wijn (wit / rood)

Azoriaanse specialiteiten

alcatra (zie blz. 70)	Heilige Geestgerecht
arroz de mariscos	goed gevulde rijststoofpot met zeevruchten
caldeirada	visstoofpot met aardappelen, uien en tomaten
carne de porco à Alentejana	gestoofd varkensvlees met venusschelpen
chouriço com ovos	knoflookworstje (varkensvlees) met roerei
cozido (zie blz. 131)	stoofpot van vlees, worst, aardappelen en groente
espetada	spies, vaak met krab of tonijn, soms met vlees
feijoada	stoofpot van rode bonen, spek en worstjes, meestal met rijst
morcela	bloedworst, vaak met ananas, bonen of *inhame* (taro-knol)
polvo guisado	in wijn gestoofde inktvis (octopus)
queijadas	taartjes van verse roomkaas, eieren, suiker, boter en tarwemeel
telha	'dakpan', kruidige bereiding van vis of zeevruchten, gekookt in een mal van klei in de oven

In het restaurant

Ik wil graag een tafel reserveren.	Queria reservar uma mesa.	dagschotel	prato do dia
De menukaart, a.u.b.	A ementa, faz favor.	een halve portie	meia dose
wijnkaart	lista dos vinhos	couvert	talher
Eet smakelijk!	Bom apetite!	mes / vork	faca / garfo
Het was erg lekker.	Estava óptimo.	lepel	colher
De rekening, a.u.b.	A conta, faz favor	glas / fles	copo / garrafa
voorgerecht / soep	entradas / sopa	zout / peper	sal / pimenta
hoofdgerecht	prato principal	olie / azijn	azeite / vinagre
nagerecht	sobremesa	suiker / zoetjes	açúcar / adoçante
		kelner / kelnerin	Senhor / Senhora

Register

aardbeving 45
aardwarmtecentrales 49
Achadinha 135
actieve vakantie 28
Água d'Alto 122
Água de Pau 120
Algar do Carvão 244
Almagreira 145
Altares 254
ambassades en consulaten 34
Amerika 74
ananasteelt 101
Angra 233, 236
Angra do Heroísmo 226
Angrajazz 241
Anjerrevolutie 45
Anjos 151
apotheken 36
architectuur 63, 65
Arte indo-portuguesa 68
autonomie 74
Azorenhoog 20
Azoren in het kort 40
Azoriaanse keuken 26
azulejos 67
Baía da Alagoa 281
Baía da Salga 241
Baía das Mós 245
Baía das Quatro Ribeiras 251
Baía dos Salgueiros 246
Banhos Férreos 132
barok 66
Barreiro da Faneca 151
berggids 203
bevolking 41
biologische producten 249
Biscoito das Fontinhas 249
Biscoitos 251, 252
bloementapijt 93
Bolo Lêvedo 129
boomheide 51
boottochten 28, 98, 214, 272, 276
borduurwerk 78, 239
bussen 23
Cabeço Vigia 170
Cabrito 201
Cais Agosto 200
Cais do Mourato 201
Caldeira da Lomba 278
Caldeira das Sete Cidades 102
Caldeira de Pêro Botelho 132
Caldeira (Faial) 178

Caldeira (Graciosa) 264
Caldeira Grande 132
Caldeirão 285
Caldeiras da Lagoa das Furnas 131
Caldeiras da Ribeira Grande 115
Caldeiras das Furnas 132
Caldeira Velha 112
caldera 48
Calheta 215
Calheta de Nesquim 195
Caloura 120
campings 26
Capela de Nossa Senhora das itórias 131
Capelas 105, 108
Capelinhos 47
Carapacho 266
carnaval 32, 263
Casa do Cantoneiro 178
Casas do Campo (CC) 25
Cascata do Aveiro 149
Cascata do Poço do Bacalhau 276
Castelo Branco 177
Cavalhadas de São Pedro 115
Cedros (Faial) 170
Cedros (Flores) 281
Cerrados 64
Chá Gorreana 118
Chaminés de mãos postas 63
Chá Porto Formoso 117
Colchas 78
Columbus, Christoffel 42
Corvo 14, 268, 283
Costa e Silva, Renato 68
Criação Velha 185
croquet 127
culinaire woordenlijst 288
Currais 64
Dinis I 69
Direcção Regional de Turismo 18
douane 22
dranken 27
druifluis 58
duiken 28, 127, 150, 168, 214, 240
economie 41
elektriciteit 34
Emanuel I 66, 107
emigratie 71
Ermida de Monserrate 150

Ermida de Nossa Senhora da Paz 125
Ermida de Nossa Senhora de Fátima 150
Ermida de São João 178
Ermida de São Pedro 190
Ermida dos Anjos 151
Escamas de peixe 79
Espigueiros 63
eten en drinken 26
Faial 14, 152
Fajã da Caldeira de Santo Cristo 220
Fajã das Almas 214
Fajã de Além 223
Fajã de Lopo Vaz 273
Fajã de São Joã 218
Fajã do Ouvidor 223
Fajã dos Vimes 217
Fajã (Faial) 174
Fajã Grande 277, 280, 282
Fajãs 220
Farol da Ribeirinha 170
Farol de Manhenh 195
Farol do Albarnaz 281
Farol do Arnel 137
feestagenda 33
feestdagen 34
feesten en evenementen 32
Feest van de Heilige Geest 69, 232
feiten en cijfers 40
Festa da Castanha 241
Festa da Vinha e do Vinho dos Biscoitos 254
Festa de Santa Catarina 217
Festa do Emigrante 276
Festa do Espírito Santo 69
Festa do Pescador 122
Festa do Santo Padroeiro 32
Festa do Senhor Bom Jesus Milagros 189
Festa do Senhor dos Enfermos 133
Festa do Senhor Santo Cristo dos Milagre 101
Festas da Praia 249
Festas de Santa Maria Madalena 188
Festas Sanjoaninas 241
Festival dos Moinhos 285
Festival Maré de Agosto 148
Feteira 177
fietsen 28, 98, 168, 240, 262

Register

flamengos 169
flora en fauna 40, 50, 172, 278
Flores 14, 268
Fontinhas 249
fooien 34
Fornos de Lava 211
fossielen 48
franciscanen 70, 190, 270
Furna de Frei Matias 186
Furna do Enxofre (Graciosa) 265
Furnas 128
Furnas do Enxofre (Terceira) 244
Furtado, Nelly 72
geld 34
gentlemen farmers 92
geografie en natuur 40
geschiedenis 42
geschiedenis en cultuur 40
golf 29, 107, 133, 250
Graciosa 15, 258
grotten 49
Gruta das Torres 184
Gruta do Natal 243
Guadalupe 266
Heilige Geestspijze 70
Heilige Geesttempels 232
Hendrik de Zeevaarder 42
Horta 154
hortensia's 54
huurauto 24
Ilhéu da Praia 263
Ilhéu de Vila Franca 125
Império de São Sebastião 233
Império do Cantinho 234
Império do Outeiro 233
Império do Porto Judeu de Baixo 233
informatie 18
internet 18, 100
Jardim António Borges 93
Jardim Botânico da Ribeira do Guilherme 136
Jardim Botânico do Faial 172
Jardim do Palácio de Sant'Ana 93
Jardim do Paraíso 107
Jardim Duque da Terceira 236
Jardim José do Canto 94
jeugdherbergen 25
kaas 60, 218, 256
kaasmakerij 61, 256

kapers 43
keramiek 120, 195
Kerstmis 32
kinderen 34
kleding 21
kolonie 74
kratermeren 103, 203, 278
kunst 65
kunstnijverheid 77, 97, 176, 188, 210, 214
kunstnijverheidsschool 77, 197
Lagoa 119
Lagoa Azul 103
Lagoa Branca 279
Lagoa Comprida 279
Lagoa da Falcã 243
Lagoa da Lomba 278
Lagoa do Caiado 203
Lagoa do Capitão 204
Lagoa do Fogo 115, 122
Lagoa do Negro 243
Lagoa Funda 280
Lagoa Negra 279
Lagoa Rasa 280
Lagoa Verde 103
Lajedo 276
Lajes das Flor 273
Lajes do Pico 190
Lajido 201
landelijk gelegen accommodatie 25
lavagrotten 242
leestips 19, 55, 72
Lomba da Fazenda 135
Lomba da Maia 134
Lomba da Pedreira 138
Lombega 177
Lourais 218
luchthaven 22
Luz 266
Madalena 182
Maia (Santa Maria) 149
Maia (São Miguel) 134
Maios 126
Manadas 214
Manhenha 195
manuelstijl 66, 87, 107, 124, 245, 247, 261
markten 97, 106, 144, 167, 239, 254
Mata da Serreta 255
media 35
medische verzorging 35

Milagres 263
Miolo de figueira 79
Miradouro da Fajã de Lopo Vaz 273
Miradouro da Lagoa de Santiago 103
Miradouro da Macela 147
Miradouro da Pedra Rija 149
Miradouro da Ponta da Madrugada 138
Miradouro da Ponta do Sossego 138
Miradouro da Ribeira Funda 170
Miradouro das Fontinhas 148
Miradouro das Lagoas 279
Miradouro do Cabouco 179
Miradouro do Caldeirão 285
Miradouro do Caminho Novo 102
Miradouro do Cerrado das Freiras 103
Miradouro do Espigão 149
Miradouro do Pisão 121
Miradouro do Raminho 255
Miradouro do Salto da Farinha 135
Miradouro do Santo António 105
Miradouro dos Picos 148
Miradouro Pico do Milho 133
Miradouro Ribeira das Cabras 170
Miradouro Rocha dos Bordões 276
Miradouro Terra Alta 198
Mistério da Prainha 198
mobiele telefoon 37
Montanha do Pico 201
Monte Brasil 238
Monte da Ajuda 261
Monte da Espalamaca 169
Monumento aos Baleeiros 194
Monumento ao Toiro 68
Mosteiros 104
Museu Vulcanoespeleológico Machado Fagundes 242
naturisme 36
natuurbescherming 50, 138
natuurgidsen 19
Niemeyer, Oscar 68
noodgevallen 36

Register

Nordeste 136
Norte Grande 219
Norte Pequeno 219
omgangsvormen 36
ontbijt 27
ontdekkingsperiode 42
openingstijden 36
overheid en politiek 41
overnachten 24
overzeese kabel 44, 164
paardrijden 29, 105, 151, 171, 197, 240
Parque Endémico do Pelado 135
Parque Florestal da Prainha 198
Parque Florestal da Silveira 218
Parque Florestal das Sete Fonte 212
Parque Florestal de Cancela de Cinzeiro-Pedreira 138
Parque Matos Souto 197
Parque Natural da Ribeira dos Caldeirões 135
Parque Natural do Faial 160
Parque Terra Nostra 128, 131
patronaatsfeesten 32
Peter Café Sport 156, 167
Pico 14, 180
Pico Barrosa 115
Pico das Éguas 102
Pico do Carvão 102
Pico do Ferro 133
Pico Matias Simão 254
Piedade 15
Pinhal da Paz 94
Piscinas naturais 104, 114, 200, 245, 252
Planalto Central 203
Plantação de Ananases Augusto Arruda 101
Poça da Dona Beija 131
politiek 74
Ponta da Ferraria 104
Ponta da Ilha 195
Ponta Delgada (Flores) 281, 282
Ponta Delgada (São Miguel) 84
Ponta do Castelo 149
Ponta do Queimado 255
Ponta dos Rosais 213
Ponta Garça 126

Ponta Ruiva 281
Porto Afonso 266
Porto da Boca da Ribeira 170
Porto da Folga 266
Porto do Cachorro 201
Porto da Cruz 201
Porto Judeu 233, 241
Porto Martins 245
Porto Negrito 234
Porto Pesquero 137
Portugees Verkeersbureau 18
post 36
Povoação 139
Praia da Vitória 246
Praia de Santa Bárbara 111
Praia Formosa 145
Praia (São Mateus) 263
Prainha do Norte 198
praktische informatie 34
Procissão de São Miguel 127
Queijo São João do Pico 61
Quinta das Rosas 186
Quiosque ART 168, 188, 195, 211, 241, 249, 262
Rabo de Peixe 106
reiskosten 11, 24, 35
reisperiode 11, 20
reizen met een handicap 36, 281
reizen naar ... 8, 22
religie 41, 64, 69
renaissance 66
Reserva Florestal de Recreio da Serreta 255
Reserva Florestal de Recreio Luís Paulo Camacho 274
Restauration 43
Ribeira Chã 122
Ribeira Grande 107, 115, 116
Ribeira Quente 134
Ribeira Seca 111
roken 37
Rosais 212
Ruta da Tronqueira 138
Ruta dos Vulcões 177
Salgado, Manuel 68
Salto do Cavalo 134
Santa Bárbara (Santa Maria) 149
Santa Bárbara (Terceira) 234
Santa Casa de Misericórdia 66
Santa Cruz da Graciosa 260
Santa Cruz das Flores 270
Santa Luzia 201

Santa Maria 15, 140
Santa Maria Blues 151
Santo Amaro 197
Santo António 105
Santo Espírito 148
São Bartolomeu 234
São João 189
São João da Vila 128
São Jorge 14, 206
São Lourenço 149
São Mateus da Calheta 256
São Mateus (Graciosa) 263
São Mateus (Pico) 188
São Miguel 15, 82
São Pedro 150
São Roque do Pico 199
São Sebastião 233, 245
scrimshaws 79, 155, 193
Semana Cultural de Velas 211
Semana do Mar 169
Semana dos Baleeiros 195
Serra Branca 267
Serra do Cume 250
Serra do Topo 217
Sete Cidades 104
Sete Lagoas 278
sinaasappelbaronnen 44
souvenirs 11, 37, 77
spa 105
specialiteiten 289
stierengevechten 32
St.-Jansfeest 32
taal 41, 76
taxi 23
telefoneren 37
telegrafie 164
Terceira 15, 224
theefabriek 116
theeplantage 116
thermaalbaden 119, 176, 266
thermale bronnen 104, 130
toerisme 41
toeristeninformatie 84, 142, 154, 182, 208, 226, 260, 270, 283
Topo 219
Touradas à corda 32
Triatlo Peter Café Sport 169
tuinen 92, 172, 236
Turismo de Habitação (TH) 25
Turismo de Portugal 18
Turismo Rural (TR) 25
tweelingschoorstenen 63

Register

uitgaan 33
UNESCO 45, 57
UNESCO Biosfeerreservaat 45, 49, 260, 270, 283
Uniqueijo 209
Urzelina 213
Vale das Furnas 130
Varadouro 176
veerboot 23
veiligheid 37
Velas 208
Velho Cabral, Gonçalo 42
vervoer op de eilanden 9, 23
Vigia da Baleia 149
Vigia da Queimada 194
vijgenmerg 79
Vila da Praia 263
Vila do Porto 142
Vila Franca do Campo 123
Vila Nova 283
vissenschubbenkunst 79

Vitória 266
vlag 40
vleermuizen 52
vliegverbindingen 22
vogelobservatie 52, 138, 262, 279
vogelsoorten 53
voorraadschuren 63
Vulcão dos Capelinhos 174
vulkanen 102, 130, 160, 174, 177, 201, 203, 242, 265
vulkanische tunnel 185
vulkanisme 46
walvislogo 78
walvisvaardersfestival 195
walvisvaarderskunst 79
walvisvaart 44, 108, 192
walvisverwerkingsfabriek 149, 158
wandelen 9, 20, 29
wandtapijten 78

water 37
watermolens 64
waterpretpark 127
watersport 248
weer 20
wellness 30, 133
Westkust 104
whalewatching 28, 98, 127, 168, 187, 191, 240
wijn 56, 262
wijnbouw 45, 185, 201, 251
wijncoöperatie 184
wijnmuseum 122, 183
wijnproeven 57
windmolens 64
zeekajak 31, 240
zeilen 127
ziekenhuizen 35
Zona de Adegas 201
zwemmen 9, 20, 31

Notities

Notities

Fotoverantwoording en colofon

Omslag: Lagoa Azul op São Miguel (iStock-Photo)

Oliver Breda, Duisburg: blz. 232, 296
f1-online, Frankfurt a. M.: blz. 13 rb, 252/253 (Tips Images)
Huber-Images, Garmisch-Partenkirchen: blz. 7, 13 lo, 13 ro, 16/17, 20, 43, 50/51, 54, 83 l, 112/113, 130, 137, 140, 204/205, 206 r, 212/213, 220, 247, 268 l, 269 l, 278 (Gräfenhain)
iStockphoto, Calgary (Canada): blz. 82 r, 124 (Andrews); 250 (Foodpics); 230/231 (Jacobs); 78, 152 l (JurgaR); 62 (Nunes)
laif, Köln: blz. 180 r, 198 (Gohier); 80/81, 181 l, 202 (Heuer); 11, 58/59, 75, 224 l, 225 l, 257 (Le Figaro Magazine/Martin); 69 (Troncy)
Susanne Lipps, Duisburg: blz. 12 lb, 108/109, 207 l, 209
Look, München: blz. 12 rb, 77, 82 l, 110/111, 152 r, 153 l, 162/163, 178, 180 l, 183, 184/185, 224 , 236/237, 242, 268 r, 284 (Stankiewicz)
Mauritius Images, Mittenwald: blz. 30/31 (Dirscherl); 48 (imagebroker/Lenz); 258 l, 259 l, 263, 267 (imagebroker/Renckhoff); 53, 258 r (Oxford Scientific)
picture-alliance, Frankfurt a. M.: blz. 56 (Arco Images/Sutter); 73 (de Cardenas)
Shutterstock: blz. 6
Thomas Stankiewicz, München: blz. 8, 12 lo, 12 ro, 13 lb, 19, 25, 38/39, 46/47, 60, 65, 67, 71, 88/89, 92, 98/99, 101, 116, 118, 141 l, 143, 146/147, 156/157, 164, 170/171, 172, 174/175, 192, 206 l, 216/217, 271, 274/275

Hulp gevraagd!
De informatie in deze reisgids is aan verandering onderhevig. Het kan dus wel eens gebeuren dat u ter plaatse een andere situatie aantreft dan de auteur.
Is de tekst niet meer helemaal correct, laat ons dat dan even weten. Ons adres is:

ANWB Media
Uitgeverij reisboeken
Postbus 93200
2509 BA Den Haag
anwbmedia@anwb.nl

Productie: ANWB Media
Coördinatie: Els Andriesse
Tekst: Susanne Lipps
Vertaling en herziening: Consuelo Adema, Den Haag
Eindredactie: Willemien Werkman, Ouderkerk aan de Amstel
Opmaak: Hubert Bredt, Amsterdam
Ontwerp binnenwerk: Jan Brand, Diemen
Ontwerp omslag: DPS, Amsterdam
Concept: DuMont Reiseverlag, Ostfildern
Grafisch concept: Groschwitz/Blachnierek, Hamburg
Cartografie: DuMont Reisekartografie, Fürstenfeldbruck

© 2014 DuMont Reiseverlag, Ostfildern
© 2016 ANWB bv, Den Haag
Tweede druk, volledig herzien
ISBN: 978-90-18-04016-1

Alle rechten voorbehouden
Deze uitgave werd met de meeste zorg samengesteld. De juistheid van de gegevens is mede afhankelijk van informatie die ons werd verstrekt door derden. Indien die informatie onjuistheden blijkt te bevatten, kan de ANWB daarvoor geen aansprakelijkheid aanvaarden.